Quant à moi...

MANUEL DE PRÉPARATION

FIFTH EDITION

Jeannette D. Bragger
The Pennsylvania State University

Donald B. Rice
Late of Hamline University

Australia • Brazil • Japan • Korea • Mexico • Singapore • Spain • United Kingdom • United States

Quant à moi...: Témoignages des Français et des Francophones, Fifth Edition
Manuel de préparation
Bragger • Rice

ISBN-13: 978-1-111-83634-4

ISBN-10: 1-111-83634-5

Heinle
20 Channel Center Street
Boston, MA 02210
USA

Cengage Learning is a leading provider of customized learning solutions with office locations around the globe, including Singapore, the United Kingdom, Australia, Mexico, Brazil, and Japan. Locate your local office at **www.cengage.com/global**

Cengage Learning products are represented in Canada by Nelson Education, Ltd.

To learn more about Heinle, visit **www.cengage.com/heinle**

Purchase any of our products at your local college store or at our preferred online store **www.cengagebrain.com**

Printed in the United States of America
2 3 4 5 6 23 22 21 20 19

Table des matières

To the Student

The **Manuel de préparation** is the component of the **Quant à moi...** program with which you'll work primarily outside of class. In many instances, you'll be assigned exercises and activities that prepare you for the next class period; at other times, the exercises and activities serve as a follow-up to reinforce what you've already done in class. *In order to be successful in the course and with this program (i.e., to be a successful learner of French), it's essential that you do the work in the* **Manuel de préparation** *as assigned by your instructor.* Learning French is ultimately your responsibility; it's therefore up to you to ensure that you've done the necessary work to participate effectively in class. Your instructor can assist you only if you've done your part by completing the assigned work outside of class.

The **Manuel de préparation** has a triple focus.

1. It's designed to review and expand on vocabulary and grammar. Vocabulary sections in each chapter include previously learned as well as new words and expressions related to the chapter topic. The purpose of some of the grammar sections is to review basic structures you studied in your first year of French in college or in your French courses in secondary school. Each of these reviews is called **Contrôle des connaissances** and consists of a diagnostic test ***(Test)***, an explanation of the grammatical structure ***(Rappel)***, review exercises ***(Exercices de révision)***, and a retest ***(Repêchage)***.
2. The second focus of the out-of-class book is the presentation of new grammatical structures, which you'll always find under the heading ***Fonction***. You'll be asked to study the explanations (written in English) about the grammar point and then do some basic written exercises. The answers to these exercises are in the back of the **Manuel de préparation**. When you then get to class, you'll be asked to do some additional exercises to verify your understanding of the new grammar point.
3. The third focus of the out-of-class book is on reading and writing. The **Manuel de préparation** contains exercises and activities that help you read the literary and non literary texts in the **Manuel de classe** and that prepare you for the follow-up discussions in class. The **Manuel de préparation** also contains guidelines that provide you with strategies to enable you to express your ideas more clearly in writing.

Throughout the **Manuel de préparation** you'll find a series of *A faire!* notes (keyed to the margin assignment indicators in the **Manuel de classe**) that serve to cross-reference the two books. As homework for the next class session, your instructor will direct you to ***one*** of the *A faire!* assignments. The *A faire!* note will give you specific information about what to do for homework.

EXAMPLE

- In margin of the **Manuel de classe**, you'll see the following note:

  ⦿ Do **A faire! (2-1)** on page 56 of the **Manuel de préparation.**

- When you go to **A faire! (2-1)** on page 56 of the **Manuel de préparation**, you'll find the following directions:

⦿ A faire! (2-1)	Manuel de classe, pages 52–57

- To *work again* with the **Témoignages** you heard in class, listen to CD1, Tracks 18–21 and do Exercise I.
- In *preparation* for talking about housing and shelter, study the **Fiche Vocabulaire (Et vous?)** and do Exercises II, III, IV, V.
- In order to *review* adjective agreement, the comparative, and the superlative, do the **Contrôle des connaissances (Test)** and, if necessary, the **Rappel** (Exercises VI, VII, VIII) and **Repêchage** sections.

Through these *A faire!* notes, you're shown exactly what to do and how it relates to what happened or will happen in class. The better you do the *A faire!* assignments, the better you'll perform in class and the better you'll learn French.

The **Manuel de préparation** and the work you do in it connect the various components of the **Quant à moi...** program. Consequently, although you'll use the **Manuel de préparation** outside of class time, your instructor may ask you to bring it to class as a reference source or to have your work verified.

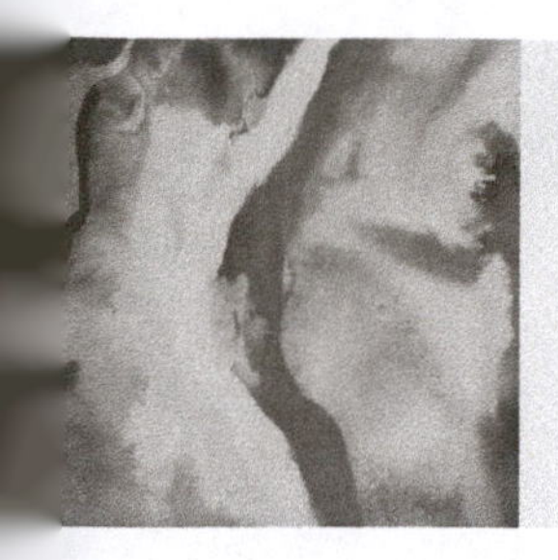

C'est la rentrée

Nom ______________________________ Date ______________

⊙ A faire! (CP-1) — Manuel de classe, pages 2–5

- In order to *review* the present tense of commonly-used verbs, take the test **(Contrôle des connaissances)**. If necessary, read the **Rappel** (pp. 4–5), do Exercises I and II, then take the **Repêchage** test.
- In *preparation* for talking about stereotypes in class, do Exercises III, IV, and V.

Contrôle des connaissances

Le présent de l'indicatif

TEST

A. Complete the following conversations, conjugating the verbs in parentheses in the present tense.

1. —Est-ce que Jacques (aller) ______________ nous accompagner?

   —Je ne (être) ______________ pas sûr, mais je (penser)

   ______________ qu'il ne (pouvoir) ______________ pas.

2. —Tu (aimer) ______________ les tartes et les gâteaux?

   —Oh, pas tellement. Je (prendre) ______________ rarement un dessert.

3. —Tu (se promener) ______________ tous les dimanches après-midi?

   —Oui, mon médecin (dire) ______________ qu'il (falloir)

   ______________ marcher le plus souvent possible.

4. —Qu'est-ce que vous (faire) ______________ là?

   —Nous (remplir *[to fill out]*) ______________ les formulaires d'inscription.

5. —Où (être) ______________ les enfants?

   —Ils (se reposer) ______________.

   —Est-ce qu'ils (avoir) ______________ des devoirs?

   —Oui, ils (aller) ______________ les faire bientôt.

6. —Pourquoi est-ce qu'elles ne (vouloir) ______________ pas venir avec nous?

   —Aucune idée. Elles (faire) ______________ peut-être leurs devoirs.

7. —Vous (pouvoir) ______________ me dire le nom de la station de métro la plus proche?

   —Désolé. Nous n'(habiter) ______________ pas dans le quartier.

8. —Alors, les enfants, vous (s'habiller) ______________?

   —Oui, maman. Mais nous n'(avoir) ______________ pas de chaussettes.

   —Bon. Attendez. J'(arriver) ______________.

9. —Pourquoi est-ce que tu (être) ______________ toujours habillé en bleu?

   —C'est ma femme qui (choisir) ______________ mes vêtements.

Nom ______________________________ Date ______________

10. —Attention! Je/J' (aller) ______________ reculer *(to back up)*.
 —Non, non, non. Nous (être) ______________ derrière toi!
11. —Est-ce que vous (vouloir) ______________ venir avec moi ce soir?
 —Je ne (pouvoir) ______________ pas.
12. —Ils (avoir) ______________ le temps de nous aider?
 —Non, ils (être) ______________ très occupés.
13. —Est-ce que vous (s'amuser) ______________?
 —Ah, oui. Nous (passer) ______________ des vacances formidables.
14. —Qu'est-ce que tu (attendre) ______________?
 —J'(attendre) ______________ que mon frère téléphone.
15. —Qu'est-ce qu'elles (faire) ______________?
 —Elles (finir) ______________ la vaisselle.

B. Now complete the following narration, conjugating the verbs in parentheses in the present tense.

Pendant les vacances d'été, nous (faire) ______________ toujours du camping en Espagne. Il y (avoir) ______________ un très beau terrain de camping près de Barcelone et ma mère (réserver) ______________ le même emplacement tous les ans. Moi, j'(aimer) ______________ bien le camping, mais mon frère et moi, nous n'(aimer) ______________ pas du tout les préparatifs. Mon père (penser) ______________ qu'il (falloir) ______________ emporter toute la maison et il (attendre) ______________ toujours la dernière minute pour s'organiser. Ma mère, par contre, (être) ______________ très organisée. Elle sait ce qu'il nous faut et elle (vouloir) ______________ emporter le minimum. Et nous, mon frère et moi, nous ne (s'intéresser) ______________ absolument pas à toutes ces affaires.

Nous (vouloir) ______________ tout simplement monter dans la voiture et partir. Moi, par exemple, je ne (comprendre) ______________ pas pourquoi nous (avoir) ______________ besoin de vaisselle ni de tant de vêtements. Je (se contenter) ______________ d'un jean, d'un short, de quelques T-shirts et de sandales. Enfin, le soir avant le départ, nous (finir) ______________ les préparatifs et nous nous mettons en route. Quand nous (arriver) ______________ en Espagne, nous (s'amuser) ______________ toujours beaucoup et nous (oublier) ______________ les difficultés du départ.

See the **Corrigés** *(Answer Key)* at the back of this book for the answers to the **Test.** A perfect score is 55.

- If your score is 44 or higher, proceed to Exercises III, IV, and V.
- If your score is less than 44, reread the rules for conjugating verbs in the present tense in the **Rappel** section on pages 4–5; then do **Exercices de révision I** and **II.** After correcting these exercises, do the **Repêchage** test. Then continue to Exercises III, IV, and V.

Nom ____________________ Date ____________

RAPPEL

Le présent de l'indicatif

1. Verbs ending in *-er, -ir, -re*

The majority of verbs in French belong to one of the three basic conjugations (-er, -ir, -re) and have the following endings in the present tense:

-er	-ir	-re
je regard**e**	je fin**is**	j'attend**s**
tu regard**es**	tu fin**is**	tu attend**s**
il/elle/on regard**e**	il/elle/on fin**it**	il/elle/on attend
nous regard**ons**	nous fin**issons**	nous attend**ons**
vous regard**ez**	vous fin**issez**	vous attend**ez**
ils/elles regard**ent**	ils/elles fin**issent**	ils/elles attend**ent**

2. Pronominal verbs

Pronominal verbs differ from other verbs in their conjugations in that they require a pronoun in addition to the subject. This object pronoun agrees with the subject of the verb. The pronominal form of verbs can have two meanings.

a. An action that reflects back on the subject (these are also called *reflexive* verbs):

Je me lève. *I get up.* (Literally, *I get myself up.*)
Elle se renseigne. *She gets information.* (Literally, *She informs herself.*)

b. An action in which two or more subjects interact (these are also called *reciprocal* verbs):

Nous nous téléphonons. *We call each other.*
Elles se voient souvent. *They see each other often.*

c. The present tense of a pronominal verb is conjugated as follows:

s'amuser *(to have a good time)*

je **m'amuse**	nous **nous amusons**
tu **t'amuses**	vous **vous amusez**
il/elle/on **s'amuse**	ils/elles **s'amusent**

d. Some of the most commonly-used pronominal verbs are:

se réveiller	*to wake up*
se lever	*to get up*
se coucher	*to go to bed*
s'amuser	*to have a good time, have fun*
se renseigner	*to get information*
se reposer	*to rest*
se préparer (pour / à)	*to get ready (to)*
se dépêcher	*to hurry*
se téléphoner	*to call each other*
se parler	*to speak (talk) to each other*
se retrouver	*to meet (each other) (by prearrangement)*
se voir	*to see each other*

3. Other commonly-used verbs

Many of the most commonly-used verbs in French don't follow the **-er**, **-ir**, or **-re** patterns. They're conjugated in the present tense as follows:

avoir	j'ai, tu as, il/elle/on a, nous avons, vous avez, ils/elles ont
être	je suis, tu es, il/elle/on est, nous sommes, vous êtes, ils/elles sont
aller	je vais, tu vas, il/elle/on va, nous allons, vous allez, ils/elles vont
faire	je fais, tu fais, il/elle/on fait, nous faisons, vous faites, ils/elles font
vouloir	je veux, tu veux, il/elle/on veut, nous voulons, vous voulez, ils/elles veulent
pouvoir	je peux, tu peux, il/elle/on peut, nous pouvons, vous pouvez, ils/elles peuvent
prendre	je prends, tu prends, il/elle/on prend, nous prenons, vous prenez, ils/elles prennent
falloir	il faut

4. The negative of the present tense

a. **ne... pas**	Je **ne** prends **pas** de petit déjeuner.	*I'm **not** having any breakfast. (I **don't** eat breakfast.)*
	Je **ne** me promène **pas** souvent.	*I **don't** often go for a walk.*
b. **ne... jamais**	Tu **ne** vas **jamais** à la plage?	*You **never** go to the beach?*
	Vous **ne** vous voyez **jamais**?	*You **never** see each other?*

To download tutorials on the Indicative Mood, go to **www.cengagebrain.com.**

Exercices de révision

***I. Monologues.** Complétez les monologues suivants en utilisant le présent de l'indicatif des verbes entre parenthèses.

1. Encore un dimanche soir! Et comme d'habitude nous (rester) ______________ à la maison. Je (s'occuper) ______________ de mes devoirs. Ma sœur (écouter) ______________ une émission à la radio. Mes parents (regarder) ______________ la télé. Et nous ne (se parler) ______________ pas. Et toi, comment est-ce que tu (passer) ______________ la soirée du dimanche? Et ta famille? Vous (s'amuser) ______________ comme nous?
2. Maman et papa, pourquoi est-ce que vous (s'énerver) ______________? C'est parce que je ne (réussir) ______________ pas à tous mes examens? C'est parce qu'Henri ne (choisir) ______________ pas bien ses amis? Ou bien parce que nous (grossir) ______________ tous?
3. Alors, vous (descendre) ______________ de votre Mercédès, toi et tes compagnons. Des centaines de gens vous (attendre) ______________. Nous vous (rendre) ______________ hommage. Le maire (répondre) ______________ à tes questions, mais tu (défendre) ______________ aux gens ordinaires de s'approcher de toi. Moi, seul, je (perdre) ______________ patience et je (s'en aller) ______________.

4. Vous (être) ______________ d'origine italienne. Vous (avoir) ______________ deux frères qui (aller) ______________ au lycée et une sœur qui (faire) ______________ des études à l'université. C'est curieux. Moi aussi, je/j' (avoir) ______________ deux frères et une sœur. Mais mes deux frères à moi, ils (faire) ______________ leur service militaire. Ma sœur (être) ______________ architecte. Et moi, je ne (être) ______________ pas d'origine italienne. Néanmoins, vous et moi, nous (avoir) ______________ beaucoup en commun. Nous (être) ______________ toutes les deux très jolies et très intelligentes! Et nous (faire) ______________ du ski en hiver et du tennis en été. Vous (faire) ______________ du sport, votre famille et vous, non?
5. Mes parents (vouloir) ______________ que je fasse des études de droit. Mais moi, je ne (vouloir) ______________ pas être avocate! Vous autres, vous (pouvoir) ______________ comprendre ça, non? Les parents ne (pouvoir) ______________ pas nous obliger à faire ce que nous ne (vouloir) ______________ pas faire. Toi, Martin, tu (pouvoir) ______________ m'aider. Il (falloir) ______________ faire comprendre à ma mère que je/j' (avoir) ______________ raison. Ensuite, elle (pouvoir) ______________ convaincre mon père. Tu (vouloir) ______________ bien m'aider?
6. C'est facile. Tu (prendre) ______________ le CD et tu le mets dans le lecteur. Regarde! Voilà! Je (prendre) ______________ le CD et je le mets là, comme ça. C'est facile, n'est-ce pas?
7. En général, comment est-ce que tu commences la journée? Eh bien, je (se lever) ______________ à 6h. Ma mère (préparer) ______________ le café. Moi, je (prendre) ______________ un petit café pour me réveiller. Ce/C' (être) ______________ la première chose que je (faire) ______________ le matin. Je/J' (attendre) ______________ mon père qui (finir) ______________ de se raser dans la salle de bains. Je (se préparer) ______________ donc pour aller au travail, je (manger) ______________ un petit quelque chose et je (quitter) ______________ la maison vers 8h30. Chez nous, on ne (se dépêcher) ______________ pas tellement le matin.

***II. Vous et les autres.** Utilisez les sujets, verbes et adverbes pour créer des phrases à propos de vous, de votre famille et de vos amis.

1. comprendre le français (bien, mal, avec difficulté, ne… pas)
   a. je Je comprends bien (mal) le français.
   b. mes camarades de classe ______________________
   c. mon professeur ______________________
   d. mon ami(e) et moi, nous ______________________
2. aller au théâtre (souvent, rarement, de temps en temps, ne… jamais)
   a. je ______________________
   b. mon ami(e) ______________________
   c. mes parents ______________________
3. descendre l'escalier (rapidement, lentement, en courant)
   a. je ______________________
   b. nous autres étudiants *(we students)* ______________________
   c. les jeunes ______________________
   d. ma grand-mère ______________________
4. avoir du temps libre (beaucoup de, assez de, très peu de)
   a. nous autres étudiants ______________________
   b. mes amis ______________________
   c. moi, j' ______________________
   d. mon oncle ______________________
5. vouloir arriver avant les autres invités (toujours, d'habitude, ne… jamais)
   a. je ______________________
   b. ma mère ______________________
   c. mes amis ______________________
   d. ma famille et moi, nous ______________________
6. réussir aux examens (toujours, presque toujours, d'habitude)
   a. mes camarades de classe ______________________
   b. ma sœur/mon frère ______________________
   c. nous autres garçons/filles ______________________
   d. je ______________________
7. être malade (souvent, de temps en temps, rarement, ne… jamais)
   a. ma famille et moi, nous ______________________
   b. je ______________________
   c. mon père/ma mère ______________________
   d. mes amis ______________________

8. jouer au golf (bien, assez bien, mal, ne… jamais)
   a. je ______________________________
   b. ma mère/mon père ______________________________
   c. mes amis ______________________________
   d. nous autres étudiants ______________________________
9. faire la grasse matinée *(to stay in bed late)* (souvent, de temps en temps, rarement, ne… jamais)
   a. je ______________________________
   b. nous autres étudiants ______________________________
   c. mes amis ______________________________
   d. les enfants ______________________________
10. s'amuser le week-end (toujours, rarement, ne… jamais)
   a. je ______________________________
   b. mes amis et moi, nous ______________________________
   c. mes parents ______________________________
   d. les enfants ______________________________

Repêchage

Complete the following sentences with the appropriate form of the verbs in parentheses in the present tense.

1. —Est-ce qu'ils (aller) ______________ être à l'heure?
   —S'ils (prendre) ______________ le métro, oui. Autrement, non.
2. —Qu'est-ce que vous (faire) ______________ ce week-end?
   —Nous (rendre) ______________ visite à nos amis.
3. —Tes parents (vieillir) ______________, n'est-ce pas?
   —Ah, oui. Ils (avoir) ______________ déjà plus de quatre-vingts ans.
4. —Anne-Marie (aller) ______________ venir avec nous?
   —Non. Je ne (vouloir) ______________ pas qu'elle nous accompagne.
5. —Où (être) ______________ tes cousines?
   —Elles ne (pouvoir) ______________ pas venir.
6. —Pourquoi est-ce que tu (aller) ______________ rester chez toi?
   —Il (faire) ______________ beau aujourd'hui et il (falloir) ______________ que je tonde la pelouse *(mow the lawn)*.

7. —Alors tu (se dépêcher) ____________________?

   —Ne t'énerve pas. Je (faire) ____________________ de mon mieux *(I'm doing my best)!*

8. —Je ne (comprendre) ____________________ pas ce qui se passe.

   —Je/J' (aller) ____________________ te l'expliquer.

9. —Vous (parler) ____________________ souvent à votre tante?

   —Oui, nous (se téléphoner) ____________________ presque tous les week-ends.

10. —On (descendre) ____________________ ici?

    —Non, nous (continuer) ____________________ jusqu'au dernier arrêt.

11. —Pourquoi est-ce que Jean-Pierre (avoir) ____________________ tant d'accidents?

    —C'est que lui et ses amis ne (faire) ____________________ pas attention.

12. —Tu (pouvoir) ____________________ nous aider?

    —Bien sûr. Vous (être) ____________________ de la région?

13. —Quel autobus est-ce que nous (prendre) ____________________ pour aller au Louvre?

    —Je ne sais pas. On (pouvoir) ____________________ demander au monsieur là-bas.

14. —Tu (s'amuser) ____________________ bien?

    —Oui. Ce concert (être) ____________________ extraordinaire!

See the **Corrigés** at the back of this book for the answers to the **Repêchage** test. The total number of points is 29.

- If you received a score of 23 or better, you've passed the test.
- If you scored below 23, let your instructor know by placing an **X** in the box at the upper right-hand corner of the re-test. In either case, proceed to Exercises III, IV, and V.

Les stéréotypes

Selon *Le Petit Larousse* (dictionnaire français), un stéréotype est une «formule banale» ou une «opinion dépourvue d'originalité *(lacking in originality)*». Les synonymes qu'on associe au mot «stéréotype» sont «cliché» ou «généralité» et il est sous-entendu *(understood)* qu'une image stéréotypée est fondamentalement fausse. Elle est fausse, et même dangereuse, parce qu'elle est figée *(fixed, unchanging)* et qu'elle ne tient donc pas compte de *(doesn't take into account)* l'individualité de chaque personne. Mais est-ce qu'il n'y a jamais de vrai *(never any truth)* dans les stéréotypes? Quand on dit que les Français conduisent *(drive)* comme des fous, est-ce que c'est une généralité qui ne tient pas debout *(doesn't hold up)* ou est-ce que c'est une constatation basée sur l'observation, le nombre d'accidents de la route, les limites de vitesse et ainsi de suite? Il y a ceux qui disent que dans tout stéréotype il y a une part de vérité mais qu'il faut toujours tenir compte des nombreuses exceptions. D'autres maintiennent qu'il faut éviter *(avoid)* les stéréotypes à tout prix parce qu'ils sont dangereux et qu'ils font plus de mal que de bien. Et vous, qu'est-ce que vous en pensez?

III. Des stéréotypes qui caractérisent les Américains (Etats-Uniens)? Mettez un cercle autour des mots que vous associez aux Américains. S'il y a des mots dans la liste que vous ne connaissez pas, cherchez-en le sens dans un dictionnaire. Apportez cette liste de mots en cours.

aimables	ambitieux	matérialistes	méchants
optimistes	pessimistes	idéalistes	réalistes
vaniteux	avares	généreux	individualistes
conformistes	heureux	conservateurs	libéraux
fiers	courageux	bien élevés	mal élevés
ouverts	tolérants	snobs	superficiels
pressés	paresseux	travailleurs	naïfs
obsédés	frivoles	sentimentaux	patriotes
sensuels	aventureux	créatifs	polis
charitables	prudents	imprudents	jaloux
fidèles	audacieux	ironiques	sarcastiques
sympathiques	intellectuels	rêveurs	croyants

IV. Et les valeurs? Maintenant, mettez un cercle autour des *cinq* valeurs qui vous semblent refléter le mieux les valeurs de la société américaine d'aujourd'hui. Apportez cette liste de valeurs en cours.

la liberté	la réussite matérielle	la justice
la politesse	la compétitivité	l'honneur
le sens du beau	le respect du bien commun	la responsabilité
l'esprit de famille	le respect de l'individu	l'autorité
le sens du devoir	le respect de la tradition	la solidarité
le sens de la fête	l'esprit d'entreprise	l'égalité
l'hospitalité	le respect de la nature	le pardon

Nom ________________________________ Date ________________

V. Valable ou pas? Préparez des arguments pour confirmer ou contester chacun des stéréotypes à propos des Américains. Utilisez des exemples de votre vie et de celles des gens que vous connaissez pour formuler vos arguments. Utilisez une autre feuille de papier et apportez vos arguments en cours.

Modèle: Les Américains n'ont pas le sens de la tradition.
Ce n'est pas du tout vrai. Nous avons des fêtes qui célèbrent des événements et des personnages de notre passé. Dans ma famille, nos grands-parents nous ont transmis les histoires et les expériences de nos ancêtres, etc.

1. Les Américains sont riches.
2. Les Américains sont très conformistes.
3. Les Américains sont superficiels. Ils n'ont pas le sens de l'amitié profonde.
4. Les Américains ne comprennent pas le reste du monde.
5. La vie aux Etats-Unis est artificielle.
6. Les Américains n'apprécient pas la bonne cuisine.
7. Les Américains sont très dynamiques. Ils sont en avance sur les autres pays du monde.
8. Les Américains ne font que travailler *(do nothing but work)*. Ils ne savent pas se détendre.
9. Les Américains sont racistes.

⊙ A faire! (CP-2)

Manuel de classe, pages 6–7

- As a *follow-up* to the present tense of commonly-used verbs, do Exercise VI.

***VI. Une lycéenne aux Etats-Unis.** Utilisez les verbes de la liste suivante pour compléter la lettre que Nicole Dubœuf écrit à ses parents en France. Conjuguez tous les verbes au présent de l'indicatif. Vous pouvez utiliser un verbe plus d'une fois.

aller	être	pouvoir	se retrouver
attendre	faire	prendre	(se) réveiller
avoir	falloir	quitter	se trouver
commencer	finir	rendre visite	travailler
descendre	frapper *(to knock)*	rougir *(to blush)*	vouloir
entendre *(to hear)*	manquer	s'habiller	
espérer	passer	se lever	

Chers Maman et Papa,

Voilà huit jours que François et moi, nous ____________ aux Etats-Unis. Me voilà bien installée chez les Flynn. Ils ____________ deux enfants, un garçon âgé de sept ans et une fille qui ____________ trois ans de plus. Quant à François, sa résidence universitaire ____________ à trois ou quatre «miles» d'ici. Ce/C' ____________ vraiment parfait. Si je/j' ____________ le voir, je/j' ____________ prendre l'autobus et en vingt minutes je/j' ____________ à l'université.

Il ____________ que je vous raconte une matinée typique chez les Flynn. Madame Flynn ____________ toujours la première, entre 6h30 et 7h. Moi, je/j' ____________ normalement vers 7h quand je/j' ____________ du bruit dans la cuisine. C'est Madame Flynn qui ________________ le café et le petit déjeuner. Vers 7h15 elle ________________ son mari et les enfants. Et elle ________________ à ma porte. Elle ________________ comme infirmière dans un hôpital et elle ________________ la maison vers 7h45 pour aller au travail. D'habitude, les autres ________________ vers 8h pour manger et ils ________________ la maison avant 8h15. Et moi? Je/J' ________________ vraiment de la chance. Mes cours ne ________________ pas avant 9h. Je/J' ________________ tranquillement mon petit déjeuner, je/j' ________________ et je/j' ________________ à l'école, qui n'est pas loin de chez les Flynn. A l'école, mes amis et moi, nous ________________ pour bavarder un peu avant le premier cours.

Les Flynn ________________ tous très gentils, mais mon préféré, c'est le garçon. Il ________________ très mignon. Il ________________ chaque fois que je lui ________________ un compliment. Quand son copain Alex lui ________________, les deux garçons ________________ des heures à jouer au Nintendo.

Vous me ________________ beaucoup. Je/J' ________________ avec impatience de vos nouvelles. Mais à vrai dire, tout ________________ très très bien ici.

Je/J' ________________ que vous ________________ tous bien et je vous embrasse tous, de ma part et de la part de François.

Nicole

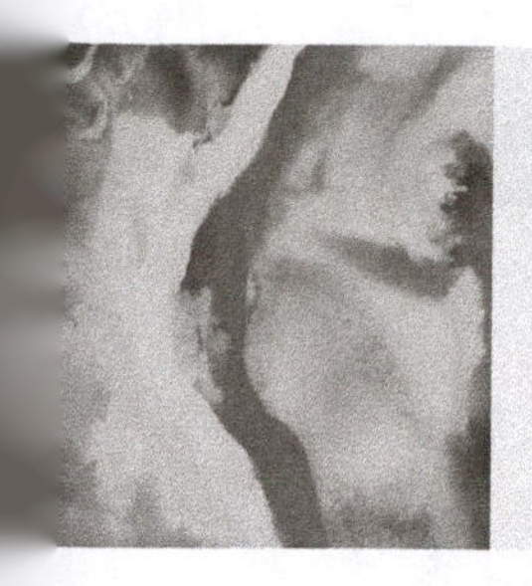

«Passons à table!»

© Fabrissa Delaville/Maxppp/Landov

Nom ______________________ Date ______________

⊙ A faire! (1-1) — Manuel de classe, pages 10–14

- To *work again* with the **Témoignages** you heard in class, listen to Tracks 4–7 of CD1 and do Exercise I.
- In *preparation* for talking about meals and eating, study the **Fiche Vocabulaire** and do Exercises II, III, IV.
- In order to *review* basic question forms, do the **Contrôle des connaissances (Test)** and, if necessary, the **Rappel** (Exercises V, VI, VII) and **Repêchage** sections.

Quant à moi…

Témoignages: «Quels repas est-ce que vous prenez?»

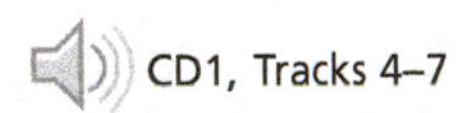

I. Les repas. Ecoutez encore une fois les quatre interviews, puis complétez le tableau suivant. Si l'interview ne donne pas les renseignements nécessaires pour remplir une case, mettez-y un X.

Vocabulaire utile

ROBIN CÔTÉ: **rôties** *(toasts, French Canadian expression)*, **casse-croûte** *(snack)*, **boîte** *(nightclub)*, **morceau** *(bite)*

VÉRONICA ZEIN: **vers les alentours de** *(about)*, **on s'assoit** *(we sit down [at the table])*, **soit... soit...** *(either . . . or . . .)*, **douée** *(talented)*

NEZHA LE BRASSEUR: **bonne** (maid), **couscous** *(dish made with semolina, meat, and vegetables)*

HENRI GAUBIL: **c'est-à-dire** *(that is to say)*, **de bonne heure** *(early)*, **sauf** *(except)*, **en déplacement** *(traveling)*, **potage** *(soup)*, **arrosé** *(washed down)*

	Robin Côté	Véronica Zein	Nezha Le Brasseur	Henri Gaubil
Nombre de repas par jour				
Petit déjeuner				
Déjeuner				
Dîner				
Autre(s) repas				

Nom ______________________ Date ______________

Et vous?

FICHE VOCABULAIRE

LES REPAS

les repas *(m. pl.) meals*
- le repas principal *main meal*
- un repas copieux *heavy meal*
- un repas léger *light meal*
- un repas équilibré *well-balanced meal*

le petit déjeuner *breakfast*
le déjeuner *lunch*
le dîner *dinner*

un snack (un casse-croûte)
un (petit) en-cas *quick meal, snack*
un goûter *afternoon snack*
quelque chose de léger *something light*
quelque chose de rapide *something fast*
manger un petit quelque chose *to eat a little something*
boire quelque chose *to have something to drink*
- je bois, tu bois, il/elle/on boit, nous buvons, vous buvez, ils/elles boivent

manger (un morceau) sur le pouce *to have a bite (standing up)*
grignoter *to snack*

avoir faim *to be hungry*
- crever de faim *to be dying of hunger*
- je crève, tu crèves, il/elle/on crève, nous crevons, vous crevez, ils/elles crèvent

avoir soif *to be thirsty*
- mourir de soif *to be dying of thirst*
- je meurs, tu meurs, il/elle/on meurt, nous mourons, vous mourez, ils/elles meurent

dîner en famille *to eat with your family*
retrouver un(e) ami(e) pour déjeuner (dîner) *to meet a friend for lunch (dinner)*
manger seul(e) *to eat alone*
sortir dîner *to go out to eat*
- au restaurant
- dans un restaurant chinois (mexicain, japonais, etc.)
- au restaurant universitaire
- dans une cafétéria
- dans un bistrot *at a restaurant-bar*
- dans un fast-food
- à la terrasse d'un café *at a sidewalk café*
- à un kiosque *at a street stand*

combien de fois... par jour (semaine, mois) *how many times . . . a day (week, month)*
- une fois, deux fois... plusieurs fois *once, twice . . . several times*

d'habitude *usually*
normalement *normally*
la plupart du temps *most of the time*
quelquefois *sometimes*
de temps en temps *from time to time*

A quelle heure... ? *What time . . . ?*
- à... heure(s) *at . . . o'clock*
- vers... heure(s) *around . . . o'clock*

en (dans la) semaine *during the week*
- le lundi, le mardi, etc. *on Mondays, on Tuesdays, etc.*

le week-end *on the weekend*
avant d'aller à l'université (au travail) *before going to school (to work)*
après les cours (le travail) *after school (work)*

ça dépend *that depends*
ça dépend du jour (de l'heure) *that depends on the day (the time)*

faire la cuisine *to cook*
cuisiner *to cook*
préparer les repas *to prepare the meals*

la cuisine traditionnelle *traditional cooking*
la cuisine exotique *exotic or foreign cooking*
- des spécialités *(f. pl.)* africaines (chinoises, italiennes, etc.)

la cuisine bio *organic food*

un(e) bon(ne) cuisinier (cuisinière) *a good cook*

***II. Synonymes et antonymes.** Trouvez dans la Fiche Vocabulaire:

un synonyme de ...

1. snack ______________________
2. d'habitude ______________________
3. cuisiner ______________________
4. de temps en temps ______________________

le contraire de (d')...

5. week-end ______________________
6. avant d'aller au travail ______________________
7. repas léger ______________________
8. dîner à la maison ______________________

***III. Les habitudes alimentaires.** Utilisez des mots et des expressions de la **Fiche Vocabulaire** pour compléter les phrases à propos des habitudes alimentaires des personnes suivantes.

1. André adore faire la cuisine. En particulier, il prépare souvent des plats chinois ou mexicains ou africains. Il aime beaucoup la cuisine ______________________.
2. Chantal n'aime pas dîner seule. Elle préfère ______________________.
3. Alexandre a toujours faim vers 3h ou 4h de l'après-midi. D'habitude, il prend ______________________.
4. Marielle a cours à 9h du matin, mais elle ne se lève jamais avant 8h45. C'est pour ça qu'elle prend rarement ______________________.
5. Pour Lucas et Benjamin, le repas principal, c'est le déjeuner. Par conséquent, le soir ils prennent ______________________.
6. Sarah et Camille ne mangent que des aliments naturels et sans produits chimiques. Les deux amies sont des fanas de cuisine ______________________.
7. Justin a très peu de temps pour déjeuner. C'est pour ça qu'il mange souvent à midi dans ______________________ ou bien dans ______________________.
8. Laurent mange constamment—à toute heure et n'importe où: le matin dans l'autobus, l'après-midi dans la rue, le soir devant le télévision. Il faut dire qu'il aime ______________________.

IV. Quelles sont vos habitudes alimentaires? Choisissez la (les) réponse(s) qui correspond(ent) le mieux à vos habitudes et préférences. Cet exercice vous préparera à participer à la discussion sur ce sujet en cours.

1. Quel est votre repas préféré?

   ___ le petit déjeuner

   ___ le déjeuner

   ___ le dîner

2. Préférez-vous... ?

   ___ dîner seul(e)

   ___ dîner en famille

   ___ dîner avec des amis

Nom ______________________ Date ______________

3. Préférez-vous... ?

___ dîner à la maison

___ dîner au restaurant universitaire

___ sortir dîner

4. Combien de fois par semaine est-ce que vous mangez dans un fast-food?

___ rarement

___ une ou deux fois

___ plusieurs fois

5. Quelle(s) cuisine(s) exotique(s) aimez-vous? [plus d'une réponse possible]

___ la cuisine française

___ la cuisine italienne

___ la cuisine grecque

___ la cuisine chinoise

___ la cuisine japonaise

___ la cuisine mexicaine

___ la cuisine thailandaise

___ la cuisine ______________

6. Qui fait la cuisine chez vous? [plus d'une réponse possible]

___ votre mère

___ votre père

___ votre femme

___ votre mari

___ vous

___ quelqu'un d'autre (______________)

7. A quelle heure est-ce que vous dînez normalement en semaine?

___ avant 6h du soir

___ entre 6h et 8h

___ après 8h

___ Ça dépend du jour.

8. Laquelle des phrases suivantes vous décrit le mieux?

___ Je n'aime pas grignoter.

___ J'aime manger un petit quelque chose de temps en temps.

___ Quelquefois je n'ai pas le temps de prendre un bon repas; je suis obligé(e) de manger sur le pouce.

___ La plupart du temps je peux prendre trois bons repas équilibrés tous les jours.

Nom ______________________________ Date ______________

Contrôle des connaissances

Les questions d'information

TEST

Read the answer, then complete each question with an appropriate interrogative form or expression.

Modèle: —__Où__ est-ce que tu habites?
—J'habite à Boston.

1. —__________________ frères est-ce que tu as?
   —J'ai un frère. Il s'appelle Antoine.
2. —__________________ est-ce que vous partez à l'école le matin, Antoine et toi?
   —On part entre 8h et 8h15.
3. —__________________ vous déjeunez tous les deux à l'école?
   —Oui, d'habitude on mange à la cafétéria.
4. —__________________ vous faites l'après-midi, après les cours?
   —Antoine rentre tout de suite pour faire ses devoirs. Moi, je m'amuse avec des copains.
5. —__________________ réussit mieux à l'école, toi ou Antoine?
   —Antoine, bien sûr. Moi, j'ai raté mon dernier examen de maths…
6. —Tu l'as raté! __________________ tu vas faire?
   —Je vais parler au prof et si ça ne marche pas, je vais essayer de changer de cours.
7. —__________________ est-ce que vous passez le week-end, Antoine et toi?
   —Nous allons souvent chez nos grands-parents. Ils habitent près de Deauville.
8. —__________________ est-ce que vous partez?
   —Généralement, nous partons le samedi, à midi, après nos cours.
9. —__________________ est-ce que vous y allez?
   —D'habitude, nous prenons le train.
10. —__________________ est-ce que vous n'y allez pas en voiture?
    —Parce qu'il y a trop de circulation le dimanche soir, quand nous voulons rentrer. Mes parents préfèrent prendre le train.

See the **Corrigés** at the back of this book for the answers to the **Test.** A perfect score is 10.

- If your score is 8 or above, you've completed **A faire! (1-1).**
- If your score is less than 8, reread the rules for forming questions in the **Rappel** section on page 19; then do **Exercices de révision V, VI,** and **VII.** After correcting these exercises (see the **Corrigés** for the answers), do the **Repêchage** test.

Nom ______________________ Date ______________

RAPPEL

Les questions d'information

When you ask someone a question, you already know, in a general way, what *kind* of answer you're expecting—for example, *yes or no, a piece of information, the name of a person or a thing.*

1. Questions that can be answered with *oui* or *non*

You can get a oui or a non for an answer by:

a. raising your voice at the end of a declarative sentence:

Tu vas au cinéma ce soir?

Ils sont déjà partis?

b. placing est-ce que before the subject and the verb (and raising your voice at the end):

Est-ce que tu vas au cinéma ce soir?

Est-ce qu'ils sont déjà partis?

2. Information questions

You can get specific information—the name of a person or a thing, a time, a place, a reason, etc.—by using an interrogative pronoun.

a. If you wish to find the person who is performing (will perform, has performed) an action, use **qui** + verb; let your voice fall at the end:

Qui est là?

Qui parle?

Qui a fait ce bruit *(noise)*?

b. If you wish to find other types of information, use one of the interrogative expressions listed below, followed by **est-ce que** + subject + verb; your voice falls at the end:

où *(where)*
quand *(when)*
à quelle heure *(what time)*
comment *(how)*
combien de *(how many)*
que *(what)*
pourquoi *(why)*

Où est-ce que tu habites?

Quand est-ce qu'elle va arriver?

A quelle heure est-ce que le train part pour Nice?

Pourquoi est-ce qu'il n'a pas téléphoné?

Comment est-ce que vous allez faire le voyage?

Combien de cours **est-ce que** tu as?

Qu'est-ce que vous cherchez?

To download a tutorial on Interrogatives, go to **www.cengagebrain.com.**

Nom ______________________________ Date ______________

Exercices de révision

***V. Faisons connaissance!** Use the expressions provided to ask questions about your new friend and his/her family.

Modèle: comment / tu / s'appeler
Comment est-ce que tu t'appelles?

Parlons d'abord de toi!

1. combien de frères et de sœurs / tu / avoir

____

2. tu / habiter près du centre-ville

____

3. quand / tu / commencer à apprendre le français *(passé composé)*

____

Maintenant parlons de ta mère!

4. où / elle / travailler

____

5. comment / elle / aller à son travail

____

6. à quelle heure / elle / rentrer le soir

____

7. elle / avoir beaucoup de temps libre

____

Enfin, parlons de toute la famille!

8. qui / parler français dans ta famille

____

9. que / vous / aimer faire pendant les vacances

____

10. pourquoi / vous / ne pas voyager plus souvent

____

***VI. Problèmes au cours de français.** The following exchanges were all heard in French class on a day when things weren't going well for the professor. On the basis of the information provided, choose the appropriate question word or expression to complete the exchange.

1. —__________________ n'a pas fait les devoirs pour aujourd'hui?
—Je ne les ai pas faits, Monsieur.
2. —__________________ est-ce que vous ne les avez pas faits, Jean-Jacques?
—Parce que j'ai dû amener mon copain Raymond à la gare.

3. —__________ est-ce que son train est parti?

—A 9h27, Monsieur.

4. —Et __________ temps __________ il faut pour aller à la gare?

—Une demi-heure au maximum, Monsieur. Mais j'ai eu un petit problème. J'ai enfermé les clés dans la voiture.

5. —Ah, bon. Et __________ est-ce que vous avez réussi à les récupérer?

—J'ai dû demander à un agent de police de m'aider.

6. —Et c'est pour ça que vous n'avez pas fait vos devoirs. Je vois. Eh bien, Marie-Claire, __________ vous avez? Vous êtes toute pâle.

—Je ne me sens pas très bien, Monsieur. Je dois sortir.

7. —Mais, Marie-Claire, __________ est-ce que vous allez?

—Je ne sais pas, Monsieur. Il faut que je parte tout de suite.

8. —Mais __________ est-ce que vous allez revenir?

—Je ne suis pas sûre, Monsieur. Dans deux ou trois jours, peut-être.

9. —Oh là là! Alors, __________ quelqu'un a autre chose à me dire?

—Oui, Monsieur. Vos chaussettes ne sont pas bien assorties. Vous en portez une noire et une bleue!

***VII. Raid en Nouvelle-Zélande.** Complete the following interview with Nanou Gaimard, a young French woman, who, at the age of 29, went on an endurance-type camping trip to New Zealand. Ask a question that would get the information in italics.

—Ça a vraiment été une aventure prodigieuse, ce raid en Nouvelle-Zélande.

1. —______________________________

—Nous avons fait ce raid *en automne, 1988.* Mes compagnons et moi, nous avons quitté la France fin octobre.

2. —______________________________

—Il y avait *sept* personnes—six hommes et moi, la seule femme. Au départ, j'étais un peu triste.

3. —______________________________

—*Parce que je laissais derrière moi mon mari et notre petite fille, Kim.* Mais à part ça, ça a vraiment été une aventure inoubliable.

4. —______________________________

—D'abord, nous sommes allés *à Wellington, la capitale fédérale.* C'est de là que nous avons commencé la partie la plus difficile du voyage.

5. —______________________________

—Nous avons voyagé *à cheval, en raft, en canoë et à pied.* Le terrain était vraiment beau, mais très dur. Nous n'avons pas eu de problèmes pourtant.

6. —______________________________

—Nous avions toujours dans nos sacs *nos sacs de couchage, nos tentes, des vêtements isolants et des rations alimentaires.*

7. —______________________________

—*Gérard Fusil,* notre cameraman, a filmé le voyage.

8. —______________________________

—Nous sommes rentrés en France *fin janvier.*

9. —______________________________

—*Ah, oui.* J'aimerais bien y retourner un jour—avec mon mari et ma fille!

Exercice inspiré d'un article dans *Vital,* no. 102.

Repêchage

Read the answer, then complete the question with an appropriate interrogative form or expression.

Modèle: —Allô, allô? *Qui* est à l'appareil?
—C'est moi, Gabriel. Ça va?
—Oui, ça va. Et toi?

1. —Ça va très bien. Dis donc, ______________ tu vas faire ce week-end?

   —J'espère aller au cinéma avec ma copine Dominique. Nous voulons voir *Le Colonel Chabert.*

2. —Ah, oui, j'en ai entendu parler. ______________ joue dans ce film?

   —Gérard Depardieu et Fanny Ardant.

3. —Fanny Ardant! Oh, je l'adore. ______________ est-ce qu'il s'appelle, le film de Truffaut dans lequel elle a joué?

   —*La Femme d'à côté.* C'est un très bon film.

4. —______________ fois est-ce que tu l'as vu?

   —Trois ou quatre fois. Ça m'a vraiment plu.

5. —J'imagine! Dis-moi, ______________ tu peux aller voir *Le Colonel Chabert* avec nous?

6. —Oui, bien sûr. ______________ est-ce que tu voudrais y aller?

   —Moi, je préfère dimanche. Samedi, je ne peux pas.

7. —______________ est-ce que tu ne peux pas y aller samedi?

   —Parce que je dois voir mon cousin Robert. Il veut me montrer sa nouvelle voiture.

8. —Ah, ______________ il a acheté comme voiture?

   —Une Fiat Uno. Il aime beaucoup les voitures italiennes.

9. —Bon. Eh bien, allons voir le film dimanche après-midi, si tu veux.

   —Ça serait bien. ______________ est-ce qu'on joue *Le Colonel Chabert?*

10. —La première séance est à 14h.

    —Parfait! ______________ est-ce qu'on se retrouve?

    —Devant le cinéma. C'est le plus facile.

See the **Corrigés** at the back of this book for the answers to the **Repêchage** test. The total number of points is 10.

- If you received a score of 8 or better, you have passed the test.
- If you scored below 8, let your instructor know by placing an X in the box at the upper right-hand corner of the re-test. In either case, you've completed **A faire! (1-1)**.

⊙ A faire! (1-2) — Manuel de classe, pages 15–20

- In order to *work further* with the **Et vous?** vocabulary, do **Ecrivez!**, Exercise VIII.
- In order to *follow-up* on the **Magazine Culture,** do Exercises IX and X.
- In order to *learn* about additional ways of asking questions, read the explanations on pages 25–28 and do Exercises XI, XII, XIII, and XIV.

Quant à moi…

Ecrivez!

VIII. A vous de répondre. Maintenant c'est vous qui allez répondre aux questions qu'on a posées aux Français et aux Francophones. Répondez à chaque question par plusieurs phrases en donnant tous les détails nécessaires. Vous pouvez consulter la **Fiche Vocabulaire** (p. 15), si vous voulez. Utilisez une autre feuille de papier.

1. Combien de fois par jour est-ce que vous mangez? A quelle(s) heure(s)? Où? Avec qui?
2. Qui prépare les repas chez vous? Toujours? Quelles sont ses (leurs) spécialités?
3. Vous allez souvent au restaurant? En semaine? Le week-end? Quel(s) type(s) de restaurant(s) préférez-vous?

Magazine Culture Les modèles alimentaires français et américains

***IX. Comparaisons: la France et les Etats-Unis** En vous basant sur ce que vous avez appris de l'étude décrite dans le **Magazine Culture** (**Manuel de classe,** pp. 15–17), indiquez si les constatations font référence à la France ou aux Etats-Unis.

	France	*Etats-Unis*
1. C'est le pays qui est renommé pour sa cuisine.	X	
2. 21% de la prise de calories se fait hors-repas.		
3. 9 personnes sur 10 prennent chaque jour un déjeuner.		
4. 10% de la prise de calories se fait hors-repas.		
5. Le dîner se prend normalement entre 17h et 18h30.		
6. La prise d'en-cas est élevée.		
7. La convivialité y est une caractéristique de l'alimentation.		
8. On y a une conception fonctionnelle de l'alimentation.		
9. 14,5% des adultes sont obèses.		
10. Dans ce pays, la tendance au grignotage est peut-être responsable du taux élevé d'obésité.		

Nom ______________________________ Date ______________

X. Internet: Où mangent les Français? Faites des recherches sur Internet pour trouver des renseignements sur les restaurants en France. Trouvez au moins quatre articles ou sites qui vous intéressent, puis résumez brièvement (en français ou en anglais) ce que vous avez appris.

Moteurs de recherche: www.google.fr, www.google.com, www.voila.fr, www.lycos.fr, www.youtube.com

Mots-clés en français: restaurants, France / restaurants, Paris / restaurants, fast-food / bistrots / bistrots, Paris / restauration rapide, France, histoire / consommation de vin, France / consommation d'eau minérale, France / cafés, France

Mots-clés en anglais: restaurants, France / restaurants, Paris / fast food, France / bar restaurants, France / fast food, France, history / wine consumption, France / mineral water consumption, France / cafés, France

Mot-clé utilisé	Ce que j'ai appris
1. ______________	______________
2. ______________	______________
3. ______________	______________
4. ______________	______________

Nom ______________________ Date ______________

Fonction

Comment se renseigner 1

→ L'inversion

The basic question forms that you reviewed in **A faire! (1-1)** involved, for the most part, a question word followed by **est-ce que** and a subject-verb combination:

Quand est-ce que les Bianchi vont arriver?
Pourquoi est-ce que Mathilde n'a rien dit?

In certain circumstances, however, rather than using **est-ce que** and normal word order (i.e., subject + verb), it's possible to leave out **est-ce que** and to invert the word order (i.e., verb + subject). In this **Fonction,** you will study two such patterns.

1. Question word + verb + noun

This interrogative pattern often occurs with short questions using very common verbs:

Comment vont tes parents?
A quelle heure part le train pour Paris?
Comment s'appelle sa cousine?

This structure is required when the verb is **être.**

Où sont mes bottes?
Comment est leur nouvel appartement?

***XI. Petites questions...** Utilisez l'inversion et le verbe entre parenthèses pour poser des questions...

... à propos d'un film
Demandez:

1. le nom du film (s'appeler)
   Comment s'appelle le film?
2. l'heure du film (commencer)
   ____
3. l'endroit où se trouve *(location)* le cinéma (être)
   ____
4. le prix des billets (coûter)
   ____

... à propos d'une jeune fille
Demandez:

5. le nom de la jeune fille (s'appeler)
   ____
6. l'endroit où se trouve son école (se trouver)
   ____
7. l'heure où les cours finissent à son école (finir)
   ____

... à propos d'un jeune garçon
Demandez:

8. le travail de ses parents (faire)

____

9. le lieu de travail *(workplace)* de son père (travailler)

____

10. les heures de travail de sa mère (travailler)

____

2. Question word + verb + pronoun

Inversion can also be used when the subject is a pronoun. This type of inversion is found in some frequently asked questions. Note that the verb is **connected** to the following subject by a hyphen.

Comment allez-vous?
Où vas-tu?
Quelle heure est-il?
Que faites-vous?
Quel temps fait-il?
Que veut-elle?

Inversion is also found in more formal French—in writing, in speeches, in public interviews. Note that when a pronoun that begins with a vowel follows a verb that ends in a vowel, **-t-** is added, both in writing and in speaking.

Depuis combien de temps parlez-vous français, Monsieur?
Où va-t-elle?
Pourquoi mange-t-on à 5h de l'après-midi?

Un petit truc

Le français parlé

You may have already noticed that, in very informal spoken French, there is a tendency to avoid both inversion and **est-ce que** when asking a question by putting the interrogative expression at the end of the sentence and using intonation to mark the question. Stress pronouns **(moi, toi, lui, elle, nous, vous, eux, elles)** are frequently used.

Tu vas où, toi?
Elles parlent à qui?
Il a quel âge, lui?
Ils cherchaient quoi?

And, in some instances, very familiar French uses sentence order that disregards accepted grammatical rules.

Où tu vas, toi?
Comment elle s'appelle, ta cousine?
Combien vous avez de voitures, vous?

***XII. Un questionnaire.** La SNCF (Société nationale des chemins de fer) organise de temps en temps des enquêtes pour mieux connaître les habitudes et les besoins de sa clientèle. Vous préparez un questionnaire destiné aux gens qui voyagent accompagnés (c'est-à-dire, qui ne voyagent pas seuls). Utilisez l'inversion pour poser des questions qui s'adressent au voyageur (à la voyageuse).

Modèle: où il (elle) habite
Où habitez-vous?

1. le nombre de fois par an qu'il/elle prend le train

____

2. s'il/si elle est de nationalité française

____

3. à quelle heure il/elle est monté(e) dans le train où il/elle se trouve

____

4. où il/elle va

____

5. d'où il/elle vient

____

6. où il/elle s'est procuré son billet

____

7. combien de temps il/elle a été ou va être absent(e) de son domicile

____

8. s'il/si elle a apporté quelque chose à manger et à boire ou s'il/si elle compte acheter quelque chose dans le train

____

9. quand il/elle va prendre probablement le train une nouvelle fois

____

____

→ Les équivalents français de l'expression interrogative anglaise *what?*

Speakers of English often have trouble finding the French equivalent for the English question word *what?* The problem arises because French requires **que** (or **qu'est-ce que**) in some situations and **quel** (**quelle, quels, quelles**) in others.

1. Que (*or* Qu'est-ce que)

Use **que** (or **qu'est-ce que**) when you are looking for a *general* answer to the question *what?,* but you have no idea what the exact answer will be.

Que cherchez-vous?
Qu'est-ce qu'ils regardent?

The answers to these questions could vary widely: **Nous cherchons un hôtel. Nous cherchons l'entrée du Louvre. Nous cherchons le gant que j'ai perdu. / Ils regardent un film. Ils regardent le journal. Ils regardent un chimpanzé.**

2. Quel (Quelle, Quels, Quelles)

Use a form of **quel** to ask the equivalent of the question *what?* when you already have an *idea* of the *answer*. This type of question usually involves:

a. a *choice*
Quel hôtel préférez-vous à Grenoble—le Splendide ou le Novotel?
Quelle ville est-ce que vous voulez visiter d'abord—Dakar ou Saint-Louis?

In this case, **quel** can be translated into English as *which*.

b. a *category*
Quelle est la capitale du Mali?
Quel est ton numéro de téléphone?
Quels sont tes cours préférés?

In each case, the answer is limited to a particular category—a city or a telephone number or the names of courses. Note that **quel** is almost always used if the verb is **être**.

XIII. *Que* ou *quel? Traduisez les phrases suivantes en français en faisant attention à la distinction entre **que (qu'est-ce que)** et **quel(le)(s)**.

1. What did you buy?
   ____
2. What (Which) vegetables do you prefer?
   ____
3. What's the population of Paris?
   ____
4. What are you looking at?
   ____
5. What's the weather like in Brest?
   ____
6. What grade did you get on the exam?
   ____
7. What's the name of the president of Senegal?
   ____
8. What are the dates of our vacation?
   ____
9. What time is it?
   ____
10. Which teachers do you prefer?
    ____

Nom ______________________ Date ______________

***XIV. Une jeune Sénégalaise aux Etats-Unis.** Votre famille va accueillir une jeune Sénégalaise qui fait partie d'un groupe d'élèves africains en voyage aux Etats-Unis. Préparez des questions que vous pourriez lui poser à son arrivée pour obtenir les renseignements suivants. Utilisez les expressions **où, quel** ou **qu'est-ce que,** et mettez le sujet et le verbe à la place convenable. Demandez-lui:

1. son nom de famille

____

2. son prénom

____

3. son adresse au Sénégal

____

4. où se trouve *(where is)* la ville de Ziguinchor

____

5. le numéro de téléphone de ses parents

____

6. le travail de ses parents (utilisez le verbe **faire**)

____

7. l'âge de son frère

____

8. la population du Sénégal

____

9. les principaux sports pratiqués au Sénégal

____

10. ce qu'elle mange le matin au Sénégal

____

11. les fruits et les légumes qu'elle aime

____

12. ce qu'elle aimerait faire aux Etats-Unis

____

⊙ A faire! (1-3) — Manuel de classe, pages 21–25

- To *work again* with the **Témoignages** you heard in class, listen to Tracks 9–11 of CD1 and do Exercise XV.
- In *preparation* for talking about food, study the **Fiche Vocabulaire** and do Exercises XVI and XVII.
- In order to *learn* to ask questions using prepositions, read the explanation on pages 33–34 and do Exercises XVIII, XIX, and XX.

Nom ______________________ Date ______________

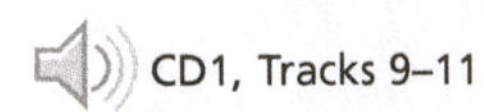

Quant à moi...

Témoignages: «Qu'est-ce que vous aimez manger?»

CD1, Tracks 9–11

***XV. Qui mange quoi?** Ecoutez encore une fois les trois interviews, puis indiquez le(s) témoin(s) qui mangent les aliments mentionnés.

Vocabulaire utile

MIREILLE SARRAZIN: féculent *(starchy food)*, charcuterie *(cold cuts)*, quelconque *(any)*

DOVI ABE: mil *(millet, a grain)*, lait caillé *(milk with curds)*, miel *(honey)*, emplois du temps des uns et des autres *(everyone's daily schedules)*, arachide *(peanut)*, séché *(dried)*, épices *(spices)*, ail *(garlic)*, gingembre *(ginger)*, clous de girofle *(cloves)*

DELPHINE CHARTIER: fait griller *(toasts, grills)*, pain de mie *(sliced white bread in a loaf)*, salade composée *(mixed salad)*, réunie *(together)*, cuisine davantage *(cook more)*, concombres *(cucumbers)*, mélange *(mixture)*, compote de fruits *(fruit sauce)*, noix *(nuts)*, serré *(pressed)*

1. manger des toasts (pain, beurre et/ou confiture) le matin

   ____

2. prendre un jus de fruit le matin

   ____

3. manger une cuisine faite avec beaucoup d'épices

   ____

4. manger du poisson au déjeuner

   ____

5. déjeuner parfois dans un restaurant chinois

   ____

6. ne jamais manger entre les repas

   ____

7. préparer de la viande avec des fruits

   ____

8. manger de la soupe le soir

   ____

9. manger de la salade avec des noix, des fruits et parfois du fromage

   ____

10. manger souvent en famille

   ____

Nom ______________________ Date ______________

Et vous?

Un petit truc

Although this vocabulary list contains a large number of words, many of them you already know—either as cognates or from your previous study of French. In addition, you're NOT expected to be able to produce orally or in writing every item in the list. You should concentrate primarily on those foods that apply to you—to your eating habits, to your likes and dislikes. You can then try to at least recognize the categories to which some of the other words apply. In any case, since the **Fiches Vocabulaire** are organized thematically, you can always come back to them if you need particular words.

FICHE VOCABULAIRE

L'ALIMENTATION

la viande
- du bœuf
- du mouton (de l'agneau)
- du porc
- du veau

la volaille *poultry*
- du canard (de la cannette) *duck (duckling)*
- de la dinde (du dindon) *turkey*
- du poulet

le poisson
- un poisson d'eau douce / de rivière *freshwater fish*
- un poisson de mer *saltwater fish*
- du saumon *salmon*
- une sole
- une truite *trout*

les crustacés *(m.) shellfish*
- du crabe
- des crevettes *(f.) shrimp*
- du homard *lobster*
- des langoustines *(f.) prawns*
- des moules *(f.) mussels*

les pâtes (f.) et le riz *(rice)*
- des macaronis *(m.)*
- des nouilles *(f.) noodles*
- du riz sauvage *wild rice*
- des spaghettis *(m.)*

les légumes *(m.)*
- des artichauts *(m.) artichokes*
- des aubergines *(f.) eggplants*
- des brocolis *(m.)*
- des carottes *(f.)*
- du chou *cabbage*
- du chou-fleur *cauliflower*
- des concombres *(m.)*
- des courgettes *(f.) zucchinis*
- des haricots verts *(m.)*
- du maïs *corn*
- des oignons *(m.)*
- des petits pois *(m.)*
- des poivrons verts *(m.) green peppers*
- des pommes de terre *(f.)*
- des radis *(m.)*
- de la salade / de la laitue
- des tomates *(f.)*

les fruits *(m.)*
- des abricots *(m.) apricots*
- des ananas *(m.) pineapples*
- des bananes *(f.)*
- des cerises *(f.) cherries*
- des citrons *(m.) lemons*
- des fraises *(f.) strawberries*
- des framboises *(f.) raspberries*
- des oranges *(f.)*
- des pamplemousses *(m.) grapefruits*
- des pêches *(f.)*
- des poires *(f.)*
- des pommes *(f.)*
- des pruneaux *(m.) prunes*
- des prunes *(f.) plums*
- du raisin *grapes*

les produits laitiers *(m.) dairy*
- du beurre
- de la crème
- du fromage (du brie, du camembert, du chèvre, du gruyère)
- de la glace *ice cream*
- du lait
- de la margarine
- un yaourt

les assaisonnements *(m.) seasonings*
- de l'ail *(m.) garlic*
- de l'huile *(f.) salad oil*
- du ketchup
- de la mayonnaise
- de la moutarde
- du persil *parsley*
- du poivre *pepper*
- du sel
- du vinaigre

Autres expressions
- des plats préparés *(m.) precooked meals*
- des produits (m.) bios *organic foods*
- en boîte *canned*
- en conserve *canned*
- frais / fraîche *fresh*
- surgelés *frozen*
- du sucre *sugar*
- un édulcorant de synthèse *artificial sweetener*

Un petit truc

You will notice that these food words are most often used with either an indefinite or a partitive article **(un, une, des, du, de la, de l')**. However, when following verbs that have a general sense (for example, **aimer, détester**), you must remember to use a definite article **(le, la, l', les)**.

Nom ______________________________ Date ______________

***XVI. Trouvez l'intrus.** Dans chaque série il y a un aliment qui n'appartient pas à la même catégorie que les autres. Identifiez la catégorie générale puis encerclez l'aliment qui n'y appartient pas.

Catégories: **les assaisonnements / les crustacés / les fruits / les légumes / les pâtes et le riz / les poissons / les produits laitiers / la viande / la volaille**

1. ______________________________
   de la crème / du beurre / de l'huile / un yaourt / du fromage / de la glace
2. ______________________________
   du poulet / du veau / du canard / de la dinde
3. ______________________________
   des pêches / du raisin / des pamplemousses / des poivrons verts / des framboises / des pruneaux / des cerises
4. ______________________________
   une truite / des crevettes / des langoustines / du crabe / du homard
5. ______________________________
   du poivre / de l'ail / de la moutarde / de la mayonnaise / du vinaigre / de l'agneau
6. ______________________________
   du bœuf / du dindon / du mouton / du porc
7. ______________________________
   des nouilles / du riz sauvage / du sel / des spaghettis
8. ______________________________
   des petits pois / des aubergines / du chou / des pommes de terre / des ananas / des artichauts / des courgettes
9. ______________________________
   du saumon / une sole / une truite / du persil

XVII. Les plaisirs (ou les déplaisirs) de la table. Répondez aux questions au sujet de ce que vous aimez ou n'aimez pas manger en consultant la **Fiche Vocabulaire.** Si un mot qu'il vous faut ne figure pas dans cette liste, vous pouvez le chercher dans un dictionnaire anglais-français.

1. Qu'est-ce que vous mangez le plus souvent—de la viande, de la volaille, du poisson ou des crustacés?

   ____

   Et le moins souvent?

   ____

   Pourquoi?

   ____

2. Quelle viande et quel type de volaille est-ce que vous aimez le plus?

   ____

   Y en a-t-il que vous n'aimez pas?

   ____

Nom ______________________ Date ______________

3. Si vous mangez du poisson, lequel choisissez-vous?

____

____

4. Quels crustacés avez-vous déjà mangés?

____

5. Quels sont vos légumes préférés?

____

____

Lesquels n'aimez-vous pas du tout?

____

6. Quels fruits est-ce que vous mangez chez vous?

____

____

7. Avec quoi est-ce que vous assaisonnez les plats que vous mangez?

____

Fonction

Comment se renseigner 2

→ Les questions avec préposition

English speakers have a tendency to put prepositions at the end of a question:

Who(m) were you talking *to*? Where do they come *from*?
What can I put the flowers *in*? What courses did you register *for*?

In French, however, as you've probably already noticed in certain fixed question forms (**à quelle heure? de quelle couleur?**), the preposition remains attached to the interrogative expression it accompanies. Therefore, prepositions in question forms are normally placed at the beginning of the sentence:

A qui parlais-tu? **D'où** viennent-ils?
Dans quoi est-ce que je peux mettre les fleurs?
A quels cours est-ce que vous vous êtes inscrits?

After an interrogative expression with a preposition you may use either **est-ce que** and normal word order or inversion:

preposition +	**qui** **quoi** **où** **quel(le)(s)** **combien de temps**	+ **est-ce que** + subject + verb? or + verb + subject?

You may find it useful to memorize frequently used question forms:

- questions about people: **à qui / avec qui / pour qui / chez qui**
- questions about things: **à quoi / dans quoi / avec quoi**
- fixed expressions: **à quelle heure / de quelle couleur / en quelle année**

Nom ______________________________ Date ______________

Un petit truc

Les verbes et les prépositions

In many cases, French and English verbs with prepositions are constructed similarly (for example, **parler A** = *to speak TO* / **avoir peur DE** = *to be afraid OF*); however, in some cases, the use of prepositions differs (**regarder** [no preposition] = *to look AT*). It's a good idea to learn to associate French verbs with (or without) a preposition. Here are some useful categories:

- Verbs usually followed by a preposition and a *person:*
  parler à / téléphoner à / demander (qqch) à / donner (qqch) à / montrer (qqch) à / dire (qqch) à / écrire (qqch) à / envoyer (qqch) à
- Verbs usually followed by a preposition and a *thing:*
  avoir besoin de / il s'agit de / jouer à (+ sport) / jouer de (+ instrument) / discuter de
- Verbs usually followed by a preposition and either a *person* or a *thing:*
  parler de / avoir peur de / penser à / répondre à
- Verbs NOT followed by a preposition in French but used with a preposition in their English equivalents:
  regarder / chercher / écouter / attendre

***XVIII. Comment?** A cause du bruit, vous avez du mal à entendre. Faites répéter votre interlocuteur / interlocutrice en posant une question qui porte sur les mots en italique. Vous pouvez utiliser **est-ce que** ou l'inversion.

Modèle: Et puis elle a demandé *à Jean-Luc* de sortir.
Comment? A qui est-ce qu'elle a demandé de sortir? ou
Comment? A qui a-t-elle demandé de sortir?

1. Samedi dernier, je suis allée au cinéma *avec mon amie Sylvie.*

   ____

2. Mon frère est allé en ville. Il a besoin *d'une nouvelle montre.*

   ____

3. L'autre jour j'ai parlé *à la cousine de Catherine.*

   ____

4. Leur avion doit arriver *à 15h45.*

   ____

5. Christian a trouvé un job. Il va travailler *pour le père d'Anne-Marie.*

   ____

6. Dans le film *La Liste de Schindler*, il s'agit *des efforts d'un industriel allemand pour sauver ses ouvriers juifs.*

   ____

7. Mon père vient d'acheter une voiture. C'est une Mégane. Elle est *grise.*

   ____

8. Les enfants ne sont pas là. Ils passent la nuit *chez leur grand-mère.*

   ____

9. Oh, je m'excuse. Je ne t'écoutais pas. Je pensais *à tout le travail qui me reste.*

____

10. Oui, tous les enfants jouent d'un instrument de musique. Mireille joue du piano, Xavier joue *du trombone* et…

____

11. Ma mère prépare de l'agneau avec de l'huile d'olive, de la feta (un fromage grec) et de la sauge *(sage)*. Puis elle le fait cuire *dans des «papillotes» d'aluminium.*

____

12. Comment? Tu aimes les poivrons? Eh bien, tu peux les farcir *(to stuff) avec du porc, du riz, de l'oignon et de l'ail.*

____

XIX. Vous devinez…** ***(You guess . . .) Vous pouvez lire dans la tête des gens simplement en les regardant. Par conséquent, vous n'hésitez pas à poser une question fondée sur ce que vous devinez. (Si vous parlez à un[e] ami[e] ou à un[e] camarade de classe, utilisez **tu** et **est-ce que;** si vous parlez à quelqu'un que vous ne connaissez pas, utilisez **vous** et l'inversion.)

Modèle: Vous voyez une femme. Vous devinez immédiatement qu'elle a peur de quelque chose.
Pardon, Madame. De quoi avez-vous peur?

1. Vous voyez un homme. Il vous semble avoir besoin de quelque chose.

____

2. Vous parlez à un(e) ami(e). Vous savez qu'il/elle pense à quelque chose.

____

3. Votre ami est en train de regarder le programme de télévision de la soirée. Vous devinez qu'il s'intéresse à une émission particulière.

____

4. Vous parlez avec votre camarade de chambre. Vous comprenez qu'il/elle ne veut pas passer la soirée chez vous, mais chez quelqu'un d'autre.

____

5. Vous parlez avec votre petit(e) ami(e). Vous avez l'impression qu'il/elle a envie de téléphoner à quelqu'un.

____

6. Vous regardez un camarade de classe qui ne fait rien du tout. Vous pensez qu'il préférerait être dans un autre cours.

____

7. Vous voyez une femme à l'extérieur d'un grand immeuble. Vous êtes sûr(e) qu'elle sait à quel étage se trouve l'appartement de vos amis, les Portier.

____

8. Vous voyez un monsieur très distingué à l'aéroport. Il vous semble qu'il va dans un pays étranger.

____

Nom ______________________________ Date ______________

***XX. Questions.** Vous allez demander le même renseignement à deux personnes différentes: (a) à une personne plus âgée que vous et (b) à un(e) ami(e). Utilisez les verbes suggérés et adaptez la forme de la question pour tenir compte de la personne à qui vous vous adressez. **Attention!** L'astérisque (*) signale que le verbe *n'est pas* suivi d'une préposition.

Modèles: montrer le cadeau
a. *A qui avez-vous montré (allez-vous montrer) le cadeau?*
b. *A qui est-ce que tu as montré (vas montrer) le cadeau?*

attendre*
a. *Qui attendez-vous?* ou *Qu'attendez-vous?*
b. *Qui est-ce que tu attends?* ou *Qu'est-ce que tu attends?*

1. téléphoner
a. ______________________________
b. ______________________________

2. avoir besoin
a. ______________________________
b. ______________________________

3. chercher*
a. ______________________________
b. ______________________________

4. jouer
a. ______________________________
b. ______________________________

5. parler
a. ______________________________
b. ______________________________

6. regarder*
a. ______________________________
b. ______________________________

⊙ A faire! (1-4) — Manuel de classe, pages 26–34

- As a *follow-up* to work done in class, do **Ecrivez!**, Exercise XXI.
- To *work again* with the information in the **Magazine Culture**, do Exercise XXII and, if assigned, the Internet activity (Exercise XXIII).
- As a *review* of the question forms studied so far, do Exercise XXIV.

Nom ______________________________ Date ______________

Quant à moi...

Ecrivez!

XXI. Qu'est-ce que vous aimez manger? Rédigez un paragraphe dans lequel vous décrivez vos préférences alimentaires. Parlez de ce que vous mangez normalement le matin, à midi, le soir en semaine et le week-end. Consultez la **Fiche Vocabulaire** (p. 31). Utilisez une autre feuille de papier.

Magazine Culture *Que mangent les Francophones?*

***XXII. Vrai ou faux?** Consultez le **Magazine Culture** dans le **Manuel de classe** et dites si les idées suivantes sont vraies (V) ou fausses (F). Si une idée est fausse, corrigez-la.

La cuisine francophone

1. _____ La cuisine francophone varie peu de région en région.

____

La cuisine sénégalaise

2. _____ A Dakar on peut savourer des cuisines internationales et aussi des plats traditionnels du Sénégal.

____

3. _____ Les cuisiniers sénégalais utilisent souvent du riz, du mil et de l'huile d'arachide.

____

4. _____ La plupart des fruits qu'on mange au Sénégal viennent d'autres pays.

____

5. _____ On ne mange pas de fast-food au Sénégal.

____

6. _____ Au Sénégal on mange à table ou par terre.

____

7. _____ Au Sénégal plusieurs personnes mangent dans la même assiette.

____

8. _____ Au Sénégal on mange avec une fourchette et un couteau.

____

9. _____ Après un repas au Sénégal, on sert trois thés, chacun plus sucré que le précédent.

____

La poutine québécoise

10. _____ La poutine consiste en des pommes frites accompagnées de grains de fromage et d'une sauce brune.

____

11. _____ On ne mange jamais de poutine à la maison.

____

12. _____ Il y a des gens qui croient que la poutine aide à mieux digérer après avoir trop bu.

____

La cuisine antillaise

13. _____ Il n'y a pas de trace des premiers occupants de la Martinique et de la Guadeloupe (les Arawaks) dans la cuisine antillaise d'aujourd'hui.

____

14. _____ La cuisine antillaise reflète l'influence des esclaves venus d'Afrique, des Indiens venus des Indes et des voyageurs européens.

____

15. _____ Le ti-punch qu'on sert avant les repas (et à d'autres moments de la journée) est une boisson alcoolisée.

____

XXIII. Internet: Que mangent les Francophones? Faites des recherches pour trouver des renseignements supplémentaires sur l'alimentation dans les régions francophones. Trouvez au moins quatre articles ou sites qui vous intéressent, puis résumez brièvement (en français ou en anglais) ce que vous avez appris.

Moteurs de recherche: www.google.fr, www.google.com, www.voila.fr, www.lycos.fr, www.youtube.com

Mots-clés en français: cuisine + adjectif (cuisine algérienne / cuisine antillaise / cuisine belge / cuisine camerounaise / cuisine francophone / cuisine ivoirienne / cuisine luxembourgeoise / cuisine marocaine / cuisine polynésienne / cuisine québécoise / cuisine sénégalaise / cuisine tunisienne / cuisine vietnamienne); plats ou endroits mentionnés dans le Magazine (tiéboudienne / mafé / dibiteries / chawarma / poutine / accras / colombos / ti-punch / roulottes / alokodromes)

Mots-clés en anglais: cuisine + country name (cuisine, Algeria / cuisine, Belgium / cuisine, Cameroon / cuisine, Caribbean / Francophone cuisine / cuisine, Ivory Coast / cuisine, Luxembourg / cuisine, Morocco / cuisine, Polynesia / cuisine, Quebec / cuisine, Senegal / cuisine, Tunisia / cuisine, Vietnam)

Mot-clé utilisé	Ce que j'ai appris
1. ______________	______________
2. ______________	______________
3. ______________	______________
4. ______________	______________

Nom ______________________ Date ______________

REPRISE

Les expressions interrogatives

XXIV. Une enquête. Préparez des questions que vous pourriez poser à d'autres étudiants afin de vous renseigner sur leurs habitudes alimentaires. D'abord, utilisez le verbe donné pour vous renseigner à propos du sujet entre parenthèses. Ensuite, inventez au moins *quatre* autres questions. Utilisez une autre feuille de papier et *apportez vos questions en cours.*

Modèle: s'appeler (nom)
Comment est-ce que tu t'appelles? ou *Comment t'appelles-tu?*

1. avoir (âge)
2. habiter (résidence)
3. prendre (heures des repas)
4. manger (le matin)
5. déjeuner (compagnons)
6. aimer (fruits)
7. ne pas aimer (légumes)
8. dîner (type de restaurant)
9. préparer (chez vous)
10. servir (les jours de fête)
11. boire (avec les repas)
12. ???
13. ???
14. ???
15. ???

⊙ A faire! (1-5)

Manuel de classe, pages 34–36

- To *work again* with the **Témoignages** you heard in class, listen to CD1, Tracks 12–14 and do Exercise XXV.
- In *preparation* for talking about hunger, study the **Fiche Vocabulaire** and do Exercises XXVI and XXVII.
- In order to *learn* how to use negative expressions, read the explanation on pages 42–43 and do Exercises XXVIII, XXIX, XXX, and XXXI.

Nom ________________________________ Date ________________

Quant à moi...

Témoignages: «La faim est-elle un problème dans votre pays?»

CD1, Tracks 12–14

***XXV. La faim: un problème?** Ecoutez encore les trois interviews, puis complétez le tableau.

Vocabulaire utile

ANNE-MARIE FLOQUET: meurent *(die)*, en dessous du seuil de la pauvreté *(below the poverty line)*, sans-abri *(homeless)*, Coluche *(popular French actor-comedian)*, Restos du Cœur *(organization providing food for the hungry)*, lancée *(started, launched)*, fondées *(founded)*, l'Abbé Pierre *(Catholic priest known for his aid to the homeless)*, se rendre compte *(to realize)*

CORINNE BERNIMOULIN-SCHMID: phénomène *(phenomenon)*, lointains *(far away)*, gros ventres *(big stomachs)*, bras très maigres *(very thin arms)*, collectes *(fundraising drives)*, courses *(races)*, promesses de dons *(pledges)*, amassent *(raise, collect)*, reverser *(to give, transfer)*

CHRISTOPHE MOURAUX: instituteur *(elementary school teacher)*, atteint *(reach)*, souffrent *(suffer)*, chiffre précis *(exact number)*, de trop *(too many)*, allocations chômages *(unemployment benefits)*, sans but lucratif *(non-profit)*, Armée du Salut *(Salvation Army)*, vivres *(food)*, denrées alimentaires *(foodstuffs)*

	Anne-Marie Floquet	Corinne Bernimoulin-Schmid	Christophe Mouraux
Pays d'origine			
La faim: un gros problème?			
Un petit problème?			
Pas de problème?			
Ce qu'on fait pour aider les gens qui ont faim			

Et vous?

FICHE VOCABULAIRE

LA FAIM

la faim
- avoir faim
- souffrir de la faim
- mourir de faim / mourir d'inanition *to starve to death*

la malnutrition / la sous-alimentation
- être mal nourri(e)(s) *to be malnourished, not eat a healthy diet*
- être sous-alimenté(e)(s) *to be undernourished, not have enough food*

la famine
- manquer de nourriture *to lack food*
- les causes principales
- les catastrophes naturelles
- les inondations *(f. pl.) floods*
- les tremblements de terre *(m. pl.) earthquakes*

la sécheresse *drought*
les guerres *(f. pl.)*
les problèmes économiques *(m. pl.)*
aider les gens qui ont faim
des initiatives publiques / des organismes gouvernementaux
des initiatives privées / des associations non gouvernementales

des banques alimentaires *(f. pl.) food pantries*
des Restos du Cœur *(m. pl.) food kitchens*
des téléthons *(m. pl.)*
des collectes *(f. pl.) fund-raising drives*
des concerts *(m. pl.)*
distribuer des vivres *(m. pl.) to give out food*
réunir des fonds *(m. pl.) to raise money*

***XXVI. La faim mondiale.** Trouvez dans la **Fiche Vocabulaire** des mots et des expressions pour compléter les phrases.

1. Certaines personnes croient que ______________ est un problème mondial; d'autres trouvent que c'est surtout un problème dans les pays en voie de développement.
2. Plus de 800 millions de personnes souffrent ______________; chaque jour des milliers d'enfants meurent ______________.
3. En Afrique 16 millions de personnes sont menacées de ______________ pour cause de ______________ (l'absence de pluies abondantes) et de ______________ (conflits armés détruisant des terres et créant des réfugiés).
4. Dans certains pays, des associations ______________ essaient de distribuer des ______________ aux gens qui ______________.
5. Dans les pays développés, des initiatives ______________ et ______________ viennent à l'aide des gens: on crée des ______________ et des ______________ où les plus démunis *(the poor)* peuvent trouver à manger; on organise des ______________ et des ______________ pour réunir des fonds.

XXVII. Chez vous. Répondez aux questions suivantes en songeant à la région où vous habitez.

1. Dans votre région, la faim est-elle un gros problème? Un petit problème? Pas un problème? Expliquez.

____

____

____

2. Quelles initiatives prend-on dans votre région pour venir en aide aux gens qui ont faim?

____

____

____

3. Avez-vous participé à quelques-unes de ces initiatives? Comment?

____

____

Nom ________________________ Date ____________

Fonction

Comment exprimer la négation

In addition to **ne... pas** and **ne... jamais**, there are a number of negative expressions frequently used in French. Among the most common are the following:

ne... rien *(nothing)*	Nous **n'**avons **rien** acheté.
ne... personne *(no one, nobody)*	Elle **n'**a parlé à **personne.**
ne... plus *(no longer)*	Je **ne** peux **plus** supporter le stress.
ne... pas encore *(not yet)*	Ils **ne** sont **pas encore** partis.

In general, these expressions all follow the same basic pattern—i.e., a two-part expression placed around the verb. However, there are some special rules to remember:

1. ne... rien, ne... personne

a. **In the passé composé, rien is placed** *between* **the helping verb (avoir) and the past participle.**

Je *n'*ai *rien* trouvé. *I didn't find anything. (I found nothing.)*
Ils *n'*ont *rien* dit. *They didn't say anything. (They said nothing.)*

However, **personne** is placed *after* the past participle:

Je *n'*ai vu *personne.* *I didn't see anybody. (I saw no one.)*
Nous *n'*avons entendu *personne.* *We didn't hear anybody. (We heard no one.)*

b. Regardless of the tense, if the verb is followed by a *preposition*, **rien** and **personne** are placed *after* this preposition:

Je *n'*ai besoin de *rien.* *I don't need anything. (I need nothing.)*
Elle *n'*a parlé à *personne.* *She didn't speak to anyone. (She spoke to no one.)*

c. **Ne... personne** and **ne... rien** may also be used as subjects of the sentence. In this case, the word order is reversed—i.e., both parts of the negative come *before* the verb and **ne** follows **rien** or **personne.**

***Rien ne* m'intéresse.** *Nothing interests me.*
***Personne n'*a téléphoné.** *Nobody (No one) called.*

d. **Rien** and **personne** may also be used without a verb as answers to questions. In such cases, the particle **ne** is *dropped:*

—Qui est là? *—Who's there?*
—Personne. *—Nobody (No one).*

—Qu'est-ce que tu fais là? *—What are you doing (there)?*
—Rien. *—Nothing.*

2. ne... plus, ne... pas encore

These two expressions are used in the same way as **ne... pas** and **ne... jamais**—i.e., **ne** is placed *before* the verb and the rest of the expression comes directly *after* the verb or the helping verb:

Elle *n'*est *plus* là.
She's no longer here. (She's not here anymore.)

Nous *n'*avons *pas encore* fini nos devoirs.
We haven't finished our homework yet.

Un petit truc

It's sometimes easier to remember the negative expressions in French if you associate each one with its opposite—for example, something with nothing or always with never. Here's a list to help you:

quelqu'un *(somebody, someone)* ↔ **ne... personne**
quelque chose *(something)* ↔ **ne... rien**
toujours *(always)* ↔ **ne... jamais**
encore, toujours *(still)* ↔ **ne... plus**
déjà *(already)* ↔ **ne... pas encore**

The expressions **jamais** and **pas encore** can also be used alone as answers to questions.

—Vous buvez du soda? —*Do you drink soda?*
—*Jamais.* —*Never.*

—Ils sont partis? —*Have they left?*
—*Pas encore.* —*Not yet.*

***XXVIII. Des contraires.** Répondez négativement à la question en utilisant le contraire de l'expression en italique, puis traduisez la réponse en anglais.

Modèle: Est-ce qu'il va *toujours* à la bibliothèque?
Non, il ne va jamais à la bibliothèque.
(No, he never goes to the library.)

1. Est-ce qu'elle a *déjà* acheté ses livres?

____

____

2. Est-ce que vous avez *encore* faim?

____

____

3. Quand il est en France, est-ce qu'il mange *toujours* chez ses parents?

____

____

4. Est-ce qu'ils ont fait *quelque chose* le week-end dernier?

____

____

5. Est-ce que *quelque chose* d'intéressant est arrivé?

____

____

6. Est-ce que tu as vu *quelqu'un* dans le jardin?

____

____

7. Est-ce que *quelqu'un* a téléphoné?

____

____

8. Est-ce qu'ils ont besoin de *quelque chose*?

____

____

9. Est-ce que tu as *déjà* passé l'examen?

____

____

Nom ______________________ Date ______________

10. Est-ce qu'elle a parlé à *quelqu'un* ce matin?

____

____

____

***XXIX. Esprit de contradiction.** Aujourd'hui, vous êtes de très mauvaise humeur. Quand on vous dit quelque chose, vous dites toujours le contraire. Utilisez des expressions négatives pour montrer votre esprit de contradiction.

Modèle: Je suis toujours à l'heure.
Ce n'est pas vrai. Tu n'es jamais à l'heure.

1. Nous allons souvent au restaurant.

____

2. Elle est encore en France.

____

3. Il comprend tout *(everything)*.

____

4. Quelqu'un attend dans l'entrée.

____

5. Ses parents ont déjà visité la Chine.

____

6. Nous avons besoin de beaucoup de choses pour notre chambre.

____

7. Ils ont rencontré beaucoup de gens en ville hier.

____

8. Elle pense à tout.

____

9. Tu as tout fait.

____

10. Elles travaillent encore au centre commercial.

____

***XXX. Chez des Français.** Vous venez d'arriver en France. Quand les membres de votre famille d'accueil vous posent des questions, vous y répondez en utilisant les expressions négatives appropriées.

Modèle: Tu as mangé quelque chose dans l'avion?
Non, je n'ai rien mangé (dans l'avion).

1. Tu es encore fatigué(e)?

____

2. Tu as déjà mangé ce matin?

____

3. Tu as entendu quelqu'un ce matin?

____

Nom ______________________ Date ______________

4. Tu as besoin de quelque chose pour ta chambre?

____

5. Tu te couches toujours avant 10h chez toi?

____

6. Tu as laissé quelque chose dans l'avion?

____

7. Tu veux téléphoner à quelqu'un?

____

8. Quelqu'un va te téléphoner aujourd'hui?

____

***XXXI. Autrefois et aujourd'hui.** Utilisez des expressions négatives pour indiquer en quoi la vie actuelle de la famille de Jean-Jacques est différente de leur vie dans le passé.

Modèle: Autrefois nous habitions encore dans une grande maison.
Aujourd'hui nous n'habitons plus dans une grande maison.

1. Autrefois mon frère et moi, nous regardions souvent la télé.

____

2. Autrefois on avait encore des chiens.

____

3. Autrefois nous habitions à la campagne.

____

4. Autrefois ma mère invitait quelqu'un à passer le week-end chez nous.

____

5. Autrefois quelqu'un venait chez nous pour faire le ménage.

____

6. Autrefois nous dînions souvent au restaurant.

____

7. Autrefois nous faisions toujours quelque chose pendant les vacances.

____

8. Autrefois tout me faisait plaisir.

____

⊙ A faire! (1-6) — Manuel de classe, pages 37–43

- As a *follow-up* to work done in class, do Exercise XXXII.
- To *work again* with the information in the **Magazine Culture,** do Exercise XXXIII and, if assigned, the Internet activity (Exercise XXXIV).
- In *preparation* for work in class, read **"Ndo Cup: Tête de poule" (Littérature)** in the **Manuel de classe** and do Exercises XXXV and XXXVI.

Nom ____ Date ____________________

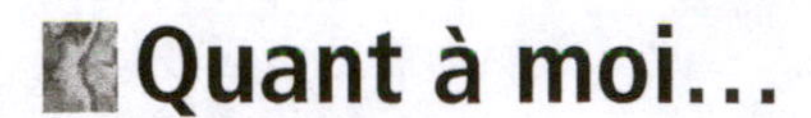

Quant à moi…

Ecrivez!

XXXII. La faim chez vous. Rédigez un court paragraphe sur la sécurité alimentaire dans votre ville (région, pays). S'il y a des gens qui ont faim chez vous, discutez des principales causes et mentionnez une ou deux tentatives pour remédier à la situation. S'il n'y a pas beaucoup de gens qui ont faim chez vous, essayez d'expliquer pourquoi la faim n'est pas un problème. Utilisez une autre feuille de papier.

Magazine Culture *Manger à sa faim?*

***XXXIII. Trois sur quatre.** Pour chaque sujet, trois des quatre déclarations sont vraies; mettez un X devant la déclaration qui est fausse.

1. La faim mondiale

_____ a. La plupart des gens sous-alimentés habitent dans des pays qui se trouvent dans l'hémisphère sud.

_____ b. La sécheresse, le sida, les guerres civiles et la pauvreté sont parmi les principales causes de la malnutrition.

_____ c. Le pays africain où on trouve le plus grand pourcentage de gens sous-alimentés est le Cameroun.

_____ d. Environ 20% des gens qui ont faim sont des enfants âgés de moins de 5 ans.

2. La faim en France

_____ a. Les banques alimentaires françaises aident de plus en plus de gens chaque année.

_____ b. Environ 6% des gens sous-alimentés en France meurent chaque année.

_____ c. La principale cause de la sous-alimentation en France est la pauvreté.

_____ d. Les plus démunis en France ont tendance à manger des choses sucrées et salées plutôt que des fruits et des légumes.

3. Le collectif ALIMENTERRE

_____ a. Le collectif ALIMENTERRE est un projet coopératif d'organisations non gouvernementales européennes.

_____ b. Les organisations du collectif ALIMENTERRE ne reçoivent pas de subventions gouvernementales.

_____ c. Le collectif ALIMENTERRE aide les paysans dans plusieurs pays africains.

_____ d. Les organisations du collectif ALIMENTERRE aident les gens à cultiver leurs terres et à vendre leurs produits.

4. Les Restos du Cœur

_____ a. Les Restos du Cœur dépendent principalement du travail de bénévoles.

_____ b. On sert des repas chauds dans des centres de distribution à travers la France.

_____ c. Les centres de distribution sont ouverts uniquement en hiver.

_____ d. Les Restos du Cœur aident surtout les gens qui ne peuvent pas ou qui ne savent pas cuisiner.

5. La Coopération Sud-Sud

_____ a. La Coopération Sud-Sud est un programme des Nations-Unies où un pays de l'hémisphère sud en aide un autre.

_____ b. Des experts agricoles vietnamiens viennent au Sénégal pour aider les habitants des petits villages ruraux.

_____ c. Les programmes de la Coopération Sud-Sud aident à nourrir les gens tout en contribuant à l'économie locale.

_____ d. L'agriculture au Sénégal est surtout un travail d'hommes.

XXXIV. Internet: Manger à sa faim. Faites des recherches sur Internet pour trouver des renseignements supplémentaires sur la faim mondiale et sur la faim en France et dans des régions francophones. Trouvez au moins quatre articles ou sites qui vous intéressent, puis résumez brièvement (en français ou en anglais) ce que vous avez appris.

Moteurs de recherche: www.google.fr, www.google.com, www.voila.fr, www.lycos.fr, www.youtube.com

Mots-clés en français: la faim mondiale / la faim, France / la faim, pays francophones / la faim (pays individuels: le Sénégal, le Cameroun, le Mali, la République démocratique du Congo, le Maroc, la Tunisie, etc.) / le FAO / les Restos du Cœur / la Coopération Sud-Sud

Mots-clés en anglais: world hunger / hunger, France / hunger, Francophone world / hunger (individual countries: Senegal, Cameroon, Mali, Democratic Republic of Congo, Morocco, Tunisia, etc.) / FAO / soup kitchens, France / UNESCO, agriculture, Africa

Mot-clé utilisé	**Ce que j'ai appris**
1. ______________	______________
2. ______________	______________
3. ______________	______________
4. ______________	______________

Nom ______________________ Date ______________

Littérature

«Ndo Cup: Tête de poule» (Marie-Angèle Kingué)

XXXV. Pré-lecture. Répondez aux questions suivantes avant de lire le texte de Marie-Angèle Kingué dans votre **Manuel de classe.**

1. Qui prépare normalement les repas chez vous—votre mère? votre père? vous? un autre membre de votre famille? un(e) cuisinier(ère)? Et qui les prépare quand vous avez des invités?

____

____

2. Quand il y a des invités à dîner chez vous, que font les jeunes membres de la famille pour aider?

____

____

3. Quand il y a des invités à dîner chez vous, où et quand est-ce que les jeunes membres de la famille mangent?

____

____

4. Quand vous achetez du poulet, qu'est-ce que vous achetez—les cuisses *(legs and thighs),* les pattes *(feet),* les blancs *(breasts),* les ailes *(wings),* un poulet entier, un poulet entier avec tête, pattes, cœur, foie *(liver)* et gésier *(gizzard)*?

____

____

***XXXVI. Lecture.** Lisez le texte de Marie-Angèle Kingué dans votre **Manuel de classe** (pages 44–46), puis faites l'exercice suivant.

Trois étudiants américains, Cindy et Ralph et Pamela, ont essayé de répondre à des questions à propos du conte que vous venez de lire. Ce qu'ils disent n'est pas toujours juste. C'est à vous d'indiquer qui a raison et qui a tort et de justifier vos choix en citant les parties appropriées du texte. Attention: parfois deux des étudiants donnent une bonne réponse; d'autres fois, un(e) seul(e) étudiant(e) donne une bonne réponse.

1. Au Cameroun, quand on sert du poulet aux invités, pourquoi est-ce qu'on sert toutes les parties du poulet?

   CINDY: Parce que les invités au Cameroun mangent toujours toutes les parties du poulet.
   RALPH: Parce que les Camerounais ont peur de la sorcellerie.
   PAMELA: Parce que les Camerounais n'ont pas l'habitude de nettoyer le poulet avant de le servir.

____

____

____

____

Nom ______________________ Date ______________

2. Un soir, Monsieur Eboa et son cousin viennent dîner. Qui prépare le repas?

CINDY: La mère de famille toute seule.
RALPH: La mère de famille aidée de tous les enfants.
PAMELA: La mère de famille aidée des enfants, surtout de Denise.

3. Que peut-on dire au sujet des enfants?

CINDY: Ils n'aiment pas beaucoup la tête et le cou du poulet.
RALPH: Ils adorent le poulet.
PAMELA: Ils ont peur que les parents et les invités mangent toutes les parties du poulet.

4. Pourquoi les enfants ne mangent-ils pas avec les parents et les invités?

CINDY: Parce qu'il n'y a pas assez de place à table.
RALPH: Parce que les adultes restent longtemps à table.
PAMELA: Parce que les enfants doivent se coucher assez tôt.

5. Que font les enfants pendant que les adultes mangent?

CINDY: Ils regardent l'un après l'autre pour voir ce qui se passe dans la salle à manger.
RALPH: Ils passent leur temps à jouer.
PAMELA: Ils travaillent dans la cuisine.

6. Pourquoi les autres enfants sont-ils gentils à l'égard de Denise?

CINDY: Parce qu'ils ont peur d'elle.
RALPH: Parce que Denise est l'aînée.
PAMELA: Parce qu'ils veulent qu'elle partage la tête et les pattes du poulet avec eux.

Nom ____________________ Date ____________

7. Pourquoi Denise pleure-t-elle?

CINDY: Parce qu'elle ne peut rien voir dans la salle à manger.
RALPH: Parce que les autres enfants lui disent des méchancetés *(nasty things)*.
PAMELA: Parce qu'un des invités a mangé les dernières parties du poulet.

8. Que font les enfants après le repas des adultes?

CINDY: Ils montent dans leurs chambres.
RALPH: Ils mettent les assiettes sales dans la cuisine.
PAMELA: Ils écoutent les conversations des adultes.

9. Qu'est-ce qui se passe au moment où les invités disent au revoir?

CINDY: Les enfants refusent de les saluer.
RALPH: Denise dit une méchanceté à un des invités.
PAMELA: Les invités font des compliments aux enfants.

10. Quelles sont les réactions à ce que fait Denise?

CINDY: La mère est très embarrassée.
RALPH: Le père trouve cela très amusant.
PAMELA: Les enfants ne mangeront pas de poulet pendant au moins une semaine.

⊙ A faire! (1-7) — Manuel de classe, pages 44–47

- As a *review* of negative expressions, do Exercise XXXVII.
- In *preparation* for work to be done in class, do Exercise XXXVIII.

Nom ______________________________ Date ______________

Reprise

Les expressions négatives

XXXVII. Et vous? Ecrivez des phrases à propos de votre vie personnelle en utilisant les expressions négatives indiquées. Utilisez une autre feuille de papier.

1–2. Ecrivez deux phrases dans lesquelles vous parlez de quelque chose que vous *ne* faites *plus*.

Modèle: *Je ne vais plus au lycée.* ou *Je ne regarde plus les dessins animés à la télé.*

3–4. Ecrivez deux phrases dans lesquelles vous parlez de quelque chose que vous *n'*avez *pas encore* fait.

5–6–7. Ecrivez trois phrases en utilisant l'expression **ne... rien.** Les phrases peuvent être au passé composé, au présent ou au futur immédiat.

8–9–10. Ecrivez trois phrases en utilisant l'expression **ne... personne.** Les phrases peuvent être au passé composé, au présent ou au futur immédiat.

C'est à vous maintenant!

XXXVIII. Une interview. En classe, vous allez interviewer quelqu'un—un(e) Français(e), un(e) Francophone ou bien une personne qui a passé du temps en France ou dans un pays francophone. Le sujet principal de l'interview sera les habitudes et les attitudes de cette personne à l'égard de la nourriture, de la cuisine, de la gastronomie, etc. Néanmoins, pour connaître un peu mieux cette personne, vous pourrez lui poser aussi des questions sur des sujets plus généraux—son pays d'origine, sa famille, sa formation, ses voyages, etc. Pour vous préparer à cette interview, faites une liste *d'une vingtaine de questions* que vous pourriez lui poser. Utilisez une autre feuille de papier.

A faire! (1-8)

Manuel de classe, page 48

- As a *follow-up* to work done in class, do Exercise XXXIX in the **Manuel de préparation.**
- To *practice* your French pronunciation, do **Activité d'écoute / Enregistrement: les consonnes.**

XXXIX. Compte rendu d'interview. Ecrivez un article qui résume quelques aspects de l'interview que vous avez faite en classe. Imitez le style du compte rendu ci-dessous. N'essayez pas de rendre compte de toute l'interview; choisissez les parties que vous avez trouvées les plus intéressantes.

SUGGESTIONS: (1) Relisez vos notes en soulignant les renseignements qui vous semblent les plus importants. (2) Faites un petit schéma (voir le modèle ci-dessous). (3) Rédigez votre compte rendu en donnant autant de précisions que possible. (4) Relisez votre compte rendu en corrigeant la grammaire et l'orthographe.

Schéma modèle

1er paragraphe: Identifiez la personne que vous interviewez; présentez le sujet de l'interview.
2e paragraphe: Décrivez les habitudes culinaires de cette personne en parlant des repas et de la nourriture.
3e paragraphe: Discutez des attitudes de cette personne à l'égard de la cuisine.
4e paragraphe: Donnez votre réaction personnelle à l'interview en soulignant ce que vous avez trouvé de plus important et intéressant.

Compte rendu modèle

(William Green) est professeur de français à l'université du (Kentucky). Il est marié et il a quatre enfants—deux fils (Gregory et Joshua) et deux filles (Jessica et Emily). Ils habitent tous dans une grande maison non loin du campus. En 1995, le professeur Green et sa famille ont passé dix mois en Afrique, au Cameroun. Je l'ai interviewé au sujet de son séjour au Cameroun et surtout à propos des habitudes gastronomiques des Camerounais.

Quand les Green étaient au Cameroun, ils ont essayé de manger comme les Camerounais. Le matin, ils prenaient…

Selon le professeur Green, les habitudes alimentaires des Camerounais sont en train de changer… un peu. D'un côté, il y a certaines traditions…

Ce que j'ai trouvé très intéressant (Ce qui m'a vraiment frappé[e]) en parlant avec le professeur Green, c'est que…

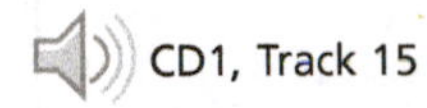

Activité d'écoute/Enregistrement

Les consonnes

CD1, Track 15

Pour commencer, écoutez l'enregistrement de l'anecdote suivante:

L'ours et les deux chasseurs

Deux chasseurs ayant besoin d'argent allèrent trouver un marchand de fourrures et lui dirent: «Dans la montagne voisine, il y a un ours énorme dont nous avons trouvé la piste. Nous sommes certains de le tuer. Si vous voulez nous donner vingt euros, nous vous apporterons bientôt sa peau.» Le marchand leur donna les vingt euros et les deux chasseurs partirent pour la montagne. A peine y étaient-ils arrivés que l'ours s'avança vers eux en poussant des grognements effrayants. Lorsque les chasseurs l'aperçurent, ils furent saisis de terreur et cherchèrent les moyens d'échapper au terrible animal. L'un d'eux grimpa sur un arbre; l'autre se coucha par terre, retint son souffle et fit le mort. L'ours vint le flairer de tous les côtés, mais voyant qu'il ne bougeait pas et qu'il ne respirait pas, il le crut mort et s'éloigna sans lui faire de mal, car les ours n'aiment pas les cadavres.

Quand l'ours eut disparu, le chasseur qui était sur l'arbre descendit, s'approcha de son compagnon et lui demanda, pour se moquer de lui: «Qu'est-ce que l'ours t'a dit à l'oreille?» «Il m'a dit», répondit l'autre, «qu'il ne faut pas vendre la peau de l'ours avant de l'avoir tué.»

Vous avez sans doute remarqué que la prononciation de la plupart des consonnes françaises est pareille à celle des consonnes en anglais. Il y a pourtant deux différences principales: la consonne **r** et les consonnes finales.

→ La consonne *r*

La consonne **r** en français est très importante, non seulement parce qu'elle ne se prononce pas comme le **r** en anglais, mais surtout à cause de l'influence qu'elle a sur les voyelles qui l'entourent. Ecoutez le début de l'anecdote lu par une personne qui prononce le **r** à l'américaine:

Deux chasseurs ayant besoin d'argent allèrent trouver un marchand de fourrures et lui dirent…

Maintenant écoutez la même phrase lue par une personne qui utilise le **r** français:

Deux chasseurs ayant besoin d'argent allèrent trouver un marchand de fourrures et lui dirent…

Pour articuler le **r** français, mettez le bout de la langue contre les dents inférieures (ce qui fait bomber *[arch]* le dos de la langue), puis imitez le **j** du mot **jalapeño** (ou bien, si cela ne marche pas, essayez de produire un «gargarisme» léger au fond de la gorge). Maintenant, pour vous entraîner, écoutez et puis répétez les mots et les phrases qui suivent:

part / fort / pour / gare / faire / mari / carottes / orage / sortir / servir / ferveur / auberge / prends / première / trop / vrai / rouge / rapide / rêver / rôti

Les trains pour Marseille ne partent pas de la gare du Nord.
Marie sera ravie de vous voir au musée de la gare d'Orsay.
Ils n'ont pas retrouvé la serviette qu'elle avait perdue à l'opéra.
Le mur murant Paris rend Paris murmurant.

→ Les consonnes finales

Vous avez sans doute appris dans votre premier cours de français que les consonnes finales en français *ne se prononcent pas* sauf dans les mots qui se terminent par une des consonnes du mot anglais **CaReFuL.** Il est vrai que cette «règle» peut vous servir de guide général, mais il existe des exceptions—par exemple, dans l'anecdote que vous avez écoutée, le mot **un ours.**

Il y a en fait un assez grand nombre d'exceptions. En voici quelques-unes que vous pourriez rencontrer:

1. le **r** *ne se prononce pas* dans la terminaison **-er** de l'infinitif ni dans la terminaison **-(i)er** de noms et d'adjectifs ayant deux ou plusieurs syllabes: **parler, acheter, le papier, particulier;**
2. le **c** *ne se prononce pas* dans la terminaison **-nc: blanc, franc,** mais (exception à l'exception) le **c** de **donc** est prononcé;
3. la consonne finale *est prononcée* dans les mots suivants: les directions (**est, ouest, sud,** mais le **d** de **nord** ne se prononce pas); **l'autobus, le bifteck, le fils, net, le tennis;**
4. la consonne finale *ne se prononce pas* dans les mots suivants: **l'estomac, le tabac, le porc, la clef, gentil, l'outil.**

Pour vous aider à vous rappeler la «règle» et les exceptions, écoutez et répétez les phrases suivantes:

Est-ce qu'il y a un restaurant dans l'hôtel? J'ai très faim et je voudrais manger du bœuf.
Il faut regarder là, derrière le banc; il y a un loup et un ours.
Il fait très froid au nord des Etats-Unis et sur la côte est; il fait plutôt chaud au sud et sur la côte ouest.
Nous cherchons un vin blanc, assez sec, qui ne coûte pas trop cher.
C'est donc vous, le premier à traverser l'océan tout seul?
Mon époux s'est fait mal au dos en descendant l'escalier.

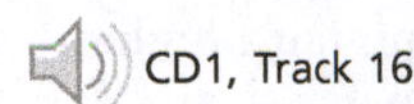
CD1, Track 16

Pour terminer, lisez le poème suivant, en faisant particulièrement attention aux **r** et aux consonnes finales. Après l'avoir répété deux ou trois fois, enregistrez le poème sur une cassette que vous donnerez à votre professeur.

«Il pleure dans mon cœur»

Il pleure dans mon cœur
Comme il pleut sur la ville.
Quelle est cette langueur
Qui pénètre mon cœur?

O bruit doux de la pluie
Par terre et sur les toits!
Pour un cœur qui s'ennuie,
O le chant de la pluie!

Il pleure sans raison
Dans ce cœur qui s'écœure.
Quoi! Nulle trahison?
Ce deuil est sans raison.

C'est bien la pire peine
De ne savoir pourquoi,
Sans amour et sans haine
Mon cœur a tant de peine.

Paul Verlaine,
Romances sans paroles (1874)

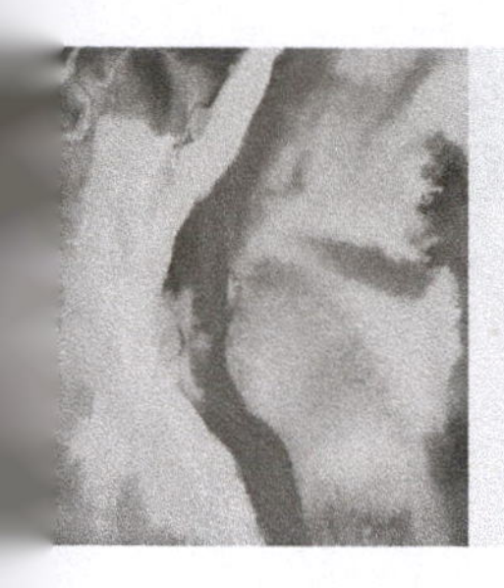

«Chacun chez soi»

CHAPITRE 2

© De Agostini Editore/Romano/Photolibrary

Nom ______________________________ Date ______________

⊙ A faire! (2-1) Manuel de classe, pages 52–57

- To *work again* with the **Témoignages** you heard in class, listen to CD1, Tracks 18–21 and do Exercise I.
- In *preparation* for talking about housing and shelter, study the **Fiche Vocabulaire (Et vous?)** and do Exercises II, III, IV, V.
- In order to *review* adjective agreement, the comparative, and the superlative, do the **Contrôle des connaissances (Test)** and, if necessary, the **Rappel** (Exercises VI, VII, VIII) and **Repêchage** sections.

 Quant à moi...

Témoignages: «Où est-ce que vous habitez?»

CD1, Tracks 18–21

***I. Où est-ce qu'ils habitent?** Ecoutez encore une fois les quatre interviews, puis écrivez le nom de la personne (Mireille, Valérie, Nezha, Philippe) pour chaque déclaration donnée.

Vocabulaire utile

MIREILLE SARRAZIN:	**au bord de la Saône** *(on the banks of the Saône river)*, **piétonnier** *(pedestrian)*, **moyenâgeux** *(of the Middle Ages)*, **étroites** *(narrow)*, **dehors** *(outside)*, **artisanales** *(artisan, crafts)*, **la vie nocturne** *(nightlife)*
VALÉRIE ECOBICHON:	**épeler** *(to spell)*, **une ferme** *(farmhouse)*, **une maison d'habitation** *(main house)*, **en pleine nature** *(out in nature)*, **dans la campagne** *(in the countryside)*
NEZHA LE BRASSEUR:	**c'est majuscule?** *(is it capitalized?)*, **ont été bâties** *(were built)*, **on a été colonisé** *(we were colonized)*, **«Roches Noires»** *(literally, Black Rocks; name of the neighborhood)*, **malheureusement** *(unfortunately)*, **usines, zone industrielle** *(factories, industrial area)*, **en marchant** *(on foot)*, **proche** *(close)*
PHILIPPE HECKLY:	**banlieue** *(suburbs)*, **cimetière aux chiens** *(dog cemetery)*, **Rin Tin Tin** *(American TV dog from the 50s and 60s)*, **enterré** *(buried)*, **immeuble** *(apartment building)*, **années trente** *(thirties)*, **ascenseur** *(elevator)*, **coude à coude** *(close together, literally: elbow to elbow)*, **escalier** *(stairs)*

1. J'ai trente ans et je n'habite pas en France. ______________
2. Ma maison se trouve en pleine nature à la campagne. ______________
3. Moi, j'habite dans une petite ville pas loin de Paris. ______________
4. Mon immeuble se trouve dans un quartier de la ville qui est réservé aux piétons. ______________
5. J'habite dans un quartier qui s'appelle les «Roches Noires». ______________
6. Mon nom est d'origine alsacienne ou peut-être suisse. ______________
7. La ville où j'habite est bien connue à cause d'un film classique avec Humphrey Bogart et Ingrid Bergman. ______________
8. Ma maison est à deux kilomètres d'un village. ______________

Nom ______________________________ Date ______________

9. La vie nocturne est très importante dans mon quartier. ______________
10. Je suis marocaine. ______________
11. J'ai un frère et deux sœurs. ______________

Et vous?

FICHE VOCABULAIRE

LE LOGEMENT

l'environnement *(m.) environment, surroundings, location*
- **une agglomération** *urban area*
- **un arrondissement** *neighborhood (administrative division)*
- **la banlieue (dans la / en banlieue)** *suburbs (in the suburbs)*
- **la campagne (à la campagne)** *countryside, rural area (in the country)*
- **le centre-ville (au centre-ville)** *city center, downtown (in the city center)*
- **une commune** *municipality*
- **un quartier (dans un quartier)** *neighborhood (in a neighborhood)*
- **une région (dans une région)** *region, area (in a region)*
- **un village (dans un village)** *village, very small town (in a village)*
- **une ville (en ville, dans une ville)** *city (in the city, in a city)*

les gens *(m. pl.) people*
- **les gens du voyage (les Roms, les Romanis, les gitans)** *(m. pl.) Romani travelers, gypsies*
- **un(e) locataire** *renter*
- **les personnes sans domicile fixe** *(f. pl.)* **(les SDF** *[m. pl.]) homeless people*
- **un(e) propriétaire** *owner*
- **les sans-logis (les sans-abri)** *(m. pl.) homeless people*
- **les sédentaires** *(m. pl.) people living in permanent housing*

se loger
- **être logé(e) dans** *to live in*
- **habiter (dans, en, à)** *to live (in)*

les types de logements
- **un appartement**
- **un bâtiment** *building*
- **une caravane** *trailer*
- **un centre d'accueil** *homeless shelter*
- **une chambre** *room*
- **une ferme** *farm*
- **une habitation** *lodging*
- **une HLM (habitation à loyer modéré)** *affordable (low-income) housing*
- **un immeuble** *apartment building*
- **un logement** *lodging*
- **un logement (habitat) collectif** *apartment complex*
- **une maison** *house*
- **une maison de banlieue** *suburban house*
- **une maison de campagne** *country home*
- **une maison individuelle** *single-family home*
- **un pavillon** *suburban house*
- **une résidence secondaire** *second home*
- **une résidence universitaire** *dormitory, residence hall*
- **un studio**

décrire un logement
- **agréable** *nice*
- **aménageable** *ready to be finished*
- **aménagé(e)** *arranged, furnished*
- **à… étages** *a . . .-story (building)*
- **au rez-de-chaussée** *on the ground (first) floor*
- **au… étage** *on the . . . floor*
- **beau (belle)** *beautiful*
- **bien situé(e)** *well located*
- **bruyant(e)** *noisy*
- **calme** *quiet*
- **clair(e)** *light*
- **climatisé(e)** *air-conditioned*
- **délabré(e)** *run-down*
- **en bon état** *well maintained, in good shape*
- **ensoleillé(e)** *sunny, light*
- **facile à entretenir** *low-maintenance*
- **grand(e)** *big, large*
- **de grand standing** *luxurious*
- **haut(e)** *tall*
- **intime** *private*
- **isolé(e)** *isolated*
- **luxueux(se)** *luxurious, fancy, high-end*
- **meublé(e)** *furnished*
- **moderne** *modern, contemporary*
- **neuf(ve)** *brand-new*
- **petit(e)** *small, little*
- **pittoresque** *picturesque*
- **privé(e)** *private*
- **propre** *clean*
- **refait(e)** *redone, renovated*
- **rénové(e)** *renovated, redone*
- **sale** *dirty*
- **sombre** *dark*
- **spacieux(se)** *roomy, spacious*
- **tranquille** *quiet*
- **vieux (vieille)** *old*

Nom ______________________ Date ______________

***II. Les types de logements.** Quels types de logement seraient convenables pour les gens indiqués? Trouvez toutes les situations logiques.

Modèle: une personne seule
Une personne seule pourrait vivre dans un studio, dans un appartement...

1. une personne seule

2. une famille avec des enfants

3. plusieurs *(several)* familles

4. deux adultes avec deux parents

III. Des définitions aux mots. *(From definitions to words.) Regardez la **Fiche Vocabulaire** pour trouver les mots et expressions qui correspondent aux définitions suivantes.

1. C'est une très petite commune à la campagne, avec très peu d'habitants.

2. Elle n'est pas propriétaire de son logement. Elle paie un loyer tous les mois.

3. Ce n'est ni la ville ni la banlieue. C'est dans le calme de la nature.

4. Ils n'ont pas les moyens *(means)* d'avoir un logement comme la majorité de la population.

5. C'est le nom souvent donné aux gens du voyage.

6. C'est la maison principale d'une grande propriété où les gens travaillent comme agriculteurs.

7. C'est une maison qui se trouve à la périphérie d'une ville.

8. Très souvent, les étudiants y habitent.

9. Les gens qui n'ont pas de logement peuvent demander à dormir dans cet endroit.

10. C'est un petit appartement qui n'a qu'une seule grande pièce.

____

11. C'est une partie d'une ville, souvent à caractère distinct.

____

12. C'est une région urbaine, constituée d'une ville et de ses banlieues.

____

***IV. C'est le logement parfait pour vous.** Chaque personne se loge selon ses moyens financiers. Selon ce que disent les personnes, imaginez les adjectifs qui décrivent le logement.

Modèle: Nous avons cinq enfants, deux chiens et trois chats.
grand, spacieux, aménageable, solide, etc.

1. J'ai beaucoup de plantes vertes.

____

2. Pour nous, l'argent n'est pas un problème.

____

3. Je suis étudiante et je n'ai pas beaucoup d'argent.

____

4. J'ai deux enfants et mes parents habitent aussi avec nous.

____

5. Nous ne voulons pas dépenser trop d'argent et nous aimons faire des réparations *(repairs)*.

____

V. Chez nous. Choisissez un logement que vous connaissez bien (le vôtre, celui de votre famille, celui d'un[e] ami[e]) et répondez aux questions. Utilisez les mots et les expressions de la **Fiche Vocabulaire** pour vous aider.

1. Quel est le domicile que vous avez choisi pour cet exercice? Est-ce que c'est un appartement, une maison, une ferme, une résidence secondaire, une chambre dans une résidence universitaire?

____

____

2. Où se trouve ce domicile? Dans quelle région du pays? Dans une ville? A la campagne? Dans la banlieue d'une ville?, etc.

____

____

3. Comment est ce logement? Décrivez-le.

____

____

____

____

____

4. Dans quel type d'environnement se trouve ce logement? Qu'est-ce qu'il y a dans la région, la ville, le quartier, etc.?

____

____

____

____

____

____

Contrôle des connaissances

L'accord des adjectifs; le comparatif; le superlatif

TEST

***Maison à vendre.** Use the appropriate forms of the adjectives in parentheses to complete the statements made by a real estate agent.

A vendre: ferme en Bretagne

1. (idéal) La situation est ______________.
2. (grand / beau) La maison principale est ______________ et ______________.
3. (vieux) C'est une ______________ maison qui date du XVIIIe siècle.
4. (blanc / énorme) Elle est ______________, elle a deux étages et il y a un jardin ______________.
5. (spacieux / ensoleillé / équipé) La maison est ______________, avec quatre chambres à coucher ______________ et une cuisine toute ______________.
6. (charmant) La ferme se trouve à deux kilomètres d'un village ______________.
7. (accueillant *[welcoming, friendly]*) Les gens du village sont très ______________.
8. (frais / délicieux / raisonnable) Le boulanger passe tous les matins dans son camion avec du pain ______________ et le boucher-charcutier du village vous offre des spécialités ______________ à des prix ______________.
9. (sensationnel) Il y a des plages ______________ tout près.
10. (sportif) Pour les personnes ______________, il y a des centres de sport à dix kilomètres, dans la ville de Rennes.
11. (nouveau) Pour les enfants, il y a une ______________ école primaire dans la banlieue de Rennes.

Nom ______________________________ Date ______________

*Si la ferme ne vous intéresse pas...

Now complete the statements to compare the farm to other houses or apartments for sale in the region. The symbol "+" indicates superiority, "–" indicates inferiority, "=" indicates equality.

Modèle: La ferme est grande. (+ la maison)
La ferme est plus grande que la maison.

1. La ferme est belle. (= la maison / + l'appartement)

____

____

2. La cuisine est grande. (+ la cuisine de l'appartement / – la cuisine de la maison)

____

____

3. La ferme est loin de Rennes. (+ l'immeuble / – la maison / = le village)

____

____

4. Les chambres de la ferme sont spacieuses. (+ les chambres de l'appartement / = les chambres de la maison)

____

____

5. La ferme est vieille. (– l'immeuble / + la maison)

____

____

6. Pour les écoles, la situation de la ferme est bonne. (+ la situation de la maison / – la situation de l'appartement)

____

____

*La ferme que vous avez achetée...

Now use the superlative *(the most, the least)* to compare the farm you bought to all others in the region. Remember to make the correct adjective agreement.

Modèles: (+ cher)
C'est la ferme la plus chère de la région.

1. (+ facile à entretenir) ______________________________
2. (– délabré) ______________________________
3. (+ agréable) ______________________________
4. (+ ensoleillé) ______________________________
5. (– isolé) ______________________________
6. (+ luxueux) ______________________________
7. (+ pittoresque) ______________________________
8. (+ spacieux) ______________________________
9. (+ moderne) ______________________________
10. (– sale) ______________________________

Nom ________________________________ Date ________________

See the **Corrigés** at the back of this book for the answers to the **Test.** A perfect score is 40 (1 point for each correct adjective agreement, 1 point for each correct comparative, and 1 point for each superlative).

- If your score is 32 or above, you've completed this assignment.
- If your score is less than 32, reread the rules for adjective agreement, comparatives, and superlatives in the **Rappel** sections on pages 62–64; then do the **Exercices de révision VI, VII,** and **VIII.** After correcting these exercises (see the **Corrigés** for the answers), do the **Repêchage** test.

RAPPEL

L'accord des adjectifs

Notre maison est **vieille,** mais nos meubles sont **neufs.**
*Our house is **old,** but our furniture is **(brand-)new.***

In French, adjectives agree in gender and number with the nouns they modify. In order to produce the appropriate form of the adjective, you must *know the gender of the noun* and then *determine whether it's singular or plural.* Then you can *add the adjective,* making sure of the correct *agreement.* The following is a summary of the principal ways to form feminine and plural adjectives.

1. Le féminin des adjectifs

- The feminine of most adjectives is formed by adding **-e** to the masculine.

  Le théâtre est **grand.** La bibliothèque est **grande.**

- If the masculine form ends in **-e,** the feminine form stays the same.

  Le vélo est **rouge.** La bicyclette est **rouge.**

- Some masculine endings have special feminine endings.

-er → -ère	**premier / première**
-n → -nne	**bon / bonne**
-eux → -euse	**délicieux / délicieuse**
-et → -ette or -ète	**violet / violette, discret / discrète, secret / secrète**
-el → -elle	**sensationnel / sensationnelle**
-f → -ve	**sportif / sportive**

- Certain adjectives are irregular and must be learned as exceptions.

beau → belle	**blanc → blanche**
nouveau → nouvelle	**long → longue**
vieux → vieille	**frais → fraîche**

2. Le pluriel des adjectifs

- The plural of most adjectives is formed by adding **-s** to the singular form.

Le stylo est **bleu.**	Les stylos sont **bleus.**
La tarte est **délicieuse.**	Les tartes sont **délicieuses.**

- If the singular form ends in **-s** or **-x,** the plural form remains the same.

Ce film est **mauvais.**	Ces films sont **mauvais.**
Ce livre est **vieux.**	Ces livres sont **vieux.**

- If the singular form ends in **-eau,** the plural form adds **-x.**

Ce livre est **beau.**	Ces livres sont **beaux.**
Ce film est **nouveau.**	Ces films sont **nouveaux.**

Nom ______________________ Date ______________

RAPPEL

Le comparatif et le superlatif

1. Le comparatif: comparaison des adjectifs

The comparative is used to compare two people, two things, or two groups. To make comparisons in English, you can use a comparison word *(more, less, as)* or add the suffix *-er* to a word *(less big, as big, bigger)*. In French, you always have to use comparison words.

- SUPERIORITY: **plus** + *adjective* + **que**

  Il est **plus *beau* que** son frère.
  *He's **more** handsome (**better** looking) **than** his brother.*

- INFERIORITY: **moins** + *adjective* + **que**

  Tu es **moins *patiente* que** ton ami.
  *You're **less** patient **than** your friend.*

- EQUALITY: **aussi** + *adjective* + **que**

  Je suis **aussi *fatigué* que** toi.
  *I'm **as** tired **as** you (are).*

2. Le comparatif: l'adjectif bon

- When you want to indicate *superiority* for the adjective **bon**, use the various forms of **meilleur** (**meilleure, meilleurs, meilleures**).

Ce chocolat est **bon.**	Ce chocolat est **meilleur que** ces bonbons. *This chocolate is **better than** these candies.*
Cette pomme est **bonne.**	Cette pomme est **meilleure que** ces poires. *This apple is **better than** these pears.*
Ces bonbons sont **bons.**	Ces bonbons sont **meilleurs que** ce chocolat. *These candies are **better than** this chocolate.*
Ces poires sont **bonnes.**	Ces poires sont **meilleures que** ces pommes. *These pears are **better than** these apples.*

- When used to indicate *inferiority* and *equality*, the comparative forms of the adjective **bon** are regular.

  Cette pomme est **moins (aussi) bonne que** cette poire.
  *This apple is **less good than (as good as)** this pear.*

  Ces bonbons sont **moins (aussi) bons que** ce chocolat.
  *These candies are **less good than (as good as)** this chocolate.*

Un petit truc

Don't confuse the words **meilleur** and **mieux**.

- **meilleur** is an adjective (shows superiority of the adjective **bon**) and therefore modifies a noun or a pronoun:

La pomme est **meilleure que** la poire.	***The apple** is **better than** the pear.*
Elle est **meilleure que** la poire.	***It's better than** the pear.*

- **mieux** is an adverb (shows superiority of the adverb **bien**) and therefore modifies a verb, an adjective, or another adverb:

Suzy **chante bien.**	*Suzy **sings well.***
Suzy **chante mieux que** Charles.	*Suzy **sings better than** Charles.*

3. Le superlatif: comparaison des adjectifs qui suivent le nom

The superlative is used to compare one person, one thing, or one group to all others. When you use the superlative in English, you can use comparison words *(the least, the most)* with an adjective *(the most expensive)* or add the suffix *-est* to some adjectives *(smartest, youngest, tallest)*. In French, you always have to use comparison words that designate superiority or inferiority.

- SUPERIORITY: noun + **le plus** (**la plus, les plus**) + *adjective* + **de** + noun

  C'est le film **le plus *intéressant*** **de** l'année.
  It's (This is) ***the most*** *interesting film* ***of the*** *year.*

  C'est l'étudiante **la plus *intelligente*** **du** groupe.
  She's ***the most*** *intelligent student* ***in the*** *group.*

  Ce sont les appartements **les plus *spacieux*** **de la** ville.
  They're (These are) ***the most*** *spacious apartments* ***in the*** *town (city).*

  Ce sont les pièces **les plus *ensoleillées*** **de la** maison.
  They're (These are) ***the sunniest*** *rooms* ***in (of) the*** *house.*

- INFERIORITY:
  noun + **le moins** (**la moins, les moins**) + *adjective* + **de** + noun

  C'est le studio **le moins *cher*** **de** l'immeuble.
  It's (This is) ***the least*** *expensive studio* ***in the*** *apartment building.*

  C'est la maison **la moins *moderne*** **du** quartier.
  It's (This is) ***the least*** *modern house* ***in the*** *neighborhood.*

  Ce sont les logements **les moins *confortables*** **de la** ville.
  They're (These are) ***the least*** *comfortable housing units* ***in (of) the*** *city.*

  Ce sont les étudiantes **les moins *ambitieuses*** **du** groupe.
  They're (These are) ***the least*** *ambitious students* ***in (of)*** *the group.*

Un petit truc

- The superlative can also be used without a comparison group (i.e., the comparison is understood):
  C'est le village le plus pittoresque.
  It's (This is) the most picturesque village (that we know, have seen, etc.).

Exercices de révision

***VI.** Give the correct form of the following adjectives.

A. Au féminin. Give the feminine form of each adjective.

1. facile ______________
2. actif ______________
3. français ______________
4. indiscret ______________
5. naturel ______________
6. premier ______________
7. naïf ______________
8. ambitieux ______________
9. canadien ______________
10. délicieux ______________
11. ennuyeux ______________
12. mauvais ______________
13. nouveau ______________
14. violet ______________
15. beau ______________
16. suisse ______________
17. frais ______________
18. petit ______________
19. vert ______________
20. secret ______________
21. dernier ______________
22. bon ______________
23. cruel ______________
24. sportif ______________
25. blanc ______________
26. vieux ______________
27. italien ______________
28. long ______________

Nom ______________________________ Date ______________

B. Faisons des phrases. Make sentences with the elements given. Follow the model.

Modèle: (grand / canadien) C'est un *grand* hôtel *canadien.*

1. (joli / blanc) C'est une ______________ maison ______________.
2. (ouvert) C'est une porte ______________.
3. (vieux / malade) C'est une ______________ personne ______________.
4. (grand / italien) C'est une ______________ ville ______________.
5. (jeune / studieux) Ce sont des ______________ filles ______________.
6. (jeune / sportif) Ce sont des ______________ étudiants ______________.
7. (nouveau / américain) Ce sont des ______________ films ______________.
8. (beau / allemand) C'est un ______________ vélomoteur ______________.
9. (nouveau / moderne) C'est une ______________ maison ______________.
10. (petit / énergique) C'est un ______________ garçon ______________.

***VII. Des comparaisons.** Make the following comparisons using the comparative. The symbol "+" indicates superiority, "–" indicates inferiority, "=" indicates equality.

Modèles: Simone est gentille. (+ son frère)
Simone est plus gentille que son frère.
Les pommes sont bonnes. (+ les poires)
Les pommes sont meilleures que les poires.

1. Ce tableau de Picasso est beau. (– le tableau de Matisse)

____

2. Ces melons sont bons. (+ ces bananes)

____

3. Hélène est patiente. (= toi)

____

4. François et Karen sont ambitieux. (+ leurs parents)

____

5. Marianne est sportive. (– sa sœur)

____

6. Cette tarte est bonne. (= ce gâteau)

____

7. Philippe est toujours très élégant. (+ nous)

____

8. Annie est pessimiste. (– vous)

____

9. Yves est intelligent. (+ ses camarades)

____

10. Sylvie est belle. (= sa cousine)

____

***VIII. Le plus... le moins...** For each series of nouns, decide which one is the superior and the inferior one in the series.

Modèle: (rapide / le moyen de transport) l'avion / la voiture / la bicyclette
L'avion est le moyen de transport le plus rapide.
La bicyclette est le moyen de transport le moins rapide.

1. (pratique / le moyen de communication) le fax / le téléphone portable / la lettre envoyée par la poste

____

2. (rapide / la source d'informations) la bibliothèque / la télévision / Internet

____

3. (cher / le logement) le studio / l'appartement / la maison à 4 étages

____

4. (luxueux / l'habitation) la villa à Monte Carlo / la ferme à la campagne / la roulotte

____

5. (haut / la structure) la maison de campagne / la tour Eiffel / l'immeuble à 3 étages

____

6. (facile / les examens) les examens de maths / les examens de sciences / les examens de français

____

7. (bruyant / l'endroit *[m.]*) la campagne / le centre-ville / la banlieue

____

8. (amusant / les films) les drames psychologiques / les comédies / les documentaires

____

Repêchage

*Adjective agreement

Add the adjectives to the nouns. Pay attention to agreement.

Modèle: (ouvert) une porte *ouverte*

1. (fermé) une fenêtre ______________
2. (beau / norvégien) un ______________ pull-over ______________
3. (grand / spacieux) une ______________ chambre ______________
4. (jeune / gentil) une ______________ fille ______________
5. (beau / intéressant) une ______________ peinture ______________
6. (nouveau / français) une ______________ étudiante ______________
7. (long / russe) des ______________ films ______________
8. (beau / traditionnel) des ______________ maisons ______________

9. (mauvais) une ________________ note
10. (discret) une femme ________________
11. (grand / italien) une ________________ famille ________________
12. (vieux / américain) une ________________ voiture ________________

*The comparative

Make the following comparisons using the comparative. The symbol "+" indicates superiority, "–" indicates inferiority, "=" indicates equality.

1. Suzanne est sportive. (+ Michel / – Jean / = toi)
   a. ________________
   b. ________________
   c. ________________
2. Marie-Jeanne est fatiguée. (– moi / + son frère / = ses parents)
   a. ________________
   b. ________________
   c. ________________
3. Nancy parle bien le français. (+ sa mère / – son prof / = son amie)
   a. ________________
   b. ________________
   c. ________________
4. Les tartes sont bonnes. (+ les éclairs / – le gâteau au chocolat / = les bonbons)
   a. ________________
   b. ________________
   c. ________________

*The superlative

Make the following comparisons using the superlative. The symbol "+" indicates superiority, "–" indicates inferiority.

Modèle: la maison / + délabré / le quartier
C'est la maison la plus délabrée du quartier.

1. la personne / + sportif / les trois sœurs

   ____

2. l'homme / – artistique / le groupe

   ____

3. les caravanes / + modernes / le terrain de camping

   ____

4. la chambre / + bruyant / la résidence universitaire

____

5. l'enfant / + gentil / la famille

____

6. l'immeuble / – ensoleillé / le quartier

____

7. la route / + dangereux / la région

____

8. la ville / – peuplé / du sud de la France

____

See the *Corrigés* at the back of this book for the answers to the ***Repêchage*** test. The total number of points is 41 (1 point for each adjective, 1 point for each comparative, 1 point for each superlative).

- If you received a score of 33 or better, you've passed the test.
- If you scored below 33, let your instructor know by placing an X in the box at the upper right-hand corner of the re-test. In either case, you've completed this assignment.

Nom ______________________________ Date ______________

⊙ A faire! (2-2) — Manuel de classe, pages 58–67

- To *work again* with the **Et vous?** vocabulary, do **Ecrivez!**, Exercises IX and X.
- To *work again* with the information in the **Magazine Culture**, do Exercise XI and the Internet activity Exercise XII (if assigned).
- In *preparation* for the next class period, study adjective placement and do Exercises XIII, XIV, and XV.

Quant à moi…

Ecrivez!

IX. Sondage. Remplissez le formulaire de sondage pour vous préparer à écrire le mél *(e-mail)* de l'Exercice X.

Recensement sur le logement *(Housing Survey)*

Nom: ______________________________

Adresse: ______________________________

Type de logement: ______ maison ______ appartement ______ chambre

Type de bâtiment:

______ maison individuelle (je suis propriétaire)
______ chambre dans une maison individuelle (je suis locataire)
______ appartement dans une maison individuelle (je suis locataire)
______ appartement dans un immeuble (je suis locataire)
______ appartement dans un immeuble (je suis propriétaire)
______ chambre dans une résidence universitaire
______ chambre chez mes parents

Situation du logement:

______ au centre-ville ______ dans la banlieue ______ à la campagne

Résidence secondaire:

Est-ce que vous ou votre famille avez une résidence secondaire? ______ oui ______ non

Déménagements:

Depuis combien de temps est-ce que vous habitez dans ce logement? ______________________________

Combien de fois est-ce que vous avez déménagé dans votre vie? ______________________________

Pour vous, quels sont les critères les plus importants dans le choix de votre logement?

______ le calme
______ le prix
______ la proximité des écoles
______ les espaces verts
______ la réputation du quartier
______ la qualité des écoles
______ la proximité des cinémas
______ le parking
______ la proximité d'une piscine
______ le centre-ville
______ la ville
______ la proximité du lieu de travail
______ la proximité des commerces
______ la proximité de la famille
______ le voisinage
______ la qualité et le bon entretien du logement
______ la proximité des services de santé
______ la proximité des crèches (day care centers)
______ la proximité des centres de sports
______ la proximité des transports
______ la banlieue
______ la campagne

X. Tu veux partager mon appartement? Un(e) étudiant(e) marocain(e) va arriver dans votre université. Vous pensez déménager et vous lui écrivez un mail pour lui proposer de partager votre nouvel appartement avec vous. Utilisez une autre feuille de papier.

Envoyer | Mettre dans le dossier Brouillons | Annuler

De : serge@laposte.net

A : magali_s@fennec.ma

Copie :

CM :

Objet :

Choisir les destinataires

Joindre un document

Correcteur d'orthographe

Options du courrier

☑ Garder une copie

☐ Confirmation de remise au destinataire

☐ Message de priorité haute

Chère Magali (si c'est une femme) ou Cher Chaloub (si c'est un homme),

■ **Début du message**

Je viens d'apprendre au secrétariat du département que tu vas venir faire des études chez nous et que tu n'as pas encore trouvé de logement. Je me permets donc de me présenter et de te proposer de partager un appartement avec moi.

■ **Corps *(Body)* du message**

[Présentez-vous—nom, âge, études que vous faites, année à l'université, vos activités préférées, ce qui vous intéresse, si vous travaillez et quel travail vous faites, etc.]

[Expliquez que vous n'étiez pas content(e) de votre logement (expliquez pourquoi en utilisant l'imparfait). Dites que vous venez de trouver un appartement qui est très bien. Décrivez-le (utilisez le présent). N'oubliez pas d'expliquer combien coûte le loyer et comment vous comptez le payer. Consultez la liste des mots et expressions dans ***Pour mieux vous exprimer*** (**Manuel de classe**) et ***Pour parler*** (Manuel de préparation).]

■ **Fin du message**

J'espère que mon offre t'intéressera et que tu pourras me faire parvenir tes intentions le plus tôt possible. Nous attendons tous ton arrivée et te souhaitons bon voyage.

Cordialement,

Nom ______________________________ Date ______________

Magazine Culture *Se loger en France*

***XI. Vrai ou faux?** Consultez le **Magazine Culture** dans le **Manuel de classe** et dites si les idées suivantes sont vraies (**V**) ou fausses (**F**). Si une idée est fausse, corrigez-la.

Les gens du voyage (Les Roms)

1. ______ Les Roms sont souvent victimes de préjugés et de discrimination.

____

2. ______ Le plus grand nombre de Romanis habite en France.

____

3. ______ Tous les Roms savent lire et écrire.

____

4. ______ Les femmes Roms ont tendance à se marier jeunes et à avoir beaucoup d'enfants.

____

5. ______ Plus de la moitié des Roms français vit dans des logements permanents.

____

6. ______ Les gens du voyage tendent à vivre en marge de la société.

____

7. ______ Les Roms utilisent le mot *gadjo* pour désigner les sédentaires.

____

8. ______ Si le cas de Magda est typique, les gens du voyage parlent non seulement le dialecte de leur peuple mais aussi la langue de leur pays d'adoption.

____

9. ______ Il y a 2 millions de Roms aux Etats-Unis.

____

10. ______ Il y a presque 10 millions de Roms en Europe.

____

11. ______ Les gens du voyage ont souvent moins de deux enfants.

____

12. ______ Les Roms sont généralement des employés salariés dans les fermes ou chez des particuliers.

____

13. ______ En ce qui concerne le logement, la situation des Roms est très difficile. S'ils ne sont pas nomades habitant des caravanes, des roulottes ou des tentes, ils se trouvent dans des ghettos déplorables dans la périphérie des villes ou des villages.

____

14. ______ Les communes françaises de plus de 10 000 habitants sont obligées d'aménager des terrains pour les gens du voyage.

____

Nom ______________________________ Date ______________

Le logement en France

15. ______ Avant l'an 2000, le mouvement de la population française était des régions rurales en direction des villes.

____

16. ______ Aujourd'hui, le mouvement continue à se faire vers les centres urbains.

____

17. ______ Certaines villes françaises commencent à ressentir la pression de l'exode urbain.

____

18. ______ Les logements ruraux sont plus chers que les logements urbains, surtout avec le nouvel exode urbain.

____

19. ______ Avec tous les gens qui s'installent à la campagne, la vie dans la nature devient presque aussi stressante que la vie dans les villes.

____

20. ______ Les jeunes continuent à préférer les villes pour toutes les activités qu'elles offrent.

____

XII. Internet: Comment se logent les Français? Faites des recherches sur Internet pour trouver des renseignements supplémentaires sur le logement en France. Trouvez au moins quatre articles ou sites qui vous intéressent, puis résumez brièvement (en français ou en anglais) ce que vous avez appris.

Moteurs de recherche: www.google.fr, www.google.com, www.voila.fr, www.lycos.fr, http://youtube.com

Mot-clés en français: logement, France / HLM, France / logement [nom de la ville] / villages, France / population urbaine, France / population rurale, France / Romanis, France / Roms, France / Gitans, France / gens du voyage, France / musique gitane, France

Mots-clés en anglais: housing, France / low-income housing, France / affordable housing / urban population, France / rural population, France / Gypsies, France / Romani people, France / housing, Gypsies, France / apartments to buy, France [or name of specific city] / apartments to rent, France [or name of specific city] / housing, [name of French town or city]

Mot-clé utilisé	**Ce que j'ai appris**
1. ______________	______________
	______________
	______________
	______________.
2. ______________	______________
	______________
	______________
	______________

Nom ______________________________ Date ______________

3. ______________ ______________________________

______________________________.

____

______________________________.

4. ______________ ______________________________

____

____

______________________________.

Fonction

Comment décrire les choses et les personnes (1)

La place des adjectifs

1. Après le nom

In French, unlike English, an adjective is usually placed *after* the noun it modifies. Study the following examples that illustrate this point:

C'était un examen très **facile.**
It was an easy exam.

C'est un film **extraordinaire.**
It's an extraordinary film.

2. Avant le nom

However, the following adjectives are exceptions to this general rule and are normally placed *before* the noun they modify:

grand(e)	C'est une **grande** maison.	**long (longue)**	C'est une **longue** histoire.
petit(e)	C'est un **petit** garçon.	**court(e)**	C'est un **court** voyage.
jeune	C'est une **jeune** fille.	**beau (belle)**	C'est un **beau** tableau.
vieux (vieille)	C'est un **vieux** livre.	**joli(e)**	C'est un **joli** poème.
nouveau (nouvelle)	C'est une **nouvelle** émission.	**autre**	C'est un **autre** problème.

Note: When the adjectives **beau, nouveau,** and **vieux** are used before a masculine singular noun beginning with a vowel or a mute **h,** each has a special masculine singular form that allows for liaison and therefore makes pronunciation easier.

un **bel** hôtel   un **nouvel** ami   un **vieil** appartement

3. Deux adjectifs dans la même phrase

When two adjectives modify the same noun, each adjective occupies its normal position.

C'est une **jolie petite** maison.
C'est une **belle** cathédrale **gothique.**

When two adjectives follow the same noun, they are separated by the conjunction **et.**

C'est une étudiante **intelligente** et **studieuse.**

The conjunction **et** is not required if an adjective modifies a combination noun (e.g., **film policier**).

C'est un ***film policier*** **français.**

To download a tutorial on Adjectives, go to **www.cengagebrain.com.**

Nom ____________________ Date ____________________

***XIII. La place des adjectifs.** Complétez les phrases avec la forme convenable des adjectifs entre parenthèses.

A. ***Dans cette première partie, les adjectifs se mettent après le nom.***

1. (sportif) C'est une jeune fille ____________________.
2. (intéressant) Ce sont des cours ____________________.
3. (français) Nous avons acheté une voiture ____________________.
4. (blanc) J'ai acheté une chemise ____________________.
5. (délabré) C'est une maison ____________________.
6. (moderne) Elle habite dans un immeuble très ____________________.

B. ***Dans cette partie, les adjectifs se mettent devant le nom.***

7. (vieux) Mes parents ont acheté une ____________________ maison.
8. (beau, *handsome*) C'est un très ____________________ homme.
9. (nouveau) Mon ____________________ ami s'appelle Vincent.
10. (beau) Il y a des très ____________________ cathédrales en France.
11. (autre) Ça, c'est une ____________________ histoire!
12. (petit) Cette ____________________ fille est très mal élevée *(a brat, literally: badly raised)*.
13. (mauvais) Si vous n'étudiez pas, vous aurez des ____________________ notes!
14. (nouveau) Leur ____________________ appartement est très spacieux.

***XIV. Précisons!** Faites une description de chaque élément indiqué en utilisant les adjectifs entre parenthèses. N'oubliez pas de faire attention à l'accord et à la place des adjectifs par rapport aux noms.

Modèles: une maison / vieux, délabré
C'est une vieille maison délabrée.

un hôtel / français, beau
C'est un bel hôtel français.

1. une chambre / petit, meublé

____

2. des immeubles / beau, moderne

____

3. une ville / calme, vieux

____

4. une chambre / ensoleillé, beau

____

5. des pièces / clair, spacieux

____

6. un escalier / vieux, dangereux

____

7. une porte / solide, grand

____

8. un ami / nouveau, chinois

9. une amie / discret, fidèle

10. un appartement / beau, moderne

11. des films / nouveau, russe

12. une maison / blanc, joli

13. un pull-over / rouge, noir

14. un étudiant / jeune, sportif

15. une ferme / vieux, délabré

XV. Et vous? Pour chacun des sujets suivants, choisissez quelques adjectifs qui caractérisent votre expérience personnelle. Vous allez en parler à vos camarades quand vous retournerez en cours. Faites attention à la place et l'accord des adjectifs.

Modèle: mon quartier
Mon quartier (J'habite dans un quartier qui) est très intéressant mais assez bruyant. C'est un nouveau quartier avec beaucoup de magasins et de boutiques. Il y a (Nous avons) un cinéma, un restaurant indien, des fast-foods, un jardin public, etc.

1. ma maison / mon appartement (mon immeuble) / ma chambre (dans une maison ou dans une résidence universitaire)

2. ma ville / mon village

3. mon quartier

4. un endroit que j'ai visité

Nom ______________________ Date ______________

⊙ A faire! (2-3) — Manuel de classe, pages 68–72

- To *work again* with the **Témoignages** you heard in class, listen to CD1, Tracks 23–26 and do Exercise XVI.
- In *preparation* for talking about the places in a city, study the **Fiche Vocabulaire (Et vous?)** and do Exercises XVII, XVIII, XIX.
- In order to *learn* how to describe people and things using relative pronouns, read the grammatical explanation and do Exercises XX and XXI.

 Quant à moi…

Témoignages: «En quoi le type de logement et sa situation influencent-ils la façon de vivre et les habitudes?»

CD1, Tracks 23–26

***XVI. Là où j'habite…** Ecoutez encore une fois les quatre interviews, puis complétez le tableau. Si l'interview ne vous donne pas les renseignements nécessaires pour remplir une case, mettez-y un X.

Vocabulaire utile

VÉRONICA ZEIN: **un complexe** *(residential development / subdivision)*, **privé** *(private)*, **les mêmes** *(the same)*, **donne sur** *(overlooks)*, **bruyant** *(noisy)*, **on s'habitue à tout** *(you get used to everything)*, **c'est-à-dire** *(that is to say)*, **co-propriétaires** *(co-owners)*, **l'essence** *(gas)*, **il faudra** *(you will have to)*, **j'ai grandi** *(I grew up)*, **s'en vont** *(go, move away)*, **au milieu du** *(in the middle of)*, **au-dessus** *(further up)*, **un coiffeur** *(hairdresser)*

ANNE SQUIRE: **un carrefour** *(crossroads, intersection)*, **bruyant** *(noisy)*, **populaire** *(working class)*, **du genre** *(such as)*, **vivant** *(lively)*, **à part ça** *(besides that)*, **au fond de** *(at the back of)*, **en principe** *(in theory)*, **je m'entends très bien avec eux** *(I get along very well with them)*, **vraiment** *(really)*, **je ne circule qu'en** *(I get around only with)*

DJAMAL TAAZIBT: **comme je vous le disais** *(as I told you)*, **tout à l'heure** *(a minute ago)*, **chic** *(fashionable)*, **postes** *(positions, jobs)*, **l'Etat** *(government)*, **cultivés** *(cultured)*, **chahut** *(noise)*, **de marche à pied** *(on foot)*

DOVI ABE: **la cour** *(courtyard)*, **le lieu** *(place)*, **lorsqu'ils** *(when they)*, **cimentée** *(covered in concrete)*, **gazon** *(lawn)*, **disponible** *(usable)*, **à tout moment** *(any time)*, **courante** *(everyday)*, **tenues** *(owned)*, **se sont établis** *(established themselves)*, **ils tiennent** *(they run, manage)*, **ils vivent** *(they live)*, **pour la plupart** *(for the most part)*

Nom ______________________ Date ______________

	Véronica Zein	Anne Squire	Djamal Taazibt	Dovi Abe
Pays d'origine				
Type de logement				
Adjectifs qui décrivent le quartier				
Ce qu'il y a dans le quartier				
Transports				
Activités des personnes interrogées				

Et vous?

FICHE VOCABULAIRE

LA VILLE

les endroits de la ville
- un arrêt de bus
- une bibliothèque municipale (départementale)
- une boucherie
- une boulangerie-pâtisserie
- une boutique
- un café
- une cathédrale
- un centre commercial
- un centre culturel
- une charcuterie *delicatessen*
- un château
- un cinéma
- un collège *junior high school, middle school*
- un coiffeur *beauty salon*
- une école *school*
- une école de danse (de musique)
- une église
- une épicerie *general store, small grocery store*
- un fast-food
- une gare
- un jardin public (un parc)
- un lieu *place*
- un lycée *high school*
- un magasin
- une médiathèque *media center*
- le métro (une station de métro)
- un monument (historique)
- une mosquée
- un musée
- un parking
- un petit commerce *small store*
- une pharmacie
- une piscine
- un restaurant
- une salle de théâtre
- un stade
- une station d'essence *gas station*
- un supermarché
- une synagogue
- le tramway *tramway*
- les transports publics *(m. pl.)*

verbes utiles
- circuler *to get around*
- donner sur *to look out on (over)*
- s'habituer à *to get used to*

se situer
- à côté de *next to*
- à... km (de) *. . . kilometers (from)*
- à l'est (de)
- à l'ouest (de)
- au centre (de)
- au nord (de)
- au sud (de)
- au nord-est (de)
- au nord-ouest (de)
- au sud-est (de)
- au sud-ouest (de)
- à proximité de *near*
- au milieu de *in the middle of*
- (pas) loin de *(not) far from*
- près de *near*
- tout près de *very near*
- dans une avenue (une rue)
- sur un boulevard (une route)

***XVII. Des catégories.** Trouvez des mots dans la **Fiche Vocabulaire** qui sont logiques pour chaque catégorie indiquée.

1. des établissements scolaires

____

Nom ________________________ Date ____________

2. des établissements où on peut acheter des choses à manger

____

____

____

3. des établissements religieux

____

4. des endroits pour des activités culturelles

____

____

5. des endroits désignés pour les transports

____

____

***XVIII. Faisons de la géographie!** Dans quelle partie de la France se trouvent les endroits suivants? Utilisez les expressions de la **Fiche Vocabulaire** pour situer chaque endroit. Consultez une carte de France si nécessaire.

Modèle: Marseille
Marseille se trouve au sud.

1. Rennes _______________
2. Strasbourg _______________
3. les Alpes _______________
4. Nice _______________
5. Paris _______________
6. Bordeaux _______________
7. la Provence _______________
6. la Normandie _______________
9. Bourges _______________
10. les Pyrénées _______________

XIX. Le logement de mes rêves. Pensez à un logement idéal pour vous et décrivez-le selon les indications données. Utilisez les mots et expressions des deux **Fiches Vocabulaire** dans ce chapitre (pages 57 et 77). Vous allez parler de votre logement idéal à vos camarades de classe.

1. type de logement préféré et raisons de ce choix

____

____

2. propriétaire ou locataire?

____

3. description détaillée du logement (noms et adjectifs)

____

____

____

____

Nom ______________________ Date ______________

4. type d'environnement où se trouve ce logement (e.g., campagne, centre-ville, banlieue, etc.)

____

5. raisons pour le choix de cet environnement (voir **Pour mieux vous exprimer, Manuel de classe,** p. 63)

____

____

____

6. région du monde où se trouve ce logement (indiquez la situation géographique précise)

____

____

7. ce qu'il y a dans le quartier (activités culturelles, scolaires et sportives, transports, etc.)

____

____

____

8. raisons pour lesquelles ces activités sont importantes pour vous (un petit portrait de votre personnalité et de ce que vous aimez faire)

____

____

____

____

Fonction

Comment décrire les choses et les personnes (2)

Les pronoms relatifs

C'est le pull-over. Il est jaune.
C'est le pull-over jaune.
C'est le pull-over **qui** est jaune.
*It's the pullover **that's** yellow.*

Relative pronouns are another way to describe things and people and can be used to replace adjectives and other descriptive phrases.

J'ai parlé au prof **qui** m'a donné une mauvaise note.
*I talked to the prof **who** gave me a bad grade.*

Relative pronouns are used to link two clauses into one complex sentence. The relative clause, introduced by a relative pronoun, characterizes (defines, describes) people and things by giving more information about them.

For example, in the sentence below, the relative clause gives more information about the professor in question:

J'ai vu le prof.	*I saw the prof.*
Quel prof?	*Which prof?*
Le prof **qui** m'a donné une mauvaise note.	*The prof **who** gave me a bad grade.*

Nom ______________________________ Date ______________

1. Les pronoms relatifs qui, que, où

a. The relative pronoun **qui** *(who, that)* replaces the subject of the verb and can stand for people, animals, and things.

C'est Gabrielle. Elle est venue nous voir.
C'est Gabrielle **qui** est venue nous voir.
It's Gabrielle ***who*** *came to see us.*
(Gabrielle is the one ***who*** *came to see us.)*

Nous avons trouvé le chat. Il a disparu il y a quinze jours.
Nous avons trouvé le chat **qui** a disparu il y a quinze jours.
We found the cat ***that*** *disappeared two weeks ago.*

C'est la pharmacie. Elle est en face de la banque.
C'est la pharmacie **qui** est en face de la banque.
It's the pharmacy ***that****'s across from the bank.*

b. The relative pronoun **que (qu')** *(whom, that)* replaces the direct object of the verb and can stand for people, animals, and things. Note that, if the verb is in a compound tense, the past participle of the verb agrees in gender and number with the preceding direct object.

C'est la femme. J'ai rencontré la femme.
C'est la femme **que** j'ai rencontré**e**.
That's the woman ***(whom)*** *I met.*

Voilà les chiens. Nous avons adopté les chiens.
Voilà les chiens **que** nous avons adopté**s**.
Here are the dogs ***(that)*** *we adopted.*

Voilà la chambre. Il a loué la chambre.
Voilà la chambre **qu'**il a loué**e**.
Here's the room ***(that)*** *he rented.*

c. The relative pronoun **où** *(where, when)* replaces nouns that refer to place and time.

C'est le restaurant. J'ai rencontré ma fiancée dans ce restaurant.
C'est le restaurant **où** j'ai rencontré ma fiancée.
It's the restaurant ***where*** *I met my fiancée.*

Je me rappelle l'année. J'ai eu mon doctorat.
Je me rappelle l'année **où** j'ai eu mon doctorat.
I remember the year ***(when)*** *I got my doctorate.*

To download a tutorial on Relative Pronouns go to **www.cengagebrain.com.**

Un petit truc

Even though in English you can use *when* as a relative pronoun, you can never use the word **quand** as a relative pronoun in French. You must use **où**, even for time.

C'est l'époque où j'étais en France.
That's the time (when) I was in France.

C'est maintenant le moment où il faut agir.
Now is the time to act.

Le jour où il est venu, nous étions en vacances.
The day (when) he came, we were on vacation.

Nom ______________________ Date ______________

> «Le message»
> 1 La porte que quelqu'un a ouverte
> 2 La porte que quelqu'un a refermée
> 3 La chaise où quelqu'un s'est assis
> 4 Le chat que quelqu'un a caressé
> 5 Le fruit que quelqu'un a mordu
> 6 La lettre que quelqu'un a lue
> 7 La chaise que quelqu'un a renversée
> 8 La porte que quelqu'un a ouverte
> 9 La route où quelqu'un court encore
> 10 Le bois que quelqu'un traverse
> 11 La rivière où quelqu'un se jette
> 12 L'hôpital où quelqu'un est mort
>
> Jacques Prévert, «Le message», dans *Paroles* © Éditions Gallimard.

***XX. Un poème.** Etudiez le poème de Jacques Prévert et répondez aux questions suivantes. La première question concerne le sens du poème. Les deux autres questions vous invitent à faire une analyse des pronoms relatifs.

1. What do you think is the story of this poem? In your opinion, what happened?

____

2. What is the relative pronoun in each line and what word does it replace?

Modèle: *line 1 — que (la porte)*

____

3. Why are the past participles **ouverte, refermée, lue, renversée,** and **ouverte** feminine?

____

***XXI. Qui, que, où?** Faites une seule phrase avec chaque paire de phrases en utilisant le pronom relatif **qui, que** ou **où.**

Modèles: C'est Jean-Paul. Il m'a accompagné.
C'est Jean-Paul qui m'a accompagné.

Voilà la nouvelle maison. J'ai acheté cette maison.
Voilà la nouvelle maison que j'ai achetée.

Voici l'endroit. J'ai perdu mes clés dans cet endroit.
Voici l'endroit où j'ai perdu mes clés.

C'est le jour. J'ai trouvé un job ce jour.
C'est le jour où j'ai trouvé un job.

1. Tu as aimé le film? Tu as vu ce film.

____

2. Utilisez les chiffons *(towels, rags)*. Ils sont dans le tiroir *(drawer)*.

____

3. Tu as trouvé la librairie? Ils ont acheté ce joli livre dans cette librairie.

____

4. Est-ce que tu as compris le point de grammaire? Le prof l'a expliqué.

____

5. C'est le moment. Il faut se décider à ce moment.

____

6. Voilà les jeunes. Nous avons engagé *(hired)* ces jeunes.

____

7. Combien coûte le pull-over? Il est dans la vitrine.

____

8. C'est le placard. J'ai mis les assiettes dans ce placard.

____

9. Tu as entendu le bruit? J'ai entendu ce bruit.

____

10. C'est la ville. Je suis née dans cette ville.

____

11. C'est la fille. J'ai rencontré cette fille chez toi.

____

12. Tu vois les garçons? Ils sont assis à la terrasse du café.

____

13. C'est la nuit. Elle a eu un accident de voiture cette nuit.

____

14. Où est la personne? Cette personne a perdu son portefeuille.

____

15. Où est le DVD? Tu as acheté ce DVD.

____

Nom ____________________ Date ____________

⊙ A faire! (2-4) — Manuel de classe, pages 73–78

- To *work again* with the **Et vous?** vocabulary, do **Ecrivez!**, Exercise XXII.
- To *work again* with the information in the **Magazine Culture,** do Exercises XXIII and the Internet activity Exercise XXIV (if assigned).
- In order to *review* adjective placement and relative pronouns, do Exercise XXV.

Quant à moi…

Ecrivez!

XXII. Et vous? Vous allez maintenant avoir l'occasion de répondre aux questions posées aux Français et aux Francophones que vous avez entendus. Décrivez d'abord brièvement votre logement. Répondez ensuite à chaque question par plusieurs phrases afin de donner les détails nécessaires. Utilisez une autre feuille de papier.

1. Décrivez brièvement votre logement.
2. En quoi la situation de votre logement influence-t-elle vos relations avec les autres?
3. En quoi la situation de votre logement influence-t-elle vos activités?
4. En quoi la situation de votre logement influence-t-elle vos horaires?

Magazine Culture *Se loger en francophonie*

***XXIII. Qu'est-ce que vous avez appris?** Complétez chaque affirmation en choisissant la bonne réponse.

L'architecture d'argile des Dogons

1. Les Dogons du Mali habitent dans la partie…
   - **a.** nord du Mali.
   - **b.** sud-ouest du Mali.
   - **c.** sud du Mali.
   - **d.** sud-est du Mali.
2. L'architecture d'argile des Dogons intéresse les écologistes parce qu'on n'a pas besoin…
   - **a.** de bois dans sa construction.
   - **b.** d'eau dans sa construction.
   - **c.** de métaux dans sa construction.
   - **d.** de boue *(mud)* dans sa construction.
3. On appelle aussi les Dogons…
   - **a.** le peuple des masques.
   - **b.** le peuple des greniers.
   - **c.** le peuple des falaises.
   - **d.** le peuple des oignons.

La Grande Mosquée de Djenné

4. La Grande Mosquée de Djenné est…
   - **a.** l'édifice le plus beau du monde.
   - **b.** le plus grand édifice du monde.
   - **c.** l'édifice le plus fragile du monde.
   - **d.** le plus grand édifice en argile du monde.

Nom ________________________________ Date ________________

Cases et maisonnettes de la Martinique

5. Les cases rappellent l'époque…
   - a. de l'arrivée des Français.
   - b. de l'esclavage.
   - c. de la découverte des Amériques.
   - d. des peuples créoles.

6. Les cases sont construites…
   - a. en argile.
   - b. en briques.
   - c. en bois.
   - d. en pierre.

Les chalets suisses

7. Les chalets suisses typiques sont…
   - a. de toutes les tailles.
   - b. toujours très petits.
   - c. toujours assez grands.
   - d. énormes.

8. Le style «chalet suisse» se trouve…
   - a. seulement en Europe.
   - b. en Europe et en Amérique du Nord.
   - c. en Suisse et en Amérique du Nord.
   - d. seulement en Suisse.

9. Le chalet suisse est construit en bois parce que le bois…
   - a. est moins cher que les briques.
   - b. est plus résistant à l'eau que le béton.
   - c. est moins isolant que la pierre.
   - d. est plus isolant que le béton ou les briques.

XXIV. Internet: Comment se logent les habitants des pays francophones? Faites des recherches sur Internet pour trouver des renseignements supplémentaires sur le logement d'un pays ou d'une région francophone. Trouvez au moins quatre articles ou sites qui vous intéressent, puis résumez brièvement (en français ou en anglais) ce que vous avez appris.

Moteurs de recherche: www.google.fr, www.google.com, www.voila.fr, www.lycos.fr, http://youtube.com

Mots-clés en français: [pour chaque mot, ajoutez la région ou le pays francophone qui vous intéresse] logement / cases / habitations en argile / architecture traditionnelle / chalets / maisons / architecture urbaine / architecture rurale / immeubles / logement, villes / logement, villages / logement, campagne

Mots-clés en anglais: [for each word, add the Francophone region or country of the world of interest to you] housing / architectural style / traditional dwellings / mud houses / mud huts / cliff dwellers in Mali / building materials / eco-friendly housing construction / chalets

Mot-clé utilisé	**Ce que j'ai appris**
1. ____________________	____________________
	____________________
	____________________
	____________________.

Nom ______________________________ Date ______________

2. ____________________	____________________
	____________________
	____________________
	____________________
3. ____________________	____________________
	____________________.
	____________________
	____________________.
4. ____________________	____________________
	____________________
	____________________
	____________________.

REPRISE

La place des adjectifs; les pronoms relatifs

***XXV. Faisons des descriptions!** Complétez chaque phrase avec les adjectifs donnés et un pronom relatif. **Attention:** Les adjectifs ne sont pas nécessairement donnés dans l'ordre convenable.

Modèle: (malien, petit) A mon avis, ces sont les ________ maisons ________ _____ protègent le mieux l'environnement de la région.

A mon avis, ce sont les *petites* maisons *maliennes qui* protègent le mieux l'environnement de la région.

1. (suisse, beau) A mon avis, les chalets ______________ _____ sont dans les montagnes sont les plus ______________ maisons du pays.
2. (blanc, petit) Voici la ______________ maison ______________ _____ j'ai passé mon enfance.
3. (beau, ensoleillé) L'étudiante _____ j'ai rencontrée hier a un ______________ appartement ______________.
4. (français, nouveau) Le DVD _____ je cherche est un ______________ DVD ______________ sur les Dogons du Mali.
5. (malien, grand, ancien) Djenné, c'est la ville ______________ ______________ _____ se trouve la plus ______________ mosquée en argile du monde.
6. (élevé, grand, grand) Si on habite les __________ immeubles _____ sont dans les banlieues des ______________ villes de France, le loyer est un peu moins ______________.
7. (urbain, vieux) Moi, je préfère habiter dans un ______________ quartier d'un centre ______________ _____ il y a tous les services.
8. (national, dernier, petit) Quand j'étais à Paris l'année ______________, le ______________ studio _____ j'avais trouvé était tout près de la Bibliothèque ______________.

Nom ______________________ Date ______________

⊙ A faire! (2-5) — Manuel de classe, pages 78–81

- To *work again* with the **Témoignages** you heard in class, listen to CD2, Tracks 2–5 and to Exercise XXVI.
- In *preparation* for talking about the underprivileged in society, study the **Fiche Vocabulaire (Et vous?)** and do Exercises XXVII, XXVIII, and XXIX.
- In order to *learn* how to describe people and things using relative pronouns, read the grammatical explanation and do Exercises XXX through XXXIV.

 Quant à moi…

Témoignages: «Que font les défavorisés, les démunis, chez vous pour se loger?»

CD2, Tracks 2–5

***XXVI. Les sans-abri: un problème?** Ecoutez encore une fois les quatre interviews puis complétez le tableau.

Vocabulaire utile

ANNE-MARIE FLOQUET: **sur les bords de la Seine** *(along the banks of the Seine river)*, **ponts** *(bridges)*, **au bord du périphérique** *(along the Paris beltway)*, **pour vous dire** *(as an example)*, **à toute vitesse** *(at high speeds)*, **venir les embêter** *(to come bother them)*, **cela dit** *(that having been said)*, **les fameux** *(the infamous)*, **bâtis** *(built)*, **sûrs** *(safe, secure)*

CORINNE BERNIMOULIN-SCHMID: **revenu** *(income)*, **avoir le droit** *(to have the right)*, **la cave** *(basement)*, **salles de jeu** *(recreation [game] rooms)*, **animateurs** *(facilitators, counselors)*, **la mendicité** *(begging, panhandling)*, **interdite** *(against the law)*, **mendient** *(beg)*, **par terre** *(on the ground)*, **bocal** *(container, can)*, **tourne** *(makes the rounds)*, **amène** *(takes)*, **le lendemain** *(the next day)*, **elle les refait partir** *(they make them leave)*

CHRISTOPHE MOURAUX: **propriétaires** *(homeowners)*, **emprunt** *(loan)*, **à un taux très réduit** *(at a reduced [interest] rate)*, **les moyens** *(means)*, **primes** *(subsidies)*, **qui est mise par l'Etat** *(that's provided by the State)*, **coûts** *(prices, costs)*, **nettement moindres** *(considerably lower, reduced)*, **nettement moins importants** *(considerably lower)*, **malgré tout** *(nevertheless)*, **choix** *(choice)*, **suite à** *(due to, because of)*, **une perte d'emploi** *(the loss of a job)*, **insertion sociale** *(social integration)*, **refuges** *(shelters)*, **éducateurs de rue** *(social workers)*, **aller à la rencontre** *(meet, find)*

NADIA AOUAD: **un peu partout** *(everywhere)*, **la Côte d'Azur** *(French Riviera)*, **la classe moyenne** *(the middle class)*, **ils se retrouvent** *(there are)*, **parfois** *(sometimes)*, **hébergés** *(housed)*

	Anne-Marie Floquet	Corinne Bernimoulin-Schmid	Christophe Mouraux	Nadia Aouad
Pays et ville d'origine				
Les sans-abri: un gros problème? Un petit problème? Pas de problème?				
Ce qu'on fait pour aider les sans-abri				

Nom ______________________ Date ______________

Et vous?

FICHE VOCABULAIRE

LE PROBLEME DU LOGEMENT

les quartiers défavorisés *impoverished neighborhoods*
- **une décharge sauvage** *improvised dump*
- **une bouche d'aération** *steam / air vent*
- **une embrasure** *doorway*
- **une entrée de magasin** *store entryway (doorway)*
- **un ghetto** *ghetto, slum*
- **une habitation tombée en ruine** *crumbled house (building)*
- **une HLM (habitation à loyer modéré)** *low-income (affordable) housing*
- **un logement misérable** *poor housing*
- **un logement social** *affordable (low-income, subsidized) housing*
- **les ordures** *(f. pl.) trash, garbage*
- **un quartier chaud** *rough (troubled) neighborhood*
- **un quartier de taudis** *slum area*
- **un quartier sensible** *sensitive (unstable) neighborhood*
- **une région en difficulté** *depressed area*
- **un taudis** *slum*
- **un terrain vague** *abandoned lot*
- **la zone** *slums*
- **une zone de violence** *violent neighborhood*

les conditions de vie (noms)
- **la criminalité** *crime*
- **la délinquance** *crime*
- **la délinquance (criminalité) juvénile** *juvenile delinquency*
- **la pauvreté** *poverty*
- **la pauvreté chronique** *entrenched poverty*
- **un salaire de misère** *bare subsistance wages*
- **la saleté** *dirt, filth*
- **la ségrégation dans le logement** *housing discrimination*
- **le strict nécessaire** *the bare necessities of life*
- **la violence** *violence*

les conditions de vie (verbes)
- **dormir sur les bancs publics** *to sleep on public benches*
- **être dans une misère noire** *to be in dire straights*
- **être jeté(e) dans la rue** *to be thrown into the street*
- **être prisonnier(ère) du ghetto** *to be condemned to the slums*
- **être réduit(e) à l'indigence** *to be reduced to poverty*
- **être sans abri** *to be homeless*
- **être sans domicile fixe** *to be homeless*
- **être sans ressources** *to be destitute*
- **vivre dans le besoin** *to live in need*

les conditions de vie (adjectifs)
- **défavorisé(e)** *underprivileged*
- **délabré(e)** *run-down, decrepit*
- **crasseux(se)** *grimy, grubby*
- **incendié(e)** *set on fire, burnt*
- **lugubre** *dismal, bleak*
- **sordide** *squalid*
- **vandalisé(e)** *vandalized*

les défavorisés *underprivileged*
- **un clochard** *hobo, vagrant (péj.)*
- **une clocharde** *bag lady (péj.)*
- **les exclus** *outcasts, excluded people*
- **les indigents** *poor, destitute, indigent*
- **un instable** *drifter*

les marginaux *(m. pl.) marginalized (people), outcasts*
- **un mendiant** *beggar (péj.)*
- **les opprimés** *oppressed (people)*
- **un(e) pauvre** *poor person*
- **les sans-abri (les sans-logis)** *(m. pl.) homeless, street people*
- **les SDF (sans domicile fixe)** *homeless*
- **un travailleur saisonnier** *migrant worker*
- **un vagabond** *vagrant, hobo (péj.)*

***XXVII. Des catégories.** Faites une liste des mots et des expressions de la **Fiche Vocabulaire** qui sont logiques sous les catégories indiquées en anglais.

1. housing

____

____

____

2. trash

____

____

____

Nom ______________________________ Date ______________

3. poor neighborhoods

4. places to sleep

5. homelessness

6. poverty

7. crime

XXVIII. Exprimez-vous! Choisissez *un* des mots de chaque série et utilisez-le dans une phrase avec une deuxième phrase qui sert d'explication, de raison ou d'analyse.

Modèle: les sans-logis / les sans-abri / les SDF
Il y a très peu de sans-abri dans la petite ville où habite ma famille. Les personnes qui n'ont pas beaucoup d'argent peuvent se loger avec leur famille ou dans des appartements à loyer modéré.

1. une bouche d'aération / une embrasure / une entrée de magasin

2. une habitation tombée en ruine / un logement misérable / dormir sur les bancs publics

3. un quartier chaud / un quartier de taudis / un quartier sensible

4. la criminalité / la délinquance / la violence

____

____

____

5. être réduit(e) à l'indigence / être sans ressources / être dans une misère noire / vivre dans le besoin

____

____

____

6. les exclus / les marginaux / les opprimés / les pauvres

____

____

____

7. les sans-abri / les sans-logis / les SDF

____

____

____

XXIX. Les défavorisés chez vous. Choisissez un endroit que vous connaissez bien (e.g., votre ville natale, l'endroit où habite un membre de votre famille, votre ville universitaire, etc.) et répondez aux questions suivantes. Utilisez une autre feuille de papier que vous pourrez consulter pendant les discussions en cours.

1. Quel endroit est-ce que vous avez choisi? Pourquoi est-ce que vous le connaissez?
2. Est-ce qu'il y a un nombre important de pauvres dans cet endroit? Comment le savez-vous?
3. Que font les plus démunis dans cet endroit pour trouver un logement? Où habitent-ils? Dans quelle sorte de situation?
4. Est-ce qu'il y a des sans-logis dans cet endroit? Où est-ce qu'ils se trouvent? Où est-ce qu'ils dorment?
5. Que fait la communauté pour aider les plus démunis et les sans-logis (e.g., centres d'accueil, Restos du Cœur, assistance sociale, etc.)?
6. Qui sont les personnes de cette communauté qui aident les sans-logis et les plus démunis? Est-ce que vous avez déjà travaillé pour un organisme *(organization)* qui aide les plus démunis? Qu'est-ce que vous avez fait?

Fonction

Comment décrire les choses et les personnes (3)

Les pronoms relatifs avec une préposition

When referring to people, the relative pronoun **qui** replaces the object of a preposition other than **de.**

C'est la femme. Je travaille pour cette femme. C'est la femme **pour qui** je travaille.	*She's the woman **for whom** I work.*
Tu as vu cet ami? J'ai parlé avec cet ami. Tu as vu cet ami **avec qui** j'ai parlé?	*Did you see the friend **with whom** I spoke?*

Nom ______________________ Date ______________

***XXX. Qui avec une préposition.** Liez chaque paire de phrases avec une préposition et le pronom relatif **qui.**

Modèle: C'est le prof. J'ai eu une discussion avec lui.
C'est le prof avec qui j'ai eu une discussion.

1. C'est le monsieur. J'étais assis à côté de lui au concert.

____

2. C'est l'étudiante. Je me suis disputé avec elle.

____

3. C'est leur oncle. Ils travaillent pour lui.

____

4. Ce sont nos voisins. Nous sommes allés en Grèce avec eux.

____

5. Ce sont mes amis. Je suis sorti avec eux ce week-end.

____

6. C'est sa voisine. Elle a préparé un bon repas pour elle.

____

7. C'est l'actrice. Nous travaillons avec elle.

____

8. C'est mon collègue. J'ai déjeuné avec lui.

____

9. C'est le prof de sciences. Ils ont téléphoné au prof.

____

Le pronom relatif dont

a. When the preposition is **de,** use the relative pronoun **dont** *(of whom, whose, which)* instead of **de qui.**

Tu as vu le prof? Je t'ai parlé de ce prof.
Tu as vu le prof **dont** je t'ai parlé?

b. **Dont** can be used with both people and things.

c. The two most frequently used verbal expressions that take **dont** as a relative pronoun are **parler de** and **avoir besoin de.**

L'appartement **dont** je t'ai parlé est dans la rue Monge.
Voilà le livre **dont** j'ai besoin pour mon cours de maths.

Nom ______________________________ Date ______________

***XXXI. Le pronom relatif dont.** Refaites les phrases suivantes selon le modèle.

Modèle: J'ai besoin de cet ordinateur.
C'est l'ordinateur dont j'ai besoin.

1. J'ai parlé de ce prof.

____

2. Elle a besoin de ce livre.

____

3. Nous avons besoin de cet iPod.

____

4. Ils ont parlé de ce film.

____

5. Je t'ai parlé de cette étudiante.

____

6. Il a besoin de ce lecteur de DVD.

____

7. Elles m'ont parlé de cette personne.

____

***XXXII. Faisons des phrases!** Faites une seule phrase avec chaque paire de phrases en utilisant le pronom relatif **qui** avec une préposition autre que **de** ou le pronom relatif **dont** pour remplacer **de.**

Modèles: Je vais te présenter les amis. Nous avons dîné **chez** ces amis.
Je vais te présenter les amis ***chez qui*** *nous avons dîné.*

C'est la clé. Nous avons besoin **de** cette clé pour ouvrir la valise.
C'est la clé ***dont*** *nous avons besoin pour ouvrir la valise.*

1. Voilà l'ordinateur. J'ai besoin **de** cet ordinateur.

____

2. C'est l'étudiante. Elle a téléphoné **à** cette étudiante.

____

3. Ce sont les voisins. Nous sommes allés à la plage **avec** eux.

____

4. Elle a acheté le DVD. Tu avais parlé **de** ce DVD.

____

5. Ils aiment bien la personne. Ils travaillent **pour** cette personne.

____

6. Voici le CD. Tu as besoin **de** ce CD.

____

7. J'ai écrit une composition. Je suis satisfaite **de** cette composition.

___

8. Je n'aime pas le garçon. Tu sors **avec** ce garçon.

___

Résumé des pronoms relatifs

	PEOPLE / ANIMALS / THINGS
SUBJECT	**qui**
DIRECT OBJECT	**que, qu'**
OBJECT OF THE PREPOSITION DE	**dont**
OBJECT OF A PREPOSITION OTHER THAN DE	**qui** *(for people only)*
The relative pronoun **où** replaces nouns that refer to place and time.	

***XXXIII. Faisons des traductions!** Traduisez les phrases suivantes. Attention aux pronoms relatifs.

1. There's the pen I was looking for (**chercher**).

___

2. Did you see the woman who sold me the car?

___

3. The computer he needs is in the lab (**dans le laboratoire**).

___

4. Do you know with whom he went to the movies?

___

5. That's the book I need.

___

6. Did he tell you who he works for?

___

7. Do you know where I put my keys?

___

8. They appreciated the effort I made to help them.

___

9. I bought the computer you recommended.

___

10. Who is the person you were talking about?

___

***XXXIV. Le puzzle des pronoms relatifs!** Faites des phrases avec les éléments suivants.

Modèles: Est-ce que vous avez vu les clés? (je / laisser ici—passé composé)
*Est-ce que vous avez vu les clés **que** j'ai laissées ici?*

Est-ce que tu as vu les clés? (être sur la table—imparfait)
*Est-ce que tu as vu les clés **qui** étaient sur la table?*

1. Est-ce que tu as vu la calculatrice? (je / utiliser—imparfait)
____

2. J'ai vu un de mes amis. (être au lycée—imparfait)
____

3. Est-ce que vous avez reçu le message? (je/envoyer hier—passé composé)
____

4. Voilà le garçon. (sa mère / être prof de sciences—présent)
____

5. C'est la maison. (nous / acheter—passé composé)
____

6. C'est le DVD. (je / avoir besoin—présent)
____

7. Voilà un exercice. (être intéressant—présent)
____

8. C'est l'étudiante. (je / parler hier matin—passé composé)
____

9. C'est un aspirateur. (ne pas très bien marcher—présent)
____

10. Voilà les bouquins. (je / chercher—imparfait)
____

Nom ______________________________ Date ______________

⊙ A faire! (2-6) — Manuel de classe, pages 82–87

- To *work again* with the **Et vous?** vocabulary, do **Ecrivez!**, Exercise XXXV.
- To *work again* with the information in the **Magazine Culture**, do Exercise XXXVI and the Internet activity Exercise XXXVII (if assigned).
- In *preparation* for the next class period, do Exercise XXXVIII, read the Rochefort text **(Littérature)** in the **Manuel de classe** and do Exercise XXXIX.

Quant à moi...

Ecrivez!

XXXV. Solutions à la crise du logement. Dans tous les pays, il y a les gens aisés qui sont propriétaires ou locataires de logements avec tous les conforts. Mais il y a aussi des milliers de personnes qui occupent des habitations délabrées et insalubres. En plus, il y ceux qui sont sans logis et qui font ce qu'ils peuvent pour survivre dans la rue. Dans cet exercice, faites d'abord le bilan de la situation des plus démunis dans votre région (utilisez les mots et expressions de la **Fiche Vocabulaire**). Ensuite, suggérez quelques solutions qui pourraient remédier à cette situation (si vous voulez, vous pouvez incorporer les idées suggérées ci-dessous). Utilisez une autre feuille de papier.

Idées utiles: solutions à la crise du logement

construire des logements sociaux / augmentation de la construction / créer des jobs / meilleure formation (éducation) pour les jeunes / aide aux familles / aide aux femmes seules / rénover les cités et les HLM / parler avec les défavorisés / des jobs pour les jeunes / consulter les gens des grands ensembles / augmenter le niveau de confort dans les logements sociaux / trouver des moyens pour résoudre les tensions dans les quartiers sensibles / engager la population des quartiers sensibles dans l'amélioration de leur quartier / aider / donner de l'assistance / des logements pour les personnes âgées / des logements pour les étudiants / créer des Amicales des locataires / engager des gardiens responsables dans les logements sociaux

Magazine Culture *Comment se logent les étudiants français?*

***XXXVI. Qu'est-ce que vous avez appris?** Choisissez les bonnes réponses selon ce que vous avez appris dans le **Magazine Culture**.

1. La crise du logement en France touche...
   - **a.** les femmes seules.
   - **b.** les personnes âgées.
   - **c.** les étudiants et les gens à bas revenu.
   - **d.** Toutes ces catégories.
2. Il y a plus de _____ millions de Français qui vivent dans des conditions déplorables.
   - **a.** 8
   - **b.** 7
   - **c.** 6
   - **d.** 5
3. Djillali habite...
   - **a.** chez ses parents.
   - **b.** dans un grand appartement avec des colocataires.
   - **c.** dans une chambre en cité-U.
   - **d.** dans un studio.

4. Hugo paie...
   a. 280 euros pour son appartement.
   b. 340 euros pour son appartement.
   c. 130 euros pour son appartement.
   d. 840 euros pour son appartement.

5. Léa a...
   a. une chambre sur le campus de son école.
   b. une chambre en cité-U.
   c. une chambre avec une personne âgée.
   d. une chambre chez ses parents.

6. Océanie habite...
   a. dans un studio.
   b. avec des copines en ville.
   c. dans le village de ses parents.
   d. sur le campus de son école.

7. Dans une maison container, il y a...
   a. des studios pour les personnes âgées.
   b. des studios pour les femmes seules avec des enfants.
   c. des studios pour étudiants.
   d. des studios pour des professeurs.

8. Selon les promoteurs, les studios dans les maisons containers sont...
   a. très bien isolés.
   b. assez bien isolés.
   c. bien isolés.
   d. pas très bien isolés.

9. Le logement intergénérationnel offre la cohabitation...
   a. d'une famille et d'un(e) étudiant(e).
   b. d'une personne âgée et d'un(e) étudiant(e).
   c. d'un(e) ouvrier(ère) et d'un(e) étudiant(e).
   d. de plusieurs étudiants d'âges différents.

10. Avant d'être admis dans un logement intergénérationnel, il faut...
    a. prouver qu'on n'a pas d'argent.
    b. faire preuve d'honnêteté.
    c. montrer qu'on est responsable.
    d. passer par un entretien.

Nom ______________________ Date ______________

XXXVII. Internet: la crise du logement en France. Faites des recherches sur Internet pour trouver des renseignements supplémentaires sur la crise du logement en France. Trouvez au moins quatre articles ou sites qui vous intéressent, puis résumez brièvement (en français ou en anglais) ce que vous avez appris.

Moteurs de recherche: www.google.fr, www.google.com, www.voila.fr, www.lycos.fr, http://youtube.com

Mots-clés en français (ajoutez le mot «France» à tous les mots-clés): HLM / cités / logements, pauvres / sans-logis / banlieues / banlieues parisiennes / émeutes de 2005 / Clichy-sous-Bois / taux de chômage, jeunes / crise du logement / banlieues, délinquance / banlieues, chômage / banlieues, jeunes / banlieues, personnes âgées / logement, étudiants / logement social / immigration

Mots-clés en anglais (ajoutez le mot «France» à tous les mots-clés): affordable housing / housing crisis / suburbs / young people (unemployment, crime) / immigration problems / discrimination / housing, senior citizens / housing, university students / living conditions for the poor / homeless / housing priorities / riots of 2005 / Clichy-sous-Bois / poor people

Mot-clé utilisé	Ce que j'ai appris
1. ______________	______________________
2. ______________	______________________
3. ______________	______________________
4. ______________	______________________

Nom ______________________ Date ______________

Littérature

«La vie dans les HLM» (Christiane Rochefort)

XXXVIII. Prélecture. Répondez aux questions suivantes avant de lire l'extrait de Christiane Rochefort dans le **Manuel de classe.**

1. Quelles sont les différences entre le logement qu'habite votre famille maintenant et le logement que vous habitiez dans votre enfance? Si vous habitez toujours le même logement, décrivez-le.

2. Dans votre enfance, dans quelle pièce du logement est-ce que vous préfériez passer votre temps? Pourquoi?

3. Qui faisait quoi chez vous? Par exemple, qui faisait les courses, la lessive, la vaisselle, la cuisine?

XXXIX. Lecture. Lisez le texte de Christiane Rochefort dans le **Manuel de classe** (pages 88–89). Ensuite, faites l'exercice ci-dessous.

Dans leur groupe d'études, quelques étudiants essaient de résumer le texte que vous venez de lire. Sur chaque point, pourtant, un(e) des étudiant(e)s se trompe. C'est à vous d'indiquer qui a raison et de justifier votre choix en citant la partie appropriée du texte.

1. CARL: La famille de Josyane a quitté le premier appartement parce que l'appartement était trop petit.
   MICHAEL: La famille de Josyane a déménagé parce que le premier appartement a été démoli.

2. SUSAN: Dans ce texte, le mot «Cité» veut dire «HLM».
   SYLVIA: Dans ce texte, le mot «Cité» veut dire «ville».

3. JENNY: Le nombre de pièces du nouvel appartement dépend du nombre de personnes dans la famille.
   JOHN: Le nombre de pièces du nouvel appartement dépend du nombre d'enfants dans la famille.

4. MICHAEL: Dans cet appartement, il y a quatre chambres à coucher.
   SYLVIA: Dans cet appartement, il y a trois chambres à coucher.

5. JOHN: La pièce préférée de Josyane est la cuisine-séjour.
   CARL: La pièce préférée de Josyane est sa chambre.

6. JENNY: Josyane apprécie surtout les fins de soirées. C'est après dix heures qu'elle entend beaucoup de choses intéressantes.
   SUSAN: C'est après dix heures du soir qu'elle apprécie le silence parce que tout le monde dans l'immeuble est couché.

7. CARL: Josyane n'aime pas tellement le silence quand elle fait ses devoirs. Elle préfère écouter de la musique.
   SYLVIA: Josyane aime être seule; elle aime le silence et la paix.

8. MICHAEL: Grâce à l'allocation familiale, la famille de Josyane a une machine à laver, une télé et un frigo.
   JOHN: Grâce à l'allocation familiale, la famille de Josyane a une machine à laver et une télé.

9. JENNY: Les parents de Josyane ont passé toute une soirée à discuter de la possibilité d'acheter une voiture.
   SYLVIA: Les parents de Josyane ont passé toute une soirée à discuter à propos du lit de Catherine.

10. CARL: Le problème du lit a été résolu: Chantal a un nouveau lit au premier étage et Catherine a un lit au rez-de-chaussée.
    SUSAN: Le problème du lit a été résolu: l'oncle Charles a construit des lits superposés *(bunkbeds)* pour Catherine et Chantal.

⊙ A faire! (2-7) — Manuel de classe, pages 88–91

- As a follow-up to adjective placement and relative pronouns, do **Reprise** Exercise XXXX.
- In preparation for the next class period, do **C'est à vous maintenant!**, Exercise XXXXI.

REPRISE

La place des adjectifs, les pronoms relatifs

***XXXX. Pour décrire les choses et les personnes.** Complétez les phrases suivantes en utilisant les adjectifs entre parenthèses et les pronoms relatifs convenables. Attention à la place et à l'accord des adjectifs.

1. (énergique, jeune, ambitieux) Madeleine est une ________________ femme ________________ ________ est très ________________.
2. (vieux, prochain) C'est un ________________ immeuble _____ on va rénover l'année ________________.
3. (inutile, délabré, autre) C'est une ________________ chaise ________________ et ________________ ________ nous n'avons plus besoin.
4. (nouveau, moyenâgeux, vieux) Le ________________ appartement ________ nous avons acheté se trouve dans un ________________ quartier ________________.
5. (spacieux, ensoleillé, grand) Les amis chez ________ il habite ont une ________________ maison ________________ et ________________.
6. (jeune, célèbre) C'est le ________________ homme ________ la mère est une pianiste ________________.

C'est à vous maintenant!

XXXXI. Une interview. En cours, vous allez interviewer une personne de langue française qui a habité en France ou dans un pays francophone. Le sujet principal de l'interview sera le logement, le cadre dans lequel se trouve ce logement, l'influence du logement sur la vie de tous les jours de cette personne et les problèmes du logement dans sa région. Néanmoins, afin de connaître un peu mieux cette personne, vous pourrez aussi lui poser des questions sur des sujets plus généraux—son pays d'origine, sa famille, sa formation, ses voyages, etc. Pour vous préparer pour cette interview, rédigez *une dizaine de questions* que vous pourrez poser. Utilisez une autre feuille de papier.

Nom ______________________ Date ______________

⊙ A faire! (2-8) — Manuel de classe, page 91

- As a *follow-up* to the interview conducted in class, do **Rédaction** Exercise XXXXII.
- To *practice* your French pronunciation, do **Activité d'écoute / Enregistrement: Les voyelles.**

XXXXII. Compte rendu de l'interview. Rédigez un petit article qui résume quelques aspects de l'interview que vous avez faite en classe. Ecrivez l'article à la troisième personne (**il/elle**) et n'essayez pas de rendre compte de tous les détails de l'interview; choisissez les parties que vous avez trouvées les plus intéressantes. Utilisez une autre feuille de papier.

SUGGESTIONS: (1) Relisez vos notes en soulignant les renseignements qui vous semblent les plus importants. (2) Faites un petit schéma (voir le modèle). (3) Rédigez votre compte rendu en donnant autant de précisions que possible. (4) N'oubliez pas que vous avez plusieurs façons de décrire les choses et les personnes: les adjectifs (attention à l'accord et à la place) et les pronoms relatifs (**qui, que, où, dont,** etc.). (5) Relisez votre compte rendu pour vérifier le sens des phrases et aussi pour corriger les fautes de grammaire et d'orthographe.

Schéma-modèle

1er paragraphe:	• Identifiez la personne que vous avez interviewée. • Présentez le sujet de l'interview.
2e paragraphe:	• Décrivez le logement de cette personne et le cadre dans lequel il se trouve.
3e paragraphe:	• Expliquez en quoi le logement influence la vie de cette personne.
4e paragraphe:	• Expliquez les problèmes de logement qui existent dans la région où habite cette personne.
5e paragraphe:	• Donnez votre réaction personnelle à l'interview en soulignant ce que vous avez trouvé de plus important et de plus intéressant.

Compte rendu modèle

(Yannick Arihihenbuwa) est professeur de biochimie à l'université de (Californie). Il a vingt-sept ans. Il n'est pas marié mais il s'est fiancé il y a quelques mois. Il va se marier cet été. Il est né au Cameroun et toute sa famille habite encore à Yaoundé. Il passe presque tous les étés avec sa famille dans sa maison natale. Je l'ai interviewé à propos de sa maison au Cameroun, du quartier où elle se trouve et de l'influence que sa maison, son quartier et sa ville ont eu sur lui.

Sa maison familiale à Yaoundé est… Elle est située… Ce quartier est très intéressant parce qu'il y a…

Le professeur Arihihenbuwa adore sa ville et son pays. Selon lui, ses attitudes à l'égard du logement et de l'environnement continuent à être influencées par le milieu dans lequel il a grandi. Par exemple…

Au Cameroun, il y a des problèmes de logement surtout dans les villes. Il n'y a pas assez de logements sociaux pour loger les personnes à bas revenu…

Ce que j'ai trouvé très intéressant (Ce qui m'a vraiment frappé[e]) en parlant de ce sujet avec le professeur Airhihenbuwa, c'est que…

Nom ______________________ Date ______________

Activité d'écoute / Enregistrement

Les voyelles

CD2, Track 6

Pour commencer, écoutez l'enregistrement de la première partie du texte de Christiane Rochefort que vous connaissez déjà:

«La vie dans les HLM»
Maintenant, notre appartement était bien. Avant, on habitait dans le treizième, une sale chambre avec l'eau sur le palier. Quand le coin avait été démoli, on nous avait mis ici; on était prioritaires; dans cette Cité, les familles nombreuses étaient prioritaires. On avait reçu le nombre de pièces auquel nous avions droit selon le nombre d'enfants. Les parents avaient une chambre, les garçons une autre, je couchais avec les bébés dans la troisième; on avait une salle d'eau, la machine à laver était arrivée quand les jumeaux étaient nés, et une cuisine-séjour où on mangeait; c'est dans la cuisine, où était la table, que je faisais mes devoirs. C'était mon bon moment: quel bonheur quand ils étaient tous garés, et que je me retrouvais seule dans la nuit et le silence! Le jour je n'entendais pas le bruit, je ne faisais pas attention; mais le soir j'entendais le silence.

- As you already know, most French vowels differ in pronunciation from English vowels. Their pronunciation will also vary depending on the use of accents and on their combination with other sounds.
- When you say the alphabet in French, there are five identified vowels: **a, e, i, o, u.**
- However, just like their English counterparts, when they're put into words they're not necessarily pronounced the way you find them in the alphabet. For example, while the alphabet **e** is pronounced as in **euh,** in the word **préfère** the **e** is now pronounced differently because of the accents. In English, the same thing happens. When you say the alphabet *i,* it's pronounced differently from the *i* in the word *sit.*
- And, like in English, vowels change in sound when they're found in combination with other vowels. In French, the **a** in combination with **u** is pronounced as an **o** (**auto**). In English, the vowel *o* in combination with another *o* is pronounced as *u (fool).*
- All of this to say that, in French, like in English, the pronunciation of vowels depends on a variety of factors. By now, your pronunciation is accurate enough so that you can probably look at a French word and figure out how to pronounce it even if you've never seen it before. To refine your accuracy, you'll now be reading more about vowel pronunciation and you'll be doing some exercises for practice.

→ The vowels *a* and *i*

In French, the letters **a** and **i,** when not combined with another vowel or with the consonants **m** or **n,** are pronounced as follows:

The French **a** sound is between the *a* sounds in the English words *fat* and *father.* It's pronounced with the mouth rounded. Note that **qua** (when not followed by an **n**), as in the word **quartier,** is always pronounced /ka/.

The French **i** sound is similar to the *i* sound in the English word *machine.* It's pronounced with the lips spread wide, as in a smile. Note that **qui** (when not followed by an **n**) is always pronounced /ki/.

Now listen to and repeat the words and sentences that you hear on your CD.

la / Ça va? / gare / papa / ici / livre / dîne / quarante / ville / Paris / mari / Italie / pharmacie / capitale / politique / quartier / pessimiste / île / appartement / habiter / film / qualité / cinéma / jardin / balcon / quatre / vestibule / Philippe / favorite / majorité / arriver / retard / origine / mal / situation / population / fini

L'appartement des Chartier est bien aménagé: il a un balcon, un petit jardin, un vestibule et quatre chambres; il est près des cinémas et des boutiques; sa situation est idéale.

Le ministre de la culture est un personnage qui a la responsabilité de sauvegarder la qualité de la vie culturelle et artistique.

Est-ce que tu as visité la ville de Chartres? Il y a une très belle cathédrale.

→ The vowel *u*

In French, the letter **u**, when not followed by another vowel or by the consonants **m** or **n** at the end of a word, or before another consonant, is generally pronounced the same way. To refine your pronunciation of the sound represented by the letter **u**, first pronounce the letter **i** (remember to spread your lips in a smile). Then, keeping the interior of your mouth in the same tense position, move your lips forward as if to whistle. If this sounds too complicated for you, do your best to imitate the words and sentences you'll hear in the next segment of the CD.

une / tu / fume / autobus / bureau / portugais / salut / vue / russe / musique / musée / sur / architecture / d'habitude / mur / du / minute / plusieurs / plus / univers / devenu / revenu / rendu / tissu / urbain / surtout / régulièrement / rue

Le mur murant Namur rend Namur murmurant.

A cause de son revenu très faible, son univers est devenu plutôt restreint et il ne s'intègre plus dans le tissu urbain.

→ The vowels *é, è,* and *ê*

The letter é (as in the word **été**) is pronounced like the vowel sound in the English word *fail;* however, the French vowel is not a diphthong. In other words, it's a single, steady sound, whereas the English vowel tends to slide from one sound to another. Note that the combination **qué** is always pronounced /ke/ (**manqué**).

The letters è as in **mère** and ê as in **fête** are pronounced like the *e* in the English words *bed* and *belt.*

Now listen to and repeat the words and sentences you hear on your CD.

→ The letter *é*

thé / café / église / métro / cathédrale / été / écouté / désiré / allé / hésité / acheté / étudié / stéréo / Hervé / téléphoné / préféré / pâté / université / aéroport / lycée / télévision / célébrer / épuisé / occupé / béton / isolé

Il a téléphoné à Hervé et lui a donné l'itinéraire pour les vacances d'été.

Cette année, j'ai acheté une stéréo, un téléviseur et des appareils ménagers. Maintenant je suis fauché.

A l'université, elle a étudié les sciences économiques, les mathématiques, la géographie, la géologie et la littérature. C'est une personne énormément douée.

→ The letters *è* and *ê*

mère / frère / père / crème / achète / scène / bibliothèque / tête / êtes / fête / même

Elle se lève toujours la première, avant sa mère, son père et son frère.
J'espère qu'elle va être à la fête.
Tu préfères de la crème ou du lait?

→ The vowel *o*

The letter **o** represents two different sounds in French: [ɔ], which is similar to the vowel sound in the English word *lost* and [o], which is similar to the vowel sound in the English word *go* (without a diphthong). The sound [o] is used when **o** is the last sound of a word (**métro, gigot**), before **s** plus a vowel (**rose**), and when the letter **o** has a circumflex (**hôtel**). In other cases, the letter **o** is pronounced [ɔ].

Repeat each word, being careful to clearly pronounce [ɔ] of the first word and avoid making a diphthong with [o] in the second.

notre, nos / votre, vos / téléphoner, métro / sport, hôte / orage, chose / octobre, prose / soleil, exposé

Now listen to and repeat the words and sentences on your CD, being careful to distinguish between the two different sounds of **o**.

pomme / rôti / promenade / chocolat / kilo / trop / roquefort / gigot / Sorbonne / haricots / photo / monotone / chose / bonne / sport / écho / homme / nord / mot / vote / auto / porte / nôtre / poche / tôt / fort / hôtel / sommes / tort

C'est un sport trop monotone.
Il me faut une robe rose avec des poches.
Il vaut mieux manger une pomme que du chocolat.
Il fait du soleil; je n'ai pas besoin d'anorak.
Nicolas apporte les vidéos.
Simone a une auto de sport.

→ The vowel combinations *ai, au, ou,* and *oi*

The combinations **ai, au,** and **ou** are pronounced as single vowel sounds in French. The letters **ai** sound like the *e* in the English word *melt.* The combination **au** (or **eau**) is usually pronounced like the *o* in the English word *hope*. And the combination **ou** is pronounced as in the English word *boot* (without a diphthong). However, when the **ou** combination is followed by another vowel sound, it's pronounced [w], as in the English word *will:* **oui.**

The combination **oi** in French is pronounced [wa], as in the English word *watt.* The one exception is the word **oignon,** in which **oi** is pronounced [ɔ], like **o** in the French word **octobre.**

Now listen to and repeat the words and sentences you hear on your CD.

aime / français / anglais / frais / vais / maître / semaine / fait / au / aussi / auto / autobus / de Gaulle / gauche / aujourd'hui / haut / rouge / beaucoup / oui / poulet / couvert / ouest / jouer / tour / cousin / silhouette / Louvre / août / souvent / pirouette / moutarde / toi / avoir / trois / oignon / froid / étoile / Antoine / noir / poires / loi / droit / roi / obligatoire / choisir

Je prends des cours de français parce que je vais trouver un poste au Louvre.
Et toi, qu'est-ce que tu fais en août? Tu vas passer quelques jours au Pérou?
Nous n'aimons pas jouer avec Antoine parce qu'il veut toujours avoir raison.

→ The nasal vowels

When vowels are followed by the letters **m** or **n** in the same syllable, they are nasal vowels. To pronounce them, air has to go through the nose (that's why they're called *nasal*) and the lip position is tense. Since the purpose of the consonants is to nasalize the vowels, the consonants **m** and **n** are *not* pronounced when they're in the same syllable with a vowel.

am, an, em, en are pronounced [ã]
om, on are pronounced [õ]
im, in, aim, ain, un are pronounced [ɛ̃]

Now listen to and repeat the words and sentences you hear on your CD.

Londres / banque / oncle / tante / nombres / changer / important / intéressant / faim / entrer / commencer / bien entendu / attention / enfants / fin / sans / on / campagne / chance / ensemble /

lapin / sont / violence / délinquance / gouvernement / conscience / ambitieux / urbain / gens / profond / montrer / grand / banlieue / construit / urgence / pourtant / habitants / sensationnel / tradition / confort / demander / emploi / contre / France / Japon / Nantes

Je joue du violon depuis l'âge de cinq ans.
Il montre une méfiance profonde à l'égard du gouvernement.
Pendant quatorze ans, François Mitterrand a été le président de la France.
Les grands ensembles des banlieues ont des problèmes de violence et de délinquance.
Nous n'avons pas demandé d'emploi à Nantes depuis cinq mois.
Je compte faire un long voyage l'an prochain.
Un de mes oncles est médecin dans la banlieue d'Avignon.
Vous avez l'intention de changer de profession? C'est incroyable!

 CD2, Track 7

Now listen to and then read the following poem by the Cameroonian poet René Philombe titled **«L'homme qui te ressemble».**

«L'homme qui te ressemble»

J'ai frappé à ta porte
J'ai frappé à ton cœur
pour avoir bon lit
pour avoir bon feu
pourquoi me repousser?
Ouvre-moi mon frère!...

Pourquoi me demander
si je suis d'Afrique
si je suis d'Amérique
si je suis d'Asie
si je suis d'Europe?
Ouvre-moi mon frère!...

Pourquoi me demander
la longueur de mon nez
l'épaisseur de ma bouche
la couleur de ma peau
et le nom de mes dieux?
Ouvre-moi mon frère!...

Je ne suis pas un noir
je ne suis pas un rouge
je ne suis pas un jaune
je ne suis pas un blanc
mais je ne suis qu'un homme.
Ouvre-moi mon frère!...

Ouvre-moi ta porte
Ouvre-moi ton cœur
l'homme de tous les temps
l'homme de tous les cieux
l'homme qui te ressemble!...

René Philombe, *Petites gouttes de chant pour créer l'homme*, © Éditions Nouvelles du Sud/Éditions A3

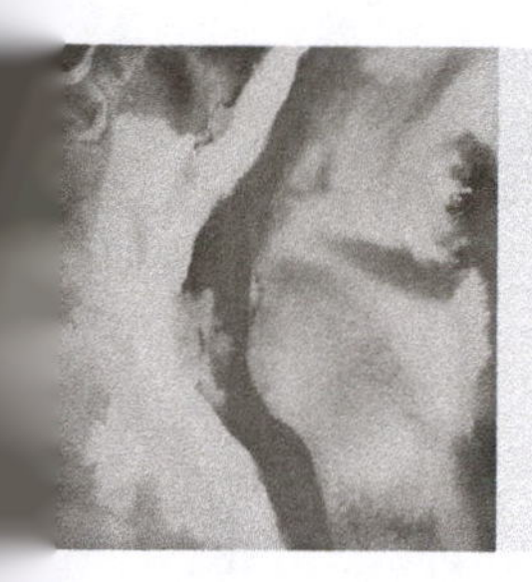

«On s'amuse»

CHAPITRE 3

© PicImpact / Corbis

© Walter Bibikow / Danita Delimont

Nom ____________________ Date ____________

⊙ A faire! (3-1) — Manuel de classe, pages 94–99

- To *work again* with the **Témoignages** you heard in class, listen to Tracks 9–12 of CD2 and do Exercise I.
- In *preparation* for talking about your daily and weekly schedule, study the **Fiche Vocabulaire** and do Exercises II and III.
- In order to *review* the conjugation of the **passé composé** and the **imparfait,** do the **Contrôle des connaissances (Test)** and, if necessary, the **Rappel** (Exercises IV, V) and **Repêchage** sections.

Quant à moi…

Témoignages: «Quel est votre emploi du temps?»

CD2, Tracks 9–12

I. Comment passez-vous votre temps? Ecoutez encore une fois les quatre interviews, puis complétez le tableau suivant. Si l'interview ne donne pas les renseignements nécessaires pour remplir une case, mettez-y un X.

Vocabulaire utile

HENRI GAUBIL: se rendre *(to go)*, de bonne heure *(early)*, étant donné *(given)*, règne *(reigns)*, d'ailleurs *(moreover)*, effectivement *(in fact)*, climatisation *(air conditioning)*

VALÉRIE ECOBICHON: Dinan *(small city in Brittany)*, horaires *(time schedules)*, gros travaux *(heavy work)*, ramasser le foin *(to gather the hay)*, bétail *(livestock)*, nourrir *(to feed)*

ROBIN CÔTÉ: chercheur en physique *(research physicist)*, de sorte que *(that way)*, malgré tout *(in spite of everything)*, calculs *(calculations)*, m'entraîner *(to work out)*, bouquins *(books)*, le lever *(getting up)*, spectacles *(shows)*, Mont Royal *(suburb of Montreal)*, tam-tam *(type of drum)*, amène *(brings along)*, aux alentours de *(around, about)*

ANNE SQUIRE: matinées *(mornings)*, répétitions *(rehearsals)*, quotidien *(daily)*, autre part *(elsewhere)*, à plein temps *(full time)*, fac *(short for* faculté, *part of the university)*, quatuor *(quartet)*

	le travail	le temps libre
Henri Gaubil		
Valérie Ecobichon		
Robin Côté		
Anne Squire		

Nom ______________________________ Date ______________

Et vous?

FICHE VOCABULAIRE

L'EMPLOI DU TEMPS

le matin
- se réveiller
  - se lever (tout de suite)
  - rester au lit
  - faire la grasse matinée *to sleep late*
- prendre une douche (un bain)
- faire sa toilette *to wash up*
- se coiffer *to fix one's hair*
- se maquiller *to put on make-up*
- s'habiller
- déjeuner
  - prendre le petit déjeuner
  - manger (un petit) quelque chose

> **Déjeuner**
>
> Since the word **déjeuner** literally means to *break one's fast,* it is used in French both for *to breakfast* and *to have lunch.* You can usually tell from the context which meaning is intended. In conversation, people usually say **prendre le petit déjeuner** when talking about having breakfast.

le soir
- avoir sommeil *to be sleepy*
- se coucher
- lire
  - (je lis, tu lis, il/elle/on lit, nous lisons, vous lisez, ils/elles lisent)
- s'endormir *to fall asleep*

les études
- avoir (un) (des) cours *to have (a) class(es)*
- avoir des travaux pratiques *to have lab*
- aller en cours *to go to class*
  - y aller à pied (en auto)
  - prendre l'autobus (le métro)
- faire ses devoirs
  - rédiger une dissertation *to write a paper*
  - réviser ses notes *to review, go over one's notes*
  - passer un examen (un test) *to take a test (quiz)*

le travail
- travailler à mi-temps *to work half-time*
  - à temps partiel *part-time*
  - ... heures par semaine
  - de (9) à (18)h *to work from (9) to (6)*
- avoir un (petit) job

devant l'ordinateur
- un(e) internaute *Internet user*
- consulter ses mails (emails) *to check one's e-mail*
  - lire des mails (emails)
  - envoyer des mails (emails) *to send e-mails*
  - (j'envoie, tu envoies, il/elle/on envoie, nous envoyons, vous envoyez, ils/elles envoient)
- bloguer
- se retrouver sur msn / sur facebook
- surfer
- naviguer
  - utiliser des moteurs de recherche *to use search engines*
- télécharger des logiciels *to download software*
  - des jeux
  - de la musique
  - des films
- faire des achats en ligne

le temps libre
- avoir du temps libre
- profiter de son temps libre pour...
  - s'amuser
  - se reposer
  - faire la sieste *to take a nap*
  - se relaxer
  - s'entraîner à *to practice + activity*

Autres expressions
- avoir un emploi du temps très chargé *to have a very full schedule*
- avoir une journée (une matinée, une après-midi, une soirée) très chargée
- avoir une journée de libre (sans cours) *to have a free day (a day without class)*
- envoyer un texto *to text*
- passer du temps (des heures, ... heure[s]) à + infinitif ou + lieu

Nom ______________________________ Date ______________

***II. Deux emplois du temps.** Marthe et Anne-Sophie sont amies, mais puisque l'une est étudiante à l'université de Grenoble et l'autre travaille comme assistante de direction dans une société internationale à Paris, elles ont des emplois du temps très différents. Trouvez dans la **Fiche Vocabulaire** les mots et les expressions qui complètent la description de leur journée.

1. Le réveil sonne chez Anne-Sophie à 6h30. Elle ______________ tout de suite et elle ______________. Ensuite, elle met 10 minutes à ______________ et à ______________: il faut bien se présenter à son travail. Enfin, elle ______________: d'habitude elle met un tailleur-pantalon et un chemisier. Elle quitte son appartement vers 7h30 et elle ______________ dans un café tout près de l'arrêt d'autobus. Elle ______________ de 8h30 jusqu'à 18h. Normalement elle a ______________: pas une minute de repos! En rentrant du travail, elle s'arrête acheter de la nourriture et puis elle se prépare un petit souper. Après avoir mangé, elle n'a rien d'absolument nécessaire à faire: elle ______________ donc de ______________ pour ______________ *(Le Monde* ou *Libération)* et pour ______________ (elle préfère les documentaires et les films). Vers 22h, elle ______________ pour se relaxer: une demi-heure dans l'eau chaude lui fait toujours du bien. Elle ______________ normalement vers 23h, mais elle ne ______________ pas tout de suite: elle ______________ pendant une demi-heure: elle adore les romans policiers et les romans d'espionnage. Enfin, elle éteint la lumière vers 23h30. Et voilà la journée d'Anne-Sophie.

2. Marthe ______________ normalement vers 9h, mais elle ne se lève pas tout de suite. Puisqu'elle n'______ pas ______________ avant 10h, elle actionne la double alarme de son réveil et elle ______________ pendant 30 ou 40 minutes. Bien sûr, quand elle ______________ vers 9h30 ou 9h40, elle n'a pas beaucoup de temps pour ______________ (un peu d'eau jetée sur la figure) et pour ______________ (d'habitude, un jean et un tee-shirt). Son cours est à 5 minutes de sa résidence, donc elle y ______________. Après le cours, elle a toujours très faim; elle va donc au restaurant universitaire ______________ avec des copains. L'après-midi, puisqu'elle fait sciences naturelles, elle a souvent des ______________ de 13h jusqu'à 17h. Ensuite, elle a une heure ou deux de ______________ libre avant de retrouver ses amis pour dîner. Après, ce sont les devoirs jusqu'à 22h (ou plus tard si elle a des notes à ______________ pour un examen). Avant de se mettre au lit, elle ______________: cinq minutes sous l'eau chaude pour se relaxer. Puis elle s'installe devant son ordinateur: elle ______________, elle ______________ et elle ______________. S'il le faut, elle ______________ des nouvelles chansons pour son iPod. Elle ne ______________ jamais avant minuit. Marthe trouve que son emploi du temps en semaine est toujours trop ______________. Par conséquent, elle aime beaucoup le week-end. Elle adore ______________ (elle ne se lève que vers midi). Le samedi surtout, elle a beaucoup de ______________: elle peut aller faire du ski ou du patin à glace. Malheureusement, le dimanche, elle doit se consacrer à ses études: sept ou huit heures de ______________ pour préparer les cours de lundi.

III. Votre emploi du temps. Résumez votre emploi du temps—(1) en semaine et (2) le week-end. Utilisez des infinitifs pour préciser vos activités. Servez-vous d'une autre feuille de papier.

Modèle: *me réveiller—7h30*
me lever—7h45, etc.

Contrôle des connaissances

Le passé composé et l'imparfait

TEST

***A.** Complete the following conversations, conjugating the verbs in parentheses in the **passé composé.**

1. —Est-ce que Chantal (finir) ______________ ses devoirs?
   —Non, elle (se coucher) ______________ avant de les finir.
2. —Tu (prendre) ______________ l'autobus pour aller en ville?
   —Non, mon frère me/m' (prêter) ______________ sa voiture.
3. —Jacques et toi, vous (aller) ______________ au cinéma hier soir?
   —Non, nous (ne rien faire) ______________ hier soir.
4. —Gérard, tu (bien se reposer) ______________ pendant le week-end?
   —Oui, je/j' (regarder) ______________ des films à la télé.
5. —Jean-Pierre et toi, vous (se perdre) ______________ en allant chez Sylviane?
   —Oui, mais enfin, nous (demander) ______________ notre chemin.
6. —Où est-ce qu'ils (laisser) ______________ leurs clés?
   —Je ne sais pas. Je (ne pas voir) ______________ leurs clés ce matin.
7. —Jeannette et Martine (pouvoir) ______________ venir à la soirée?
   —Oui, mais Martine (arriver) ______________ vers 22h.
8. —Chantal, pourquoi est-ce que tu (se lever) ______________ si tôt ce matin?
   —Parce que je/j' (avoir) ______________ peur d'être en retard.
9. —Est-ce que vous et vos amis, vous (s'amuser) ______________ au match de football?
   —Oui, notre équipe (gagner) ______________ le match 2 à 1.
10. —Est-ce que votre frère et vous, vous (rentrer) ______________ ensemble?
    —Oui, nous (se dépêcher) ______________ pour attraper le dernier train.

***B.** Now complete the following narration, conjugating the verbs in parentheses in the **imparfait.**

Quand je/j' (être) _______________ jeune, toute ma famille (aller) _______________ aux sports d'hiver pendant les vacances de Noël. Mes grands-parents (avoir) _______________ un chalet tout près de Chamonix. Alors, le 26 décembre, nous (se diriger) _______________ tous vers les Alpes. Mon oncle, ma tante et mes cousins (prendre) _______________ toujours le train; mes parents et moi, nous (faire) _______________ souvent le voyage en voiture. A Chamonix, pendant des heures et des heures, mes cousins (descendre) _______________ les pistes à toute vitesse. Pas moi! Je (ne pas vouloir) _______________ me casser la jambe. Puis on (finir) _______________ la journée en prenant quelque chose dans un café du village. Et vous, est-ce que vous (s'amuser) _______________ pendant les vacances de Noël?

See the **Corrigés** at the back of this book for the answers to the **Test.** A perfect score is 40.

- If your score is 32 or above, you've completed **A faire! (3-1).**
- If your score is less than 32, reread the rules for conjugating verbs in the **passé composé** and the **imparfait** in the **Rappel** section, then do **Exercices de révision IV** and **V.** After correcting these exercises (see the **Corrigés** for the answers), do the **Repêchage** test.

RAPPEL

La conjugaison des verbes au passé composé et à l'imparfait

1. The passé composé

The **passé composé** is a compound tense—that is, it is formed by conjugating an auxiliary verb (either **avoir** or **être**) and adding a past participle.

a. The past participle

The past participle of most verbs is formed by dropping the infinitive ending and adding **-é, -i,** or **-u:**

-er verbs	**parler**	**parl + é**	**parlé**
-ir verbs	**finir**	**fin + i**	**fini**
-re verbs	**descendre**	**descend + u**	**descendu**

Verbs with irregular past participles include:

avoir	**eu**	**prendre**	**pris**
être	**été**	**venir**	**venu**
faire	**fait**	**voir**	**vu**
pouvoir	**pu**		

b. The auxiliary verb

The majority of verbs in French are conjugated with **avoir.**

j'ai travaillé	**nous avons pris**
tu as fini	**vous avez vu**
il a regardé	**ils ont entendu**
elle a perdu	**elles ont fait**

Nom ______________________ Date ______________

All pronominal (reflexive) verbs are conjugated with **être.**

je me suis couché(e)	**nous nous sommes dépêché(e)s**
tu t'es amusé(e)	**vous vous êtes trompé(e)(s)**
il s'est perdu	**ils se sont retrouvés**
elle s'est levée	**elles se sont disputées**

A limited number of non-pronominal verbs are also conjugated with **être.** Among the most frequently used are: **aller, arriver, descendre, entrer, monter, partir, rentrer, rester, retourner, sortir,** and **venir.**

je suis allé(e)	**nous sommes arrivé(e)s**
tu es parti(e)	**vous êtes resté(e)(s)**
il est entré	**ils sont rentrés**
elle est sortie	**elles sont venues**

Note that when a verb is conjugated with **être,** the past participle usually agrees in gender and number with the subject.

Elle n'est pas encore **arrivée.**
Nous nous sommes **trompé(e)s** de route.
Ils sont **montés** dans l'autobus.

c. The negative of the **passé composé**

To make a verb in the **passé composé** negative, place **ne... pas** (**ne... rien, ne... jamais**) around the auxiliary verb (and the object pronoun, if there is one).

Elle **n'est pas** allée en Afrique.
Il **n'a rien** répondu.
Ils **ne se sont jamais** rencontrés.

2. The imperfect

To form the imperfect, begin with the **nous** form of the *present* tense, drop the **-ons,** and add the following endings: **-ais, -ais, -ait, -ions, -iez, -aient.**

parler **nous parlons**	**sortir** **nous sortons**	**descendre** **nous descendons**
je parlais	**je sortais**	**je descendais**
tu parlais	**tu sortais**	**tu descendais**
il/elle/on parlait	**il/elle/on sortait**	**il/elle/on descendait**
nous parlions	**nous sortions**	**nous descendions**
vous parliez	**vous sortiez**	**vous descendiez**
ils/elles parlaient	**ils/elles sortaient**	**ils/elles descendaient**

This rule for the formation of the imperfect applies to all French verbs, except **être.**

Infinitive	*Present*	*Imperfect*
avoir	**nous avons**	**j'avais, tu avais, etc.**
faire	**nous faisons**	**je faisais, tu faisais, etc.**
prendre	**nous prenons**	**je prenais, tu prenais, etc.**
voir	**nous voyons**	**je voyais, tu voyais, etc.**
vouloir	**nous voulions**	**je voulais, tu voulais, etc.**

The stem of the imperfect for **être** is **ét-:**

j'étais, tu étais, il/elle/on était, nous étions, vous étiez, ils/elles étaient

To download tutorials on the **Passé Composé** and the Imperfect, go to www.cengagebrain.com.

Nom ______________________________ Date ______________

Exercices de révision

***IV. Monologues.** Complete the following monologues, giving the appropriate form of the **passé composé** of the verbs in parentheses.

1. Mon cousin René (ne pas aller) ______________ au match de football. Il (attendre) ______________ le dernier moment pour partir, il (se tromper) ______________ d'autobus et il (décider) ______________ de rentrer chez lui.

2. *(C'est Claire qui parle.)* Ma sœur et moi, nous (rentrer) ______________ vers 9h hier soir. Nous (regarder) ______________ un film à la télé. Nous (téléphoner) ______________ à des amies, puis nous (se coucher) ______________. Mais je (ne pas pouvoir) ______________ m'endormir.

3. *(C'est Max qui parle.)* Je/J' (dormir) ______________ très tard ce matin. Je (ne pas déjeuner) ______________. Je (se dépêcher) ______________ pour aller en cours, mais je/j' (arriver) ______________ en retard tout de même.

4. Je ne te comprends pas, Laetitia. Tu (ne pas finir) ______________ tes devoirs. Tu (ne pas venir) ______________ à la soirée chez moi. Tu (ne pas répondre) ______________ à mes coups de téléphone. Et tu (se disputer) ______________ avec ta meilleure amie lundi! Qu'est-ce qu'il y a?

5. Samedi soir, Yvette (prendre) ______________ une douche, elle (s'habiller) ______________ et elle (sortir) ______________ avec Laurent et son cousin. Ils (aller) ______________ au restaurant, ils (bien s'amuser) ______________, mais elle (ne rien manger) ______________.

6. Louis et Michel, qu'est-ce que vous (faire) ______________ hier soir? Pourquoi est-ce que vous (ne pas venir) ______________ au concert avec nous? Vous (perdre) ______________ l'occasion d'écouter le meilleur groupe de rock français. J'espère que vous (s'amuser) ______________ tout de même.

7. *(C'est François qui parle.)* Hier après-midi, mon frère et moi, nous (prendre) ______________ l'autobus pour aller en ville. Nous (descendre) ______________ au centre-ville et nous (entrer) ______________ dans le premier magasin. Mon frère y (acheter) ______________ un jean. Puis je/j' (voir) ______________ des amies qui parlaient à la terrasse d'un café. Nous y (rester) ______________ pendant une demi-heure, puis elles (retourner) ______________ au magasin avec nous.

***V. Interrogatoires.** Complete the following questions and answers, using the appropriate form of the *imperfect* of the verbs in parentheses.

1. —Quand tu (être) ____________ petite, est-ce que tu (écouter) ____________ tes parents? Est-ce que tu (se disputer) ____________ avec tes frères? Est-ce que tu (répondre) ____________ aux questions des grandes personnes?

   —Quand je/j' (avoir) ____________ cinq ou six ans, je/j' ____________ (être) toujours très sage. Je (s'entendre) ____________ bien avec mes frères et je (parler) ____________ toujours très poliment aux grandes personnes.

2. —Quand vous (être) ____________ à Paris, est-ce que vous (séjourner) ____________ dans un hôtel? Est-ce que vous (sortir) ____________ souvent avec des amis français? Est-ce que vous (s'amuser) ____________ toujours?

   —Je/J' (avoir) ____________ un appartement dans le 6e arrondissement. Je/J' (aller) ____________ souvent au cinéma ou au théâtre avec mes amis français. Je/J' (aimer) ____________ beaucoup la vie parisienne.

3. —Quand Anne-Marie (être) ____________ jeune, où est-ce qu'elle (faire) ____________ ses études? Est-ce qu'elle (prendre) ____________ l'autobus pour aller à l'école? Est-ce qu'elle (réussir) ____________ bien à l'école?

   —Anne-Marie et ses frères (faire) ____________ leurs études au lycée Champollion. Ils y (aller) ____________ à pied. Anne-Marie (faire) ____________ toujours attention en classe, mais ses frères (être) ____________ souvent distraits.

Repêchage ☐

***A.** Complete the following conversations, conjugating the verbs in parentheses in the **passé composé.**

1. —Alex, tu (acheter) ____________ quelque chose en ville?
   —Non, mais je/j' (choisir) ____________ un bon restaurant pour notre dîner de gala.
2. —Martine, tu (ne pas aller) ____________ à ton premier cours ce matin?
   —Non, je/j' (rester) ____________ au lit jusqu'à 10h.
3. —Elle (venir) ____________ à la soirée?
   —Non, elle (regarder) ____________ une vidéo avec des amis.
4. —Vous (voir) ____________ les Duvalier?
   —Non, ils (rentrer) ____________ après nous.
5. —Sylvie, qu'est-ce que ton mari (faire) ____________ pendant ton absence?
   —Rien. C'est pourquoi je (se fâcher) ____________ contre lui.

6. —Ils (faire) ____________ du ski le week-end dernier?
   —Non, ils (jouer) ____________ au hockey sur glace.
7. —Pourquoi est-ce que François (ne pas déjeuner) ____________?
   —Il (se lever) ____________ trop tard.
8. —Tu (parler) ____________ à Jacqueline et à sa mère?
   —Non, elles (se coucher) ____________ de bonne heure.
9. —Vous (attendre) ____________ l'autobus pour aller à la gare?
   —Non, nous (prendre) ____________ un taxi.
10. —Annick, tu (retrouver) ____________ tes amis au centre commercial?
   —Non, je (se tromper) ____________ d'heure.

***B.** Now complete the following narration, conjugating the verbs in the **imparfait.**

Je me souviens bien des dîners qu'on (prendre) ____________ chez ma grand-mère. Elle et mon grand-père (habiter) ____________ près de Lausanne. Il y (avoir) ____________ toujours de bonnes choses à manger chez elle. Mon frère et moi, nous (attendre) ____________ avec impatience l'heure du dîner. Et moi, je (finir) ____________ toujours tout dans mon assiette. Après le repas, mon père et mon grand-père (se promener) ____________ dans le bois près de la maison. Ma mère (faire) ____________ la vaisselle avec ma grand-mère. Mon frère et moi, nous (s'amuser) ____________ avec les animaux. Je/J' (être) ____________ triste de rentrer chez nous. Surtout parce qu'on (prendre) ____________ toujours le car pour rentrer. Et vous, est-ce que vous (aller) ____________ souvent chez vos grands-parents dans votre enfance?

See the **Corrigés** at the back of this book for the answers to the **Repêchage** test. The total number of points is 40.

- If you received a score of 32, you've passed the test.
- If you scored below 32, let your instructor know by placing an X in the box at the upper right-hand corner of the re-test. In either case, you've completed **A faire! (3-1).**

Nom ______________________________ Date ______________

⊙ A faire! (3-2) — Manuel de classe, pages 100–109

- In order to *work further* with the **Et vous?** vocabulary, do **Ecrivez!**, Exercise VI.
- In order to *follow-up* on the **Magazine Culture,** do Exercises VII and VIII.
- In order to *learn* more about the **passé composé** and the **imparfait,** read the explanations on pages 117 and 118 and do Exercises IX and X.

Quant à moi…

Ecrivez!

VI. Mon emploi du temps. Vous tenez un journal intime dans lequel vous notez tous les soirs les événements de la journée. (1) Choisissez deux jours de semaine récents et rédigez ce que vous auriez pu écrire dans votre journal. (2) Puis analysez vos journées en ce qui concerne **le temps physiologique** (sommeil, toilette, repas), **le temps des études** (cours, devoirs), **le temps domestique** (ménage, cuisine, linge, courses *[errands]*), **le temps libre** (télévision, lecture, promenade, jeux, sports, sociabilité). Représentez les résultats de votre analyse en faisant un graphique en forme de camembert *(pie chart)* où vous indiquez le pourcentage de votre journée consacré à chacun de ces quatre temps. Utilisez une autre feuille de papier.

Magazine Culture *L'emploi du temps des Français*

***VII. Travail et loisirs.** Résumez les trois sujets (**Heures de travail, Conditions de travail, Loisirs**) discutés dans le **Magazine Culture** en utilisant les mots et les expressions suggérés.

Suggestions: accumuler / activités / Américains / bas / cadres / cinémas / collègues / congé / congés payés / conséquences / consommateurs / en moyenne / euros / gagnent / heures / illimité / industrialisés / jouer / libre / lire / loisirs / loyer / médian / monde / nourriture / numérique / ont droit à / pratiquer / productifs / prolonger / salaires / semaine / stressante / supplémentaire / technologie / travailleurs

1. *Heures de travail*

Les Français sont des travailleurs très ____________________: Ils font en 35 heures ce qu'on fait dans d'autres pays ____________________ en 40 heures. En même temps, ils semblent avoir plus de ____________________ que les ____________________ américains, par exemple. La ____________________ de 35 heures leur donne plus de temps ____________________ (____________________, les ____________________ travaillent au moins 40 heures par semaine); ils ont droit à 5 semaines de congés payés par an (en moyenne deux semaines par an aux Etats-Unis); ils profitent d'un système de RTT (Réduction du temps de travail) où ils ____________________ une journée de ____________________ pour toutes les 8 heures de travail ____________________. En plus, ils ont droit à un jour de congé toutes les deux semaines ou tous les mois. Ils peuvent ______________ ces journées pour ____________________ des vacances ou pour changer un peu le rythme de leur vie. Les heures de travail des ____________________ ressemblent beaucoup plus à leurs ____________________ aux Etats-Unis, c'est-à-dire qu'on ne paie pas les heures supplémentaires; cependant, ils reçoivent beaucoup de RTT et ont des ______________ de travail plus flexibles.

2. *Conditions de travail*

La semaine de 35 heures fait que les Français mènent une vie assez ______________. Une des ______________ est qu'ils sont les plus gros ______________ de tranquillisants du ______________. En plus, par comparaison à d'autres pays, leurs ______________ sont assez ______________: le salaire ______________ est de 1 500 ______________ par mois. Les jeunes diplômés ______________ à peu près 1 300 euros par mois. Ce n'est pas énorme si on considère que 70 à 90% des salaires est utilisé pour le ______________, les transports et la ______________. Il reste donc très peu pour les ______________.

3. *Loisirs*

Comme dans tous les pays industrialisés, la ______________ joue un rôle principal dans les loisirs des Français. La plupart des familles sont abonnées à Internet, ont la télé ______________ et ont le téléphone ______________. Surfer sur Internet, ______________ à des jeux vidéo, regarder la télé, voilà les ______________ de loisir préférées des Français. Mais ils continuent aussi à ______________ beaucoup de magazines, à ______________ des sports et à fréquenter les ______________.

VIII. Internet: L'emploi du temps des Français. Faites des recherches sur Internet pour trouver des renseignements supplémentaires sur les Français et leur emploi du temps. Trouvez au moins quatre articles ou sites qui vous intéressent, puis résumez brièvement (en français ou en anglais) ce que vous avez appris.

Moteurs de recherche: www.google.fr, www.google.com, www.voila.fr, www.lycos.fr, http://youtube.com

Mots-clés en français: les Français, le temps de travail, le temps des loisirs / la semaine de 35 heures / slow food, France / slow life / étudiant universitaire, emploi du temps, typique / internautes, français

Mots-clés en anglais: French people, work, leisure / 35-hour work week, France / slow food / slow life / France, university students / Internet, France

Mot-clé utilisé	Ce que j'ai appris
1. ______________	______________
	______________
	______________
	______________.
2. ______________	______________
	______________
	______________
	______________

Nom ______________________ Date ______________

3. ______________ ______________________________
______________________________.
____
______________________________.

4. ______________ ______________________________
____
____
______________________________.

Fonction

Comment parler du passé (1)

L'emploi du passé composé et de l'imparfait

You're probably already familiar with the basic uses of the **passé composé** and the **imparfait.** In general, the difference between the two tenses turns on the distinction between states and actions that are *limited to a specific moment, period of time,* or *number of repetitions* (**passé composé**) as opposed to states and actions that are presented as *unfinished* or *habitual* (**imparfait**). The chart below gives a detailed look at some specific uses of the two tenses.

Outline of specific uses of the *passé composé* and the *imparfait*

A SINGLE ACTION OR STATE

1. Use the **passé composé:**
   - if the action or state is presented as finished at a *specific moment* and *complete* within itself, *whether or not the moment is expressed.*

     Nous sommes allés à la bibliothèque.
     Il **a fini** ses devoirs à 11h.
     J'**ai eu** du mal à trouver ton appartement.
     Hier il **a fait** très froid.
   - if the action or state is presented as completed in a *specific period of time.*

     Elle a travaillé pendant huit heures.
     Nous avons vécu trois ans au Maroc.
   - if the action or state is presented as repeated a *definite number of times* or within a *limited period of time.*

     Nous avons vu quatre ou cinq films le mois dernier.
     Je lui ai téléphoné plusieurs fois ce matin, sans l'avoir.

2. Use the **imparfait:**
   - if the action or state is presented as *unfinished* and as the *background* for other past actions, *even if a specific moment is expressed.*

     Nous allions à la bibliothèque. (En route, nous avons vu...)
     Mardi dernier, **j'étais** assise à la terrasse d'un café. (Tout à coup j'ai remarqué...)
     Il faisait très froid lundi dernier. (Par conséquent, j'ai mis...)
   - if the action or state is presented as *habitual* or *repeated an indefinite number of times.*

     Quand j'étais petit, **j'aimais** dormir avec mes parents.
     Au lycée, **nous jouions** souvent des tours à nos profs.
     J'avais toujours du mal à comprendre mon prof d'espagnol.

TWO OR MORE ACTIONS

3. Use the **passé composé:**
   - if the actions or states occurred *at the same moment.*

     Quand **nous sommes entrés, personne ne s'est levé.**
     Lorsque **le chien a commencé** à aboyer, moi, **j'ai eu** peur.
   - if the actions or states continued together for a *limited period of time* and the emphasis is on the period of time.

     Elle a regardé la télévision pendant que **nous avons préparé** le dîner.
     Pendant que **mon mari a fait** sa toilette, **je suis restée** au lit.
4. Use the **imparfait:**
   - if the actions or states *continued together* for a period of time *(limited or not)* and you want to emphasize that they *were going on* at the same time.

     Quel triste spectacle! **La terre était** recouverte de blessés; **les uns criaient, les autres gémis saient; les infirmiers couraient** ça et là.

     Pendant que **je faisais** la vaisselle, **ma femme aidait** mon fils à faire ses devoirs et **ma fille s'amusait** à faire des dessins.
5. Use the **imparfait** and the **passé composé:**
   - if one action or state served as the *background* or the *context* (**imparfait**) for the other (**passé composé**).

     Pendant que **nous étions** en ville, **nous avons rencontré** M. et Mme Queffélec.
     Elle lisait au moment où **la bombe a explosé.**
     J'ai remarqué un vieil homme qui traversait la rue à l'aide d'une canne.

***IX. Un séjour à la Martinique.** Utilisez les verbes et les expressions suggérés pour raconter votre séjour à la Martinique. Mettez les verbes au(x) temps indiqué(s).

1. *le récit de quelques actions consécutives (**passé composé**)*

   Il y a trois ans mes parents et moi, nous sommes allés à la Martinique. / (nous) y arriver vers dix heures du soir / (mon père) louer une voiture / (nous) aller directement à notre hôtel

   ____

   ____

   ____

2. *le récit de quelques notations générales dans le temps* (**imparfait**)

   Nous sommes descendus à l'hôtel Malmaison. / (notre hôtel) être très confortable / (il) se trouver au centre de Fort-de-France / (nous) avoir une vue panoramique sur la Savane et sur la Baie

   ____

   ____

   ____

3. *le récit de quelques actions limitées dans le temps* (**passé composé**)

   Le lendemain matin, pendant trois heures (nous) se promener dans Fort-de-France / de 14h à 16h (ma mère et mon père) visiter le musée du Rhum à Sainte-Marie / (nous) passer la soirée au casino de l'hôtel Méridien

   ____

   ____

   ____

4. *la description de quelques actions en cours* (**imparfait**)

   Le deuxième jour, nous avons visité l'île. Quand nous sommes arrivés à Grande-Rivière, à l'extrémité nord de l'île, (les pêcheurs) rapporter la pêche au port / (les femmes) faire la lessive au bord de l'eau / (les jeunes) s'amuser à faire du surf

   ____

   ____

   ____

5. *l'évocation de quelques états limités dans le temps* (**passé composé**)

   Un jour nous avons fait du parachute ascensionnel dans la baie de Fort-de-France. / (Ma mère) avoir très peur / (mon père) se sentir malade en regardant l'eau de si haut / mais moi, (je) être ravi(e) de voler au-dessus de la mer

   ____

   ____

   ____

6. *le récit de quelques actions répétées mais limitées dans le temps* (**passé composé**)

   Pendant notre semaine à la Martinique (nous) prendre un repas excellent tous les soirs / (ma mère et moi, nous) faire du shopping presque tous les jours / et (mon père) gagner trois fois à la roulette

   ____

   ____

   ____

7. *le récit de quelques actions et l'évocation de leur contexte* (**passé composé et imparfait**)

   Le jour de notre départ, pendant que (nous) aller à l'aéroport, (je) voir deux enfants sales et mal habillés (qui) jouer dans la boue à l'extérieur de l'aérodrome. A ce moment-là (je) penser que ça, (c') être l'image de la Martinique: la pauvreté traditionnelle et la technologie moderne, l'une à côté de l'autre.

   ____

   ____

   ____

Nom ____________________ Date ____________________

X. Hier et autrefois. Ecrivez des phrases à propos de votre passé récent et plus lointain en suivant les indications données.

1. D'abord, écrivez *cinq* phrases pour parler de vos activités d'hier. Employez le **passé composé** des verbes suivants: **se lever / (ne pas) prendre / aller / rentrer / se coucher.**
   a. ____________________
   b. ____________________
   c. ____________________
   d. ____________________
   e. ____________________
2. Ensuite, écrivez *cinq* phrases pour raconter une journée typique quand vous étiez au lycée. Employez l'**imparfait** des mêmes verbes.
   a. ____________________
   b. ____________________
   c. ____________________
   d. ____________________
   e. ____________________
3. Maintenant, écrivez *une* phrase dans laquelle vous mentionnez *trois* actions consécutives que vous avez accomplies hier. Mettez les verbes au **passé composé.**

   ____
   ____
   ____
4. Ensuite, écrivez *une* phrase dans laquelle vous mentionnez *trois* choses qui se passaient au moment où vous êtes arrivé(e) à votre cours de français le plus récent. Mettez les verbes à l'**imparfait.**

   ____
   ____
   ____
5. Maintenant, écrivez *une* phrase dans laquelle vous mentionnez *trois* choses que vous avez faites pendant votre dernière année au lycée. Mettez les verbes au **passé composé.**

   ____
   ____
   ____
6. Enfin, écrivez *trois* phrases dans lesquelles vous parlez d'une action et du contexte de cette action. Employez le **passé composé** et l'**imparfait.** Vous pouvez situer les actions à n'importe quel moment du passé (**hier, la semaine dernière, en 1998,** etc.).
   a. ____________________
   b. ____________________
   c. ____________________

Nom ______________________________ Date ______________

⊙ A faire! (3-3) — Manuel de classe, pages 110–115

- To *work again* with the **Témoignages** you heard in class, listen to Tracks 14–17 of CD2 and do Exercise XI.
- In *preparation* for talking about leisure-time activities, study the **Fiche Vocabulaire** and do Exercises XII and XIII.
- In order to *learn* more about the **passé composé** and the **imparfait**, read the explanations on pages 124 and 126 and do Exercises XIV, XV, XVI.

Quant à moi…

Témoignages: «Comment passez-vous votre temps libre?»

CD2, Tracks 14–17

***XI. Le temps libre des témoins.** Ecoutez encore une fois les interviews, puis complétez le tableau suivant. Si l'interview ne donne pas les renseignements nécessaires pour remplir une case, mettez-y un X.

Vocabulaire utile

SOPHIE EVERAERT: **course à pied** *(running)*, **courir** *(to run)*, **soit... soit...** *(either . . . or . . .)*

FLORENCE BOISSE-KILGO: **tours en vélo** *(bike rides)*, **du cheval** *(horseback riding)*, **trucs** *(here: jobs)*, **ranger** *(to pick up)*, **paperasserie** *(paperwork)*, **cochon d'Inde** *(guinea pig)*

XAVIER JACQUENET: **ciné = cinéma**, **boire un pot** *(to go out for a drink)*, **flâner** *(to go for a stroll)*, **quasiment** *(almost)*, **examens de rattrapage** *(make-up exams)*, **de par** *(because of)*, **reçoivent** *(host)*, **tarot** *(card game)*, **sauf** *(except)*, **prennent une location** *(rent a place)*, **contraintes d'horaire** *(time constraints)*

ROBIN CÔTÉ: **patine** *(skate)*, **au grand air** *(outdoors)*, **à tout le moins** *(at least)*, **sinon** *(if not)*, **taille** *(size)*, **avouer** *(to admit)*, **fleuve** *(river)*, **endroit** *(spot, place)*, **salée** *(salt)*, **marées** *(tides)*, **pistes cyclables aménagées** *(bicycle trails)*, **moyens financiers** *(financial means)*, **saucette** *(little trip or stopover, Quebec expression)*

	à la maison	en dehors de la maison	en vacances
Sophie Everaert			
Florence Boisse-Kilgo			
Xavier Jacquenet			
Robin Côté			

Nom ______________________ Date ______________

Et vous?

FICHE VOCABULAIRE

LES ACTIVITES DE LOISIR

les activités culturelles
- aller au cinéma / voir un film / tourner *(to shoot)* un film
- aller au théâtre / voir une pièce (de théâtre) / faire du théâtre
- aller à l'opéra / voir un opéra
- aller au ballet / voir un spectacle de danse (classique, moderne, africaine) / faire de la danse
- aller au musée / voir une exposition (de sculpture) / peindre (faire de la sculpture)
- aller à un concert (de musique classique, de musique moderne, de jazz) / faire de la musique

les sports d'été
- jouer au tennis (faire du tennis) / faire une partie de tennis *to play a tennis match*
- jouer au golf / faire une partie de golf
- jouer au basket (au foot *[soccer]*)
- nager / se baigner / faire de la natation
- faire de la voile *to go sailing*
- faire de la planche à voile *to go windsurfing*
- faire du ski nautique
- faire du canoë-kayak
- faire de l'équitation *(f.)* / monter à cheval *to go horseback riding*
- faire du jogging (du footing)
- faire du vélo
- faire une (des) randonnée(s) *to go hiking, to go on a hike*
- se promener / faire une promenade / se balader / faire une balade (à pied, à vélo, en voiture)
- faire du camping

les sports d'hiver
- faire du ski de piste (du ski alpin) *to go downhill skiing*
- faire du ski de fond *to go cross-country skiing*
- faire du patinage / faire du patin à glace *to go ice-skating*
- faire de la luge *to go sledding*
- jouer au hockey sur glace

les activités qui se pratiquent à la maison
- faire de la lecture / lire un livre (le journal, une revue, un magazine)
- jouer à des jeux vidéo *(m.)*
- jouer aux cartes *(f. pl.)* (au bridge, au poker) / faire un jeu de patience *to play solitaire*
- jouer aux échecs *(m. pl.) to play chess*
- jouer aux dames *(f. pl.) to play checkers*
- écouter la radio / écouter un programme de musique (la météo, les informations *[news]*)
- écouter des CD / écouter des cassettes
- regarder la télé(vision) / regarder les actualités *(f. pl.) (news)* (une émission de variétés, un feuilleton *[soap opera]*, une série, un match de football)
- regarder un DVD
- collectionner les timbres *(m. pl.)*
- faire du tricot *to knit*
- faire du crochet
- faire des mots croisés *to do crossword puzzles*
- surfer (sur Internet)
- tchatter
- participer à un forum
- bloguer

les distractions
- aller au cirque
- aller à un concert de rock (de musique populaire, de musique classique)
- aller dans un club de jazz
- aller dans une boîte de nuit *nightclub*
- aller en disco(thèque)

les autres divertissements
- faire du jardinage / jardiner
- faire du bricolage / bricoler *to putter, do home repairs and projects*
- aller à la pêche / pêcher *to fish*
- faire de l'aérobic *(f.)*
- faire du bowling
- faire de la gymnastique
- faire du yoga
- faire du judo (du karaté)
- faire de la muscu(lation) *to lift weights*
- faire de l'exercice *(m.)*
- faire partie d'une équipe (de) *to belong to a team*

XII. Les activités de loisirs. Trouvez dans la **Fiche Vocabulaire** au moins cinq (5) activités qui correspondent à chacune des catégories suivantes. Vous pouvez utiliser une activité plus d'une fois, s'il le faut.

1. des activités qu'on peut faire seul(e)

____

____

2. des activités pour lesquelles il faut au moins deux ou plusieurs personnes

____

____

3. des activités pour lesquelles il faut payer

____

____

4. des activités qui ne coûtent rien (si on a déjà l'équipement nécessaire)

____

____

5. des activités qu'on peut faire assis *(sitting down)*

____

____

6. des activités qu'on peut faire à la campagne ou à la montagne

____

____

XIII. Pour profiter de son temps libre. Vos amis se plaignent *(complain)* souvent qu'ils n'ont rien à faire. En consultant la **Fiche Vocabulaire,** suggérez au moins trois activités qui correspondent aux intérêts de chaque personne.

1. une amie qui est très sportive

   Tu peux ____

   ____.

2. un ami qui aime beaucoup la nature, mais qui n'est pas très sportif

   Tu peux ____

   ____.

3. deux amis qui ont besoin de maigrir

   Vous pouvez ____

   ____.

4. un ami qui est malade et qui doit rester au lit pendant huit jours

   Tu peux ____

   ____.

5. deux amis qui sont en vacances (c'est l'été)

   Vous pouvez ____

   ____.

6. deux amies qui n'aiment pas rester à la maison le soir

   Vous pouvez ____

   ____.

7. un ami (un monsieur plus âgé) qui vient de prendre sa retraite *(just retired)*

   Vous pouvez ____

   ____.

8. un couple qui a des enfants de moins de dix ans

   Vous pouvez ____

   ____.

9. deux amis assez intellectuels

   Vous pouvez ____

   ____.

Fonction

Comment parler du passé (2)

Les verbes conjugués avec *être*

Not counting the many pronominal verbs, there are seventeen commonly used verbs that are conjugated with **être.** To help students memorize this list of verbs, instructors often organize them into "the House of être" (la **«Maison d'être»**).

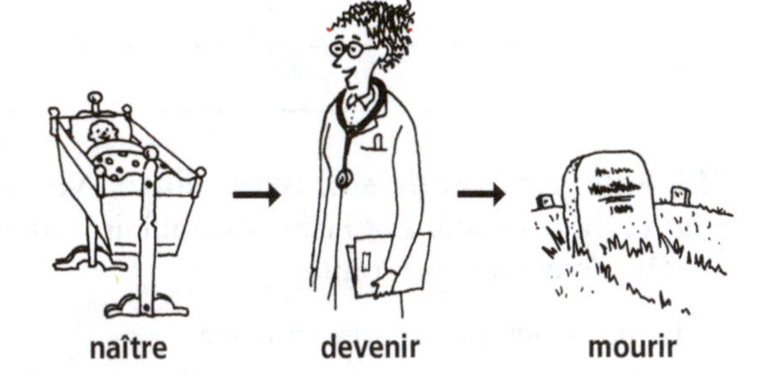

Nom ______________________________ Date ______________

***XIV. «Le pauvre Gilles!»** Racontez la triste histoire de Gilles en conjuguant tous les verbes au passé composé. Quand vous aurez fini, vous aurez utilisé une fois chacun des verbes conjugués avec **être.** Utilisez une autre feuille de papier.

Gilles naît en 1938. Après ses années à l'école, au lycée et à l'université, il devient avocat. Un jour en 1999 il rentre de son travail. Il arrive chez lui vers 19h. Il entre dans la maison et il monte au premier étage. Cinq minutes plus tard, il descend. Mais en descendant, il tombe dans l'escalier. Après quelques moments, une femme passe devant la maison, mais elle part sans entendre ses cris. Personne ne vient à son aide. Finalement, après avoir téléphoné aux services d'urgence, il sort et il va à l'hôpital. Il y reste quelques heures, puis il revient chez lui. Toujours personne. Est-ce qu'il retourne à l'hôpital ? Est-ce qu'il y meurt d'une cheville foulée ou d'un cœur brisé?

***XV. Paragraphes.** Complétez les paragraphes suivants en conjuguant les verbes au **passé composé.** Faites attention au choix de l'auxiliaire (**avoir** ou **être**) et à l'accord du participe passé. Utilisez chaque verbe une seule fois.

1. **s'amuser / mourir / naître / passer / vivre (vécu,** *to live*) **/ voir**

   Ma grand-mère ______________ en 1910 et elle ______________ l'année dernière. C'est-à-dire qu'elle ______________ plus de quatre-vingt-dix ans. La dernière fois que je/j' ______________ ma grand-mère, elle était toujours très alerte. Nous ______________ deux heures ensemble et nous ______________ bien ______________.

2. **avoir (eu) / demander / dire (dit) / disparaître (disparu,** *to disappear*) **/ engager / monter / ouvrir (ouvert,** *to open*) **/ prendre / se regarder / retourner / se retourner** *(to turn around)* **/ sortir**

   Mon partenaire et moi, nous sommes détectives et hier nous ______________ une expérience très bizarre. Notre client, un monsieur très riche, nous ______________ de suivre *(to follow)* sa femme. Elle ______________ de la maison vers 10h du matin, elle ______________ l'avenue Champollion et elle ______________ la portière d'une voiture qui attendait au coin. Tout à coup, elle ______________ et elle nous ______________ très poliment: «Messieurs, je voudrais vous présenter mon ami, Charles Lécuyer; Charles, voici les hommes que mon mari ______________ pour nous suivre.» Puis elle ______________ dans la voiture et les deux ______________. Mon partenaire et moi, nous ______________ pendant un moment, puis nous ______________ au bureau.

3. **avoir (eu) / apprendre / arriver / s'asseoir (assis) / dire (dit) / embrasser / entrer / lire (lu) / montrer / se parler / rendre visite / rester / retrouver**

   Ma mère avait une vieille amie qui habitait de l'autre côté de la ville. Un jour, elle ______________ que son amie était malade. Donc, Maman et moi, nous lui ______________. Quand nous ______________ chez la vieille dame, je/j' ______________ à l'extérieur. Maman ______________ et elle ______________ près du lit de la malade. Les deux vieilles amies ______________ pendant un quart d'heure, puis l'amie de Maman ______________ une lettre à Maman. Maman ______________ la lettre, puis elle ______________ sa vieille amie et me/m' ______________ à l'extérieur. Pendant le voyage de retour, Maman ______________ l'air triste et elle ne/n' ______________ rien ______________. Je ne sais toujours pas ce qu'il y avait dans la lettre.

4. **s'amuser / se casser / être (été) / faire / falloir (fallu,** *to be necessary***) / monter / passer / recevoir (reçu,** *to receive***) / tomber**

Il y a quelques années mon oncle et ma tante __________________ leurs vacances en Allemagne. Malheureusement ils ne __________________ pas bien __________________. Pendant les trois premiers jours, il __________________ très mauvais temps et ils __________________ obligés de rester à leur hôtel. Le quatrième jour, ils __________________ sur la montagne pour avoir une meilleure vue du paysage, mais ma tante __________________ et elle __________________ la jambe. Enfin, ils __________________ un télégramme disant que leur maison avait été détruite dans un incendie. Il __________________ rentrer avant la fin de leur séjour. Quelles tristes vacances!

La narration: les événements principaux et le contexte de l'action

Learning to use the **passé composé** and the **imparfait** appropriately requires both patience and practice. While some of the distinctions in meaning between the two tenses are reflected in English (**Je suis allé en ville hier** *[I went downtown]* vs. **Hier j'allais en ville quand j'ai vu un accident horrible** *[I was going downtown]*), others are not (**J'ai eu un petit problème** *[I had]* vs. **J'avais beaucoup de temps libre** *[I had]*). It is important to take into account the *function* a verb is playing in the context. For example, read this mini-narrative:

Mardi dernier, quand Marc et moi, **nous sommes allés** voir Anne-Marie, **elle n'est pas descendue** tout de suite. **Elle était** en train de coucher les enfants. **Elle** leur **lisait** un conte de fées et **ils voulaient** entendre la fin avant de s'endormir. **Nous avons** donc **attendu** dans le salon pendant une demi-heure avant de pouvoir lui parler.

The **passé composé** is used to:

- situate the narration in time (**mardi dernier nous sommes allés**)
- enumerate the main actions or events (**elle n'est pas descendue, nous avons attendu**)

The **imparfait** is used to:

- give background information (**elle était en train de..., elle lisait**)
- offer explanations (**ils voulaient**)

Now read the beginning of this more developed narrative:

Il faut que je te raconte **ce qui** m'**est arrivé** le week-end dernier. **Je faisais** du camping avec ma femme et mes beaux-parents. **Il faisait** très froid et **il y avait** très peu de gens dans notre camping. Vers 11h du soir, **nous étions** assis autour du feu quand tout à coup, **j'ai entendu** un bruit. **Je me suis retourné** et là, à trois mètres du feu, **j'ai vu** un ours *(bear)*. **Il était** énorme! **Son pelage** épais *(thick coat)* **ne cachait pas** ses longues griffes *(claws)*. **Il** nous **regardait** d'un air curieux. **J'ai dit** à mes compagnons...

The **passé composé** is used to:

- situate the narration in time (**ce qui m'est arrivé le week-end dernier**)
- recount the events that make the story go forward (i.e., the verbs that answer the question **Qu'est-ce qui s'est passé?**) (**j'ai entendu, je me suis retourné, j'ai vu, j'ai dit**)

The **imparfait** is used to:

- set the scene, describe the situation or context in which the story took place (**je faisais, il faisait, il y avait, nous étions**)
- describe situations and events that do NOT advance the story (i.e., verbs that respond to questions such as: **Quelle était la situation? Comment étaient les personnages? Pourquoi est-ce que... ?**, etc.) (**Il était, son pelage ne cachait pas, il regardait**)

Nom ______________________________ Date ______________

- suggest to the listener that there is more to come: for example: **Quand j'étais à l'université, par beau temps, mes amis et moi, nous aimions nous promener à vélo ou faire de la planche à voile sur le lac. Par contre, en hiver, je passais des heures à discuter dans le Rathskeller, bien abritée du vent et du froid.**
  The listener anticipates the beginning of a more specific anecdote; for example, **Mais un jour (une fois, un hiver)...**

XVI. Le combat du serpent et de la mangouste *(mongoose). Complétez le récit suivant, inspiré de l'autobiographie de l'écrivaine martiniquaise Mayotte Capécia *(Je suis martiniquaise),* en mettant les verbes à la forme convenable du **passé composé** ou de l'**imparfait.**

Quand Mayotte Capécia (être) ______________ petite, son père l'(inviter) ______________ quelquefois à l'accompagner aux combats. Le père (aimer) ______________ surtout les combats de coqs, mais sa fille (préférer) ______________ les combats de serpents et de mangoustes. Elle se rappelle bien le premier combat de serpent et de mangouste qu'elle (voir) ______________.

Quand Mayotte et son père (arriver) ______________ à l'endroit où (se passer) ______________ généralement les combats, le serpent (être) ______________ dans sa cage. Il (se jeter) ______________ à droite et à gauche pour se réfugier dans un coin. Tout à coup, on (ouvrir) ______________ la porte de la cage et on y (précipiter *[to push in]*) ______________ une mangouste. Au début, la bête (sembler) ______________ avoir peur, elle aussi, car elle (se blottir *[to huddle]*) ______________ à l'autre extrémité de la cage. Mais, après quelques instants, la mangouste (s'avancer) ______________ vers le serpent et (essayer) ______________ de lui tirer la queue *(tail).* Celui-ci (se retourner) ______________ brusquement et (faire) ______________ un bond en avant pour mordre *(to bite)* son adversaire. La mangouste (esquiver *[to elude]*) ______________, (se reposer) ______________ un moment, puis elle (revenir) ______________ à la charge. Cette fois, elle (réussir) ______________ à mordre le serpent sur la tête. Furieux, le serpent (s'échapper) ______________, mais la petite bête, avec une rapidité incroyable, (saisir) ______________ une seconde fois son adversaire.

Cette danse violente mais gracieuse (continuer) ______________ pendant plusieurs minutes. Les spectateurs (crier) ______________, le propriétaire de la mangouste (encourager) ______________ son animal et Mayotte et son père (suivre *[to follow]*) ______________ attentivement ce combat du bien et du mal.

Les combattants (se lâcher *[to let go]*) ______________ et (se reprendre *[to grab on to each other]*) ______________ une dizaine de fois. Enfin, comme toujours, la mangouste (remporter) ______________ la victoire; le serpent (cesser) ______________ de se défendre. Cependant, quand son propriétaire la/l'(retirer) ______________ de la cage, la mangouste (être) ______________ en sang et (sembler) ______________ morte de fatigue. Néanmoins, Mayotte, elle, (se sentir) ______________ heureuse de la victoire de la bonne mangouste sur le méchant serpent.

Nom ______________________________ Date ______________

⊙ A faire! (3-4) — Manuel de classe, pages 116–123

- As a *follow-up* to work done in class, do **Ecrivez!** (Exercise XVII).
- To *work again* with the information in the **Magazine Culture,** do Exercise XVIII and, if assigned, the Internet activity (Exercise XIX).
- As a *review* of the uses of the **passé composé** and the **imparfait,** do Exercise XX.

Quant à moi…

Ecrivez!

XVII. Mon temps libre. Rédigez un paragraphe au sujet de votre temps libre. Consultez la **Fiche Vocabulaire** (p. 122). Utilisez une autre feuille de papier.

Suggestion: Comment occupez-vous votre temps libre? Dans quelle mesure vos activités dépendent-elles de la saison? Dans quelle mesure dépendent-elles de l'endroit où vous vous trouvez (à l'université, à la maison, en voyage, etc.)?

Magazine Culture *S'amuser en francophonie*

XVIII. Vrai ou faux? Consultez le **Magazine Culture** dans le **Manuel de classe** et décidez si les idées suivantes sont vraies (V) ou fausses (F). Si une idée est fausse, corrigez-la.

1. ____ Les émissions télévisées qu'on peut voir à la Martinique émanent toutes de France.

   ____

2. ____ A la Martinique on travaille normalement le samedi si on habite à la campagne.

   ____

3. ____ Tous les Martiniquais habitant à la campagne vont à l'église le dimanche.

   ____

4. ____ Les Martiniquais sont sportifs et ils aiment surtout les sports nautiques.

   ____

5. ____ Les marins qui gagnent les courses de bateaux viennent souvent de la côte ouest de l'île (la Mer des Caraïbes).

   ____

6. ____ Le Carnaval de Fort-de-France commence le Mardi Gras (le jour qui précède le début du Carême).

   ____

7. ____ Les jour des «Mariages burlesques», les hommes et les femmes échangent rôles et costumes.

   ____

8. ____ Les chars qui défilent dans les rues pour le Carnaval sont bâtis uniquement sur des thèmes historiques.

   ____

9. ____ Les diablotins sont de petits enfants habillés en rouge qui participent au grand défilé du Mardi Gras.

____

10. ____ Le Mercredi des Cendres, on tue symboliquement Vaval, le roi du Carnaval.

____

11. ____ Le Carnaval de Québec est le plus grand carnaval du monde.

____

12. ____ Le Carnaval de Québec dure de début février jusqu'à la fin du mois.

____

13. ____ Au Carnaval de Québec, il y a des courses de ski alpin et de vélo sur neige.

____

14. ____ Au Carnaval de Québec, des milliers de gens se déshabillent et plongent dans les eaux glacées du Saint-Laurent.

____

15. ____ Le dernier jour du Carnaval de Québec, le départ symbolique de la mascotte du festival, Bonhomme, marque la fin de la fête.

____

XIX. Internet: Comment les Francophones passent-ils leur temps libre? Faites des recherches pour trouver des renseignements supplémentaires sur le temps libre dans différents pays francophones. Trouvez au moins quatre articles qui vous intéressent, puis résumez brièvement (en français ou en anglais) ce que vous avez appris.

Moteurs de recherche: www.google.fr, www.google.com, www.voila.fr, www.lycos.fr, http://youtube.com

Mots-clés en français: le temps libre / les sports / les loisirs + le nom d'un pays ou d'une région francophone (le Cameroun, le Sénégal, la Suisse, le Québec, l'Océanie, le Maroc, etc.).

Mots-clés en anglais: free time / sports / leisure activities + name of a Francophone country or region (Cameroon, Senegal, Switzerland, Quebec, Oceania, Morocco, etc.)

Mot-clé utilisé	**Ce que j'ai appris**
1. ______________	______________________
	______________________
	______________________
	______________________.
2. ______________	______________________
	______________________
	______________________
	______________________

Nom ____________________ Date ____________________

3. ____________________ ____________________

____________________.

____

____________________.

4. ____________________ ____________________

____

____

____________________.

REPRISE

L'imparfait et le passé composé

XX. Une partie de voile. ***(A sailing party.)*** Vous allez raconter ce qui s'est passé le jour où quatre amis ont décidé de faire un tour en voilier. Vous pourrez vous inspirer des dessins pour le début du récit, mais ce sera à vous d'en inventer la fin. Faites attention à l'emploi du **passé composé** et de l'**imparfait.**

Vocabulaire utile: faire un temps splendide, avant de prendre la mer *(before setting sail)*, **charger** *(to load)*, **des cannes à pêche** *(fishing poles)*, **des provisions, hisser la voile** *(to raise the sail)*

Le week-end dernier quatre amis ont décidé de faire une partie de voile. Samedi, vers 9h du matin, ils se sont retrouvés sur le quai.

____

____

____

____

Vocabulaire utile: jeter l'ancre en pleine mer *(to anchor in the open sea),* avoir chaud, avoir faim

Ils sont partis à 10 heures. Vers midi,

____

____

____

____

Vocabulaire utile: (le ciel) se couvrir de nuages, se mettre à *(to begin to),* chavirer *(to capsize),* s'accrocher à *(to hold on to),* se retrouver dans l'eau

Mais, vers 3h de l'après-midi, tout à coup, le temps s'est gâté *(took a turn for the worse).*

____

____

____

____

Vocabulaire utile: à la tombée de la nuit *(at nightfall),* se réveiller sur la plage d'une petite île, être épuisé *(exhausted)*

____

____

____

____

Nom ______________________ Date ______________

⊙ A faire! (3-5) — Manuel de classe, pages 123–126

- To *work again* with the **Témoignages** you heard in class, listen to CD2, Tracks 19–24 and do Exercise XXI.
- In *preparation* for talking about leisure time issues, study the **Fiche Vocabulaire** and do Exercises XXII and XXIII.
- In order to *learn* more ways to deal with certain past actions, read the explanations on pages 135, 136, 138, 139 and do Exercises XXIV, XXV, XXVI, and XXVII.

Quant à moi...

Témoignages: «Est-on en train d'évoluer vers une civilisation des loisirs?»

CD2, Tracks 19–24

***XXI. Est-on en train d'évoluer vers une civilisation des loisirs?** Ecoutez encore une fois les six interviews, puis complétez le tableau suivant en expliquant si les témoins sont d'accord ou non avec l'idée que, de nos jours, on travaille moins et on s'amuse davantage.

Vocabulaire utile

Valérie Ecobichon: **valeur** *(value)*, **tout à fait** *(absolutely)*, **tant mieux** *(so much the better)*, **consacrer** *(to devote)*, **grâce à** *(thanks to)*, **agricole** *(agricultural)*

Xavier Jacquenet: **à long terme** *(in the long run)*, **tout de même** *(all the same)*, **assurée** *(certain, assured)*, **inquiétudes** *(worries)*, **garanties par l'Etat** *(guarantees from the government)*, **pas mal de** *(quite a bit)*, **prenant** *(time consuming)*, **en retraite** *(retired)*, **casaniers** *(homebodies)*, **par contre** *(on the other hand)*, **détente** *(relaxation)*, **se détendre** *(to relax)*, **en ayant l'esprit** *(having their minds)*

Mireille Sarrazin: **actuel** *(current)*, **taux de chômage** *(unemployment rate)*

Henri Gaubil: **s'aperçoit** *(notices)*, **chômage** *(unemployment)*, **se greffer** *(to crop up in connection with each other)*

Dovi Abe: **pays en voie de développement** *(developing countries)*, **moyens** *(financial means)*

Fatim Kramer: **forcément** *(necessarily)*, **coût de la vie** *(cost of living)*, **dépenser** *(to spend)*, **économiser** *(to save)*, **entendre** *(to intend, wish)*, **classe supérieure** *(upper class)*, **intégrer** *(to integrate, combine)*

	D'accord: oui? non? oui et non?	Pourquoi?
Valérie Ecobichon		
Xavier Jacquenet		
Mireille Sarrazin		

Nom ______________________________ Date ______________

	D'accord: oui? non? oui et non?	Pourquoi?
Henri Gaubil		
Dovi Abe		
Fatim Kramer		

Et vous?

FICHE VOCABULAIRE

LE TRAVAIL ET LES LOISIRS

le travail
- travailler (de plus en plus / de moins en moins)
- passer (plus de temps / moins de temps) à travailler (au travail)
- travailler ... heures par semaine
  - faire des heures supplémentaires *to work overtime*
- travailler à plein temps *to work full time*
  - à mi-temps *half-time*
  - à temps partiel *part-time*
- travailler pour gagner sa vie
  - subsister
  - avoir le temps de prendre des loisirs
  - avoir de l'argent pour se payer des loisirs
  - réussir dans la vie

les travailleurs
- les ouvriers *(factory) workers*
- les employés
- les agriculteurs
- les fonctionnaires *government workers, civil servants*
- les cadres *executives*
- les professionnels libérales / les professionnels

les loisirs
- avoir (plus de / moins de) temps libre
- consacrer (plus de / moins de) temps aux loisirs
- consacrer son temps libre à + inf.
- profiter de son temps libre (argent) pour + inf. *to take advantage of one's free time (money) to*

Les loisirs sont un moyen de fuir *(flee)* la réalité.
- s'évader *(escape)* de la réalité.
- s'évader dans une réalité alternative.
- substituer le rêve à la réalité.

Les loisirs permettent aux gens de (d') s'amuser.
- se développer.
- enrichir leur vie.
- rester en forme.
- vivre mieux.
- se détendre (se relaxer *[to relax]*).
- supporter le stress.
- rester jeune (ne pas vieillir).

***XXII. Le travail et les loisirs.** Utilisez des mots et des expressions trouvés dans la **Fiche Vocabulaire** pour compléter les phrases suivantes.

1. Autrefois on travaillait 40 ou 45 heures par semaine; de nos jours, on ne travaille que 35 ou 40 heures par semaine. On passe ______________________________ aujourd'hui qu'autrefois.
2. Pourquoi les gens travaillent-ils? (trois raisons)

   Pour ______________________________.

   Pour ______________________________.

   Pour ______________________________.

3. Marilène travaille 10 heures par semaine; elle travaille ______________________.
   Janine travaille 18–20 heures par semaine; elle travaille ______________________.
   Marie-Lou travaille 35 heures par semaine; elle travaille ______________________.
4. Les gens qui travaillent dans une usine s'appellent des ____________________.
   Les gens qui font un travail manuel dans un magasin, dans une banque ou dans un bureau s'appellent des ____________________. Les gens qui dirigent une entreprise ou une société s'appellent des ____________________. Les gens qui travaillent pour le gouvernement s'appellent des ____________________.
5. En été, les agriculteurs travaillent du matin au soir; en été, beaucoup de travailleurs ont cinq ou six semaines de vacances. En été, les agriculteurs ont ____________________ que les autres travailleurs.
6. Pourquoi a-t-on besoin de temps libre? (quatre raisons)
   Pour ______________________________.
   Pour ______________________________.
   Pour ______________________________.
   Pour ______________________________.
7. On critique souvent l'engouement *(infatuation)* des jeunes pour la télévision et les jeux vidéo parce que, selon les critiques, ce sont des moyens de ______________________________
   ____
   ______________________________.

XXIII. Le travail, les loisirs et vous. En vous préparant à parler en classe, faites le portrait de deux personnes que vous connaissez avant de parler de vous.

1. D'abord, choisissez un homme qui travaille.
   Que fait-il comme travail? Où travaille-t-il? Combien d'heures par semaine travaille-t-il? Aime-t-il son travail? Pourquoi (pas)? Pourquoi travaille-t-il?
   ____
   ____
   ____
   ____
   ____
   Combien de temps par semaine consacre-t-il aux loisirs? Que fait-il? Pour quelles raisons?
   ____
   ____
   ____

Nom ______________________ Date ______________

2. Ensuite, choisissez une femme qui travaille. Répondez aux mêmes questions à propos de cette femme.

____

____

____

____

____

____

____

3. Enfin, parlez de vous-même en pensant à l'avenir.

   Que voudriez-vous faire comme travail? Où voudriez-vous travailler?, etc.

____

____

____

____

Fonction

Comment parler du passé (3)

In order to clarify more precisely the time relationships between actions in the past (or between actions in the past and the present moment), it is sometimes necessary to use an additional tense, the **plus-que-parfait** (in English, the pluperfect), or the expression **depuis.**

1. Le plus-que-parfait

Quand nous sommes arrivés, ils signaient le contrat.
When we arrived, they were signing the contract.

The imperfect (**ils signaient**) indicates that the first (i.e., earlier) action was *in process* at the moment when the second (i.e., later) action occurred.

Quand nous sommes arrivés, ils avaient déjà signé le contrat.
When we arrived, they had already signed the contract.

The pluperfect (**ils avaient signé**) indicates the first (i.e., earlier) action had completely ended before the second (i.e., later) action occurred.

a. Conjugation of the **plus-que-parfait**

The **plus-que-parfait** (whose English equivalent is *had* + verb) is formed with the *imperfect* of the helping verb (**avoir** or **être**) and the *past participle*: **j'avais vu** *(I had seen)*, **elle était allée** *(she had gone)*, **nous nous étions couchés** *(we had gone to bed).*

prendre	sortir	se dépêcher
j'avais pris	j'étais sorti(e)	je m'étais dépêché(e)
tu avais pris	tu étais sorti(e)	tu t'étais dépêché(e)
il avait pris	il était sorti	il s'était dépêché
elle avait pris	elle était sortie	elle s'était dépêchée
nous avions pris	nous étions sorti(e)s	nous nous étions dépêché(e)s
vous aviez pris	vous étiez sorti(e)(s)	vous vous étiez dépêché(e)(s)
ils avaient pris	ils étaient sortis	ils s'étaient dépêchés
elles avaient pris	elles étaient sorties	elles s'étaient dépêchées

b. Uses of the **plus-que-parfait**

The **plus-que-parfait** is used to:

- express an action or a state that occurred *before* another past action or state.

  Elle nous a lu la lettre que son frère lui **avait envoyée.**
  (Clearly, he had sent the letter before she could read it.)

  Quand je suis arrivé, elles **étaient déjà parties.**
  (They had already left before I arrived.)

- alert the listener that in a narration the speaker is not following a strict chronological order (i.e., when telling stories, one often goes back in time to recount circumstances that *preceded* the moment when the actual story began or that *preceded* the part of the story one is recounting at the moment.)

  Il m'est arrivé quelque chose de très amusant hier après-midi aux Galeries Lafayette. Mon frère et moi, nous **avions décidé** de passer l'après-midi en ville. Vers 11h, il **était passé** me chercher en voiture et nous **avions trouvé** une place dans le parking juste en face des Galeries…
  (The main action of the story began at the Galeries Lafayette. The actions recounted here—deciding to go there, picking someone up, and finding a parking place—had all taken place *before* the moment when something funny happened.)

To download a tutorial on the Pluperfect, go to **www.cengagebrain.com.**

***XXIV. Le passé composé et le plus-que-parfait.** Mettez les formes verbales suivantes (a) au passé composé et (b) au plus-que-parfait.

1. tu vois

a. ______________________________

b. ______________________________

2. tu arrives

a. ______________________________

b. ______________________________

3. elle prend

a. ______________________________

b. ______________________________

4. il va

a. ______________________________

b. ______________________________

5. vous finissez

a. ______________________________

b. ______________________________

6. vous vous couchez

a. ______________________________

b. ______________________________

7. nous partons

a. ______________________________

b. ______________________________

8. nous écoutons

a. ______________________________

b. ______________________________

9. ils font

a. ______________________________

b. ______________________________

10. elles se retrouvent

a. ______________________________

b. ______________________________

11. je m'amuse

a. ______________________________

b. ______________________________

12. je regarde

a. ______________________________

b. ______________________________

***XXV. Pourquoi (pas)?** Utilisez le plus-que-parfait des verbes suggérés pour expliquer les actions des personnes suivantes.

Modèle: Pourquoi est-ce que Jeanne ne t'a pas accompagné(e) en ville hier après-midi? (aller en ville avec ses parents le matin)
Parce qu'elle était allée en ville avec ses parents le matin.

1. Pourquoi Jean était-il de si mauvaise humeur hier soir? (faire une grosse faute à son examen de chimie)

____

2. Tu n'as pas vu les filles de Marc et d'Isabelle? (non / déjà monter se coucher)

____

3. Laura n'est pas venue avec vous? (ne pas finir ses devoirs)

____

4. Pourquoi est-ce que vous n'êtes pas allés à Beaubourg avec les autres? (déjà visiter Beaubourg)

____

5. Pourquoi est-ce que Julie a décidé de retourner en Guadeloupe? (s'amuser bien pendant sa première visite en 2001)

____

6. Pourquoi est-ce que Thomas s'est fait resservir plusieurs fois au dîner hier soir? (ne rien manger depuis le matin)

____

7. Pourquoi est-ce que Julien t'a envoyé des roses? (nous / se disputer)

____

8. Comment? Tu n'avais pas la voiture pour y aller? (non / mes parents / prendre la voiture pour aller à Cahors)

____

9. Pourquoi est-ce que le prof s'est fâché quand David lui a posé une question? (il / répondre à la même question deux minutes avant)

____

10. Les frères d'Aurélie n'étaient pas là quand tu es arrivée? (non / aller au cinéma avec des copains)

____

2. L'expression depuis

The expression **depuis** can be used to connect past activities and states either to the present or to another moment in the past.

a. depuis: past to present

The expression **depuis** is used to connect an activity from the past to the present moment.

> **Nous habitons** ici **depuis** plus de 50 ans.
> *We've been living* here *for* over 50 years.
>
> **Mon grand-père travaille** chez Renault **depuis** 1965.
> *My grandfather has worked* at Renault *since* 1965.

The use of **depuis** indicates that the activity, although begun in the past, is *not yet finished*—i.e., it is still going on. In English, the progressive past tense *(We've been living)* or the present perfect tense *(My grandfather has worked)* is used to express this idea. However, French uses the present tense (**Nous habitons, Mon grand-père travaille**) to insist on the fact that the action or state *is continuing* or *is still in effect* at the time one is speaking.

The time expression following **depuis** can indicate:

- duration (length of time): **depuis plus de 50 ans;** in this case, **depuis** is the equivalent of *for.*
- moment (a point in time): **depuis 1965;** in this case, **depuis** is the equivalent of *since.*

When asking a question, use:

- **depuis combien de temps** (if you want a length of time, i.e., duration)
  —Depuis combien de temps es-tu à l'université?
  —Depuis deux ans.
  —How long have you been at the university?
  —For two years.
- **depuis quand** (if you want a point in time in the answer, i.e., moment)
  —Depuis quand es-tu à l'université?
  —Depuis 2001.
  —Since when have you been at the university?
  —Since 2001.

When asking and answering these questions, French normally uses the present tense with **depuis** even though the action began in the past. However, when the verb is *negative* (i.e., the action has ended and is no longer occurring), use the **passé composé.**

> **Je ne les ai pas vus depuis longtemps.**
> *I haven't seen them in a long time.*
>
> **Nous n'avons pas fumé depuis 1995.**
> *We haven't smoked since 1995.*

b. depuis vs. **pendant**

The prepositions **depuis** and **pendant** both have as an English equivalent *for*. Pendant is used with the **passé composé** to designate an action or state that is *completely in the past.*

> Elle a été à Paris **pendant** deux mois.
> *She was in Paris for two months* (but she is no longer there).

Depuis is used with the *present tense* to designate an action or state that *has not been completed.*

Elle est à Paris **depuis** deux mois.
She's been in Paris for two months. (She got there two months ago and is still there.)

c. depuis: past to past

The expression **depuis** can also be used to connect one past activity to another when you wish to indicate that the earlier activity *was still going on* (i.e., was not completed) when the later activity began.

Quand tu m'as vu, je courais depuis 40 minutes.
When you saw me, I had been running for 40 minutes.

Nous étions en France depuis huit jours quand nous avons rencontré Ahmed.
We had been in France for a week when we ran into Ahmed.

In English, this idea is expressed with a past perfect progressive tense *(I had been running)* or with a pluperfect *(we had been).* French, however, uses the **imparfait (je courais, tu étais)** to emphasize the notion of continuation.

Questions and answers function in the same manner. You can ask a question with **depuis combien de temps** *(duration)* or with **depuis quand** *(moment).* Use the **imparfait** in your answer, unless it is negative—in which case the **plus-que-parfait** is used.

—Depuis combien de temps étiez-vous mariés quand vous vous êtes disputés pour la première fois?
—Nous étions mariés depuis deux mois.
—How long had you been married when you had your first argument?
—We'd been married two months.

—Depuis quand est-ce que tu attendais le bus quand il est enfin arrivé?
—J'attendais depuis midi et demi.
—Since when (How long) had you been waiting for the bus when it finally got there?
—I'd been waiting since 12:30.

—Comment! Denise a recommencé à fumer?
—Oui, elle a fumé tout un paquet de Gauloises pendant la réception. Et avant ça, elle n'avait pas fumé depuis plus de dix ans.
—What? Denise (has) started smoking again?
—Yes, she smoked a whole pack of Gauloises at the reception. And before that, she hadn't smoked in over ten years.

***XXVI. Bandes dessinées.** Complétez la description de ce qui se passe dans les bandes dessinées ci-dessous en utilisant **depuis.** Inspirez-vous des *deux premières images* de chaque série, selon le modèle.

Modèle: Il est maintenant 10h. Jacques / faire la vaisselle
Jacques fait la vaisselle depuis plus d'une heure.

Nom ______________________________ Date ______________

1. Il est 9h. François et sa fiancée / attendre leur dîner

____

2. Il est 7h30. M. et Mme Beaudoin / préparer le dîner

____

3. C'est le 19 octobre. Mathilde / ne pas se sentir bien

____

4. Il est 8h. Thierry / s'amuser à poursuivre le chien

____

Nom ______________________________ Date ______________

5. Il est 7h. Le bébé / pleurer

____

6. Il est 2h10. La petite fille / appeler sa mère

____

Maintenant refaites l'exercice en tenant compte de *la troisième image* de chaque série, selon le modèle.

Modèle: ... quand Anne-Marie est venue l'aider.
Jacques faisait la vaisselle depuis plus d'une heure quand Anne-Marie est venue l'aider.

7. ... quand le garçon les a enfin servis.

____

____

8. ... quand leurs invités sont arrivés.

____

____

9. ... quand son mari a téléphoné au médecin.

____

____

10. ... quand le chien l'a mordu *(bit)*.

____

____

11. ... quand son papa est venu le calmer.

____

____

Nom ______________________________ Date ______________

12. … quand sa mère l'a retrouvée avec l'aide d'une vendeuse.

____

____

***XXVII. Une histoire de la Martinique.** «Le Retour de Mamzelle Annette» est un conte de l'écrivain martiniquais Joseph Zobel. Complétez le résumé du conte ci-dessous en mettant les infinitifs à la forme convenable du **passé composé**, de l'**imparfait** ou du **plus-que-parfait.**

M. Ernest (être) ____________________ le coiffeur du bourg *(village)* où (habiter) ____________________ la petite fille qui raconte cette histoire. Les parents de la petite fille (travailler) ____________________ tous les deux dans la plantation, et ils (ne pas aimer) ____________________ l'idée de laisser la petite fille toute seule pendant la journée. Par conséquent, quand M. Ernest, qui (faire) ____________________ une chute de cheval *(fallen off a horse)* quelques jours auparavant *(earlier)*, (venir) ____________________ leur demander l'aide de la petite fille, ils (donner) ____________________ tout de suite leur approbation *(approval)*.

M. Ernest (vivre) ____________________ dans une baraque *(hut)* dans la rue principale du bourg. Le salon de coiffure, où il (tailler *[to cut]*) ____________________ les cheveux des hommes du bourg et des environs, (communiquer) ____________________ par le fond avec l'arrière-boutique qui elle-même (donner *[to look out on]*) ____________________, sur un côté, sur la chambre de M. Ernest. Tous les matins, la petite fille (balayer *[to sweep]*) ____________________ et (ranger *[to pick up]*) ____________________ le salon et l'arrière-boutique, (laver) ____________________ et (rapporter) ____________________ la vaisselle à la femme qui (préparer) ____________________ les repas de M. Ernest. Mais elle (ne jamais entrer) ____________________ dans la chambre, dont M. Ernest (garder *[to keep]*) ____________________ la porte fermée.

Un jour, la petite fille (venir) ____________________ faire son travail comme tous les matins. Elle (balayer) ____________________ le salon de coiffure, elle (venir de) ____________________ laver les verres et de balayer l'arrière-boutique quand tout à coup, une femme (sortir) ____________________ de la chambre. La femme (sembler) ____________________ surprise de voir la petite fille et celle-ci (être) ____________________ si troublée qu'elle (oublier *[to forget]*) ____________________ de dire bonjour à la femme. M. Ernest (dire) ____________________: «C'est la petite à Stéphanise. Elle vient, comme ça, me rendre de petits services… Petite, dis bonjour à Mamzelle Annette.» Puis il (ajouter *[to add]*) ____________________: «Mamzelle Annette (être) ____________________ en ville. Elle (arriver) ____________________ hier soir.»

Nom ______________________________ Date ______________________

Après avoir balayé rapidement l'arrière-boutique, la petite fille (retourner) ______________________ dans le salon de coiffure où elle (se mettre *[to begin]*) ______________________ à penser à ce qui venait de se passer. Elle (connaître) ______________________ bien l'histoire qu'on (raconter) ______________________ dans le bourg au sujet de M. Ernest, Mamzelle Annette et la Mission. Quelques années plus tôt, deux prêtres *(priests)* (arriver) ______________________ de France et ils (aller) ______________________ prêcher dans toutes les paroisses *(parishes)*. A l'époque, Mamzelle (vivre) ______________________ avec M. Ernest depuis deux années. Les deux missionnaires (venir) ______________________ pour donner la première communion et pour marier tous ceux qui (être) ______________________ dans le péché *(sin)*. A la suite de leurs prêches, une grande peur du péché (se développer) ______________________ dans tout le pays. Beaucoup de couples (se marier) ______________________, mais M. Ernest (refuser) ______________________ et Mamzelle Annette (partir) ______________________ à la ville, se mettre en condition *(to get work as a servant)* chez les Blancs. C'est pourquoi M. Ernest (rester) ______________________ sans femme pendant toutes ces années.

Après avoir rangé le salon de coiffure, la petite fille (rentrer) ______________________ dans l'arrière-boutique. M. Ernest et Mamzelle Annette (se regarder) ______________________ toujours au fond des yeux. La petite fille (dire) ______________________: «Monsieur Ernest, j'ai fini. S'il n'y a plus rien, je m'en vais chercher de l'eau pour Maman.» Mamzelle Annette (répondre) ______________________: «Non, non… Plus besoin de rien, merci.» Depuis ce jour, la petite fille (ne jamais remettre) ______________________ les pieds chez Monsieur Ernest.

Nom ______________________________ Date ______________

A faire! (3-6) **Manuel de classe, pages 127–136**

- In order to *follow up* on all the **Témoignages** you heard in class, do Exercise XXVIII.
- To *work again* with the information in the **Magazine Culture,** do Exercise XXIX and, if assigned, the Internet activity (Exercise XXX).
- In *preparation* for work in class, read «Le cinéma à Fort-de-France» **(Littérature)** in the **Manuel de classe** and do Exercises XXXI and XXXII.

Quant à moi…

Ecrivez!

XXVIII. Et vous? On dit que «de nos jours, on a de plus en plus de temps libre, que le travail a moins de valeur qu'autrefois et que nous évoluons vers une civilisation des loisirs». Cette idée correspond-elle à votre propre expérience? À celle de vos parents et d'autres personnes que vous connaissez? Rédigez un court paragraphe dans lequel vous donnez votre opinion. Utilisez une autre feuille de papier.

Magazine Culture *Une civilisation des loisirs?*

***XXIX. Mythe ou vérité?** Indiquez si chacune des déclarations suivantes représente un mythe (M) ou une vérité (V) à propos de «la civilisation des loisirs». Vous pouvez consulter le **Magazine Culture** dans le **Manuel de classe** (pages 128–131).

____ **1.** Le temps de travail en France a diminué depuis 1970.

____ **2.** Le temps libre en France s'est accru depuis 1970.

____ **3.** Le pouvoir d'achat des Français a augmenté depuis 1970.

____ **4.** Les loisirs préférés en France sont (dans l'ordre de préférence): les parcs d'attraction, la télévision, les centres de loisirs virtuels, les jeux vidéo.

____ **5.** Les Français travaillent moins que tous les autres Européens.

____ **6.** Les cadres et les professions libérales en France ont plus de temps libre que les ouvriers et les employés.

____ **7.** La semaine de 35 heures est un exemple d'un programme social favorisé par la gauche politique.

____ **8.** Ce sont surtout les gens de droite qui critiquent la semaine de 35 heures.

XXX. Internet: Comment les Francophones passent-ils leur temps libre? Faites des recherches pour trouver des renseignements supplémentaires sur la civilisation des loisirs et sur la semaine de 35 heures. Trouvez au moins quatre articles qui vous intéressent, puis résumez brièvement (en français ou en anglais) ce que vous avez appris.

Moteurs de recherche: www.google.fr, www.google.com, www.voila.fr, www.lycos.fr, http://youtube.com

Mots-clés en français: la civilisation des loisirs / l'hédonisme / la semaine de 35 heures

Mots-clés en anglais: leisure civilisation / hedonism / 35-hour work week (France)

Nom ________________ Date ________________

Mot-clé utilisé	Ce que j'ai appris
1. ________	________
2. ________	________
3. ________	________
4. ________	________

Littérature

«Le cinéma à Fort-de-France» *(Joseph Zobel)*

XXXI. Pré-lecture. Répondez aux questions suivantes avant de lire le texte de Joseph Zobel sur le cinéma en Martinique dans votre **Manuel de classe.**

1. Dans une salle de cinéma aux Etats-Unis, que font généralement les spectateurs en attendant le commencement de la séance?

____

2. Pendant le film, que font les spectateurs?

____

3. Après avoir vu un film, est-ce que vous en parlez avec les gens qui vous ont accompagné(e)? Si oui, de quels aspects du film parlez-vous? Sinon, pourquoi pas?

____

____

____

4. Qu'est-ce qui, dans un film, peut vous irriter ou vous indigner?

____

____

____

***XXXII. Lecture.** Lisez le texte de Joseph Zobel (**Manuel de classe,** pages 137–138). Ensuite, répondez aux questions suivantes.

1. Quand est-ce que José et ses amis allaient au cinéma? Pourquoi choisissaient-ils ces jours-là?

____

____

____

2. Dans quelle partie de la salle est-ce que José et ses amis s'installaient? Pourquoi?

____

____

____

3. Faites une liste de ce que faisaient les spectateurs en attendant que le film commence.

____

____

____

4. Pendant le film, est-ce que tout le monde se taisait *(was silent)*? Expliquez.

____

____

____

5. Comment le narrateur réagissait-il à tout ce qui se passait dans la salle? Pourquoi?

____

____

____

6. Que faisaient José et ses amis en rentrant du film?

____

____

____

7. Décrivez l'image des Noirs telle que la présentaient les films et les pièces de théâtre traditionnels.

____

____

____

8. Quelle est la réaction du narrateur à l'égard de cette image?

____

____

____

____

⊙ A faire! (3-7) Manuel de classe, pages 137–139

- As a *review* of the **passé composé, the imparfait,** and the **plus-que-parfait,** do Exercise XXXIII.
- In *preparation* for work in class, do Exercise XXXIV.

Reprise

Les temps du passé

***XXXIII. Le rapport de l'inspecteur Dorval.** A la fin du roman policier martiniquais, *Le Meurtre du Samedi-Gloria* de Raphaël Confiant, l'inspecteur Dorval termine son enquête et rédige un rapport pour le commissaire de police. Complétez le rapport en mettant les verbes entre parenthèses au temps convenable (**passé composé, imparfait** ou **plus-que-parfait**).

**RAPPORT DE L'INSPECTEUR FREDERIC DORVAL
CONCERNANT LE MEURTRE DE ROMULE BEAUSOLEIL NÉ LE 7 JANVIER 1928,
CONDUCTEUR DE CAMION À LA TINETTE MUNICIPALE DOMICILIÉ
AU QUARTIER MORNE PICHEVIN À FORT-DE-FRANCE:**

Dans la nuit du Vendredi saint au Samedi-Gloria, on (retrouver) ______________ le cadavre d'un homme d'une trentaine d'années, assez foncé de peau et de stature trapue, vêtu d'un tricot bleu et d'un pantalon trois quarts kaki aux abords des latrines publiques du pont Démosthène, au pied du quartier Morne Pichevin.

Une certaine Carmélise Délivert, mère de douze enfants et actuellement enceinte, sans profession, habitant la Cour des Trente-Deux Couteaux, à Morne Pichevin, (faire) ______________ la découverte entre six heures trente et sept heures du matin, le Samedi-Gloria. Cette personne (déclarer) ______________ qu'elle (se rendre, *[to go]*) ______________ à la messe à la cathédrale, chose qui lui (être) ______________ habituelle à Pâques.

L'inspecteur Hilarion et moi-même, nous (se transporter) ______________ immédiatement sur les lieux, avertis par un agent de la circulation, et (noter) ______________ que le cadavre (baigner, *[to swim]*) ______________ dans le sang et (porter) ______________ une blessure importante au niveau du cou, pratiquement à la base du menton. Cette blessure (être) ______________________ à première vue faite à l'aide d'un objet tranchant *(sharp)* et particulièrement effilé *(tapering to a point)*. Nous (noter) ______________________ également des traces d'excréments d'animaux, selon toute probabilité de chiens errants *(wandering)*, sur une partie du visage et sur la poitrine de la victime.

L'autopsie effectuée à l'Hôpital civil ainsi que l'analyse des viscères (prouver) ______________________ que le meurtre (se dérouler *[to take place]*) ______________________ dans la nuit du Vendredi saint au Samedi-Gloria, vraisemblablement entre une heure et deux heures du matin. On (identifier) ______________________ la victime comme Romule Beausoleil, conducteur à la tinette *(sewage collector)*, habitant Morne Pichevin. Romule Beausoleil (agoniser *[to lay dying]*) ______________________ sans doute plusieurs heures durant, perdant presque tout son sang.

L'arme du crime, que nous (retrouver) ______________________ ce jour, est un pic à glace ordinaire d'une longueur de trente-cinq centimètres et d'un diamètre de quatre millimètres. L'épouse de Waterloo Saint-Aude, patron pêcheur habitant le quartier Bord de Canal, madame Anastasie Saint-Aude née Tifina, âgée de cinquante-sept ans, exerçant la profession de marchande de poisson, (avouer *[to confess]*) ______________________ être l'auteur du crime. Elle nous (déclarer) ______________________ avoir attendu Romule Beausoleil cachée dans les latrines publiques du pont Démosthène, sachant que la victime (avoir) ______________________ rendez-vous avec son mari au stade de Desclieux. Elle l'y (attirer *[to attract]*) ______________________ en feignant des gémissements *(faking moans)* après s'être étendue sur le sol de la partie des latrines réservée aux femmes. C'est à l'instant où Romule Beausoleil (se pencher *[to lean down over]*) ______________________ sur elle qu'Anastasie Saint-Aude lui (porter) ______________________ le coup mortel. Il est à noter que l'auteur du crime utilise son pic à glace depuis plus d'une vingtaine d'années dans l'exercice de sa profession de marchande de poissons.

Concernant les motifs de son acte, Anastasie Saint-Aude (déclarer) ______________________ qu'elle (avoir peur) ______________________ pour la vie de son mari Waterloo, lequel (devoir *[to be supposed to*]) ______________________ affronter *(to confront, meet)* le sieur Beausoleil au cours d'un combat de damier l'après-midi de ce même Samedi-Gloria. Elle (affirmer) ______________________ qu'elle le/l' (savoir) ______________________ gravement malade du cœur, chose que ledit Waterloo (cacher toujours) ______________________ à tout le monde dans le but de conserver son auréole *(reputation)* de major (fier-à-bras) du quartier Bord de Canal.

Anastasie Saint-Aude (déclarer) ______________________ qu'elle (agir *[to act]*) ______________________ seule, sans se concerter avec son mari ni avec aucune autre personne et qu'elle (être) ______________________ prête à assumer l'entière responsabilité de ses actes. Elle (être) ______________________ écrouée *(to lock up [in jail])* à la maison d'arrêt de Fort-de-France.

Fait à l'Hôtel de Police de Fort-de-France, le 18 septembre 1964.

FREDERIC DORVAL,
Inspecteur de premier grade

Source: Adapté de Raphaël Confiant, *Le Meurtre du Samedi-Gloria*, Éditions Gallimard, pp. 317–319.

C'est à vous maintenant!

XXXIV. Une interview. En classe, vous allez interviewer quelqu'un—un(e) Français(e), un(e) Francophone ou bien une personne qui a passé du temps en France ou dans un pays francophone. Le sujet principal de l'interview sera les habitudes et les attitudes de cette personne en ce qui concerne les loisirs. Toutefois, si vous ne connaissez rien de cette personne, vous pourrez lui poser également des questions sur son pays d'origine, sa famille, sa formation, ses voyages, etc. Pour vous préparer à cette interview, écrivez *une vingtaine de questions* que vous pourriez lui poser.

⊙ A faire! (3-8) — Manuel de classe, page 139

- As a *follow-up* to work done in class, do Exercise XXXV.
- To *practice* your pronunciation of French, do **Activité d'écoute / Enregistrement: La liaison.**

XXXV. La civilisation des loisirs—un mythe ou une réalité? Ecrivez un article dans lequel vous essayez de répondre à cette question sur le rôle des loisirs dans la vie des gens. Choisissez comme *exemple principal* la vie de la personne interviewée en classe *ou* celle d'une personne que vous connaissez bien *ou,* si vous préférez, votre propre vie.

SUGGESTIONS: (1) Relisez vos notes en soulignant les renseignements qui vous semblent les plus importants. (2) Faites un petit schéma (voir le modèle ci-dessous). (3) Rédigez votre compte rendu en donnant autant de précisions que possible. (4) Relisez votre compte rendu en corrigeant la grammaire et l'orthographe.

Schéma-modèle

1er paragraphe: Identifiez la personne que vous interviewez; présentez le sujet de l'interview; précisez le point de vue que vous défendez (mythe, réalité ou les deux à la fois).

2e paragraphe: Résumez les arguments principaux de ceux qui défendent le point de vue opposé (ou bien, si vous acceptez les deux côtés, choisissez-en un pour commencer).

3e paragraphe: Résumez les arguments qui soutiennent votre point de vue (ou bien, si vous acceptez les deux côtés, celui que vous n'avez pas traité au deuxième paragraphe).

4e paragraphe: Présentez vos conclusions en faisant allusion à l'interview (ou aux autres personnes que vous utilisez comme exemples).

Modèle:

Selon Gérard Mermet, «de nos jours, on a de plus en plus de temps libre; le travail a moins de valeur qu'autrefois et nous évoluons vers une civilisation des loisirs». Récemment, j'ai eu l'occasion de parler avec (Jean-Pierre Delagarde, biologiste à...). Il travaille... Il trouve que la civilisation des loisirs n'est pas un mythe; au contraire, elle s'est déjà installée chez les Français.

Certainement, (M. Delagarde) admet que pour certaines personnes, surtout la génération de ses parents, c'est le travail qui était au centre de leurs préoccupations... Néanmoins, pour la génération de (M. Delagarde) et de ses amis, il est clair qu'on consacre aux activités de loisirs une place et un budget très importants. Par exemple, (M. Delagarde) a un emploi du temps... Pour conclure, je peux dire que j'ai trouvé les idées de (M. Delagarde) très...

Nom ______________________ Date ______________

Activité d'écoute / Enregistrement

La liaison

 CD2, Track 25

Ecoutez la prononciation des mots suivants:

vous petit deux très prend

Vous avez sans doute remarqué que la consonne finale ne se prononce pas. Mais écoutez maintenant les mêmes mots dans une phrase où ils sont suivis d'un mot commençant par une voyelle:

Vous avez tort.
C'est son petit ami.
Que prend-il?
Sa sœur a vingt-deux ans.
Elle est très intelligente.

Cette fois, on a prononcé la consonne finale de **vous,** de **petit,** de **deux,** de **très** et de **prend,** mais on a prononcé cette consonne comme si elle était le *premier son de la syllabe suivante*: c'est-à-dire, **vous avez** = [vu za ve]; **petit ami** = [pe ti ta mi]; **vingt-deux ans** = [vɛ̃t doe zɑ̃]; **très intelligente** = [tre zɛ̃ te li zɑ̃t]; **prend-il** = [prɑ̃ til]. C'est ce qu'on appelle la *liaison.* En liaison, **s** se prononce [z], **f** se prononce [v] et **d** se prononce [t].

Il y a des liaisons qui se font toujours (on les appelle les *liaisons obligatoires*), des liaisons qui ne se font jamais (les *liaisons interdites*) et d'autres liaisons qui peuvent se faire ou non selon le style (les *liaisons facultatives*).

Les liaisons obligatoires, interdites et facultatives

Ecoutez, puis répétez chaque fois les exemples.

→ Les liaisons obligatoires

La liaison se fait surtout en passant d'un mot moins important à un mot plus important. Voici quelques situations où la liaison se fait toujours.

Entre un déterminant (article défini ou indéfini, adjectif démonstratif, possessif ou interrogatif) et un substantif:

les‿hommes / un‿accident / ces‿exercices / mon‿oncle / quels‿autres

Entre un déterminant et un adjectif, entre un adjectif et un substantif:

ses‿anciens‿amis / trois‿autres / à neuf‿heures / de grands‿arbres / un petit‿enfant

Entre un ou deux pronoms et le verbe qui les suit:

elles‿en‿ont trouvé / nous‿y arriverons / je ne les‿ai pas vus

Entre un verbe et son pronom sujet ou entre un verbe et un pronom objet qui le suit:

Comprend‿elle bien? / Où vont‿ils? / Allons‿y! / Prends‿en!

Après un court adverbe ou une courte préposition:

très‿important / bien‿aimable / dans‿un an / depuis‿une éternité / sans‿arrêt

Nom ____________________ Date ____________

→ Les liaisons interdites

Voici quelques situations où la liaison *ne se fait jamais.*

Après un substantif au singulier:

un plat intéressant / notre maison est blanche / le train a du retard / un effort exceptionnel

Après un nom propre:

Jacques et Marie / Les Dupont ont quitté le pays / Paris est la capitale de la France

Après la conjonction **et** et devant les mots **onze** et **oui:**

une orange et une pomme / grand et très joli / les onze premiers / mais oui

Devant un **h** *aspiré* (il faut apprendre si le **h** au début d'un mot est aspiré ou non):

en haut / les haricots verts / mes huit enfants / en Hollande / les héros

Dans les mots composés au pluriel:

les salles à manger / les machines à laver la vaisselle / nos brosses à dents

Entre **ils, elles** ou **on** et un infinitif ou un participe passé:

Ont-ils/ acheté quelque chose?
Quand vont-elles/ arriver?
A-t-on/ entendu quelque chose?

→ Les liaisons facultatives

En général, plus le style est soigné (par exemple, la lecture d'un poème, une conférence, une conversation entre personnes âgées qui ne se connaissent pas), plus on fait de liaisons. Par contre, plus le style est familier (par exemple, une conversation entre amis ou collègues ou membres de la famille), moins on fait de liaisons.

Voici quelques situations où la liaison *peut se faire ou ne pas se faire.*

Après un nom au pluriel (cette liaison se fait en poésie, mais rarement dans la conversation):

«Et des peuples‿errants demandaient leur chemin» / les hommes‿ont peur / des rues‿étroites

Après un verbe:

ils sont‿arrivés en retard ***ou*** **ils sont/ arrivés en retard**

elle fait‿une promenade ***ou*** **elle fait/ une promenade**

il est‿évident ***ou*** **il est/ évident**

ils sont‿allemands ***ou*** **ils sont/ allemands**

Après les adverbes et les prépositions de deux ou plusieurs syllabes:

j'ai beaucoup‿appris ***ou*** **j'ai beaucoup/ appris**

pendant‿un mois ***ou*** **pendant/ un mois**

depuis‿une éternité ***ou*** **depuis/ une éternité**

CD2, Track 26

Liaison: oui ou non? Ecoutez le texte suivant en notant chaque fois si une liaison se fait (‿) ou ne se fait pas (/). Ensuite, répétez deux ou trois fois ce texte, puis enregistrez-le avant de le donner à votre professeur.

Il y a plusieurs années, un ethnologue américain rentrant de France où il avait passé l'été, à son retour d'Afrique, me dit que ce qui l'avait beaucoup impressionné en France, c'était la méfiance des gens qui gardaient toujours leurs persiennes fermées. L'idée même de persiennes [...], c'était comme si tous ces villages étaient inhabités, ou comme si on vous épiait de derrière ces volets.

Quand ma mère est venue me rendre visite aux Etats-Unis, elle a beaucoup aimé le style «villa» ou «pavillon» des maisons, les grandes pelouses, la diversité, l'espace. Puis, nous étions tranquillement assis au salon, quand elle a brusquement pris conscience de la grande baie vitrée et m'a dit, visiblement choquée: «Mais tu vis dans la rue!» Et je comprenais exactement ce qu'elle ressentait. Il m'a fallu des années pour m'habituer à «vivre dans la rue». [...]

Les pelouses, autour des maisons américaines, montrent ce même refus de séparation entre la maison et la rue. Dans certaines villes américaines, le trottoir lui-même disparaît, la pelouse ne s'arrête qu'à la chaussée, et le ou la propriétaire de la maison est responsable de son entretien (comme d'ailleurs de l'entretien du trottoir). L'espace prend la place des murs, barrières ou palissades, dont le rôle est rempli parfois par des buissons ou des arbres. Mais la ligne de démarcation n'est pas vraiment nette. Ainsi au printemps, ou en été, il est fréquent de voir des promeneurs s'asseoir quelque temps sur votre pelouse pour se reposer, sans toutefois qu'ils aillent jamais au-delà d'une limite implicite. Les jardins et pelouses à l'arrière des maisons se fondent l'un dans l'autre dans certaines petites villes américaines, mais sont plus souvent séparés par des haies pas bien hautes, par dessus lesquelles les voisins s'offrent réciproquement les produits de leurs jardins, ou bavardent tout simplement.

Source: Raymonde Carroll, Evidences invisibles, Américains et Français au quotidian, © Éditions du Seuil, 1987, pour la traduction française, n.e., coll. *Couleur des idées,* 1991

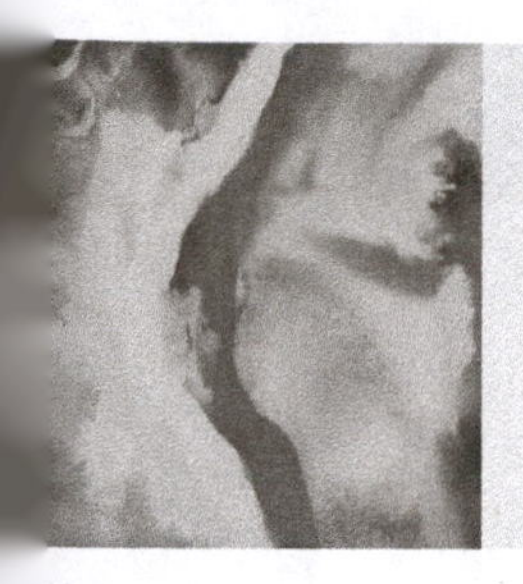

«Qui êtes-vous?»

© Visions of America, LLC / Alamy

© Dean Mitchell / Shutterstock.com

⊙ A faire! (4-1) — Manuel de classe, pages 141–149

- To *work again* with the **Témoignages** you heard in class, listen to CD2, Tracks 28–31, and do Exercise I.
- In *preparation* for making descriptions of people, study the **Fiche Vocabulaire (Et vous?)**, and do Exercises II, III, IV, V.
- In order to *review* the forms of the present subjunctive, do the **Contrôle des connaissances (Test)** and, if necessary, the **Rappel** (Exercise VI) and **Repêchage** sections.

Quant à moi…

Témoignages: «Comment est-ce que vous vous décririez?»

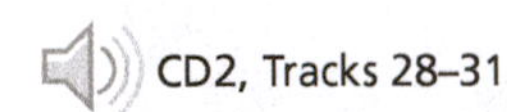

***I. De qui s'agit-il?** Ecoutez encore une fois les quatre interviews, puis donnez le nom de la personne (Pierre, Corinne, Fatim, Emmanuel) de qui il s'agit ou qui a fait la constatation.

Vocabulaire utile

PIERRE HUREL:	**mince** *(thin)*, **apparaissent** *(are beginning to appear)*, **soi-même** *(oneself)*, **de formation** *(by training)*, **étant** *(being)*, **courante** *(common)*, **je crois essayer** *(I think I try)*
CORINNE BERNIMOULIN-SCHMID:	**je mesure +** *height (I'm . . . tall)*, **je pèse** *(I weigh)*, **mi-longs** *(medium length)*, **châtains** *(chestnut colored)*, **queue de cheval** *(ponytail)*, **bandeau** *(headband)*, **humeur facétieuse** *(mischievous)*, **souriante** *(cheerful)*, **ça veut dire que** *(that means that)*, **je bouge beaucoup** *(I move around a lot)*, **en fait** *(in fact)*, **des fois** *(sometimes)*, **en même temps** *(at the same time)*, **sociale** *(sociable)*, **comme vous l'avez entendu** *(here, as you know)*, **quelqu'un de solitaire** *(a loner)*
FATIM KRAMER:	**environ** *(about)*, **taille moyenne** *(medium height)*, **mi-longs** *(medium length)*, **la peau assez claire** *(relatively light skin)*, **certains disent** *(some say)*, **dans le sens où** *(in the sense that)*, **forcément** *(necessarily)*, **approbation** *(approval)*, **comme je les entends** *(as I see fit)*, **attentionnée** *(attentive)*, **ouverte** *(open)*, **un esprit assez libre** *(a free spirit)*, **au niveau de** *(in terms of, when it comes to)*, **sur qui on peut compter** *(on whom one can count, reliable)*, **rire** *(to laugh)*, **faire rire** *(to make others laugh)*, **voir la vie du bon côté** *(to see the good side of life)*
EMMANUEL ROGER:	**comme je le disais donc** *(as I was saying)*, **marron** *(chestnut colored, brown)*, **je suis assez en forme** *(I'm in pretty good shape)*, **Gémeau** *(Gemini)*, **passionné** *(impassioned, enthusiastic)*, **inconstant** *(fickle)*, **imprévisible** *(unpredictable)*, **facile à vivre** *(easy to live with)*, **pour ceux qui sont autour de moi** *(for those who are around me)*, **j'ai le contact assez facile** *(I'm easy to get to know)*

1. ______________________________

   Les Français n'ont pas toujours tendance à voir le côté positif des choses.

2. ______________________________

   Je suis professeur et j'ai soixante-deux ans.

3. ______________________________

   Je suis assez indépendante, tolérante, positive, sérieuse et ouverte.

4. ______________________________

   Je suis une personne assez calme, positive, mais quelquefois aussi un peu cynique.

5. ______________________________

   Mes amis savent que j'aime beaucoup parler.

6. ______________________________

   Pour moi, l'essentiel, c'est de voir le côté positif de la vie.

7. ______________________________

   Je suis une personne assez nerveuse. Je fais souvent plusieurs choses à la fois.

8. ______________________________

   Je suis un Gémeau assez typique: je suis passionné, inconstant, imprévisible et pas toujours facile à vivre.

9. ______________________________

   Je suis musicien et professeur.

10. ______________________________

    Je ne suis pas du tout une personne solitaire.

11. ______________________________

    Mes amis peuvent toujours compter sur moi.

12. ______________________________

    Je fais du vélo et de la natation pour rester en forme.

Et vous?

FICHE VOCABULAIRE

DESCRIPTIONS DES PERSONNES

Apparence générale

il est beau *(handsome)*, **elle est belle** (jolie)
il/elle est bronzé(e) *(tan[ned])*
il/elle est pâle
il/elle porte des lunettes *(glasses)*
il/elle a des taches de rousseur *(freckles)*

Nom ______________________ Date ______________

Age

il/elle est jeune (d'un certain âge, assez âgé[e], vieux [vieille])

c'est... un enfant
une jeune personne (un jeune garçon, une jeune fille, un[e] adolescent[e], un[e] ado)
un homme / une femme d'un certain âge
une personne âgée (un vieillard, une vieille femme, un[e] senior)

Taille et poids

il/elle est... grand(e) (petit[e], de taille moyenne)
mince (svelte, maigre, costaud)

il/elle mesure (fait) 1,71 mètre

Cheveux

il/elle a les cheveux noirs (bruns, châtains *[chestnut]*, blonds, gris, blancs, roux *[red, auburn]*)

il/elle a les cheveux longs (mi-longs, courts, raides *[straight]*, ondulés *[wavy]*, frisés *[curly]*, crépus *[frizzy]*, en brosse *[crew-cut]*, en queue de cheval *[ponytail]*)

Traits de caractère (adjectifs)

aimable, agréable, gentil(le), sympathique (sympa), charmant(e)	méchant(e), désagréable, froid(e)
décontracté(e)	stressé(e)
marrant(e), amusant(e), drôle	sérieux(se), ennuyeux(se)
intelligent(e), intellectuel(le), doué(e)	nul(le)
dynamique, énergique, actif(ve), sportif(ve)	passif(ve)
optimiste	pessimiste
généreux(se)	radin *(inv.) (stingy)*, prudent(e)
original(e) *eccentric*	conservateur(trice), traditionnel(le)
discret(ète)	indiscret(ète)
travailleur(se)	paresseux(se)
bien organisé(e), efficace	mal organisé(e)
souriant(e), heureux(se)	maussade *(sullen)*, grincheux(se) *(grumpy)*
ambitieux(se), audacieux(se)	timide, hésitant(e)
modeste	égoïste, prétentieux(se)
honnête, sincère	malhonnête, hypocrite
sérieux(se)	frivole
patient(e)	impatient(e)
sage *(well-behaved)*, bien élevé(e)	mal élevé(e)
bavard(e) *talkative*	timide, silencieux(se)
calme	nerveux(se)
poli(e)	impoli(e), vulgaire
sentimental(e)	indifférent(e), froid(e)
raisonnable	têtu(e) *stubborn*
accommodant(e) *easygoing*	nerveux(se)
indépendant(e)	
ouvert(e) *open*	
réservé(e)	
sensible *sensitive*	

Structures

être + adjectif	Il est marrant. *He's amusing (funny).*
trouver + adjectif	Je la trouve très marrante. *I find her very amusing (funny).*
avoir l'air + adjectif (masc.)	Elle a l'air sympa. *She looks (seems) nice.*
c'est quelqu'un qui est + adjectif (masc.)	C'est quelqu'un qui est très patient. *He/She is someone who is very patient.*
c'est quelqu'un de + adjectif (masc.)	C'est quelqu'un de très patient. *He/She is someone (who is) very patient.*

On peut qualifier ces adjectifs avec les expressions suivantes:
toujours, souvent, d'habitude
quelquefois, de temps en temps, des fois *(sometimes)*
rarement, ne... pas, ne... jamais
très, trop, assez, plutôt *(rather),* **un peu**

Traits de caractère (noms)
avoir... de l'esprit *to be witty, intelligent*
de l'imagination
de la volonté *to have will power*
du cœur *to be kindhearted*
un faible pour *to have a weakness for*
du culot *to have a lot of nerve*
l'esprit ouvert *to be open-minded*
(un sens) de l'humour
du tact
du charme
de la patience
de l'ambition

On peut qualifier certains noms avec les expressions suivantes:
beaucoup de, très peu de, assez de, pas assez de, trop de

Structures

avoir + nom	**Il a du tact. Il a beaucoup de tact.** *He has tact. He has a lot of tact.*
c'est quelqu'un qui a + nom	**C'est quelqu'un qui a l'esprit ouvert.** *He/She is (someone who is) open-minded.*

***II. Comment sont-ils?** Utilisez les mots entre parenthèses pour décrire les personnes suivantes. Attention à l'accord des adjectifs.

Modèle: Mélina (taille moyenne, joli, lunettes, très bronzé)
Mélina est de taille moyenne. Elle est jolie. Elle porte des lunettes. Elle est très bronzée.

1. Théo (adolescent, beau, pâle, taches de rousseur, cheveux roux)
____
____

2. Clarisse et Alex (jumeaux *[twins]*, grand, mince, cheveux blonds et frisés)
____
____

3. Amélie (d'un certain âge, taille moyenne, 1,62 mètre, cheveux châtains, en queue de cheval, bronzé)
____
____

4. Mme Rivarol (âgé, beau, petit, svelte, cheveux gris, cheveux mi-longs)
____
____

***III. Jouons avec les nombres.** Lisez le texte suivant sur la numérologie. Ensuite faites l'activité selon les indications.

La numérologie

La science des nombres a toujours eu une place importante, presque magique, dans la vie des hommes et des femmes. Des Grecs jusqu'à nos jours, on a manipulé les nombres et calculé les dimensions de l'espace pour le réduire à une réalité compréhensible. Mais les mathématiciens, les artistes, les philosophes, les programmeurs, les sociologues ne sont pas les seuls à utiliser les nombres. Dans notre vie quotidienne, nous jugeons tout par sa valeur, sa dimension, ses proportions. Les nombres ont une magie qui ne cesse de nous influencer.

Dans les traditions numérologiques, nous avons, chacun(e), un nombre qui symbolise notre personnalité, nos caractéristiques particulières. Voici le procédé pour trouver ce nombre.

Correspondances lettres / nombres

A = 1	J = 1	S = 1
B = 2	K = 2	T = 2
C = 3	L = 3	U = 3
D = 4	M = 4	V = 4
E = 5	N = 5	W = 5
F = 6	O = 6	X = 6
G = 7	P = 7	Y = 7
H = 8	Q = 8	Z = 8
I = 9	R = 9	

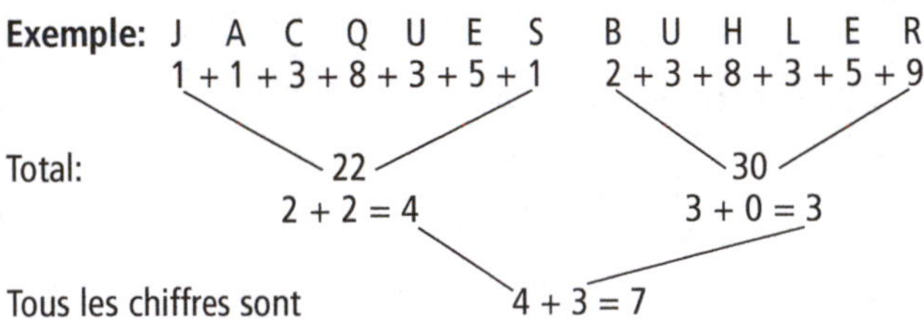

Exemple: J A C Q U E S B U H L E R

1 + 1 + 3 + 8 + 3 + 5 + 1 2 + 3 + 8 + 3 + 5 + 9

Total: 22 30

2 + 2 = 4 3 + 0 = 3

4 + 3 = 7

Tous les chiffres sont réduits à un seul chiffre.

Nombre de personnalité = 7
Jacques Buhler a la personnalité du nombre **7**.

Caractéristiques des nombres (1 à 9)

1: Le 1 est, comme le Soleil, la source de l'énergie. Le 1 est créateur, innovateur, indépendant, orgueilleux *(proud)*. Il aime dominer. C'est un bon ami et, en amour, il est fidèle. Mais il est aussi possessif et jaloux.

2: Le 2 est représenté par la Lune *(Moon);* il est donc changeant mais équilibré. Le 2 est diplomate, tranquille, réservé. Il aime l'harmonie et déteste les disputes. Il est dominé par l'émotion. Il est très charitable et généreux.

3: Jupiter est la planète du nombre 3. C'est le nombre parfait qui est le symbole de la popularité, de l'affection et du plaisir. Le 3 a beaucoup de talents mais il n'a aucun sens pratique. Il réussit donc surtout comme écrivain, peintre, musicien ou acteur.

4: Le 4 est représenté par Saturne. Pour le 4 la justice, la sécurité, l'ordre et l'équilibre sont les caractéristiques dominantes. Il est travailleur et bien organisé, mais il est peu créateur.

5: Mercure est la planète qui correspond au nombre 5. La personnalité du 5 est caractérisée par la spontanéité; c'est un esprit impulsif et décidé qui aime l'aventure et le plaisir immédiat. Le 5 est charmant, sensuel et dynamique.

6: Le 6 est associé à la planète Vénus. Le 6 a un besoin souvent excessif d'amitié, d'amour et d'affection. Il est dévoué à *(devoted to)* sa famille. Le 6 aime servir les autres et travailler dans sa communauté. Il a un tempérament changeant et passe facilement de l'amabilité à la colère *(anger)*. Il est hypersensible *(hypersensitive)* et il aime la musique et les belles choses.

7: Uranus est la planète du nombre 7. Le 7 est le signe du philosophe, du penseur. Il analyse, il étudie et sa curiosité le porte à apprendre quelque chose sur tous les sujets. Il aime voyager et découvrir le monde. Plutôt introverti, il préfère la solitude et évite les foules *(crowds)* et le désordre.

8: Le nombre 8 est sous l'influence de la planète Mars. La réussite par un travail assidu *(diligent)* est la marque du 8. Il refuse de compter sur le hasard *(chance, luck)* pour obtenir ce qu'il veut. Le succès qu'il désire ne lui vient que par la persévérance, l'énergie et une concentration continue. Il réussit souvent dans les affaires.

9: Représenté par la planète Neptune, le 9 est le symbole de l'amour: l'amour universel et l'amour du prochain *(fellow being)*. Il veut aider ceux (êtres humains et animaux) qui sont moins fortunés que lui: les pauvres, les malades, les victimes. Le 9 a beaucoup de courage et ses entreprises dans la vie ont toujours un but humanitaire.

***A.** Trouvez l'adjectif dans le texte qui correspond à chacun des noms suivants.

Modèle: le travail
travailleur

1. la création ______________________
2. l'innovation ______________________
3. l'indépendance ______________________
4. la fidélité ______________________
5. l'orgueil ______________________
6. l'équilibre ______________________
7. la générosité ______________________
8. le charme ______________________
9. la sensualité ______________________
10. la dévotion ______________________
11. la jalousie ______________________
12. la fortune ______________________

B. Utilisez une autre feuille de papier. Trouvez votre nombre de personnalité en employant le procédé décrit à la page précédente.

1. Etudiez la description de votre nombre. Selon les indications données, trouvez d'autres adjectifs qui peuvent caractériser votre nombre.
2. Faites une liste des adjectifs qui décrivent en détail votre personnalité. Par exemple, est-ce que vous êtes sentimental(e), matérialiste, idéaliste, optimiste, etc.?
3. Etes-vous d'accord avec les caractéristiques attribuées à votre nombre? Pourquoi? Pourquoi pas?
4. Trouvez le nombre de personnalité d'un(e) de vos ami(e)s ou d'un membre de votre famille. Est-ce que vous êtes d'accord avec les caractéristiques attribuées à son nombre? Pourquoi? Pourquoi pas?

IV. Je ressemble à... / Je ne ressemble pas à... Faites des comparaisons entre vous et un ou plusieurs membres de votre famille. Commencez avec le physique et passez ensuite à la personnalité. Utilisez une autre feuille de papier.

Modèle: *Physiquement, je ressemble surtout à ma mère. Nous avons tous (toutes) les deux le visage rond, les yeux bleus et les cheveux blonds. Mais j'ai le nez de mon père. Mon père et moi, nous avons tous les deux le nez retroussé,* etc.

Du point de vue personnalité, je ressemble à mon père. Nous sommes tous les deux très optimistes et créateurs. Comme lui, j'aime beaucoup la musique et les arts. Je ne suis pas du tout pratique comme ma mère, etc.

V. Une personne que je connais. Choisissez quelqu'un (un[e] ami[e], un membre de votre famille, un professeur, un[e] camarade de classe, etc.) que vous connaissez assez bien pour en faire la description. A l'aide du vocabulaire que vous avez appris, complétez la liste suivante à propos de la personne que vous avez choisie.

- Nom: ______________________
- Age: ______________________
- Apparence générale: ______________________
- Taille et poids: ______________________
- Cheveux: ______________________
- Quelques adjectifs pour décrire ses principales qualités: ______________________
____
- Quelques adjectifs pour décrire ses principaux défauts: ______________________
____

Contrôle des connaissances

Les formes du présent du subjonctif

TEST

***A. Le subjonctif des verbes réguliers.** Complétez les phrases suivantes en utilisant le présent du subjonctif des verbes entre parenthèses.

Modèle: (s'arrêter) Je veux que tu *t'arrêtes* à la boulangerie avant de rentrer.

1. (manger) Je veux que vous ______________ vos légumes!
2. (répondre) Il est nécessaire que tu ______________ aux questions du prof.
3. (trouver) Ma mère veut que nous ______________ un job près de chez elle.
4. (accomplir) Mon père veut que j'______________ quelque chose dans la vie.
5. (étudier) Il est nécessaire que nous ______________ des langues étrangères.
6. (travailler) Je veux qu'elles ______________ pour une agence de voyages.
7. (finir) Il est nécessaire que je ______________ ce projet.
8. (partir) Elle veut que vous ______________ dimanche prochain.
9. (vendre) Il est nécessaire que nous ______________ notre maison.
10. (sortir) Je ne veux pas que tu ______________ ce soir.
11. (regarder) Nous ne voulons pas qu'elle ______________ la télé.
12. (vérifier) Il est nécessaire que nous ______________ son adresse.

Nom ______________________ Date ______________

***B. Le subjonctif des verbes irréguliers.** Choisissez la forme du subjonctif qui complète la phrase correctement.

Modèle: Je veux que vous ________ le subjonctif!
a. apprennes **b.** apprennent c. appreniez
c. Je veux que vous *appreniez* le subjonctif!

1. Il est nécessaire que tu ________ au bureau ce matin.
   a. aille — **b.** ailles — c. aillent
2. Elle veut que nous ________ un taxi.
   a. prenons — **b.** prendrons — **c.** prenions
3. Je veux qu'elle ________ ses devoirs tout de suite.
   a. fasses — **b.** fassent — **c.** fasse
4. Elle veut que j' ________ un peu plus de patience.
   a. ait — **b.** aie — **c.** ai
5. Il est nécessaire que vous ________ à l'heure pour le travail.
   a. soyez — **b.** étiez — **c.** êtes
6. Je veux qu'ils ________ au concert avec nous.
   a. venaient — **b.** viennent — **c.** viendraient
7. Il est nécessaire que tu ________ passer l'examen demain matin.
   a. peux — **b.** pouvais — **c.** puisses
8. Je veux qu'elles ________ courageuses.
   a. sont — **b.** soient — **c.** seraient
9. Elle veut que nous ________ la semaine prochaine.
   a. revenons — **b.** reviendrons — **c.** revenions
10. Il est nécessaire que j' ________ à la banque.
    a. aille — **b.** irais — **c.** irai

See the **Corrigés** at the back of this book for the answers to the **Test.** A perfect score is 22 (1 point for each correct verb form).

- If your score is 18 or above, you've completed this assignment.
- If your score is less than 18, reread the rules for the forms of the present subjunctive in the **Rappel** section on pages 162 and 163; then do the **Exercice de révision VI.** After correcting these exercises (see **Corrigés** for the answers), do the **Repêchage** test.

Nom ______________________ Date ______________

RAPPEL

Les formes du présent du subjonctif

1. Qu'est-ce que le subjonctif?

- The most common use of the *subjunctive mood* (in contrast to *indicative tenses* such as the present, the **passé composé,** the imperfect, the future, etc.) is to express something that is foreseen in mind and thought (present or future) and has usually not taken place (and may not).
- The present subjunctive is used for *both present and future time* (i.e., there is no such thing as the future subjunctive).

2. Les formes du présent du subjonctif (verbes réguliers)

Before knowing *when* to use the subjunctive, you have to learn how to conjugate verbs in the subjunctive forms.

The following endings are used with all verbs in the present subjunctive except **avoir** and **être: -e, -es, -e, -ions, -iez, -ent.** As with any other verb formation, you must first determine the verb stem to which the endings are added.

Les verbes réguliers en *-er, -ir, -re* et les verbes *partir* et *sortir*

To find the subjunctive stem,

- begin with the present tense **nous** form of the verb — **nous parlons**
- then drop the **-ons** ending from the verb: — **parl-**
- then add the appropriate subjunctive ending: — **que je parl*e***
  - **que tu parl*es***
  - **qu'il/elle/on parl*e***
  - **que nous parl*ions***
  - **que vous parl*iez***
  - **qu'ils/elles parl*ent***

-er verbs	nous trouvons	trouv-	Tu veux que je trouve un job?
-ir verbs	nous finissons	finiss-	Je veux que tu finisses tes devoirs.
-re verbs	nous vendons	vend-	Elle veut qu'il vende la voiture.
partir	nous partons	part-	Il veut que vous partiez demain.
sortir	nous sortons	sort-	Je ne veux pas qu'elles sortent ce soir.

Un petit truc

Note the subjunctive forms of nous and **vous** (with the double **-ii**) of regular verbs ending in **-ier** (**étudier, vérifier,** etc.):

étudier:	**nous étudions**	**étudi-**	**Il est nécessaire que nous étudiions!**
vérifier:	**nous vérifions**	**vérifi-**	**Elle veut que vous vérifiiez nos réponses.**

Nom ______________________ Date ______________

3. Les formes du présent du subjonctif (verbes irréguliers)

aller:	(que) j'aille, tu ailles, il/elle/on aille, nous allions, vous alliez, ils/elles aillent
avoir:	(que) j'aie, tu aies, il/elle/on ait, nous ayons, vous ayez, ils/elles aient
être:	(que) je sois, tu sois, il/elle/on soit, nous soyons, vous soyez, ils/elles soient
prendre:	(que) je prenne, tu prennes, il/elle/on prenne, nous prenions, vous preniez, ils/elles prennent
faire:	(que) je fasse, tu fasses, il/elle/on fasse, nous fassions, vous fassiez, ils/elles fassent
pouvoir:	(que) je puisse, tu puisses, il/elle/on puisse, nous puissions, vous puissiez, ils/elles puissent
venir:	(que) je vienne, tu viennes, il/elle/on vienne, nous venions, vous veniez, ils/elles viennent

Un petit truc

- All verbs that include the verb **prendre** have the same subjunctive forms as **prendre**.

  apprendre *(to learn)* — **entreprendre** *(to undertake)*
  comprendre *(to understand)* — **surprendre** *(to surprise)*

- All verbs that include the verb **faire** have the same subjunctive forms as **faire**.

  défaire *(to undo)* — **refaire** *(to redo)*

- All verbs that include the verb **venir** have the same subjunctive forms as **venir**.

  devenir *(to become)* — **revenir** *(to come back)*
  prévenir *(to warn, to inform)* — **se souvenir (de)** *(to remember)*

To download a tutorial on the Subjunctive, go to www.cengagebrain.com.

Exercice de révision

***VI. Les formes du présent du subjonctif.** Donnez le présent du subjonctif des verbes entre parenthèses.

1. (prendre) que tu ______ que vous ______
2. (réfléchir) que vous ______ qu'elles ______
3. (aller) qu'il ______ que nous ______
4. (faire) qu'elle ______ qu'ils ______
5. (avoir) que tu ______ que nous ______
6. (revenir) que vous ______ que tu ______
7. (être) que nous ______ qu'ils ______
8. (parler) qu'elle ______ que vous ______
9. (apprendre) que nous ______ que j'______
10. (étudier) que vous ______ qu'elles ______
11. (vendre) que tu ______ que nous ______
12. (sortir) que vous ______ que je ______
13. (pouvoir) que je ______ que tu ______
14. (attendre) que nous ______ qu'il ______
15. (manger) que tu ______ que nous ______

Nom ______________________________ Date ______________

Repêchage ☐

Qu'est-ce qu'il faut faire? *(What do we have to do?) Utilisez le présent du subjonctif des verbes entre parenthèses pour dire ce que tout le monde doit faire pour préparer un long voyage.

1. (partir) Il faut que nous ____________________ le douze juin.
2. (prévenir) Il faut que tu ____________________ tes parents de notre absence.
3. (vérifier) Il faut que vous ____________________ les billets d'avion.
4. (faire) Il faut qu'on ____________________ des réservations pour les chambres d'hôtel.
5. (réussir) Il faut qu'elles ____________________ à leurs examens avant de partir.
6. (acheter) Il faut qu'on ____________________ une autre valise?
7. (prendre) Il faut qu'ils ____________________ leurs médicaments.
8. (répondre) Il faut que je ____________________ à tous mes méls avant de partir.
9. (aller) Il faut que nous ____________________ à la banque chercher de l'argent.
10. (pouvoir) Il faut qu'ils ____________________ nous retrouver à Paris.
11. (décider) Il faut que nous ____________________ de notre itinéraire.
12. (choisir) Il faut que vous ____________________ un hôtel à Toulouse.
13. (faire) Il faut que nous ____________________ des recherches sur Internet sur les villes que nous allons visiter.
14. (louer) Il faut que tu ____________________ une voiture à Paris.
15. (aller) Il faut qu'elle ____________________ chez sa mère avant notre départ.

See the **Corrigés** at the back of this book for the answers to the **Repêchage** test. The total number of points is 15 (1 point for each verb form).

- If you received a score of 12 or better, you've passed the test.
- If you scored below 12, let your instructor know by placing an X in the box at the upper right-hand corner of the re-test. In either case, you've completed this assignment.

Nom ______________________ Date ______________

⊙ A faire! (4-2) — Manuel de classe, pages 150–157

- To *work again* with the **Et vous?** vocabulary, do **Ecrivez!**, Exercise VII.
- To *work again* with the information in the **Magazine Culture,** do Exercise VIII and the Internet activity (Exercise IX) (if assigned).
- In *preparation* for the next class period, learn to use expressions of certainty and doubt and do Exercises X and XI.

Quant à moi…

Ecrivez!

VII. Un mini-portrait. Rédigez plusieurs paragraphes dans lesquels vous ferez la description de la personne que vous avez choisie pour l'Exercice V. Parlez de son physique et de son caractère. Utilisez une autre feuille de papier.

SUGGESTIONS: Faites un plan qui comprend *(includes):*

a. **Premier paragraphe:** Introduction où vous identifiez, avec des détails, la personne que vous allez décrire (e.g., La personne que je vais décrire, c'est ma sœur Shannon. Elle a quinze ans et elle habite avec mes parents à Providence. Shannon me manque beaucoup *[I miss Shannon a lot]* parce qu'elle et moi, nous nous entendons très bien. Je lui téléphone plusieurs fois par semaine, etc.).

b. **Deuxième paragraphe:** Description physique de la personne

c. **Troisième paragraphe:** Description de son caractère avec des exemples d'activités qui illustrent son caractère

d. **Conclusion:** Pourquoi vous vous entendez bien (ou pas très bien) avec cette personne, en quoi vous vous ressemblez, ce que vous avez en commun.

Magazine Culture *La diversité du monde francophone*

***VIII. Est-ce que vous avez bien compris?** Consultez le **Magazine Culture** pour répondre aux questions suivantes. Utilisez vos propres mots plutôt que de recopier fidèlement les mots du **Magazine.**

1. Selon Nadeau et Barlow, que veut dire le mot «francophone»?

   ____

2. Sur quoi est-ce qu'ils insistent quand ils utilisent le mot «francophone»?

   ____

3. Que veut dire le mot «Francophonie» avec F majuscule?

   ____

4. Quelle est la fonction principale de l'OIF?

   ____

5. Quel est le mot-clé qui guide les activités de la journée internationale de la francophonie?

   ____

Nom ______________________ Date ______________

6. Quelles sortes d'activités sont généralement prévues le 20 mars de chaque année pour la journée internationale de la francophonie?

____

____

7. En ce qui concerne le français dans le monde, quels chiffres vous impressionnent le plus?

____

____

8. En ce qui concerne le français aux Etats-Unis, quels chiffres vous étonnent *(surprise you)* le plus?

____

____

9. Donnez deux raisons pour lesquelles il est important d'étudier le français.

____

____

10. Donnez cinq faits intéressants que vous avez appris sur Jo-Wilfried Tsonga.

____

____

____

IX. Internet: La francophonie. Faites des recherches sur Internet pour trouver des renseignements sur la francophonie. Identifiez au moins quatre articles ou sites qui vous intéressent, puis résumez brièvement (en français ou en anglais) ce que vous avez appris.

Moteurs de recherche: www.google.fr, www.google.com, www.voila.fr, www.lycos.fr, www.youtube.com

Mots-clés en français: colonies françaises / colonisation / décolonisation / indépendance pour les colonies françaises / pays francophones / francophonie / Organisation Internationale de la Francophonie / journée internationale de la francophonie / Onésime Reclus / Léopold Sédar Senghor / Abdou Diouf / Moussa Camara / le français dans le monde / le français (+ nom du pays ou continent), e.g., le français aux Etats-Unis / Jo-Wilfried Tsonga / Yannick Noah / Le Mans / Tennis Club de Paris / le Congo / [noms des autres pays et régions francophones]

Mots-clés en anglais: French colonial empire / former French colonies / French colonies / French decolonization / French-speaking countries (world) / Francophone world / **Francophonie** / French in the world / French language, statistics / French in the United States (or other countries) / French in Europe (or the other continents) / Jo-Wilfried Tsonga / Yannick Noah / [names of Francophone cities, countries, regions] / tennis in France / International Organization of **la Francophonie**

Mot-clé utilisé	**Ce que j'ai appris**
1. ______________	______________
	______________
	______________
	______________.

Nom ________________________ Date ____________

2. ____________	____________ ____________ ____________ ____________
3. ____________	____________ ____________. ____________ ____________.
4. ____________	____________ ____________ ____________ ____________.

Fonction

Comment exprimer la certitude et le doute

1. Exprimer la certitude

In French, if an expression is used that indicates certainty about an idea or event, you use the appropriate tense of the indicative (present, **passé composé**, imperfect, immediate future, future, etc.).

Expression of certainty	*Indicative mood*
Je suis sûre que…	***tu vas réussir.***
Elle est certaine…	**que *tu* lui *as donné* la clé.**

The most common expressions used to indicate certainty are:

il est certain que	**il est vrai que**	**penser que**
il est évident que	**être sûr(e) que**	**il est probable que**
il est sûr que	**être certain(e) que**	

2. Exprimer le doute

However, the subjunctive is used to express uncertainty (doubt) about whether something is true or will in fact occur.

Expression of doubt	*Subjunctive*
Il se peut que…	***nous puissions* partir demain.**
Je ne suis pas sûr que…	***Monique vienne* nous voir.**

Nom ______________________________ Date ______________

Doubt is generally indicated by particular expressions that signal the need for the subjunctive. The following are some of the most common expressions of doubt. Note that some of them are the *negatives* or the *question forms* of the expressions of certainty you learned above.

il est possible que
il se peut que *(it's possible that)*
(tu) être sûr(e) (certain[e]) que... ?
(vous) penser que... ? *(do you think that . . . ?)*
(je) douter que...
(je) ne pas penser que *(I don't think that)*
(je) ne pas être sûr(e) que
(il) ne pas être évident que

3. Exprimer la certitude et le doute

If you're ***sure*** of something, use an expression of certainty and the indicative of the appropriate tense.

Je suis sûre que le train part à 10h20.
I'm sure (that) the train leaves at 10:20.

If you're ***unsure*** of something, use an expression of doubt and the subjunctive.

Je ne suis pas sûre que le train parte à 10h20.
I'm not sure (I have some doubt) that the train leaves at 10:20.

Es-tu sûr que le train parte à 10h20?
Are you sure that the train leaves at 10:20? (I have some doubt.)

***X. Vous êtes sûr(e)?** Refaites les phrases suivantes en ajoutant les expressions entre parenthèses. Retenez l'indicatif si la phrase exprime la certitude; mettez le verbe au présent du subjonctif si la phrase exprime le doute.

Modèles: Je vais réussir à l'examen. (mon prof est sûr)
Mon prof est sûr que je vais réussir à l'examen.
Je vais réussir à l'examen. (mon prof doute)
Mon prof doute que je réussisse à l'examen.

1. Nous allons trouver un appartement. (je suis sûr[e])

____

____

2. Je vais me marier. (mes parents pensent)

____

____

3. Je suis capable de piloter un avion. (elles doutent)

____

____

4. Elle va faire des études de droit. (il se peut)

____

Un petit truc

Reminder: The present subjunctive represents actions that occur at the same time as or subsequent to the expression of doubt. In the second example below, where the subjunctive is required and where the action will take place in the future, the verb following the expression of doubt is expressed by the subjunctive. (Note that the construction **aller** + infinitive [**le futur proche**] is replaced by the subjunctive of **réussir**.)

Je **vais réussir** à l'examen. (**aller** + infinitive = immediate future)

Mon prof doute que je **réussisse** à l'examen. (subjunctive expresses future)

5. Nos amis sont encore au Cameroun. (nous sommes certains)

____

6. Les ceintures de sécurité sont une bonne chose. (est-ce que vous êtes sûrs)

____

7. Elle va finir ses devoirs avant le dîner. (il se peut que)

____

8. Le prof n'a pas corrigé mon examen. (il est évident)

____

9. Il va faire beau ce week-end. (il est probable)

____

10. Le train est déjà parti. (il est certain)

____

11. Elle va chez Sylviane. (je ne suis pas sûr[e])

____

12. Tu fais attention en cours. (ta mère doute)

____

13. Les enfants n'aiment pas le fromage. (il est évident)

____

14. Nous avons tort *(We're wrong)*. (il est possible)

____

15. Il vient dimanche prochain. (il se peut)

____

16. Vous êtes malade. (est-ce que le docteur pense)

____

***XI. Doute ou certitude?** Inventez des phrases en utilisant les éléments suivants. N'oubliez pas d'utiliser soit le présent de l'indicatif (ou le futur immédiat) soit le présent du subjonctif selon l'expression de certitude ou de doute indiquée.

Modèle: je / être sûr(e) / tu / réussir...
Je suis sûr(e) que tu vas réussir à l'examen.

1. il est certain / elle / accompagner...

____

2. nous / ne pas penser / vous / arriver...

____

3. il est possible / je / aller...

____

4. il est probable / ils / faire...

____

5. il se peut / nous / déménager...

____

6. il est possible / je / sortir...

____

7. je doute / nous / avoir...

____

8. elle / ne pas être sûre / tu / être...

____

9. je / être sûr(e) / vous / oublier...

____

10. il se peut / elles / venir...

____

11. nous / ne pas penser / le professeur / faire...

____

12. ma famille / douter / je / finir...

____

Nom ______________________________ Date ______________

⊙ A faire! (4-3) — Manuel de classe, pages 158–162

- To *work again* with the **Témoignages** you heard in class, listen to CD3, Tracks 2–5 and do Exercise XII.
- In *preparation* for talking about jobs and professions, study the **Fiche Vocabulaire (Et vous?)** and do Exercise XIII.
- In order to *learn* how to use the subjunctive and the infinitive with expressions of necessity, read the grammatical explanation and do Exercises XIV, XV, XVI, and XVII.

Quant à moi…

Témoignages: «Que faites-vous comme travail?»

CD3, Tracks 2–5

***XII. Vrai/Faux.** Dites si les phrases sont vraies ou fausses selon ce que vous avez appris sur Valérie, Hélène, Habib et Sophie. Si la phrase est vraie, mettez un **V**. Si la phrase est fausse, mettez un **F** et corrigez la phrase.

Vocabulaire utile

VALÉRIE ECOBICHON: **Dinan** *(small town in Brittany)*, **prêts** *(lending)*, **lecteurs** *(readers)*, **des commandes d'ouvrages** *(book orders)*, **classe** *(classify)*, **range** *(put them on shelves)*, **traire les vaches** *(to milk the cows)*, **les emmener aux champs** *(take them out to the fields)*, **terre** *(land)*, **blé** *(wheat)*, **betteraves** *(beets)*, **maintenir en état le tracteur** *(to keep the tractor running)*

1. _____ Elle répond aux questions des lecteurs.

____

2. _____ Le travail d'agriculteur n'est pas un travail très varié.

____

3. _____ Ses parents cultivent la terre.

____

Vocabulaire utile

HÉLÈNE PERRINE: **Fnac** *(chain of stores in France that sells books, CDs, DVDs, etc.)*, **un peu de tout** *(a little of everything)*, **clients** *(customers)*, **caisse** *(cash register)*, **fréquentent** *(come regularly to)*, **commandes** *(orders)*, **y compris** *(including)*, **insupportable** *(unbearable)*, **à part ça** *(besides that)*, **mon travail me plaît** *(I like my work)*, **horaire** *(schedule)*, **me convient** *(suits me)*, **souple** *(flexible)*

4. _____ Hélène Perrine a eu une promotion il y a cinq ans.

____

Nom ______________________________ Date ______________

5. _____ Ce qu'elle aime le plus, c'est le contact avec les clients.

____

6. _____ Elle a un employé qui arrive souvent en retard.

____

Vocabulaire utile

HABIB SMAR: **au chômage** *(unemployed)*, **malheureusement** *(unfortunately)*, **licenciement économique** *(layoff for financial reasons)*, **a touché** *(affected)*, **cadres** *(managers)*, **médicaments** *(medicines)*, **disponibles** *(available)*, **patron** *(boss)*, **attendait** *(expected)*

7. _____ Habib n'est pas le seul à avoir été la victime d'un licenciement économique.

____

8. _____ Dans son ancien job, il passait tout son temps dans un bureau.

____

9. _____ Il aimait beaucoup son patron.

____

Vocabulaire utile

SOPHIE EVERAERT: **ne s'entendent pas** *(don't get along)*, **d'équipe** *(team)*, **j'interviens** *(I intervene)*, **cardiologue** *(cardiologist, heart specialist)*, **la recherche** *(research)*, **médicaments** *(medications)*, **crises cardiaques** *(heart attacks)*

10. _____ Sophie travaille dans un hôpital municipal.

____

11. _____ Dans son job, on lui demande d'améliorer la communication dans les équipes de travail.

____

12. _____ Son mari est cardiologue et il voit des patients toute la journée; il n'a donc pas le temps de faire de la recherche.

____

Et vous?

FICHE VOCABULAIRE

METIERS ET PROFESSIONS

- un acteur / une actrice
- un agent de change *stockbroker*
- un agent de conduite *train conductor*
- un agent de voyage
- un agent immobilier *real estate agent*
- un agriculteur / une agricultrice (un cultivateur / une cultivatrice, un fermier / une fermière)
- un(e) anthropologue
- un(e) apprenti(e) *apprentice*
- un(e) artisan(e)
- un(e) artiste (un peintre / une femme peintre)
- un(e) assistant(e) de direction *administrative assistant*

un(e) astronaute
un(e) avocat(e) *lawyer, attorney*
un banquier / une banquière *banker*
un(e) bibliothécaire *librarian*
un cadre *manager, executive*
un cadre supérieur *high-level executive*
un caissier / une caissière *cashier, bank teller*
un chanteur / une chanteuse
un chargeur *shipper*
un chauffeur *driver*
un chef de cuisine
un chercheur / une chercheuse *researcher*
un(e) cinéaste *filmmaker*
un(e) commerçant(e) *merchant or traveling salesperson*
un compositeur / une compositrice
un(e) comptable *accountant*
un(e) concessionnaire *car dealer*
un conducteur / une conductrice *train conductor*
un conseiller / une conseillère *counselor, advisor*
un contremaître *foreman*
un courtier / une courtière *stockbroker*
un couturier / une couturière *fashion designer*
un(e) dactylo *typist*
un(e) dentiste
un(e) détaillant(e) *retailer*
un éboueur *garbage collector*
un écrivain / une femme écrivain *writer*
un(e) employé(e) / un(e) employé(e) de bureau *office worker, clerical personnel*
un(e) employé(e) de maison *housekeeper*
un employeur
un(e) fabricant(e) *manufacturer*
un facteur / une factrice *mail carrier*
un facturier / une facturière *billing clerk*
un(e) fonctionnaire *civil servant, government employee*
un fournisseur *supplier*
un(e) garagiste (un[e] mécanicien[ne]) *mechanic*
un(e) gérant(e) *manager*
un(e) grossiste *wholesaler*
un(e) historien(ne)
un homme politique / une femme politique *politician*
un infirmier / une infirmière *hospital nurse*
un(e) informaticien(ne) *computer expert*
un ingénieur / une femme ingénieur
un(e) journaliste
un juge / une femme juge
un livreur *delivery person*
un médecin / une femme médecin
un(e) militaire (un soldat)
un(e) musicien(ne)
un ouvrier / une ouvrière *blue-collar worker, laborer*
un(e) partenaire
un(e) patron(ne) *boss*
un(e) pharmacien(ne)
un(e) pilote
un poète / une femme poète
un policier / une femme policier (un agent de police)
un pompier *firefighter*
un postier / une postière *postal worker*
un président-directeur-général (PDG) *chief executive officer (CEO)*
un professeur (un prof)
un programmeur / une programmeuse
un(e) propriétaire *owner*
un(e) psychiatre
un(e) psychologue
un rédacteur / une rédactrice *book or magazine editor*
une sage-femme *midwife*
un scientifique / une femme scientifique *scientist*
un(e) secrétaire
un(e) sociologue
un travailleur (une travailleuse) à la chaîne *assembly-line worker*
une vedette (une star) *star, famous entertainer*
un vendeur / une vendeuse *salesperson*
un viticulteur / une viticultrice *wine producer*

***XIII. Des catégories.** Trouvez les métiers dans la **Fiche Vocabulaire** qui s'associent logiquement à chaque catégorie indiquée.

1. 5 métiers qui se pratiquent normalement en plein air (dehors)

____

2. 3 métiers qui peuvent être dangereux

____

3. 10 métiers dans la distribution des marchandises

____

____

Nom ______________________ Date ______________

4. 3 métiers en technologie

____

5. 10 métiers qui demandent beaucoup de créativité et d'imagination

____

____

6. 3 métiers liés à l'argent

____

7. 5 métiers en médecine

____

Fonction

Comment exprimer la nécessité et la volonté

1. Le subjonctif avec les expressions de nécessité

One of the most common uses of the subjunctive is with expressions of *necessity*.

il faut que *(it's necessary that)*	Il faut **que tu trouves** un job!
il est important que	Il est important **que vous appreniez** le français.
il est nécessaire que	Il est nécessaire **que je finisse** le projet.
il vaut mieux que *(it's better that)*	Il vaut mieux **que vous rentriez** avant minuit.

***XIV. Pour exprimer la nécessité.** Utilisez le subjonctif des verbes entre parenthèses pour exprimer *la nécessité*.

1. (arriver) Il faut que tu __________ à l'heure.
2. (prendre) Il est nécessaire que vous __________ votre temps.
3. (attendre) Il vaut mieux qu'elle __________ ici.
4. (être) Il est important que nous __________ à la gare à 7h.
5. (aller) Il est nécessaire qu'ils __________ en ville.
6. (partir) Il est important qu'elles __________ avec les autres.
7. (faire) Il faut que tu __________ attention en cours.
8. (étudier) Il est important que vous __________ le subjonctif.
9. (avoir) Il faut que nous __________ le temps de discuter.
10. (être) Il faut absolument qu'ils __________ là.

2. Le subjonctif avec les expressions de volonté

A second common use of the subjunctive is with verbs of *volition*, particularly with the verbs **vouloir** and **préférer.** In this context, these verbs are used in the present tense in the first clause and are followed by a verb in the present subjunctive in the second clause. Remember that there is also a *change of subject* (e.g., ***I*** want ***you*** to do something).

vouloir que	Je veux **que tu fasses** attention.
	Le prof veut **que nous apprenions** les verbes.
	Ses parents veulent **qu'il devienne** médecin.

préférer que	Ils préfèrent **que nous prenions** une chambre à l'hôtel. Je préfère **que tu ne sortes pas** demain soir. Elle préfère **que je n'aille pas** au bureau.

***XV. Pour exprimer la volonté.** Utilisez le subjonctif des verbes entre parenthèses pour exprimer la volonté ou la préférence.

1. Son conseiller veut que Zoé (aller) ____________________ en France cet été, mais ses parents préfèrent qu'elle (suivre) ____________________ des cours.
2. Mon père veut que je (faire) ____________________ médecine, mais ma mère préfère que j'(avoir) ____________________ un métier moins stressant.
3. Quand nous voyageons, mes parents préfèrent que nous (prendre) ____________________ le train, mais moi, je voudrais que nous (faire) ____________________ un voyage en avion de temps en temps.
4. —Tu veux que j'(attendre) ____________________ la fin du semestre pour partir en vacances? —Oui, parce qu'il est important que tu (être) ____________________ là pour les examens!
5. Alors, qu'est-ce qu'on fait ce soir? Aline veut qu'on (regarder) ____________________ un film, Jérémie préfère que nous (aller) ____________________ à un concert et Kévin veut qu'on (sortir) ____________________ au restaurant. Tout ça, c'est bien compliqué!
6. Vous voulez qu'elle (venir) ____________________ à Paris et elle veut que vous lui (rendre) ____________________ visite à Genève? Pourquoi pas vous retrouver à Grenoble?

3. L'infinitif avec les expressions de nécessité et de volonté

Il faut **attendre** un moment.	*It's necessary (We have)* ***to wait*** *a while.*
Il est nécessaire de **vérifier** les résultats.	*It's necessary* ***to verify*** *the results.*
Je veux le **faire** moi-même.	*I want* ***to do*** *it myself.*
Ils préfèrent **descendre** dans un hôtel.	*They prefer* ***to stay*** *in a hotel.*

In the sentences above, the expressions of necessity and volition, **il faut, il est nécessaire de, je veux,** and **ils préfèrent,** are followed by an infinitive because no specific subject is given for the second verb. These sentences can be understood either as general statements—*everyone has to wait a while, everyone has to verify the results*—or, as statements applying to a particular person (or persons) whose identity (identities) is (are) clear from a previous statement. Note that the expressions **il est nécessaire** and **il est important** require the preposition **de** before the infinitive; **il faut, il vaut mieux,** and the verbs **vouloir** and **pouvoir** are followed directly by the infinitive.

Un petit truc

- The negative of **il faut (il ne faut pas)** has a special meaning. When you say **il ne faut pas,** you're really saying *one must not,* in the sense that something is forbidden (not permitted).
  Il ne faut pas tricher aux examens.
  You must not (It is forbidden to) cheat on exams.
- If you want to say that *it's not necessary* to do something, use **il n'est pas nécessaire (de).**
  Il n'est pas nécessaire de nous rendre la clé.
  It's not necessary to give the key back to us.

Nom ______________________ Date ______________

XVI. Pour réussir dans ce job, il faut... Utilisez une série d'infinitifs avec des expressions de nécessité pour indiquer quelle sorte de personnalité il faut avoir pour réussir dans les métiers indiqués. Consultez la liste des adjectifs dans la **Fiche Vocabulaire** aux pages 155–157 de ce manuel.

Modèle: **Métier:** homme / femme politique
*Pour réussir dans ce métier, **il faut** être diplomate et patient. **Il est nécessaire d'**aimer les gens et de savoir parler et convaincre. **Il faut** avoir une bonne connaissance de l'histoire. **Il est important de** comprendre la psychologie des électeurs,* etc.

1. **Métier:** conseiller / conseillère académique dans une université

____
____
____
____

2. **Métier:** professeur de français (ou d'une autre langue moderne)

____
____
____
____

3. **Métier:** médecin / femme médecin

____
____
____
____

4. **Métier:** vendeur / vendeuse dans un magasin

____
____
____
____

5. **Métier:** le métier qui vous intéresse

____
____
____
____

Nom ______________________________ Date ______________

***XVII. Le subjonctif ou l'infinitif?** Utilisez soit le subjonctif soit l'infinitif des verbes entre parenthèses pour compléter le paragraphe.

L'année prochaine, je voudrais bien (étudier) ______________ en France. Il y a un programme à Montpellier qui m'intéresse beaucoup. Je pense qu'il est important de (faire) ______________ des études dans un pays francophone et il est nécessaire que je (comprendre) ______________ les différentes cultures françaises.

Mes parents sont d'accord, mais ils veulent que j'(attendre) ______________ au moins un semestre avant de quitter les Etats-Unis. Ils pensent qu'il faut d'abord (suivre) ______________ plus de cours de français et ils préfèrent que j'(aller) ______________ en France pour un semestre plutôt que pour toute l'année. Mes amis ont un autre point de vue. Ils disent qu'il est important que je (devenir) ______________ plus indépendant(e) et que je (prendre) ______________ mes propres décisions. J'en ai aussi parlé à ma conseillère. A son avis, il vaut mieux (partir) ______________ l'année prochaine.

Je ne sais pas quoi faire. D'une part, je comprends que mes parents veulent que je (faire) ______________ encore un semestre ici. D'autre part, je veux vraiment (perfectionner) ______________ mon français, ce que je ne peux pas faire en un seul semestre en France. Mais, en même temps, il est important d'(écouter) ______________ mes parents, surtout parce qu'ils paient mes études! Mais mes amis ont raison. Il faut que j'(expliquer) ______________ à mes parents l'importance des études en France et qu'il vaut mieux y (aller) ______________ pour une année. Il est important qu'ils (comprendre) ______________ mon point de vue et j'espère qu'ils vont me soutenir dans ce projet.

Nom ______________________________ Date ______________

⊙ A faire! (4-4) — Manuel de classe, pages 164–171

- To *work again* with the **Et vous?** vocabulary, do **Ecrivez!**, Exercise XVIII.
- To *work again* with the information in the **Magazine Culture**, do Exercise XIX and the Internet activity (Exercise XX) (if assigned).
- In order to *review* the use of expressions of certitude, doubt, necessity, and volition, do Exercise XXI.

Quant à moi…

Ecrivez!

XVIII. Je connais quelqu'un qui est… Pensez à quelqu'un que vous connaissez bien et décrivez le travail qu'il/elle fait. Que fait cette personne? Depuis combien de temps? Pour qui est-ce qu'elle travaille et où? Qu'est-ce qu'elle fait dans son job (responsabilités)? Est-ce qu'elle aime son travail? Pourquoi? Pourquoi pas? Utilisez une autre feuille de paper.

Magazine Culture *Les jeunes de Casablanca*

XIX. Des aspects de la vie au Maroc. L'article sur Mbarka et Tarik (voir le **Magazine Culture—Les jeunes de Casablanca**) révèle certains aspects de la culture marocaine. Pour chaque thème proposé, trouvez des idées dans l'article qui expliquent, en partie, comment se font les choses au Maroc. Utilisez une autre feuille de paper.

1. l'enseignement
2. le rôle de la femme
3. le rôle de la famille
4. le mariage
5. les rapports enfants / parents

XX. Internet: Gagner sa vie *(To earn a living).* Faites des recherches sur Internet pour trouver des renseignements sur les thèmes liés à l'idée du travail (France et francophonie). Identifiez au moins quatre articles ou sites qui vous intéressent, puis résumez brièvement (en français ou en anglais) ce que vous avez appris.

Moteurs de recherche: www.google.fr, www.google.com, www.voila.fr, www.lycos.fr, www.youtube.com

Mots-clés en français: [pour chaque mot, ajoutez la région ou le pays francophone qui vous intéresse] travail en France (ou autre pays) / emploi en France / chômage / salaires / [nom d'un métier ou d'une profession + pays] / entreprises en France (au Maroc) / Casablanca, travail / Maroc, emploi / emploi, données et statistiques + pays ou ville / chômage, données et statistiques + pays ou ville

Mots-clés en anglais: [add the name of the Francophone country, city, or region to each word] employment, statistics / unemployment, statistics / salaries / [names of individual professions] / business / Morocco / Casablanca

Mot-clé utilisé	Ce que j'ai appris
1. ____________________	____________________
	____________________
	____________________
	____________________.

Nom ______________________ Date ______________________

2. ______________________ ______________________

3. ______________________ ______________________

4. ______________________ ______________________

REPRISE

Les adjectifs descriptifs; Le subjonctif, l'indicatif et l'infinitif pour exprimer la certitude, le doute, la nécessité et la volonté

XXI. Patrons et employés. Les désirs des patrons et des employés ne sont pas toujours les mêmes. Utilisez les expressions de certitude, de doute, de nécessité et de volonté avec les expressions dans la liste pour composer des phrases qui précisent les différences entre patrons et employés. N'oubliez pas d'utiliser soit le subjonctif soit l'infinitif dans vos phrases.

Modèles: Les employés veulent...
Les employés veulent avoir un salaire plus élevé.
Selon les patrons, il faut que...
Selon les patrons, il faut que les employés fassent des heures supplémentaires.

avoir un salaire plus élevé
dépenser moins d'argent
travailler moins d'heures par semaine
faire des heures supplémentaires
travailler le soir et le week-end
travailler plus dur
avoir plus (moins) de jours fériés
les consulter
pouvoir participer aux décisions
avoir un horaire plus flexible
avoir raison (tort)
prendre des décisions (difficiles)
participer à des discussions
négocier un nouveau contrat
faire la grève *(to go on strike)*
accorder une augmentation de salaire
avoir des assurances santé *(health insurance)*
parler plus ouvertement
avoir plus (moins) de responsabilités
être plus souvent au bureau
pourvoir mieux communiquer
être plus raisonnable (patient, sérieux, agréable, diplomatique, efficace, travailleur)
être moins têtu (paresseux, perfectionniste, intense, sarcastique, ambitieux, aventureux)

1. Les employés veulent...

____

2. Selon les patrons, il faut que...

____

3. Les employés préfèrent que les patrons…

4. Les employés doutent que…

5. Il se peut que les employés...

6. Les patrons veulent que les employés…

7. Selon les employés, il est nécessaire de…

8. Selon les patrons, il vaut mieux que…

9. Les employés préfèrent…

10. Les patrons veulent que les employés…

11. Les employés ne pensent pas que…

12. Est-ce que les patrons sont sûrs que… ?

13. Il est évident que les employés…

14. Il faut que les employés…

15. Les patrons sont certains que les employés…

16. Selon les patrons, il est important de…

17. Selon les employés, il n'est pas nécessaire de…

18. Est-ce que vous pensez que les employés… ?

19. Je ne suis pas certain(e) que les patrons…

20. Il est possible que les patrons et les employés…

⊙ A faire! (4-5) Manuel de classe, pages 171–175

- To *work again* with the **Témoignages** you heard in class, listen to CD3, Tracks 7–9 and do Exercise XXII.
- In *preparation* for talking about family and friends, study the **Fiche Vocabulaire (Et vous?)** and do Exercise XXIII.
- In order to *learn* how to express emotions using the subjunctive and the infinitive, read the grammatical explanation and do Exercises XXIV, XXV, XXVI, XXVII, and XXVIII.

Quant à moi…

Témoignages: «Avec qui passez-vous la plupart de votre temps?»

CD3, Tracks 7–9

***XXII. L'importance des amis.** Les trois témoins offrent un tas d'idées sur l'importance des amis. Ecoutez encore une fois ce qu'ils disent et notez toutes les idées qu'ils proposent sur l'amitié. Utilisez une autre feuille de papier.

Modèle: *Selon Corinne, les amis sont des gens qui acceptent la différence.*

Vocabulaire utile

PIERRE HUREL: **seul** *(alone)*, **notamment** *(especially, in particular)*, **répétitions** *(rehearsals)*, **effectivement** *(in fact)*, **partagent** *(share)*, **affaires** *(business)*, **étrangement** *(oddly, strangely)*, **défauts** *(faults, weaknesses)*, **en quoi** *(how)*, **de tous les bords** *(from all walks of life)*, **ouverture** *(openness)*, **nous nous retrouvons** *(we meet on common ground)*, **n'entrent pas en ligne de compte** *(don't enter into the considerations)*, **choix** *(choice)*, **boussole** *(compass)*, **point de repère** *(reference point)*, **ayant perdu** *(having lost)*, **vraiment** *(really, truly)*, **façon** *(way)*, **sans doute** *(without doubt)*

CORINNE BERNIMOULIN-SCHMID: **entourée** *(surrounded)*, **grandes tablées** *(here, big meals)*, **autour** *(around [it])*, **valeurs** *(values)*, **ouverts** *(open)*, **tout en restant** *(while insisting)*, **gentillesse** *(being nice)*, **cœur** *(heart)*, **à gauche** *(liberal, on the left)*, **j'ai beaucoup de peine** *(it's difficult for me)*, **garder mon sang-froid** *(to keep my cool)*, **dépanner** *(to help out)*, **les uns les autres** *(each other)*, **garder** *(to watch)*, **milieu** *(middle)*, **n'importe quand** *(anytime)*, **physiothérapeute** *(physical therapist)*, **ostéopathe** *(bone specialist)*, **touchent à** *(are connected to)*, **proche** *(close)*, **aillent mieux** *(get better)*, **que ce soit par** *(be it by)*, **courriel** (québécois) *(e-mail)*

CHRISTOPHE MOURAUX: **en dehors** *(outside)*, **que ce soit** *(be it)*, **prolongées** *(longer, prolonged)*, **partagent** *(share)*, **auquel** *(to which)*, **en fait** *(in fact)*, **amis d'enfance** *(childhood friends)*, **j'ai connu** *(I met)*, **j'ai grandi** *(I grew up)*, **que ce soit** *(be it)*, **on s'est jamais vraiment quittés** *(we never really left each other)*, **moments forts** *(important times)*, **vu** *(given)*, **en tête** *(in his head)*, **sans craindre** *(without fearing, being afraid of)*, **mal réagir** *(react badly)*, **moments difficiles** *(difficult times)*, **saura** *(will know)*, **sans que j'aie un long discours à lui faire** *(without having to make a long speech)*, **je vous aurais dit** *(I would have told you)*, m'a élevé *(raised me)*, à partir de *(from the time of)*, je vis *(I live)*, énormément de choses *(lots of things)*, que ce soit sur le plan culturel *(be it on the cultural level)*, de fond *(in-depth)*, confiance mutuelle *(mutual, reciprocal confidence)*, pas mal de *(lots of)*, boulot *(job)*

Et vous?

FICHE VOCABULAIRE

NOS PROCHES: FAMILLE, AMIS, COLLEGUES

La famille

adopté(e)
le divorce
divorcer *to get a divorce*
être divorcé(e) *to be divorced*
un(e) ex *ex-husband, ex-wife*
une famille éclatée *broken home*
une famille monoparentale *single-parent family*
une famille nombreuse *large family*
la famille nucléaire *nuclear family*
une famille recomposée *blended family*
une famille unie *close-knit family*
le fossé entre les générations *generation gap*
un foyer *household*
le mariage
une petite famille *small family*
la vie de famille *family life*

Les membres de la famille

les arrière-grands-parents *great grandparents*
un beau-frère *brother-in-law*
un beau-père *stepfather; father-in-law*
les beaux-parents *in-laws*
une belle-mère *stepmother; mother-in-law*
une belle-sœur *sister-in-law*
un(e) cousin(e)
un demi-frère *stepbrother; half-brother*
une demi-sœur *stepsister; half-sister*
un enfant (un[e] gosse) *child (kid)*
une femme (une épouse) *wife*
un(e) fiancé(e)
une fille *daughter*
un fils *son*
un frère *brother*
une grand-mère (mamy) *grandmother (grandma)*
un grand-père (papy) *grandfather (grandpa)*
les grands-parents
des jumeaux *twins*
un mari (un époux) *husband*
une marraine *godmother*
une mère *mother*
un neveu (les neveux) *nephew*
une nièce
un oncle
un parent *parent, relative*
un parrain *godfather*
un père *father*
un petit-fils *grandson*
une petite-fille *granddaughter*
une sœur *sister*
une tante *aunt*

Les amis

un ado / les ados (adolescent[s]) *(fam.) teenager(s)*
un(e) adolescent(e) *teenager*
un(e) ami(e) *friend*
l'amitié *(f.) friendship*
une bonne copine *close friend (for girls/women only)*
un(e) collègue de travail *colleague*
un(e) confrère *colleague (for doctors and lawyers only)*
un copain / une copine *friend, pal*
une fille *girl*
un garçon *boy*
un gars *(pronounced* ga*) guy*
un(e) jeune adulte *person in his/her twenties*
un(e) petit(e) ami(e) *boy(girl)friend*
un petit copain / une petite copine *boyfriend / girlfriend*
un pote *buddy (for boys/men only)*

***XXIII. C'est qui?** Consultez la **Fiche Vocabulaire** pour dire de qui il s'agit dans chaque définition donnée.

Modèle: C'est le frère de sa mère.
C'est son oncle.

1. C'est la mère de mon grand-père.

____

Nom ____ Date ______________________

2. C'est une famille avec un seul parent.

____

3. C'est le mari de sa sœur.

____

4. C'est une famille avec un père, une mère et sept enfants.

____

5. C'est la fille de ton oncle?

____

6. Ce sont les fils de votre sœur?

____

7. C'est une famille avec une mère, un beau-père, une demi-sœur et un demi-frère.

____

8. C'est un garçon de quinze ou seize ans.

____

9. C'est la mère de leur père.

____

10. C'est le partenaire de l'avocat.

____

11. C'est ma meilleure amie.

____

12. C'est le fils de ma fille.

____

13. C'est la fille de mon beau-père.

____

14. C'est le mari de ma mère.

____

15. Ces garçons sont leurs meilleurs amis.

____

16. C'est son petit ami.

____

Fonction

Comment exprimer l'émotion

Reminders:

- The subjunctive mood is used in sentences with more than one clause in which the speaker or writer is expressing doubt, necessity, volition, and, as you'll see below, emotion. The sentences are composed of two clauses connected by **que;** the subjunctive is used only in the second clause, i.e., *after* **que.**

- Remember that the present subjunctive is used for events that may occur in the present as well as in the future. For example, if you add doubt (necessity, volition, emotion) to a sentence that contains the immediate future, the revised sentence will use the present subjunctive.

  Elle **va aller** en France l'année prochaine.
  Je doute qu'elle **aille** en France l'année prochaine.

1. L'infinitif et le subjonctif avec les expressions d'émotion

Expressions of emotion, like the other expressions you've learned (doubt, necessity, volition), may be followed by either an infinitive or the subjunctive. And the general rule is the same: *When the person of the second clause is the **same** person as in the first clause (i.e., the clause containing the expression of emotion), use the infinitive.* On the other hand, *when the person of the second clause is **different** from the person in the first clause, use the subjunctive.*

Je suis contente d'**aller** à Rome. *I'm happy **to be going** to Rome.*

In this sentence, it's clear that the person who is happy and the person who is going to Rome are the *same person*. Therefore, the infinitive is used in the second clause. Note that the expression of emotion takes **de (d')** before an infinitive.

Je suis content que **tu ailles** à Rome. *I'm happy that **you're going** to Rome.*

In this sentence, the person who is happy and the person who is going to Rome are *two different people*. It is therefore necessary to use the present subjunctive in the second clause.

Frequently used expressions of emotion

• (ne pas) **regretter** (de) (que)	• *(not) to regret (that)*
• **être navré(e)** (de) (que)	• *to be terribly sorry (that)*
• **être désolé(e)** (de) (que)	• *to be sorry (that)*
• (ne pas) **être content(e)** (de) (que)	• *(not) to be happy (that)*
• (ne pas) **être heureux(se)** (de) (que)	• *(not) to be happy (that)*
• **être ravi(e)** (de) (que)	• *to be delighted, thrilled (that)*
• (ne pas) **être étonné(e)** (de) (que)	• *(not) to be surprised (that)*
• **être furieux(se)** (que)	• *to be furious (that)*
• (ne pas) **être déçu(e)** (de) (que)	• *(not) to be disappointed (that)*

Un petit truc

When there is no change of subject between the first and the second clause (i.e., when you use the infinitive), **ne** and **pas** are used together after the expression of emotion and before the infinitive:

Je suis ravi de ne pas avoir d'examens cette semaine.
I'm thrilled not to have any exams this week.

Il est heureux de ne pas avoir de problèmes avec ses enfants.
He's happy not to have any problems with his children.

Nous sommes désolés de ne pas pouvoir vous accompagner.
We're sorry not to be able to come with you.

Nom ______________________________ Date ______________

***XXIV. Nous sommes contents.** Changez chaque phrase en ajoutant les éléments entre parenthèses. Utilisez soit l'infinitif soit le subjonctif.

Modèles: Je vais aller en France l'année prochaine. (Mon prof est content...)
Mon prof est content que j'aille en France l'année prochaine.

Je vais aller en France l'année prochaine. (Je suis content[e]...)
Je suis content(e) d'aller en France l'année prochaine.

1. Cet appartement est très grand. (Nous sommes ravis...)

____

2. Marie ne sait pas nager. (Je suis déçu[e]...)

____

3. Mes parents vont déménager en Floride. (Mes parents sont heureux...)

____

4. Les enfants vont sortir ce soir. (Je ne suis pas content[e]...)

____

5. Nous n'avons pas de problèmes. (Nous sommes contents...)

____

6. Elle va quitter le quartier. (Elle est navrée...)

____

7. Je vais devenir professeur de français. (Mes parents sont ravis...)

____

8. Tu rentres en France? (Tu regrettes...)

____

9. Ils ne vont pas vous accompagner. (Ils sont déçus...)

____

10. Vous êtes malade. (Je suis désolé[e]...)

____

***XXV. On réagit.** Utilisez une expression d'émotion avec le subjonctif pour réagir à chacune des affirmations suivantes. Commencez chaque phrase par le pronom entre parenthèses.

Modèle: Il ne peut pas aller à la fête. (je)
Je suis furieux(se) qu'il ne puisse pas aller à la fête.
Ou:
Je suis déçu(e) qu'il ne puisse pas aller à la fête.

1. Vous réussissez à tous vos examens. (nous)

____

2. Tu manges bien. (je)

____

3. Il maigrit *(is losing weight)*. (elle)

____

4. Elle ne peut pas nous accompagner. (je)

____

5. J'ai de bonnes notes. (ils)

____

6. Nous sommes patients? (tu)

____

7. Elles vont étudier le chinois. (il)

____

8. Tu sais la vérité. (je)

____

9. Il est malade. (nous)

____

10. Je ne peux pas visiter Paris. (elle)

____

11. Vous sortez souvent. (il)

____

12. Nous faisons des progrès. (elles)

____

***XXVI. Qu'est-ce que tu en penses?** Complétez la conversation suivante en utilisant les verbes entre parenthèses. N'oubliez pas de faire le choix entre l'infinitif et le subjonctif.

Paul et Dominique cherchent un appartement. Maintenant qu'ils viennent d'en visiter plusieurs, ils parlent des avantages et des inconvénients de chaque appartement.

PAUL: J'aime bien le premier appartement mais je suis étonné qu'il n'y (avoir) ______________ pas de salle à manger.

DOMINIQUE: Tu as raison. Et je ne suis pas du tout contente d'(avoir) ______________ seulement une chambre à coucher. Je suis déçue que l'appartement (ne pas avoir) ______________ au moins deux chambres.

PAUL: Et qu'est-ce que tu penses de l'appartement dans la rue Fouchet?

DOMINIQUE: Je suis ravie qu'il (se trouver) ______________ près de mon travail et que tu (pouvoir) ______________ prendre le métro, mais je n'aime pas le propriétaire. Il n'est pas content que nous ne (pouvoir) ______________ pas payer le loyer qu'il propose.

PAUL: Je suis d'accord avec toi. Et l'appartement près de l'église? Je regrette que les voisins (faire) ______________ tant de bruit, mais c'était peut-être exceptionnel le jour où nous y étions.

DOMINIQUE: Oui, mais tout de même, c'est un problème, surtout avec le bébé. Alors, il ne nous reste que l'appartement en banlieue. Il n'est pas mal.

PAUL: Oui, mais nos parents vont être déçus que nous (habiter) ______________ si loin d'eux.

Nom ______________________________ Date ______________

DOMINIQUE:	Je leur ai déjà téléphoné. Bien sûr, ils sont désolés que nous (être) ______________ si loin d'eux. Mais ils comprennent qu'il est question d'argent et de confort.
PAUL:	Tu sais, franchement, moi, je suis content d'(habiter) ______________ un peu plus loin d'eux. Ils sont gentils, mais…
DOMINIQUE:	Je comprends. Moi aussi, je suis heureuse de (commencer) ______________ une vie à nous trois. Nos parents, on peut les voir le week-end.

2. Le passé du subjonctif

As you've seen, with expressions of emotion, you can use the present subjunctive to indicate an event that's taking place in the present or the future. However, when an action occurred in the past, you need to use the *past subjunctive*.

Je suis content que **tu aies fait** tes devoirs.
I'm happy that ***you did*** *your homework.*

Il est étonné qu'**elle soit rentrée** si tard.
He's surprised that ***she got in*** *so late.*

Elle est déçue qu'**il ne se soit pas souvenu** de son oncle.
She's disappointed that ***he didn't remember*** *his (or her) uncle.*

When you want to express an action that happened *before* the time indicated in the main clause, you use the *past subjunctive*.

The past subjunctive is a compound construction that includes a helping verb and a past participle. To form the past subjunctive, use the present subjunctive of the helping verbs **avoir** or **être** and the past participle of the main verb. All the rules you've learned about compound tenses (i.e., choice of either **avoir** or **être,** agreement of past participle, etc.) remain the same.

a. La conjugaison du passé du subjonctif

Verbes conjugués avec **avoir**

que j'aie fait	que nous ayons fait
que tu aies fait	que vous ayez fait
qu'il/elle/on ait fait	qu'ils/elles aient fait

Verbes conjugués avec être

que je sois allé(e)	que nous soyons allé(e)s
que tu sois allé(e)	que vous soyez allé(e)(s)
qu'il soit allé	qu'ils soient allés
qu'elle soit allée	qu'elles soient allées
qu'on soit allé(e)(s)	

Verbes pronominaux (réfléchis, réciproques ou idiomatiques)

que je me sois couché(e)	que nous nous soyons couché(e)s
que tu te sois couché(e)	que vous vous soyez couché(e)(s)
qu'il se soit couché	qu'ils se soient couchés
qu'elle se soit couchée	qu'elles se soient couchées
qu'on se soit couché(e)(s)	

Un petit truc

- If there is no change of subject from the first to the second clause, you can use the past infinitive in the second clause.
- The past infinitive is a compound construction that uses the infinitive of **avoir** or **être** and the past participle of the main verb.
- All the rules for compound tenses apply to the past infinitive (i.e., choice of either **avoir** or **être**, agreement of past participle, etc.).

Je suis contente *d'avoir réussi aux* examens.
I'm happy to have passed the exams.

Elle est contente d'*être arrivée* saine et sauve.
She's glad to have arrived safe and sound.

b. Emploi du passé du subjonctif

Je suis heureuse que tu *aies fini* tes études.
I'm happy that you finished your studies.

Il n'est pas étonné que tu *sois partie* sans lui dire au revoir.
He's not surprised that you left without saying goodbye to him.

The past subjunctive is used primarily with expressions of emotion because it's logical that a person might feel happy (unhappy, disappointed, etc.) about something that *happened in the past.*

To download a tutorial on the Past Subjunctive, go to www.cengagebrain.com.

***XXVII. Le passé du subjonctif.** Conjuguez les verbes suivants au passé du subjonctif.

1. aller Je suis contente qu'il ______________ au musée.
qu'elles ______________
que vous ______________
que tu ______________
que nous ______________

2. perdre Nous sommes désolés que tu ______________ le job.
que vous ______________
qu'elle ______________
qu'ils ______________
qu'il ______________

3. s'amuser Elle est ravie que nous ______________.
que tu ______________
qu'il ______________
qu'elles ______________
que vous ______________

***XXVIII. Nos réactions.** Complétez les phrases suivantes en utilisant le passé du subjonctif des verbes entre parenthèses.

Modèle: (se coucher) Nous sommes surpris qu'elle *se soit couchée* si tôt.

1. (réussir) Je suis contente que tu ______________ à l'examen.
2. (venir) Il est étonné que je ______________ avec toi.
3. (ne pas comprendre) Elle est furieuse que nous ______________ sa remarque.
4. (se disputer) Nous regrettons que vous ______________.
5. (aller) Je suis ravi que les étudiants ______________ au Louvre.
6. (avoir) Je suis navrée que tu ______________ un accident.
7. (sortir) Ils sont contents que nous ______________ avec eux.
8. (s'irriter) Elle est étonnée que vous ______________ pour une si petite chose.
9. (manger) Je suis contente que tu ______________ tes légumes.
10. (ne pas faire) Nous sommes désolés qu'elle ______________ de progrès.
11. (manquer) Je ne suis pas contente qu'il ______________ le bus.
12. (finir) Elle est heureuse que tu ______________ tes études.
13. (échouer) Il est déçu que les étudiants ______________ à leurs examens.
14. (ne pas pouvoir) Le prof est étonné qu'elle ______________ répondre à la question.
15. (ne pas s'amuser) Je regrette que vous ______________ à la fête.

Nom ______________________ Date ______________________

⊙ A faire! (4-6) — Manuel de classe, pages 176–183

- To *work again* with the **Et vous?** vocabulary, do **Ecrivez!**, Exercise XXIX.
- To *work again* with the information in the **Magazine Culture**, do Exercise XXX and the Internet activity (Exercise XXXI) (if assigned).
- In *preparation* for the next class period, read the Saint-Exupéry text **(Littérature)** in the **Manuel de classe** and do Exercises XXXII and XXXIII.

Quant à moi...

Ecrivez!

XXIX. C'est quoi, un(e) ami(e)? Donnez votre propre définition de l'amitié. Utilisez les expressions que vous avez apprises (**c'est quelqu'un qui,** etc.), les adjectifs descriptifs et inspirez-vous aussi des explications données par les jeunes dans l'article sur l'amitié que vous avez lu. Donnez au moins dix qualités qui, à votre avis, caractérisent un(e) vrai(e) ami(e). Suivez les indications ci-dessous.

Modèle: *Pour moi (A mon avis), un(e) vrai(e) ami(e), c'est quelqu'un (une personne) qui..., c'est quelqu'un de..., c'est quelqu'un (une personne) avec (à) qui..., c'est quelqu'un (une personne) en qui...*

Pour discuter et pour écrire

When you're having a discussion or are writing an essay, it's not enough to make a series of statements. Your discussion or writing will be much more interesting if you provide examples that illustrate and support your point of view. Examples can also serve to give a clearer definition of the words you use.

So far in **Chapitre 4**, you've simply been asked to make statements about your definition of friendship (**Un[e] ami[e], c'est quelqu'un à qui on peut tout dire.**). With a few simple expressions and examples, you will now expand on your ideas and clarify, support, illustrate, and define these statements.

Constatation: Un(e) ami(e), c'est quelqu'un à qui on peut tout dire.

Exemple: Par exemple, je parle à ma meilleure amie Kristin tous les jours. On se dit tout. Elle comprend quand je lui parle de mes problèmes avec mes parents. Elle me parle de son petit ami et je peux lui donner des conseils. Parler avec Kristin, c'est une façon d'analyser mes problèmes et de voir plus clair. Je peux toujours compter sur Kristin pour être honnête avec moi et pour dire la vérité.

Constatation: Un(e) ami(e), c'est quelqu'un avec qui on peut passer beaucoup de temps sans s'embêter.

Exemple: Prenez, par exemple, mon ami Nick. L'été dernier, nous avons travaillé dans le même restaurant pendant trois mois, nous avons passé presque tous les week-ends ensemble, nous étions dans le même cours d'histoire. Nous nous sommes donc vus tous les jours et pendant beaucoup d'heures. C'était une expérience formidable. On a beaucoup parlé, on a discuté du job, de nos amis, de notre cours et on ne s'est jamais énervés.

Expressions utiles: Par exemple,... Prenez, par exemple, mon ami (Nicolas). Il... Un exemple de ça (de cette qualité), c'est mon ami(e)... Un bon (excellent) exemple de ça (de cette qualité), c'est mon ami(e)... Mon amie, (Jennifer), est un bon exemple de ça. Elle...

Nom ______________________ Date ______________

Magazine Culture *Nos proches*

***XXX. Vrai ou faux?** Dites si les phrases suivantes sont vraies (V) ou fausses (F) selon ce que vous avez appris dans le **Magazine Culture.** Si une phrase est fausse, corrigez-la.

1. _____ Selon Léane, l'amitié a besoin de silence.

   ____

2. _____ Arcachon, la ville où habite Chloé, est située au bord de la mer.

   ____

3. _____ Pour Chloé et ses amis, la protection de l'environnement est une priorité.

   ____

4. _____ Yanis et son ami Thomas n'ont presque rien en commun.

   ____

5. _____ Ce sont les sports qui lient Nathan et ses potes.

   ____

6. _____ Mohamed a plusieurs copains qu'il considère ses «vrais» amis.

   ____

7. _____ Mohamed et Aimé espèrent un jour participer à une course automobile.

   ____

8. _____ Pour Silva Amilcar, c'est sa grand-mère qui lui a appris la définition de l'amitié.

   ____

9. _____ Selon Walimata, il faut choisir les amis selon leurs qualités et non pas selon leur race, religion, langue ou âge.

   ____

10. _____ Tous les copains et copines de Gaidig l'ont soutenue au moment du divorce de ses parents.

    ____

11. _____ Selon Magloire, les faux amis, ça n'existe pas.

    ____

12. _____ Les tribus modernes (terme sociologique) sont des groupes criminels qui terrorisent les quartiers où ils habitent.

    ____

13. _____ Les membres des tribus se reconnaissent souvent par le lieu où ils habitent.

    ____

14. _____ La proximité géographique est essentielle à la définition des tribus.

    ____

15. _____ Les tribus, c'est à la fois un moyen d'intégration et un moyen d'exclusion.

    ____

16. _____ Presque 20% des familles françaises sont des familles monoparentales et recomposées.

    ____

XXXI. La famille. Faites des recherches sur Internet pour trouver des renseignements supplémentaires sur les Français / Francophones et leurs proches. Trouvez au moins quatre articles ou sites qui vous intéressent, puis résumez brièvement (en français ou en anglais) ce que vous avez appris.

Moteurs de recherche: www.google.fr, www.google.com, www.voila.fr, www.lycos.fr, www.youtube.com

Mots-clés en français: [ajoutez le nom du pays à chaque mot] famille / famille, chiffres / familles, structures / familles monoparentales / familles recomposées / divorce, chiffres / mariage, chiffres

Mots-clés en anglais: [add the name of a country to each word] family / family, statistics / family, structures / extended families / single-parent families / blended families / divorce rates / marriage rates

Mot-clé utilisé	Ce que j'ai appris
1. ______________	______________________
2. ______________	______________________
3. ______________	______________________
4. ______________	______________________

Nom ______________________ Date ______________

Littérature

Le Petit Prince *(Antoine de Saint-Exupéry)*

***XXXII. Compréhension générale.** Lisez l'extrait de la fable moderne *Le Petit Prince* dans votre Manuel de classe, pages 184–186, et répondez aux questions suivantes en anglais.

1. What do we know about the Little Prince?

2. What is he looking for?

3. According to the fox, what is the only thing worthwhile about people?

4. The literal translation of the verb **apprivoiser** is *to tame.* According to the fox, what does **apprivoiser** mean?

5. What happens when you create a bond with someone?

6. Why does the fox think that the Little Prince's planet is not perfect?

7. What are the three things that will be different for the fox if the Little Prince creates a bond with him?
   a. ______
   b. ______
   c. ______

8. How does the fox react when the Little Prince tells him that he doesn't have much time to create a bond with him?

9. According to the fox, what does the Little Prince have to do to create a bond with the fox?

10. According to the fox, what is a ritual?

Nom ______________________________ Date ______________

11. Since the fox is going to be very sad when the Little Prince leaves, what has he (the fox) gained from this experience?

____

____

12. What secret does the fox offer to the Little Prince?

____

____

***XXXIII. Les leçons du renard.** Parmi les idées suivantes, cochez *(check off)* celles qui représentent les leçons du renard.

1. _____ Il est facile de se faire des amis.
2. _____ Se faire des amis prend beaucoup de temps.
3. _____ Pour se faire un(e) ami(e), il faut d'abord établir des rites qui permettent de faire connaissance.
4. _____ «Apprivoiser», ça veut dire chercher les hommes.
5. _____ Les hommes ont oublié ce que ça veut dire d'«apprivoiser».
6. _____ Pour être amis, il faut se ressembler.
7. _____ Il n'est pas possible d'être ami(e) avec une fleur.
8. _____ Un rite, c'est quelque chose qui rend la vie plus intéressante.
9. _____ Le souvenir d'un(e) ami(e) vaut bien la tristesse de la séparation.
10. _____ Il est important de parler beaucoup si on veut se faire un(e) ami(e).
11. _____ L'anticipation d'un événement est important pour le bonheur.
12. _____ Le temps qu'on prend pour un(e) ami(e) n'est pas du temps perdu.
13. _____ L'essentiel, c'est ce qu'on voit avec les yeux.
14. _____ Une fois qu'on a apprivoisé quelqu'un, on devient responsable de cette personne (de cette chose).

Nom ______________________________ Date ______________

⊙ A faire! (4-7) — Manuel de classe, pages 184–188

- As a *follow-up* to the use of the subjunctive, do **Reprise,** Exercise XXXIV.
- In *preparation* for the next class period, do **C'est à vous maintenant!,** Exercise XXXV.

Reprise

L'emploi de l'infinitif, de l'indicatif et du subjonctif avec les expressions de certitude, de doute, de nécessité, de volonté et d'émotion

XXXIV. Des réactions. Pour chaque constatation, donnez deux réactions en utilisant des expressions de certitude, de doute, de nécessité, de volonté ou d'émotion.

Ajoutez une raison à chaque réaction que vous avez. N'oubliez pas d'utiliser l'infinitif, l'indicatif ou le subjonctif (présent ou passé).

Modèle: Je vais abandonner mes études.
a. *Je suis déçu(e) que tu abandonnes tes études. Je pensais vraiment que tu voulais devenir infirmier(ère).*
b. *Je pense que c'est une mauvaise décision. Il faut avoir un diplôme pour avoir un bon job.*

1. Il ne s'entend pas du tout avec son beau-père.

a. ______________________________

____

b. ______________________________

____

2. Elle n'a pas pu aller au Sénégal l'année dernière.

a. ______________________________

____

b. ______________________________

____

3. Nous avons des parents en Suisse que nous n'avons pas vus depuis quinze ans.

a. ______________________________

____

b. ______________________________

____

4. Mais Papa, je ne veux pas aller chez Mamy ce week-end. Je joue au foot samedi.

a. ______________________________

____

b. ______________________________

____

5. Ils ont réussi à tous leurs examens le semestre dernier.
   a. ____
   ____
   b. ____
   ____

6. Je vais organiser un vide-grenier *(garage [tag, yard] sale)* avec mes voisins.
   a. ____
   ____
   b. ____
   ____

C'est à vous maintenant!

XXXV. Mon portrait. En cours, on va vous demander de faire une description détaillée de vos traits caractéristiques. Pour vous préparer pour cet exercice, faites le bilan d'au moins dix traits personnels qui vous semblent les plus importants, qu'ils soient positifs ou plutôt négatifs. Utilisez une autre feuille de papier et n'oubliez pas d'apporter votre liste en cours la prochaine fois.

Nom ______________________________ Date ______________

⊙ A faire! (4-8) — Manuel de classe, page 189

- As a *follow-up* to the interview conducted in class, do Exercise XXXVI.

XXXVI. Mon portrait. Rédigez plusieurs paragraphes qui présentent une description détaillée de vos traits caractéristiques. Choisissez les traits qui vous semblent les plus importants, donnez des exemples qui illustrent ces traits et notez si vous en êtes content(e) ou pas.

Exemples:

Je suis une personne assez impatiente. Par exemple, je suis toujours à l'heure quand j'ai un rendez-vous avec quelqu'un et je ne suis pas content(e) qu'on me fasse attendre. Je m'impatiente facilement et je ne le cache pas. J'aimerais bien changer un peu ce trait de caractère. Il faut que je sois plus patient(e) avec mes proches, il est important de ne pas toujours montrer mon irritation et, en général, il faut être moins stressé(e). Mais ça ne va pas être facile pour moi. Je suis une personne assez exigeante avec moi-même aussi bien qu'avec les autres.

Je suis quelqu'un d'assez généreux. J'aime bien aider mes amis, je les écoute, je veux bien leur donner des conseils, j'essaie d'être là quand ils ont besoin de moi. Mes proches peuvent donc toujours compter sur moi. Je suis très content(e) de ce côté de ma personnalité. Je pense que c'est ce qui me motive pour faire des études de médecine. Je veux aider les malades, alors il est important que je fasse des contributions dans le domaine médical et je suis sûr(e) que je vais un jour réaliser ce rêve.

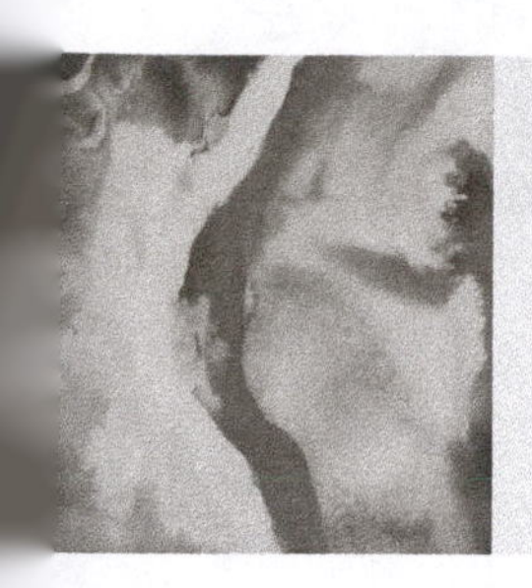

«Raconte!»

CHAPITRE 5

© Neustockimages / iStockphoto

Nom ______________________ Date ______________

⊙ A faire! (5-1) Manuel de classe, pages 190–197

- To *work again* with the **Témoignages** you heard in class, listen to Tracks 12–15 of CD3 and do Exercise I.
- In *preparation* for retelling stories, do Exercises II and III.
- In order to *review* the use of the direct object pronouns **le, la,** and **les,** do the **Contrôle des connaissances (Test)** and, if necessary, the **Rappel** (Exercises IV and V) and **Repêchage** sections.

Quant à moi…

Témoignages: «Vous souvenez-vous des contes de votre enfance?»

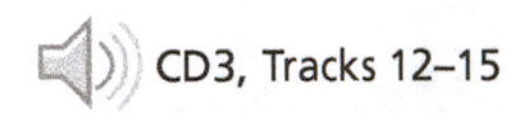
CD3, Tracks 12–15

***I. Les contes de leur enfance.** Ecoutez encore une fois les quatre interviews, puis complétez le tableau suivant. Si l'interview ne donne pas les renseignements nécessaires pour remplir une case, mettez-y un X.

Vocabulaire utile

CORINNE BERNIMOULIN-SCHMID: **raccourcir** *(to shorten)*, **bercer** *(to rock)*, **baiser** *(kiss)*, **bonbons** *(candy)*, **sorcière** *(witch)*, **marmite** *(kettle)*, **gourmande** *(someone who likes to eat a lot)*, **Grimm** *(German brothers who collected fairy tales)*

NADIA AOUAD: **libanais** *(Lebanese)*, **voleurs** *(thieves)*, **déposer** *(to put—here, to hide)*, **butin** *(loot)*, **voler** *(to steal)*, **rocher** *(large rock)*, **à sa rescousse** *(to his aid)*, **s'impatienter** *(to get impatient)*, **malheur** *(misfortune)*

FATIM KRAMER: **analphabètes** *(illiterate)*, **marocains** *(Moroccan)*, **maternelle** *(nursery school)*, **tâches ménagères** *(household chores)*, **propre** *(clean)*, **belle-mère** *(stepmother)*, **nickel** *(spotless)*, **exigeante** *(fussy)*, **malheur** *(misfortune)*, **au fur et à mesure** *(gradually)*, **plein de** *(lots of)*, **ouverture** *(opening)*

ANNE-MARIE FLOQUET: **rigolotes** *(funny)*, **sinistres** *(ominous)*, **baron** *(nobleman)*, **pendre** *(to hang)*, **pendouiller** *(to hang in a ridiculous manner—here, perhaps, to string up)*, **être pendu** *(to be hanged)*, **efficace** *(effective)*

	Corinne Bernimoulin-Schmid	**Nadia Aouad**	**Fatim Kramer**	**Anne-Marie Floquet**
Qui racontait?				
Où? Quand?				
Contes préférés?				
Ce qu'on apprend?				

Nom ______________________________ Date ______________

Et vous?

FICHE VOCABULAIRE

RESUMER UN CONTE

Situer l'action du conte

Où / Quand

- **Ça se passe...** *It takes place . . .*
- **L'action se déroule...** *The action unfolds . . .*

Qui

- **Le personnage principal du conte est...**
- **Les personnages principaux du conte sont...**
- **Dans ce conte, il s'agit de...** *This story is about . . .*

Raconter l'action du conte

- **Il était une fois...** *Once upon a time . . .*
- **Un jour...** *One day . . .*
- **D'abord,...** *First, . . .*
- **Puis... / Ensuite... / Alors...** *Then . . .*
- **Un peu plus tard...** *A little later . . .*
- **Le (jour) suivant...** *The next (day) . . .*
- **(Trois) jours (heures) après...** *(Three) days (hours) later . . .*
- **En même temps...** *At the same time . . .*

Expliquer l'action du conte

- **... parce que (car)** *(+ subject + verb)*
- **... à cause de** *(+ noun)*
- **C'est la raison pour laquelle...** *That's the reason why . . .*

Conclure

- **Enfin... / Finalement...** *Finally . . .*
- **Bref...** *In short (To make a long story short) . . .*
- **Et c'est ainsi que... / Et voilà comment...** *And that's how . . .*

II. *Le Petit Chaperon rouge (Little Red Riding Hood). Complétez le résumé de ce conte bien connu en utilisant des mots et des expressions de la **Fiche Vocabulaire.**

Dans ce conte, ____________________ d'une petite fille qui porte toujours un capuchon rouge. ____________________ sont la fille, sa grand-mère et un loup. ____________________ à la campagne près d'une forêt. ____________________ la mère de la fille lui demande de porter à sa grand-mère malade un pot de beurre et une galette. Pour aller chez sa grand-mère, on doit traverser la forêt. La fille part et, en route, rencontre un loup. Celui-ci lui demande où elle va et la pauvre fille, qui ne sait pas qu'il est dangereux de parler aux loups, explique qu'elle va chez sa grand-mère qui habite de l'autre côté de la forêt, ____________________ elle reprend son chemin. Le loup, ayant envie de manger la jolie petite fille, se précipite chez la grand-mère en prenant un autre chemin. Arrivé le premier chez la grand-mère, il entre, se jette sur la vieille femme qui est au lit et la dévore. ____________________ il ferme la porte et se couche à la place de la vieille femme. Quand la fille arrive chez sa grand-mère, elle frappe à la porte et s'annonce. ____________________ la fille a peur ____________________ la grosse voix qu'elle entend. Pourtant, croyant que sa grand-mère est enrhumée, elle ouvre la porte, entre et s'approche du lit pour embrasser la vieille femme. Mais elle hésite un peu ____________________ elle ne reconnaît pas la femme au lit. «Mais grand-mère, que vous avez de grands bras... de grandes jambes... de grandes oreilles... de grands yeux... de grandes dents!» «C'est pour mieux te manger, mon enfant!», répond le loup. Et en disant ces mots, il se jette sur le Petit Chaperon rouge et la mange! ____________________ se termine l'histoire dans la version de Perrault.

III. Un autre conte. Choisissez un conte que vous connaissez et faites-en un résumé en utilisant quelques expressions de la **Fiche Vocabulaire.** Utilisez une autre feuille de papier.

Nom ______________________________ Date ______________

Contrôle des connaissances

Les pronoms compléments d'objet direct *le*, *la*, *l'* et *les*

TEST

***A.** Indiquez à quel(s) mot(s) correspond le pronom en italique.

1. —Tu as regardé «Qui veut gagner des millions?» hier soir à la télé?

—Non. A vrai dire, la télévision ne me dit pas grand-chose. Je *la* regarde très rarement.

la = ______________________

2. —Tu as vu le film de Cocteau, *La Belle et la Bête*?

—Non, je ne *l'*ai jamais vu.

l' = ______________________

3. —Alors, si vous allez à Toulouse, dites bonjour à nos amis, Jacques et Anne-Marie Ducroiset.

—Oui, effectivement, je compte *les* voir ce week-end.

les = ______________________

4. —Ahmed a déjà rédigé son devoir de français?

—Non, pas encore, mais il va *le* faire ce soir.

le = ______________________

5. —Tu as ta nouvelle calculatrice?

—Oui, elle est dans mon sac à dos.

—Alors, montre-*la* à Hervé.

la = ______________________

***B.** Répondez aux questions en remplaçant les mots en italique par **le, la, l'** ou **les.**

6. —Tu connais *Amina Dhoury*?

—Oui, ______________________________. Elle est très gentille, n'est-ce pas?

7. – Tu as vu *le film «Titanic»*?

—Mais oui. ______________________________ trois fois.

8. —Vous allez visiter *les ruines gallo-romaines*?

—Oui, ______________________________ jeudi prochain.

9. —Madeleine parle *chinois*?

—Oh, oui. ______________________________ très bien.

10. —Tu as compris *les devoirs*?

—Non, ______________________________.

11. —Tu veux voir *le nouveau film de Steven King*?

—Non, merci. ______________________________. Je déteste les films d'horreur.

Nom ______________________________ Date ______________

12. —Ton mari écoute beaucoup *la radio*?

—Non, ______________________ très rarement—une ou deux fois par semaine.

13. —Vous pouvez lire *cette enseigne (sign)* là-bas?

—Non, ______________________. J'ai oublié mes lunettes.

***C.** Donnez les ordres indiqués en remplaçant les mots en italique par **le, la, l'** ou **les.**

14. Proposez à vos amis d'attendre votre amie qui est en retard.

Mireille va arriver tout de suite. ______________________!

15. Dites à vos frères et sœurs de ne pas regarder vos photos.

Ce sont *mes photos* à moi. ______________________!

See the **Corrigés** at the back of this book for the answers to the **Test.** In part A, give yourself one point for each correct answer; in parts B and C, give yourself one point for the form (**le, la, l', les**) and one point for the position of the form in the sentence. A perfect score is 25.

- If your score is 20 or above, you've completed **A faire! (5-1).**
- If your score is less than 20, reread the rules for the use of the direct object pronouns **le, la, l'**, and **les** in the **Rappel** section, then do **Exercices de révision IV** and **V.** After correcting these exercises (see the **Corrigés** for the answers), do the **Repêchage** test.

RAPPEL

Les pronoms compléments d'objet direct *le, la, l'* et *les*

The third-person forms of the direct object pronouns in French are as follows:

Masculine	le
Feminine	la
Masculine or feminine before a vowel or an unpronounced **h**	l'
Masculine or feminine plural	les

They can refer to persons or to things and are the equivalent of the English *him, her, them* or *it.*

Place

a. Object pronouns are normally placed in front of the conjugated verb.

Il **la** regarde.	Il ne **la** regarde pas.
Nous **le** cherchions.	Nous ne **le** cherchions pas.
Je **l'**achèterai.	Je ne **l'**achèterai pas.
Tu **les** as pris?	Tu ne **les** as pas pris?

b. When a conjugated verb is followed by an infinitive, the object pronoun is usually placed in front of the infinitive.

Je vais **la** voir.	Je ne vais pas **la** voir.
Tu veux **les** écouter?	Tu ne veux pas **les** écouter?
Nous pouvons **l'**entendre.	Nous ne pouvons pas **l'**entendre.

c. With a negative command, the object pronoun is also placed in front of the verb; however, with an affirmative command, the object pronoun is placed after the verb and attached to it by a hyphen.

NEGATIVE COMMAND		
Ne **la** regardez pas!	Ne **les** achetez pas!	Ne **l'**écoutons pas!
AFFIRMATIVE COMMAND		
Regardez-**la**!	Achetez-**les**!	Ecoutons-**le**!

Exercices de révision

***IV. Les antécédents.** Choisissez le(s) mot(s) au(x)quel(s) le pronom en italique pourrait correspondre.

1. Je ne *la* vois jamais.
   a. Nicolas **b.** mes cousines **c.** Béatrice **d.** ton frère
2. Tu *les* connais très bien?
   a. Alain et sa sœur **b.** les Denis **c.** Anne-Marie **d.** Jean-Jacques
3. Vous *l'*attendez depuis longtemps?
   a. Chantal **b.** vos amis **c.** l'autobus **d.** Eric
4. Où est-ce qu'il va *l'*acheter?
   a. le téléviseur **b.** son nouvel iPod **c.** les CD **d.** sa calculatrice

***V. Des mini-conversations.** Récrivez la dernière réplique *(reply)* de chaque conversation en remplaçant le(s) mot(s) en italique par **le, la, l'** ou **les.**

1. —Tu vois très souvent tes camarades de lycée?
   —Non, je vois très rarement *mes camarades de lycée.*
   ____
2. —Vous aimiez écouter la radio quand vous étiez jeunes?
   —Ah, oui. Nous écoutions *la radio* tous les jours.
   ____
3. —Tu connais ma cousine Sarah?
   —Non, je ne connais pas *ta cousine Sarah.*
   ____
4. —Où est-ce que vous passiez les vacances d'hiver autrefois?
   —Nous, on passait *les vacances d'hiver* dans les Alpes.
   ____
5. —Tu lis le journal de temps de temps?
   —Non, je ne lis jamais *le journal.*
   ____
6. —Vous admiriez beaucoup votre professeur de chimie, non?
   —Mais non. Nous n'admirions pas *notre professeur de chimie.*
   ____

7. —Où est-ce que tu as acheté ton pull?

   —J'ai acheté *mon pull* aux Nouvelles Galeries.

   ____

8. —Vous avez bien compris les devoirs?

   —Non, nous n'avons pas du tout compris les *devoirs*.

   ____

9. —Où est-ce qu'elle a perdu son portefeuille?

   —Elle ne sait pas où elle a perdu *son portefeuille*.

   ____

10. —Tu veux lire la lettre de Janine?

    —Non, je ne veux pas lire *la lettre de Janine*. Je ne connais pas Janine.

    ____

11. —Est-ce que vous allez voir la nouvelle exposition Miró au Petit Palais?

    —Oui, nous allons voir *cette exposition*. Nous aimons beaucoup Miró.

    ____

12. —Qui va chercher le courrier?

    —Jean-Pierre pourra aller chercher *le courrier*.

    ____

13. —Qu'est-ce que je fais de ces ordures *(garbage)*?

    —Mets *les ordures* dans la poubelle.

    ____

14. —Qu'est-ce que vous pensez de cette chemise?

    —Achetez *la chemise*. Elle est très jolie.

    ____

15. —Tiens, c'est Hervé Michaux là-bas, non?

    —Si, mais ne regardez pas *Hervé*. Je ne veux pas lui parler.

    ____

16. —On a besoin de ces livres?

    —Oui, n'oublions pas *ces livres*.

    ____

Repêchage ☐

***A.** Indiquez à quel(s) mot(s) correspond le pronom en italique.

1. —Que penses-tu de Max Lecompte?

   —Alors, franchement, je *le* trouve un peu snob.

   le = ______________________

2. —Pardon, madame. Où est-ce que vous avez acheté vos chaussures? Elles sont très jolies.

   —Je *les* ai achetées dans une petite boutique sur le boulevard Raspail.

   les = ______________

3. —Le prof n'est pas là. On peut partir.

   —Pas encore. Il faut *l'*attendre au moins un quart d'heure.

   l' = ______________

4. —Alors je ferme la porte. Il fait un peu froid ici.

   —Oui, fermez-*la*, si vous voulez.

   la = ______________

5. —Jean-Pierre vient voir le film avec nous?

   —Oui, on va *le* retrouver devant le cinéma.

   le = ______________

***B.** Répondez aux questions en remplaçant les mots en italique par **le, la, l'** ou **les.**

6. —Qui va voir *Manuel et ses sœurs*?

   —Moi, ______________________. Nous allons au cinéma ensemble ce soir.

7. —Qui fait *la cuisine* chez vous?

   —C'est mon mari qui ______________________.

8. —Tu écoutes souvent *la radio*?

   —Non, ______________________ jamais.

9. —Tu veux regarder *la télé* ce soir?

   —Non, ______________________.

10. —Où est-ce que vous avez mis *mes livres*?

    —Nous ______________________ dans votre chambre.

11. —Vous attendez *l'autobus* depuis longtemps?

    —Oui, on ______________________ depuis une bonne demi-heure.

12. —Tu as vu *Pierre* récemment?

    —Non, ______________________ depuis le début du mois.

13. —Quand est-ce que tu vas faire *ta valise*?

    —Je ______________________ demain matin.

***C.** Donnez les ordres indiqués en remplaçant les mots en italique par **le, la, l'** ou **les.**

14. Proposez à Jeanne et à Lucie d'attendre vos amis qui sont en retard: *Les autres* sont en retard.

    ______________________ devant le restaurant!

15. Dites aux enfants de ne pas casser *(break)* le vase. Attention! *Ce vase* coûte beaucoup d'argent.

    ______________________!

See the **Corrigés** at the back of this book for the answers to the **Repêchage** test. In part A, give yourself one point for each correct answer; in parts B and C, give yourself one point for the form (**le, la, l', les**) and one point for the position of the form in the sentence. A perfect score is 25.

- If you received a score of 20 or more, you've passed the test.
- If you scored below 20, let your instructor know by placing an X in the box at the upper right-hand corner of the re-test. In either case, you've completed **A faire! (5-1)**.

⊙ A faire! (5-2) — Manuel de classe, pages 197–206

- In order to *work further* with the **Et vous?** vocabulary, do **Ecrivez!**, Exercise VI.
- In order to *follow-up* on the **Magazine Culture**, do Exercises VII and the Internet activity (Exercise VIII), if assigned.
- In order to *learn* about indirect object pronouns, read the explanation on pages 207–208 and do Exercises IX and X.

Quant à moi…

Ecrivez!

VI. Compère Lapin et les concombres du Roi. Résumez le conte antillais que vous avez lu en cours (**Manuel de classe**, pp. 202–203) en vous servant des mots et des expressions de la **Fiche Vocabulaire** (**Manuel de préparation**, p. 199). Utilisez une autre feuille de papier.

Magazine Culture *La littérature orale en Afrique et aux Antilles*

***VII. Les contes africains et antillais.** Comparez les contes africains et les contes antillais en mentionnant au moins quatre (4) ressemblances et trois (3) différences. Vous pouvez tenir compte non seulement des contes mais aussi des conteurs.

1. En quoi les contes africains et les contes antillais se ressemblent-ils?

____
____
____
____
____
____
____
____

Nom ______________________________ Date ______________

2. En quoi les contes antillais diffèrent-ils des contes africains?

____
____
____
____
____
____
____

VIII. Internet: Contes de fées et contes folkloriques. Faites des recherches sur Internet pour trouver des renseignements supplémentaires sur les contes africains et antillais. Trouvez au moins quatre articles ou sites qui vous intéressent, puis résumez brièvement (en français ou en anglais) ce que vous avez appris.

Moteurs de recherche: www.google.fr, www.google.com, www.voila.fr, www.lycos.fr, www.youtube.com
Mots-clés en français: griots / contes africains / contes africains, formules / contes africains, personnages / contes africains, thématique / conteurs antillais / contes antillais, formules / contes antillais, personnages / contes antillais, thématique
Mots-clés en anglais: griots / African folktales / African folktales, characters / African folktales, themes / Caribbean folktales / Caribbean folktales, characters / Caribbean folktales, themes

Mot-clé utilisé	Ce que j'ai appris
1. ______________	______________
2. ______________	______________
3. ______________	______________
4. ______________	______________

Nom ______________________ Date ______________

Fonction

Comment éviter la répétition (1)

Les pronoms compléments d'objet indirect *lui* et *leur*

1. Direct and indirect objects

Direct objects are tied directly to a verb:

Je vois **Anne-Marie.**	*I see* ***Anne-Marie.***

Indirect objects are linked to a verb by a preposition (normally *to* [à]).

J'ai parlé à **Anne-Marie.**	*I spoke* ***to Anne-Marie.***

2. Indirect object pronouns: forms

The third-person forms of the indirect object pronouns in French are as follows:

Masculine	**lui**
Feminine	**lui**
Masculine or feminine before a vowel	**lui**
Masculine or feminine plural	**leur**

3. Indirect object pronouns: position

Indirect object pronouns occupy the same positions as direct object pronouns:

a. Normally in front of the conjugated verb.

Il **lui** parle.	Il ne **lui** parle pas.
Nous **leur** avons donné un cadeau.	Nous ne **leur** avons rien donné.

b. With a conjugated verb followed by an infinitive, usually in front of the infinitive.

Je vais **lui** écrire.	Je ne vais pas **lui** écrire.
Tu veux **leur** téléphoner?	Tu ne veux pas **leur** téléphoner?

c. With a negative command, in front of the verb.

Ne **lui** parle pas!	Ne **leur** donnez pas la lettre!

d. With an affirmative command, after the verb and attached to it by a hyphen.

Donne-**lui** la lettre!	Montrez-**leur** vos tableaux!

4. Indirect object pronouns: usage

Unlike direct object pronouns, indirect object pronouns in French are used to refer *to people* (or *pets*) but not to things.

To download a tutorial on Object Pronouns, go to www.cengagebrain.com.

Nom ________________________________ Date ________________

ATTENTION!

French vs. English

English speakers often have difficulty with French direct and indirect objects because some verbs in the two languages work differently.

1. Verbs that take direct objects in French and indirect objects in English:
   attendre
   Vous attendez **Jean**? Oui, nous **l'**attendons.
   *Are you waiting **for John**? Yes, we're waiting **for him**.*

   chercher
   Tu cherches **Gisèle**? Oui, je **la** cherche.
   *Are you looking **for Gisèle**? Yes, I'm looking **for her**.*

   écouter
   Elle écoutait **la radio**? Non, elle ne **l'**écoutait pas.
   *Was she listening **to the radio**? No, she wasn't listening **to it**.*

   regarder
   Tu regardais **César**? Non, je ne **le** regardais pas.
   *Were you looking **at Caesar**? No, I wan't looking **at him**.*

2. Verbs that take indirect objects in French and direct objects in English:

   demander à
   Je vais demander **à Marc** de venir. Je vais **lui** demander de venir.
   *I'm going to ask **Mark** to come. I'm going to ask **him** to come.*

   dire à
   Nous avons dit **à Céline** d'attendre. Nous **lui** avons dit d'attendre.
   *We told **Céline** to wait. We told **her** to wait.*

   permettre à
   Ses parents ne permettent pas **à Jeanne** de sortir. Ses parents ne **lui** permettent pas de sortir.
   *Her parents don't allow **Jeanne** to go out. Her parents don't allow **her** to go out.*

   promettre à
   J'ai promis **aux autres** d'attendre. Je **leur** ai promis d'attendre.
   *I promised **the others** to wait. I promised **them** to wait.*

   répondre à
   Ne réponds pas **à ta sœur** comme ça! Ne **lui** réponds pas comme ça.
   *Don't answer **your sister** like that. Don't answer **her** like that.*

   téléphoner à
   Téléphonez **au directeur** tout de suite! Téléphonez-**lui** tout de suite!
   *Call **the director** right away! Call **him** right away!*

***IX. Sylvie et sa famille.** Sylvie décrit ses rapports avec les autres membres de sa famille. Créez des phrases en utilisant les mots suggérés et les pronoms **lui** et **leur**.

Ma sœur Alice habite à Orléans.

1. je / envoyer des messages électroniques / deux ou trois fois par semaine

   ____

2. pour son dernier anniversaire / je / donner / un joli chemisier

   ____

3. quand nous étions petites / je / ne pas aimer montrer / mes poupées *(dolls)*

____

Mon petit frère Jean-Marc habite avec nous.

4. je / parler / tous les jours

____

5. quand nous étions petits / je / lire / des contes de fées

____

6. hier soir / je / préparer / quelque chose à manger

____

7. je / préparer un goûter / pendant qu'il fait ses devoirs

____

Mes grands-parents maternels habitent à Lyon.

8. je / faire un effort pour téléphoner / toutes les semaines

____

9. je / parler de mes activités / mais / je / ne parler de mes petits amis

____

10. la semaine dernière / je / demander de partir en vacances avec nous

____

***X. Direct ou indirect?** Complétez les phrases suivantes en donnant l'équivalent français des expressions entre parenthèses. Faites attention au choix de pronom complément d'objet direct (**le, la, l', les**) ou indirect (**lui, leur**).

1. Tiens! Voilà Mélanie. ______________________ de nous accompagner. *(I'm going to ask her)*
2. Tu as perdu tes clés? Où est-ce que ______________________?*(you want to look for them)*
3. Vous connaissez Gérard Turlet, non? ______________________ d'attendre ici. *(I promised him)*
4. Alors les enfants, vos parents ont raison. ______________________! *(Listen to them)*
5. Jean-Louis a posé une question à Juliette, mais ______________________. *(she didn't answer him)*.
6. Où sont les enfants? ______________________ de rester à la maison. *(I told them)*
7. Pierre est en retard. Combien de temps est-ce qu'il faut ______________________? *(wait for him)*
8. Tu as le numéro de Marie-Anne? Je dois ______________________. *(to call her)*
9. Derrière toi il y a deux hommes qui ont l'air méchant. Non, non, ______________________! *(don't look at them)*
10. La pauvre Françoise! Ses parents ______________________ de conduire la voiture. *(don't allow her)*

Nom ______________________ Date ______________

⊙ A faire! (5-3) — Manuel de classe, pages 207–210

- To *work again* with the **Témoignages** you heard in class, listen to Tracks 16–19 of CD3 and do Exercise XI.
- In *preparation* for talking about movies, study the **Fiche Vocabulaire** and do Exercises XII and XIII.
- In order to *learn* about the object pronouns **y** and **en**, read the explanations on pages 213–214 and do Exercises XIV and XV.

 Quant à moi…

Témoignages: «Vous aimez les films?»

CD3, Tracks 16–19

***XI. Les témoins et les films.** Ecoutez encore une fois les interviews, puis complétez le tableau suivant. Si l'interview ne donne pas les renseignements nécessaires pour remplir une case, mettez-y un X.

Vocabulaire utile

EMMANUEL ROGER: **cinéphile** *(movie bug)*, **partager** *(to share)*, **films d'auteur** *(director-centered films)*, **but** *(goal)*, **exprimer** *(to express)*, **inexprimable** *(inexpressible)*, **au-delà** *(beyond)*

FATIM KRAMER **magasins de location** *(rental stores)*, **écran** *(screen)*, **d'essai** *(experimental)*, **niveau relationnel** *(level of relationships)*, **comportement** *(behavior)*, **léger** *(light)*, **rire** *(to laugh)*, **forcément** *(necessarily)*

ANNE-MARIE FLOQUET: **fauteuils** *(armchairs)*, **couche-tôt** *(person who goes to bed early)*, **inattendue** *(unexpected)*, **révélatrice** *(revealing)*, **réfléchir** *(to reflect, think)*, **mal au cœur** *(queasy)*, **ultra-léger motorisé (ULM)**, *(microlight [airplane])*, **le Massif Central** *(region in the center of France)*, **retenues** *(kept)*, **réalisateur** *(film director)*, **tortues** *(turtles)*

CHRISTOPHE MOURAUX: **faute de moyens** *(due to a lack of money)*, **metteur en scène** *(director)*, **loubards** *(hooligans)*, ***Orange mécanique*** *(Clockwork Orange)*, **douteuses** *(iffy)*, **faiblardes** *(weak)*, **se perd** *(gets lost)*, **éviter** *(to avoid)*, **fenêtres** *(windows)*, **côtés** *(sides)*, **au quotidien** *(in daily living)*, **renvoie** *(sends back, reflects)*

	Emmanuel Roger	Fatim Kramer	Anne-Marie Floquet	Christophe Mouraux
Regarder les films: salle de cinéma, télévision, DVD				
Genres de films préférés				
Films et réalité				

Nom ______________________ Date ______________

Et vous?

FICHE VOCABULAIRE

LES FILMS

Genres de films
- un film d'amour
- un film d'animation / un dessin animé
- un film d'aventure / un film d'action
- un film comique / une comédie
- une comédie dramatique
- un documentaire
- un drame
- un drame psychologique
- un film d'espionnage
- un film fantastique
- un film de guerre
- un film d'horreur / un film d'épouvante
- une comédie musicale
- un film noir *detective, crime or gangster film with "dark" outlook*
- un film policier
- un film de science-fiction
- un thriller
- un western

Aspects d'un film
- l'action *(f.)*
- le décor *setting*
- la lumière
- le montage *editing*
- la musique
- le scénario
- le son

Personnes associées aux films
- un acteur / une actrice
- un compositeur
- un directeur de la photographie
- un monteur *editor*
- un producteur
- un réalisateur *director*
- un scénariste *screenwriter*

Réactions aux films (en général)
- J'aime beaucoup / J'adore les...
- Je n'aime pas (du tout) les...
- Ce que j'aime (Ce que je n'aime pas), c'est (ce sont)...
- Les..., ça me plaît beaucoup / ça ne me plaît pas.

Réactions aux aspects particuliers d'un film
- J'ai vu récemment...
- Je viens de voir... *I just saw . . .*
- J'ai (beaucoup) aimé... / Je n'ai pas aimé...
  - les acteurs / les actrices
  - le décor
  - le dialogue
  - les effets spéciaux *(m.)*
  - l'intrigue *(f.) plot*
  - la musique
  - les sous-titres *(m.) subtitles*
  - le suspense
  - la version française (anglaise,...) *dubbed version*
  - la version originale
  - la violence

***XII. Aimez-vous le cinéma?** Voici ce que disent quatre jeunes Français à propos du cinéma. Complétez leurs réponses à la question «Aimez-vous le cinéma?» à l'aide de mots et d'expressions trouvés dans la **Fiche Vocabulaire.**

1. Arnaud

   «Moi, j'aime beaucoup le cinéma. J'y vais tous les week-ends... d'habitude avec une bande de copains, mais parfois seul. J'aime surtout les ______________________ (comme *35 Heures, C'est Déjà Trop [Office Space], La folle journée de Ferris Bueller, The Big Lebowski, Napoleon Dynamite*) et les ______________________ (comme *Indiana Jones et le temple maudit, Iron Man*)... Je ______________________ les films d'amour (c'est pour les femmes d'un certain âge) et les ______________________ (comme *Saw: Chapitre final* et *Zombie*). Je suis musicien, donc j'écoute toujours avec attention ______________________ du film.»

2. Sophie

   «Moi, j'adore aller au cinéma. J'aime beaucoup les ______________________ (comme *Femme fatale, Le Retour de l'inspecteur Harry, Maigret tend un piège, Les Incorruptibles*) et aussi les ____________________ (comme *Panic room, Le Silence des agneaux [Silence of the Lambs], Mission impossible*). Normalement ce sont des films qui ont une bonne ____________________ (on ne sait jamais ce qui va se passer) et qui donnent des sensations fortes. Alors un peu de mystère ou la peur: avec ça, je suis contente.»

3. Christophe

   «Ce que j'aime, moi, ce sont les ____________________. Avec les ordinateurs on peut en réaliser de sensationnels. J'ai beaucoup aimé *La guerre des étoiles (Star Wars)* et *Casino Royale* sans mentionner *La Matrice* et *Terminator 3*. J'aime aussi les ____________________ (comme *Shrek, Le Monde de Nemo, Ratatouille*). Ce que je n'aime pas, ce sont les films en version française; je préfère voir la version ____________________ avec des ____________________.»

4. Myriam

   «Moi, j'adore les ____________________ (comme *La Vengeance dans la peau [The Bourne Ultimatum], Jeu d'espions [Spy Game]*). Ces films sont tournés dans des ____________________ réels (pas en studio) avec de bons ____________________ (comme Matt Damon, Robert Redford, Brad Pitt). J'aime aussi les films classiques en noir et blanc des grands ____________________ (comme Jean Renoir et Alfred Hitchcock). Par contre, les films de guerre, ça ______________: il y a trop de ____________________.»

XIII. Le cinéma et vous. Pour vous préparer à parler en cours, répondez aux questions suivantes en utilisant des mots et des expressions de la **Fiche Vocabulaire.**

1. Citez quatre ou cinq genres de films que vous aimez particulièrement.

   ____

   ____

2. Citez deux genres de films que vous n'aimez pas.

   ____

   ____

3. A votre avis, parmi les personnes associées aux films (par exemple, producteurs, acteurs, etc.), lesquelles sont les plus importantes?

   ____

4. Quels aspects d'un film vous intéressent le plus?

   ____

5. Choisissez un film que vous avez vu récemment. Avez-vous aimé ce film? Pourquoi (pas)?

   ____

   ____

   ____

   ____

   ____

Nom ________________________________ Date ________________

Fonction

Comment éviter la répétition (2)

Les pronoms compléments d'objet indirect *y* et *en*

Like **le, la, les, lui,** and **leur,** the indirect object pronouns **y** and **en** are used to avoid repeating a word or phrase already mentioned.

1. Le pronom complément d'objet indirect y

The indirect object pronoun **y** refers only to *things,* not to people. It is most frequently used in the following situations:

a. With the verb **aller** (in this case, it often has no equivalent in English):

Allons-y!	*Let's go!*
Tu **y** vas à pied?	*Are you going to walk?*

b. To replace an expression of place using prepositions such as **à (au, à la, aux), en, chez, sur, sous** (in this case the English equivalent is *there*):

—Depuis quand est-ce qu'elle habite **à Paris**?	—*How long has she been living* ***in Paris****?*
—Elle **y** habite depuis trois ans.	—*She's been living* ***there*** *for three years.*
—Il travaille **chez Renault**?	—*Does he work* ***for Renault****?*
—Oui, il **y** travaille depuis des années.	—*Yes, he's been working* ***there*** *for years.*
—Est-ce que mes gants sont **sur la table**?	—*Are my gloves* ***on the table****?*
—Non, ils n'**y** sont pas.	—*No, they're not* ***there****.*

c. To replace **à** + *noun* after certain verbal constructions (for example, **penser à, tenir à** *[to be anxious to],* **s'intéresser à, s'amuser à**) (in this case, the English equivalent involves a preposition + *it*):

—Tu penses souvent **à l'avenir**?	—*Do you think* ***about the future*** *a lot?*
—Non, j'**y** pense très rarement.	—*No, I rarely think* ***about it.***
—Ils s'intéressent **à la littérature**?	—*Are they interested* ***in literature****?*
—Oui, ils s'**y** intéressent beaucoup.	—*Yes, they're very interested* ***in it.***

2. The indirect object pronoun en replaces nouns introduced by the preposition de. It most often refers to *things,* but it can refer to *people* in certain cases. It is most frequently used in the following situations:

a. To replace a noun preceded by a partitive (**du, de la, de l', des**) (in this case, the English equivalent is *some* or *any*):

—Qui veut **de la glace**?	—*Who wants* ***some ice cream****?*
—Moi, j'**en** veux.	—*I'll have* ***some.***

b. To replace a noun used with an expression of quantity (**beaucoup de, assez de, trop de,** etc.) (in this case, it often has no equivalent in English):

—Elle a **beaucoup d'amis.**	—*Does she have* ***a lot of friends****?*
—Non, elle n'**en** a pas **beaucoup.**	—*No, she doesn't have* ***a lot.***

c. To replace **de** + *a noun* after certain verbal expressions (for example, **avoir peur de, parler de, s'occuper de, avoir besoin de, être content de**) (in this case, the English equivalent is often *of it* or *of them*):

—Qui va **s'occuper des chiens**?	—*Who's going* ***to take care of the dogs****?*
—Gérard va s'**en occuper.**	—*Gérard is going* ***to take care of them.***

To download a tutorial on the object pronouns **y** and **en,** go to www.cengagebrain.com.

d. To replace a noun preceded by a number (in this case, it often has no English equivalent):

—Tu as des frères? — *Do you have (any) brothers?*
—Oui, j'**en** ai **deux.** — *Yes, I have **two.***

3. The indirect object pronouns **y** and **en:** position
The indirect object pronouns **y** and **en** occupy the same positions as the other object pronouns:

a. Normally in front of the conjugated verb.

Elle **y** est allée en décembre. — Elle n'**y** est jamais allée.
Nous **en** avions une demi-douzaine. — Nous n'**en** avions pas.

b. With a conjugated verb followed by an infinitive, usually in front of the infinitive.

J'espère **y** aller l'été prochain. — Je ne pourrai pas **y** aller l'été prochain.
Il veut **en** acheter. — Il ne veut pas **en** acheter.

c. With a negative command, in front of the verb.

N'**y** pensez pas! — N'**en** prends pas!

d. With an affirmative command, after the verb and attached to it by a hyphen. (The familiar forms of **-er** verbs [including **aller**] add an **s** before **y** or **en** to allow for liaison: **Vas-y! Achètes-en!**).

Restes-y! — Achetez-**en** trois ou quatre!

***XIV. Quelques conversations.** D'abord, complétez les conversations suivantes en utilisant les expressions suggérées et le pronom **y.**

Modèle: —Ma tante Hélène habite à Grenoble.
—(y habiter / depuis longtemps)
Est-ce qu'elle y habite depuis longtemps?
—Depuis plus de vingt ans.
—(quelle est la dernière fois que / tu / aller)
—*Quelle est la dernière fois que tu y es allé(e)?*
—Il y a cinq ans.
—Tu tiens à revoir ta tante bientôt?
—(oui / beaucoup)
—*Oui, j'y tiens beaucoup.*

1. —Mes parents sont à Nice.
—(pourquoi / ils / aller)
—____
—Pour les vacances.
—(combien de temps / ils / aller passer)
—____
—Quinze jours.
—Ils vont à la plage tous les jours?
—(non / ils / aller très rarement)
—____

2. —Notre fils aîné, Daniel, est à Paris.
—(qu'est-ce que / il / faire)
—____

—Il fait des études d'histoire de l'art.

—Vous vous intéressez à l'art?

—(oui / nous / s'intéresser beaucoup)

—____

—Vous devriez aller lui rendre visite.

—Oui... mais... je ne sais pas...

—Mais pourquoi est-ce que vous hésitez? N'attendez pas. (aller / !)

—____

3. —Tu penses souvent à ton enfance?

—(oui / je / penser de temps en temps)

—____

—Tu as habité dans le nord de la France pendant un certain temps?

—(oui / je / habiter pendant une dizaine d'années)

—____

—(tu / avoir envie de / retourner un jour)

—____

—Oui, peut-être.

Maintenant complétez les conversations en utilisant les mots suggérés et le pronom **en**.

Modèle: —Tu veux de la salade?
—(non, merci / ne pas vouloir)
—*Non, merci. Je n'en veux pas.*
—Comment! Tu ne manges pas de salade?
—(non / ne jamais manger)
—*Non, je n'en mange jamais. Et mes amis non plus.*
—C'est vrai? Il y a des gens qui n'aiment pas la salade?
—(oui / il y a / beaucoup)
—*Oui, il y en a beaucoup.*

4. —Tu as acheté du vin blanc?

—(oui / je / acheter hier)

—____

—Combien de bouteilles?

—(je / acheter / deux)

—____

—Tu vas servir du vin blanc avec le repas?

—(oui / je / aller servir avec le poisson)

—____

5. —Ah, maman! Tu as fait des tartelettes au citron?

—(oui / je / faire pour le dîner)

—____

Nom ______________________ Date ______________

—Je peux manger une ou deux de tes tartelettes?

—(mais non / ne pas manger / !)

—______________________

—Mais maman. J'adore ça! S'il te plaît!

—(non / il y a juste assez / pour les invités)

—______________________

6. —Tu as des lunettes de soleil?

—(non / je / avoir besoin)

—______________________

—Moi aussi.

—(où est-ce que / on / pouvoir acheter)

—______________________

—Aux Galeries Lafayette, peut-être?

—(ah, oui / Mélanie / acheter au rayon femmes / la semaine dernière)

—______________________

XV. Des questions personnelles. Répondez aux questions en utilisant les pronoms y et en.

1. Depuis combien de temps est-ce que vous faites des études à (votre université)?

____

2. Est-ce que vous regrettez de faire vos études à cette université?

____

3. Combien de cours est-ce que vous avez ce semestre?

____

4. Est-ce que vous vous intéressez aux sciences?

____

5. Est-ce que les profs donnent trop de travail?

____

6. Est-ce que vous habitez chez vos parents?

____

7. Combien de frères est-ce que vous avez?

____

8. Est-ce qu'on boit du vin aux repas chez vous?

____

9. Combien de fois par semaine est-ce que vous mangez du chocolat?

____

10. Est-ce que vous aimeriez aller en Chine?

____

⊙ A faire! (5-4)

Manuel de classe, pages 211–219

- As a *follow-up* to work done in class, do **Ecrivez!** (Exercises XVI and XVII).
- To *work again* with the information in the **Magazine Culture,** do Exercise XVIII and, if assigned, the Internet activity (Exercise XIX).
- As a *review* of the uses of direct and indirect object pronouns, do Exercises XX and XXI.

Quant à moi...

Ecrivez!

XVI. *L'Appât. Lisez cet exemple d'un compte rendu de film, puis répondez aux questions.

L'Appât

Les années 90, à Paris, en banlieue. Trois jeunes de 20 ans: Eric, le fils à papa rebelle (Olivier Sitruk); Bruno, son copain un peu débile (Bruno Putzulu); et la petite amie d'Eric, Nathalie (Marie Gillain). Ce trio rêve d'aller faire fortune aux Etats-Unis, mais comment s'y prendre?

La belle Nathalie, qui fréquente déjà à son jeune âge les milieux du show-business, servira d'appât pour ses deux compagnons. Elle attirera des play-boys à qui elle promettra d'aller rendre visite. Munie des adresses et des numéros de téléphone, elle fera entrer chez eux ses copains, qui se chargeront du reste.

Tout se complique pourtant lorsque l'homme choisi comme première victime déclare n'avoir aucun objet de valeur chez lui. Pris de panique et de colère, les deux garçons le tuent pendant que Nathalie met son Walkman pour ne pas entendre les cris. Ce crime déclenche une série d'actions meurtrières commises par ces jeunes devenus assassins par hasard et pourtant sans remords.

L'Appât est un film français, tourné à Paris par le cinéaste Bertrand Tavernier sur un thème d'actualité: l'inconscience morale d'une génération de jeunes asservis au culte de l'argent et de la réussite. Le film, inspiré d'un fait divers d'il y a quelques années, fait ressortir le contraste entre la banalité de la vie de ces jeunes déboussolés et la violence de certains de leurs actes. Il y a des moments de violence, d'émotion et de terreur. Un film à voir.

DICO

appât *bait*
asservis *enslaved*
débile *mentally deficient (colloquial)*
déboussolés *disoriented*
déclenche *sets in motion*
Munie des *Armed with*
s'y prendre *to go about it*

1. De quel genre de film s'agit-il? D'un film policier? D'un film d'aventures? D'une comédie dramatique? D'un film historique? Expliquez votre choix.

____

____

____

2. Où et à quelle époque se déroule l'action du film?

____

3. Quels sont les personnages principaux du film?

4. Le compte rendu est divisé en quatre paragraphes. Quel est le contenu de chaque paragraphe?

   a. *Premier paragraphe*

   b. *Deuxième paragraphe*

   c. *Troisième paragraphe*

   d. *Quatrième paragraphe*

5. Dans quel paragraphe apprend-on ce qui se passe à la fin du film?

6. Que pense l'auteur de ce compte rendu du film?

XVII. Un compte rendu de film. Maintenant c'est à vous de rédiger un compte rendu du film de votre choix. Imitez la structure du compte rendu de *L'Appât* (l'organisation en quatre paragraphes). Utilisez une autre feuille de papier.

Magazine Culture *Le cinéma en France*

***XVIII. Qu'est-ce que vous avez appris?** Choisissez dans la liste le nom ou le titre qui correspond à chaque description. Dans quelques cas, il y a plus d'une réponse possible.

Noms: Gérard Depardieu / Vincent Paronnaud / Jean Renoir / Marjane Satrapi

Titres: *Boudu sauvé des eaux / La Grande Illusion / Persépolis / La Règle du jeu / Les Valseuses*

1. acteur ______________________
2. dessinateur ______________________
3. réalisateur ______________________

4. film anti-guerre ______________________
5. comédie ______________________
6. film d'animation ______________________
7. premier gros succès de Renoir ______________________
8. premier gros succès de Depardieu ______________________
9. adolescence difficile ______________________
10. collaboration avec Truffaut et Catherine Deneuve ______________________
11. blessé pendant la guerre ______________________
12. nomination aux Oscars ______________________

XIX. Internet: Le cinéma en France. Faites des recherches pour trouver des renseignements supplémentaires sur le cinéma en France et dans le monde francophone. Trouvez au moins quatre articles qui vous intéressent, puis résumez brièvement (en français ou en anglais) ce que vous avez appris.

Moteurs de recherche: www.google.fr, www.google.com, www.voila.fr, www.lycos.fr, www.youtube.com
Mots-clés en français: cinéma français / cinéma francophone / les frères Lumière / Georges Méliès / les Césars / le festival de Cannes / Jean Renoir / René Clair / la Nouvelle Vague / François Truffaut / Jean-Luc Godard / Jean-Jacques Beinex / Luc Besson / Agnès Varda / Claire Denis / Jean Gabin / Gérard Philippe / Gérard Depardieu / Catherine Deneuve / Persépolis

Mots-clés en anglais: French cinema / Francophone cinema / the Lumière brothers / Georges Méliès / the Cannes Film Festival / Jean Renoir / René Clair / the New Wave / François Truffaut / Jean-Luc Godard / Jean-Jacques Beinex / Luc Besson / Agnès Varda / Claire Denis / Jean Gabin / Gérard Philippe / Gérard Depardieu / Catherine Deneuve / Persépolis

Mot-clé utilisé	**Ce que j'ai appris**
1. ______________	______________________
2. ______________	______________________
3. ______________	______________________
4. ______________	______________________

REPRISE

Les pronoms compléments d'objet direct et indirect

*XX. Pour éviter la répétition

A. Récrivez les phrases en remplaçant les mots en italique par un pronom complément d'objet direct (**le, la, l', les**) ou par un pronom complément d'objet indirect (**lui, leur**).

Modèle: Je ne vois pas très souvent *mes grands-parents*, mais je téléphone *à mes grands-parents* tous les mois.
Mes grands-parents? *Je ne les vois pas très souvent, mais je leur téléphone tous les mois.*

1. Je n'ai pas vu *ma cousine Evelyne* récemment, mais j'ai parlé *à ma cousine Evelyne* au téléphone.
   Ma cousine Evelyne? ______________________
   ____
2. On a vu *Georges et Jean-Luc* au match de football, mais on n'a pas parlé *à Georges et à Jean-Luc*.
   Georges et Jean-Luc? ______________________
   ____
3. J'attends *Eric* depuis une bonne demi-heure, il faut que je transmette un message *à Eric*.
   Eric? ______________________
   ____
4. N'attendons pas *le professeur*! Envoyons un mail *au professeur*!
   Le professeur? ______________________
   ____

B. Maintenant remplacez les mots en italique par un pronom complément d'objet direct (**le, la, l', les**) ou par un pronom complément d'objet indirect (**y** ou **en**).

Modèle: Je connais bien *l'Italie*. J'ai habité *en Italie* pendant cinq ans.
L'Italie? *Je la connais bien. J'y ai habité pendant cinq ans.*

5. Je ne connais pas *la ville de New York*. Je ne suis jamais allé *à New York*.
   La ville de New York? ______________________
   ____
6. J'ai acheté *ces deux pantalons* aux Galeries Lafayette. J'ai assez *de pantalons* maintenant.
   Ces deux pantalons? ______________________
   ____
7. Je voudrais bien étudier *la biochimie*. Je m'intéresse beaucoup *à la biochimie*.
   La biochimie? ______________________
   ____
8. Non, merci, je ne veux pas *de viande*. J'ai mangé *de la viande* à midi.
   De la viande? ______________________
   ____

9. Tu as perdu *la clé de la voiture*? Pas de problème. J'ai *une autre clé*.
La clé de la voiture? ______________________

____

Un petit truc

Attention! When the direct object pronouns **le, la, l',** and **les** are placed *in front of* a verb in the **passé composé** (or the **plus-que-parfait**), the past participle agrees in gender and number with the direct object pronoun—i.e., you need to add an e if the direct object pronoun refers to a feminine noun and an **s** or **es** if the direct object pronoun refers to a plural noun. This situation occurs primarily in writing.

Où est **Martine**? Je ne **l'**ai pas vue depuis longtemps.
Je n'ai pas **mes livres**. Je **les** ai laissés dans mon sac à dos.

If an indirect object precedes the verb, no agreement is made.

Où est **Martine**? Je ne **lui** ai pas **parlé** depuis longtemps.

***XXI. Pour éviter la répétion (suite).** Faites des phrases avec les mots et les expressions donnés en utilisant des pronoms compléments d'objet (**le, la, l', les, lui, leur, y** ou **en**).

Modèle: le musée du Louvre? / je / connaître bien / aller trois ou quatre fois par an
Le musée du Louvre? Je le connais bien. J'y vais trois ou quatre fois par an.

1. mes parents? / je / voir très peu / téléphoner souvent

____

____

2. de l'argent? / je / avoir beaucoup / mon frère / avoir besoin / je / devoir prêter 200 euros

____

____

3. cette robe / où / tu / acheter ? / je / chez C & A / acheter des vêtements aussi

____

____

4. des chiens? / on / avoir deux / donner à manger deux fois par jour

____

____

5. la politique? / je / s'intéresser beaucoup / mes amis / ne pas vouloir discuter

____

____

6. Sophie Delorme? / je / connaître bien / parler deux ou trois fois par semaine / ses parents? / je / ne pas voir depuis longtemps

____

____

Nom ______________________________ Date ______________

⊙ A faire! (5-5)

Manuel de classe, pages 220–223

- To *work again* with the **Témoignages** you heard in class, listen to CD4, Tracks 2–5 and do Exercise XXII.
- In *preparation* for talking about the media and current events, study the **Fiche Vocabulaire** and do Exercises XXIII and XXIV.
- In order to *learn* about the object pronouns **me, te, nous,** and **vous,** read the explanations on page 225 and do Exercises XXV, XXVI, and XXVII.

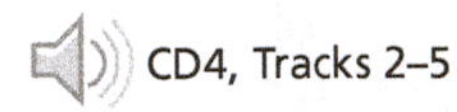

Quant à moi...

Témoignages: «Vous regardez la télévision?»

CD4, Tracks 2–5

***XXII. Vous regardez la télévision?** Ecoutez encore une fois les quatre interviews, puis indiquez auxquels des témoins correspondent les habitudes et les opinions suivantes.

Vocabulaire utile

PIERRE HUREL:	**quel qu'il soit** *(whatever it may be)*, **améliorer** *(to improve)*, **pas que** *(not only)*, **confondent** *(confuse, mix up)*, **détente** *(relaxation)*
CORINNE BERNIMOULIN-SCHMID:	**phénomène** *(phenomenon, here: exception)*, **corbeille à linge** *(laundry basket)*, **débat** *(debate)*, **concordantes** *(in agreement)*, **ne m'y connais pas** *(am not familiar with)*, **œil** *(eye)*, **heurtantes** *(shocking)*
NADIA AOUAD:	**forcément** *(necessarily)*, **nouvelles** *(news)*, **appartiennent à** *(belong to)*, **méfiant** *(distrustful)*, **feuilletons** *(soap operas)*, **adhérer** *(to adhere, agree with)*
ANNE-MARIE FLOQUET:	**entre guillemets** *(in quotes)*, **images en soi** *(images in and of themselves)*, **obsède** *(obsesses)*, **détendu** *(relaxed)*, **quotidien** *(everyday)*, **anodin** *(harmless, inoffensive)*

QUI...

Anne-Marie / Corinne / Nadia / Pierre

1. ... ne regarde pas la télévision normalement à la maison? ______________
2. ... regarde la télévision surtout le dimanche soir? ______________
3. ... regarde la télévision pendant plus de 12 heures par semaine? ______________
4. ... aime quelques séries américaines? ______________
5. ... préfère les actualités de la semaine et les débats? ______________
6. ... regarde les matchs de tennis? ______________
7. ... regarde surtout les informations et quelquefois des films? ______________
8. ... pense que les chaînes de télévision manipulent les informations? ______________ et ______________

9. … fait confiance surtout aux journalistes qu'il/elle connaît? ______________

10. … fait plus confiance à la presse écrite qu'aux informations télévisées? ______________

    et ______________

11. … fait plus confiance aux images qu'à ce qu'on dit? ______________

12. … trouve que les publicités influencent trop les téléspectateurs? ______________

13. … trouve les dessins animés trop violents? ______________

14. … pense que la télévision encourage la passivité? ______________

    et ______________

15. … pense que la télévision encourage les téléspectateurs à accepter la violence comme normale?

    ____

Et vous?

FICHE VOCABULAIRE

LES MEDIAS *(m. pl.)*

La radio
- une (station de) radio
- un auditeur / une auditrice *listener*
- une émission (radiophonique) *(radio) program*
  - la musique
  - les infos *(f. pl.) news*
  - la météo *weather*
  - le sport

La télévision
- la télévision gratuite
- la télévision payante
- par câble
- par satellite
- une chaîne (de télévision) *TV station*
- un téléspectateur / une téléspectatrice *TV viewer*
- une émission *program*
  - un feuilleton *soap opera*
  - les jeux *(m. pl.) gameshows*
  - les variétés *(f. pl.) music show*
  - le sport
  - un magazine télévisé
  - une série *sitcom*

La presse écrite *print media*
- un journal / des journaux
- un quotidien *daily newspaper*
  - un journal du matin
  - un journal du soir
- un hebdomadaire *weekly newspaper (magazine)*
- une édition électronique *online newspaper*
- un article de journal
- un lecteur / une lectrice *reader*

Les actualités *(f. pl.) current events*

Les informations *(f. pl.) news*

Les nouvelles *(f. pl.) news*
- s'informer *to get informed*
- se tenir au courant *to keep up with what's happening*

Comment parler des actualités

Qu'est-ce qu'il y a d'intéressant dans le journal (à la télé / à la radio)?
Qu'est-ce qui se passe (dans le monde) (en France)?

Je viens de voir (lire, entendre) que…
J'ai vu (lu, entendu) que…

J'ai lu un article sur…
- qui parle de…
- qui a pour titre *(title)*…
- dans lequel il s'agit de (d')…

Nom ______________________________ Date ______________

***XXIII. Les médias.** Trouvez dans la **Fiche Vocabulaire** les mots et les expressions qui complètent les descriptions suivantes.

1. Grâce aux iPods, on peut écouter ____________ un peu partout: à la maison, en voiture, au travail. Les types d'émissions qu'on écoute varient selon l'âge des ____________. Par exemple, pour les jeunes, ce qu'on écoute le plus souvent, c'est ____________ (le rock, le rap, la techno); pour les personnes plus âgées, ce sont ____________ (elles veulent être au courant de ce qui se passe) et ____________ (elles veulent savoir le temps qu'il va faire).
2. La télévision aux Etats-Unis est ____________ (il n'est pas nécessaire de payer), mais on a un choix limité de ____________ et d'____________. C'est pourquoi de plus en plus de ____________ préfèrent la télévision ____________ ou ____________, même s'il faut s'y abonner *(to subscribe)*.
3. Mon père s'intéresse beaucoup aux ____________ politiques, économiques et sportives. Pour cette raison, tous les matins, il lit le *Star Tribune* (son ____________ préféré) pendant qu'il déjeune. Pendant la journée, il s'installe devant son ordinateur et il consulte ____________ de *Libération* ou du *Monde*. Le soir, il regarde ____________ à la télévision. Le week-end, il lit *Time* ou *Newsweek* (ce sont des ____________). C'est comme ça qu'il espère ____________.

XXIV. Les médias, les actualités et vous. Répondez aux questions. On vous demandera de parler de ces sujets en cours.

1. Ecoutez-vous la radio? Combien d'heures par semaine? Où êtes-vous normalement quand vous l'écoutez? Faites-vous autre chose en l'écoutant *(while you're listening)*?

   ____

   ____

2. Regardez-vous la télévision? Combien d'heures par semaine? Quelles sortes d'émissions préférez-vous? Quelles sortes d'émissions ne regardez-vous jamais?

   ____

   ____

   ____

3. Lisez-vous un journal? Connaissez-vous des gens qui lisent le journal tous les jours? Qui? Quel journal?

   ____

   ____

4. Quels médias est-ce que vous consultez le plus pour être au courant des actualités?

   ____

   ____

Fonction

Comment éviter la répétition (3)

Les pronoms compléments d'objet direct et indirect *me, te, nous, vous*

Previously in this chapter, you have worked with *third-person* direct (**le, la, les**) and indirect (**lui, leur**) objects. **Me, te, nous,** and **vous** are the first- and second-person object pronouns. They replace *both* direct and indirect object nouns.

je	**me**	*me, to me*	nous	**nous**	*us, to us*
tu	**te**	*you, to you*	vous	**vous**	*you, to you*

All the rules for the position of direct and indirect object pronouns apply to **me, te, nous,** and **vous.**

- normally in front of the verb:

  Elle **nous** téléphone tous les jours. Elle ne **nous** téléphone jamais.
  Il **vous** a écrit deux lettres. Elle ne **vous** a pas écrit.

- with a conjugated verb followed by an infinitive, usually in front of the infinitive:

  Elle veut **te** voir. Elle ne veut pas **te** voir.
  Tu vas **m'**écrire? Tu ne vas pas **m'**écrire?

- with a negative command, in front of the verb:

  Ne **nous** regardez pas!
  Ne **me** touche pas!

- with an affirmative command, after the verb and attached to it by a hyphen; in this case, **me** and **te** become **moi** and **toi:**

  —Donne-**moi** ton adresse!
  —Montrez-**nous** votre tableau!

Suggestion: Certain patterns can help you determine which subject and object pronouns to use. The pattern is particularly true in first- and second-person questions and answers. If you become accustomed to patterns such as the following, you will be able to respond more automatically:

vous / me? **je / vous**
—**Vous me** cherchiez?
—Oui, **je vous** cherchais. OR Non, **je ne vous** cherchais **pas.**

tu / me ? **je / te**
—**Tu m'**as laissé un mot?
—Oui, **je t'**ai laissé un mot. OR Non, **je ne t'**ai **pas** laissé de mot.

Attention! When **me, te, nous,** and **vous** are direct objects placed in front of a verb in the **passé composé** (or the **plus-que-parfait**), the past participle agrees in gender and number with the direct object pronoun. This situation occurs primarily in writing. For example:

C'est Anne qui parle: Pourquoi est-ce que tu ne **m'**as pas reconnue? (**me** = **Anne;** therefore, you add an e to **reconnu**)
Jean parle de lui et de son frère: Quand est-ce qu'elle **nous** a vus? (**nous** = **Jean et son frère;** therefore, you add an **s** to **vu**)
BUT
C'est Marie qui parle: Pourquoi est-ce que tu ne **m'**a pas téléphoné? (**me** = an indirect object [**téléphoner à**]; therefore, there is no agreement)

Nom ______________________________ Date ______________

***XXV. Parents et enfants.** Le père d'Antoine lui pose beaucoup de questions à propos de ses activités. Répondez aux questions du père en utilisant un pronom (**me, te**) et les éléments donnés.

Modèle: —Ton ami Gérard t'aide avec tes devoirs? (oui / souvent)
—Oui, il m'aide souvent.

1. Gérard t'envoie des méls? (oui / tous les jours)

____

2. Il te téléphone souvent? (non / rarement)

____

3. Il t'a invité à dîner chez lui? (oui / samedi)

____

4. Il t'a expliqué comment aller chez lui? (bien sûr)

____

5. Il va t'accompagner à la réception dimanche? (non, il ne peut pas)

____

6. Est-ce que tu veux me raconter ce qui se passe en cours? (oui, je veux bien)

____

7. Est-ce que tu m'as parlé de ton examen de physique? (oui, j'ai montré les résultats / la semaine dernière)

____

Maintenant le père et la mère d'Antoine interrogent ses sœurs (Christine et Valérie) sur leurs activités. Répondez aux questions des parents en utilisant un pronom (**nous, vous**) et les éléments donnés.

8. Est-ce que les profs vous donnent beaucoup de devoirs? (oui / trop de devoirs)

____

9. Est-ce que vous voulez que nous vous aidions à faire vos devoirs? (non / il n'est pas nécessaire)

____

10. Est-ce que votre grand-mère vous a envoyé quelque chose? (oui / des bonbons)

____

11. Est-ce qu'elle vous a invitées à faire un voyage avec elle? (oui / à aller en Suède)

____

12. Est-ce que votre grand-père va vous accompagner? (non)

____

13. Est-ce que vous allez nous écrire de Suède? (bien sûr)

____

14. Mais vous ne nous avez pas écrit quand vous êtes allées en Grèce. (au contraire / avons envoyé des cartes postales)

____

Nom ______________________________ Date ______________

***XXVI. Des débuts de conversation.** Avec les éléments donnés, recréez le début des conversations suivantes. Utilisez les pronoms **me, te, nous** et **vous** et faites attention à l'identité des personnes qui sont en train de se parler.

Modèle: *Vous parlez à un monsieur que vous reconnaissez.* je / connaître / rencontrer à la soirée chez les Lascaux / montrer une photo de votre maison en Corse
—Pardon, monsieur. *Je vous connais, n'est-ce pas? Je vous ai rencontré à la soirée chez les Lascaux. Vous m'avez montré une photo de votre maison en Corse.*

1. *Vous parlez à une femme que vous reconnaissez.* je / connaître / voir chez les Gillot / vous / parler de vos vacances en Egypte

   Pardon, madame. ______________________________

   ____

2. *Vous parlez à votre fiancé(e).* je / voir pour la première fois au mois de novembre / inviter à sortir trois semaines après / demander d'épouser à Noël

   Oui, chéri(e). ______________________________

   ____

   ____

3. *Vous et votre ami(e) parlez à un(e) autre étudiant(e).* nous / chercher depuis trois jours / vouloir inviter à une surprise-partie / espérer voir samedi soir

   Ah, te voilà! ______________________________

   ____

   ____

4. *Vous et un(e) camarade de classe, vous rencontrez un de vos professeurs.* nous / être content(e)s de voir / avoir une question à poser / vous / pouvoir expliquer le devoir de lundi

   Ah, bonjour, M. Sablon. ______________________________

   ____

   ____

***XXVII. On change d'avis.** Quand votre amie annonce ce qu'elle veut faire, d'abord vous approuvez, ensuite vous changez d'avis, enfin vous demandez autre chose.

Modèle: Je vais te téléphoner. (envoyer un mail)
Oui, téléphone-moi! Non, ne me téléphone pas! Envoie-moi un mail!

1. Je vais t'acheter un cadeau. (faire un dîner)

   ____

2. Je vais t'aider. (prêter ta calculatrice)

   ____

3. Je vais te montrer la réponse à la question. (expliquer le problème)

   ____

4. Je vais te prêter la voiture. (accompagner chez le médecin)

   ____

5. Je vais te faire un gâteau d'anniversaire. (acheter une tarte)

   ____

Maintenant c'est vous et votre ami(e) qui voulez faire quelque chose pour quelques-uns de vos amis. D'abord, ils sont d'accord, ensuite ils changent d'avis, enfin ils demandent autre chose.

Modèle: Nous allons vous apporter à manger. (préparer quelque chose)
Oui, apportez-nous à manger! Non, ne nous apportez pas à manger!
Préparez-nous quelque chose!

6. Nous allons vous acheter des CD. (donner un DVD)

____

7. Nous allons vous écrire. (téléphoner)

____

8. Nous allons vous aider. (expliquer comment faire)

____

9. Nous allons vous donner l'argent. (envoyer un chèque)

____

10. Nous allons vous accompagner. (retrouver à six heures)

____

⊙ A faire! (5-6) — Manuel de classe, pages 224–230

- In order to *follow up* on work done with news stories in class, do Exercises XXVIII and XXIX.
- To *work again* with the information in the **Magazine Culture**, do Exercise XXX.
- In *preparation* for work in class, read ***Le Corbeau et le Renard*** and ***Pourquoi le chat fait sa toilette après manger*** **(Littérature)** in the **Manuel de classe** and do Exercises XXXI and XXXII.

Quant à moi…

Ecrivez!

***XXVIII. Un article de journal.** Lisez ce court article de journal, puis faites-en le résumé.

Normandie
Quatre jeunes accusés d'avoir tué un promeneur par accident
M. Robert Besnard, 60 ans, résidant à Argentan (Orne), se promenait samedi avec son épouse dans un bois près de Manerbe dans les environs de Lisieux. Soudain il est tombé, mortellement blessé par une balle de carabine au niveau du cou.

D'abord les enquêteurs ont eu de grandes difficultés, car, selon la source, il n'y avait «ni témoin ni mobile». Après avoir effectué des expertises balistiques, ils ont pu déterminer l'angle de tir. Munis de cette information, les gendarmes ont centré leurs recherches sur un immeuble voisin du bois. Là, ils ont découvert que quatre jeunes gens, âgés de 14 à 17 ans, s'étaient amusés samedi après-midi à tirer sur des oiseaux du bois. Interpellés le soir de l'accident, les jeunes ont déclaré ne pas s'être rendu compte qu'ils avaient atteint la victime. Ils ont été placés en garde à vue à la gendarmerie de Lisieux.

1. De quoi s'agit-il? _______________

2. Qui a été tué? _______________

Nom ______________________________ Date ______________

3. Où? ______________________________
4. Quand? ______________________________
5. Comment? ______________________________
6. Quel est le statut de l'enquête? ______________________________

Maintenant résumez en trois ou quatre phrases l'essentiel de cette histoire.

J'ai lu dans le journal que (qu') ______________________________

____

____

____

______________________________.

XXIX. Les infos sur Internet. Les journaux, les chaînes de télévision et même les moteurs de recherche proposent sur Internet des informations sur ce qui se passe en France et dans le monde. C'est à vous maintenant de faire des recherches sur Internet afin de trouver deux articles d'actualité qui vous intéressent.

1. Explorez Internet afin de trouver les infos du jour.

   Moteurs de recherche: www.google.fr, www.google.com, www.voila.fr, www.lycos.fr, www.youtube.com
   Mots clés: journaux français / actualités / *Libération* / *Le Monde* / *La Voix du Nord* / *Ouest-France* / *Les Dernières Nouvelles d'Alsace*

2. Une fois que vous avez identifié les deux articles, imitez ce que vous avez fait dans l'exercice XXVIII—c'est-à-dire, pour chaque article, trouvez les réponses à quelques questions fondamentales: De quoi s'agit-il? Qui? Quand? Où? Comment? Quelle est la situation actuelle?

3. Enfin, avec l'aide de vos réponses à ces questions, rédigez un court résumé (3 ou 4 phrases) de chaque article. Utilisez une autre feuille de papier.

Magazine Culture *Les Français connectés*

***XXX. Petit Test: Les internautes et les mobinautes.** Associez chaque nom à sa description. S'il le faut, consultez le **Magazine Culture** (pp. 225–228) dans le **Manuel de classe.**

_____ 1. la messagerie	a. moyen pour être en contact avec amis et famille
_____ 2. mobinaute exclusif	b. gens qui accèdent à Internet par réseaux Wi-Fi
_____ 3. les internautes	c. langage codé
_____ 4. SMS	d. Wi-Fi
_____ 5. craintes	e. boîte qui contient les mails
_____ 6. les mobinautes	f. qui est connecté seulement par téléphone mobile
_____ 7. réseaux sans fil	g. personnes qui accèdent à Internet par ordinateur
_____ 8. réseau social	h. magasin en ligne
_____ 9. e-commerce	i. peurs

Nom ______________________________ Date ______________

Littérature

Le Corbeau et le Renard *(Jean de la Fontaine)*
Pourquoi le chat fait sa toilette après manger *(conte africain)*

XXXI. Pré-lecture. Répondez aux questions suivantes avant de lire les deux fables.

1. Qu'est-ce que c'est qu'une fable? ______________________________

____

2. Vous souvenez-vous de quelques fables que vous avez lues ou entendues quand vous étiez plus jeune? Lesquelles? ______________________________

____

***XXXII. Lecture.** Lisez *Le Corbeau et le Renard* et *Pourquoi le chat fait sa toilette après manger* dans le **Manuel de classe** (pp. 231–232), puis répondez aux questions suivantes.

Le Corbeau et le Renard

1. La fable comprend une petite scène dramatique. Quelle est la situation au début? Où est le Corbeau? Qu'est-ce qu'il a dans son bec? Où est le Renard? Que fait-il?

____

____

2. Que veut le Renard? Que fait-il pour satisfaire son désir? Comment le Corbeau réagit-il aux paroles du Renard? Que se passe-t-il?

____

____

3. Le Renard dit que «cette leçon vaut bien fromage». Quelle est cette leçon?

____

4. Comment se sent le Corbeau à la fin de la fable? Qu'est-ce qu'il se promet?

____

____

Pourquoi le chat fait toujours sa toilette après manger

5. Cette fable comprend, elle aussi, une petite scène dramatique. Quelle est la situation au début? Où est le Moineau? Où est le Chat? Que veut-il?

____

____

6. Que fait le Chat? Que lui dit le Moineau? Comment le Chat réagit-il aux paroles du Moineau?

____

____

7. Qu'est-ce qui fait comprendre au Chat qu'il a été trompé par le Moineau?

____

____

8. Qu'est-ce que le Chat se promet à la fin de la fable?

____

____

Nom ______________________________ Date ______________

⊙ A faire! (5-7) — Manuel de classe, pages 231–233

- As a *review* of all of the object pronouns (first-, second-, and third-person), do Exercises XXXIII and XXXIV.
- In *preparation* for work in class, do Exercise XXXV.

REPRISE

Les pronoms compléments d'objet direct et indirect

***XXXIII. Pour éviter la répétition.** Recopiez les parties indiquées des deux conversations qui suivent en remplaçant les mots en italique par les pronoms appropriés (**le, la, les; lui, leur; y, en**).

A. Un entretien: on cherche un poste

—Bonjour, monsieur.
—Bonjour, madame.
—Alors vous avez vu notre annonce?
—Oui, j'ai vu *votre annonce* dans le journal.
—______________________________

—Vous avez parlé à ma secrétaire?
—Oui, j'ai parlé *à votre secrétaire*.
—______________________________

—Et elle a expliqué le salaire et les heures de travail?
—Oui, elle a expliqué *le salaire et les heures de travail.*
—______________________________

—Et vous vous intéressez toujours à ce poste?
—Oui, je m'intéresse beaucoup *à ce poste*.
—______________________________

—Très bien. Vous utilisez ou vous avez utilisé un ordinateur?
—Oui, j'ai *deux ordinateurs* à la maison.
—______________________________

—Vous parlez anglais?
—J'ai étudié *l'anglais* pendant six ans. Je parle *anglais* couramment.
—______________________________

—Vous avez des lettres de recommandation?
—Bien sûr. J'ai apporté plusieurs *lettres de recommandation* aujourd'hui. Et je peux envoyer d'autres *lettres,* s'il le faut.
—______________________________

—Non, ce ne sera pas nécessaire. Bon, je parlerai à mes collègues et je vous téléphonerai. Vous avez des questions?
—Oui. Quand est-ce que vous pourrez parler à vos collègues?
—Euh, je parlerai *à mes collègues* demain ou après-demain.
—______________________________

—Très bien. Merci, madame.
—Je vous en prie, monsieur. Au revoir, monsieur.
—Au revoir, madame.

B. Une conversation: deux étudiants français

—Tiens, Patricia. On m'a dit que tu faisais des études aux Etats-Unis.

—C'est vrai. Je fais des études *aux Etats-Unis*.

—____

—Et tu étudies la littérature américaine?

—Oui, c'est ça. J'étudie *la littérature américaine* depuis deux ans.

—____

—Tu aimes tes profs?

—Ah, oui. J'aime beaucoup *mes profs*. Ils sont très gentils.

—____

—Tu peux poser des questions aux profs?

—Mais oui. On peut poser toutes les questions qu'on veut *aux profs*.

—____

—Et il est possible de voir tes profs en dehors des cours?

—Effectivement. On peut voir *les profs* dans leur bureau.

—____

—Ils passent beaucoup de temps dans leur bureau?

—J'sais pas. Je dirais qu'ils passent plusieurs heures par semaine *dans leur bureau*.

—____

—Combien de cours est-ce que tu as normalement?

—Normalement j'ai quatre *cours*.

—____

—Ton programme est très chargé?

—Assez chargé. Voici mon emploi du temps. Regarde *mon emploi du temps*.

—____

—Et au sujet des devoirs, tu as beaucoup *de devoirs*?

—____

—Et il faut faire tes devoirs tous les soirs?

—A mon avis, il vaut mieux faire *ses devoirs* avant d'aller en cours.

—____

—On peut sécher *(to cut)* un cours?

—Oui, si on veut. Mais il faut faire attention. Beaucoup de profs contrôlent les absences. Si tu as trop *d'absences,* ta note s'en ressent *(is affected by them)*.

—____

—Ah, bon. Ça, c'est très intéressant, mais il faut que je m'en aille. On en reparlera une autre fois. Ciao!

—Ciao!

XXXIV. Réglons nos dettes! *(Let's take care of our debts!) Refaites en français la petite conversation du modèle en suivant les indications. Utilisez les mots qu'on vous propose et aussi les pronoms compléments d'objet **me, te, nous** et **vous.**

Modèle: *—Do I owe you 50 euros?*
—No, you owe me 60 euros. I gave you 50 euros last week and 10 euros yesterday.
—OK. I'm going to give you 20 euros now and 40 euros next week.
—No. Give me 30 euros now and 30 euros next week.

1. Vous parlez à un ami (**je / tu**)

____

____

____

____

____

____

2. Vous parlez à deux amis (**je / vous**)

____

____

____

____

____

____

3. Vous et un(e) ami(e), vous parlez à deux autres personnes (**nous / vous**)

____

____

____

____

____

____

Nom ______________________ Date ______________________

C'est à vous maintenant!

XXXV. Au choix. Au cours de ce chapitre, vous avez lu des contes de fée et des contes folkloriques, des comptes rendus de film et des articles de journaux. Maintenant c'est à vous de faire un résumé d'un conte, d'un film *ou* d'un sujet d'actualité. Il faudra d'abord faire des recherches sur Internet (les pages où vous trouverez des moteurs de recherche et des mots-clés pour vous aider dans vos recherches sont indiquées ci-dessous entre parenthèses). Pour commencer, choisissez un conte, un film ou un article et prenez des notes afin de pouvoir en faire le résumé en cours. Utilisez une autre feuille de papier.

- un conte de fées ou un conte folklorique (vocabulaire, p. 199)

  OU

- un film (vocabulaire, p. 211)

  OU

- un article de journal (vocabulaire, p. 223) [Suggestion: Choisissez un événement dont on a aussi parlé dans les journaux américains.]

⊙ A faire! (5-8) — Manuel de classe, page 233

- As a *follow-up* to the interview conducted in class, do Exercise XXXVI.

XXXVI. Au choix (suite). Rédigez un court essai en vous servant du résumé que vous avez fait en cours et en tenant compte des indications données ci-dessous à propos de votre sujet. Utilisez une autre feuille de papier.

- Si vous avez choisi un conte de fées ou un conte folkorique, votre essai devra comprendre: a) un résumé du conte et b) une comparaison du conte avec un des contes présentés dans ce chapitre (**Manuel de classe,** pages 198, 199, 202, 231, 232).

  OU

- Si vous avez choisi un film, votre essai devra comprendre: a) ce qu'on trouverait dans *Pariscope* à propos de votre film (**Manuel de classe,** p. 216) et b) un compte rendu du film écrit en suivant le modèle donné dans le **Manuel de préparation** (p. 217).

  OU

- Si vous avez choisi un article de journal, votre essai devra comprendre: a) un résumé de l'article et b) une comparaison avec un article écrit en anglais sur le même sujet.

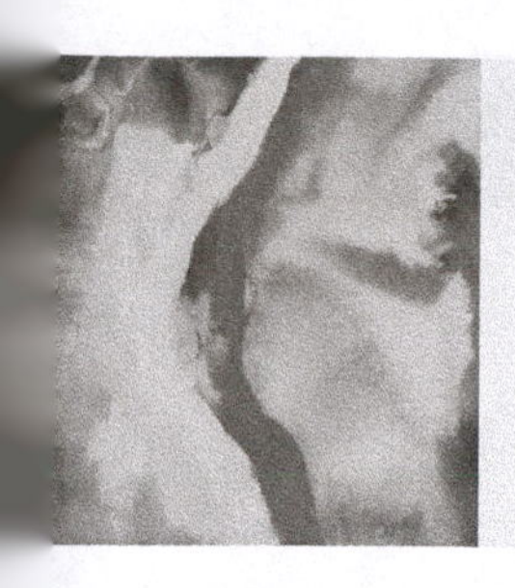

Hier, aujourd'hui, demain

© Paul Raftery/VIEW/Corbis

© Maciej Noskowski/iStockphoto

Nom ______________________________ Date ______________________________

⊙ A faire! (6-1) — Manuel de classe, pages 234–242

- To *work again* with the **Témoignages** you heard in class, listen to CD4, Tracks 7–10, and do Exercise I.
- In *preparation* for talking about cultural and natural heritage, study the **Fiche Vocabulaire (Et vous?)**, and do Exercises II, III, IV.
- In order to *review* the verbs **avoir** and **être**, do the **Contrôle des connaissances (Test)** and, if necessary, the **Rappel** (Exercise V) and **Repêchage** sections.

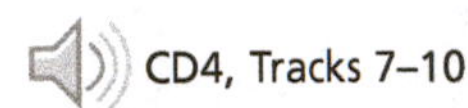

Quant à moi…

Témoignages: «Quels sont les atouts de votre pays?

CD4, Tracks 7–10

***I. Qui a dit quoi?** Ecoutez encore une fois les quatre interviews, puis notez le nom de la personne (Anne-Marie, Pierre, Corinne, Nadia) qui a fait la constatation.

Vocabulaire utile

ANNE-MARIE FLOQUET: **atouts** *(assets)*, **fierté** *(pride)*, **terroir** *(soil, land)*, **nourriture** *(food)*, **fiers** *(proud)*, **terre** *(land, soil)*, **lancer** *(launch)*, **pour le mettre en valeur** *(to highlight it)*, **à toute échelle** *(at every level)*, **on tombe sur** *(you come upon)*, **ça remonte à tellement loin** *(it goes so far back)*, **savoir-vivre** *(etiquette, way of living)*, **rites** *(rituals)*

PIERRE HUREL: **à citer** *(to mention)*, **services sociaux** *(social services)*, **à croire** *(to believe)*, **devrait** *(should be)*, **gratuite** *(free of charge)*, **frais médicaux** *(medical fees)*, **ministère de la culture** *(ministry of culture)*, **investir** *(invest)*, **régit** *(governs)*, **de mieux vivre** *(to live better)*, **efficace** *(effective)*, **produits de luxe** *(luxury items)*, **puissance** *(power)*, **qu'il s'agisse** *(be it about)*, **mode** *(fashion)*, **fière** *(proud)*, *(Airbus)* **A380** *(number of the latest and largest double-decker Airbus)*, **niveaux** *(levels)*, **usines** *(factories)*, **prouesse** *(feat)*, **pourrait être** *(could be)*, **à propos de** *(about)*, **qualité de vie** *(quality of life)*, **de nombreux** *(many, numerous)*, **étrangers** *(foreigners)*, **bonheur** *(happiness)*

CORINNE BERNIMOULIN-SCHMID: **que ce soit** *(be it)*, **également** *(also)*, **bilingue** *(bilingual)*, **trilingue** *(trilingual)*, **quadrilingue** *(quatrilingual)*, **lacs** *(lakes)*, **fiers** *(proud)*, **vaches** *(cows)*, **mythe** *(myth)*, **séchée** *(dried)*, **raclette** *(melted cheese served with boiled potatoes, pickles, and coldcuts)*, **marches** *(hikes)*, **âme** *(soul, person)*, **verdure** *(greenery)*, **paysages** *(landscapes)*, **depuis** *(from)*, **de route** *(by car)*, **pistes de ski** *(ski slopes)*, **roule** *(drives)*, **romanche** *(language spoken in Eastern Switzerland, one of the four Swiss national languages; the three official languages are German, French, and Italian)*, **multilinguisme** *(multilingual)*, **ouverts** *(open)*, **pacifisme** *(pacifism, the idea of living in peace)*

NADIA AOUAD: **le Liban** *(Lebanon)*, **paysage** *(landscape, countryside)*, **rivage** *(shore)*, **redescendre** *(go back down)*, **ruines** *(ruins)*, **datent de**

Nom ______________________ Date ______________

(date from), **l'époque romaine** *(the Roman period)*, **l'époque des croisés** *(the time of the Crusades)*, **l'époque islamique** *(the islamic period)*, **attire** *(attracts)*, **accueillants** *(welcoming)*, **hospitaliers** *(hospitable)*, **étrangers** *(foreigners)*, **ils se sentent** *(they feel)*, **chez eux** *(at home)*, **accueillis** *(welcomed)*, **trilingues** *(trilingual)*, **couramment** *(fluently)*, **se débrouiller** *(get along, cope)*, **à répondre à leurs besoins** *(to answer their needs)*, **plats** *(dishes, food)*, **ragoûts** *(stews)*

1. «La France devrait être fière du nouveau, euh, du nouvel avion Airbus». ______________
2. «Les musées sont superbes, à toute échelle». ______________
3. Les atouts de mon pays «sont surtout le paysage, les quatre saisons, euh les loisirs».
   ____
4. Dans mon pays, «il y a des montagnes, il y a des lacs, il y a une nature fabuleuse et c'est tout simplement un magnifique pays». ______________
5. Ici «nous avons beaucoup de très bons fromages». ______________
6. «Donc je pense que les gens sont fiers de, de ce rapport à la terre, euh de la beauté, de l'histoire du pays». ______________
7. «... le gouvernement français... continue à croire que l'éducation devrait être gratuite».
   ____
8. Dans mon pays «il y a beaucoup de ruines qui datent de l'époque romaine, de l'époque des croisés, de l'époque islamique». ______________
9. «... les atouts de notre pays, on parle toujours des produits de luxe où la France continue à être la première puissance». ______________
10. A Paris, «il y a toutes les époques, ça remonte à tellement loin... la variété des styles...».
    ____
11. Dans mon pays, «on est obligé d'apprendre d'autres langues». ______________
12. Dans mon pays, les gens «sont trilingues. Donc ils parlent arabe, français et anglais».
    ____

Et vous?

FICHE VOCABULAIRE

LES ATOUTS D'UN PAYS OU D'UNE REGION

Pour parler des atouts (vocabulaire général)

- **un aspect**
- **un atout** *asset*
- **avoir accès à**
- **beau (belle)**
- **le beauté**
- **le bonheur** *happiness*
- **croire** *to think; to believe* (je crois, tu crois, il/elle/on croit, nous croyons, vous croyez, ils/elles croient)
- **la culture**
- **une époque**
- **être fier (fière) de** *to be proud of*
- **extraordinaire**

Nom ______________________________ Date ______________

la fierté *pride*
l'héritage *(m.)*
une industrie
magnifique
un mythe
le patrimoine *heritage*
un pays
un produit
la qualité de vie
une région
un rite *ritual*
le savoir-vivre *stylish (refined) lifestyle*
un village
une ville

Le patrimoine culturel
un acteur (une actrice)
l'archéologie *(f.)*
un(e) archéologue
un(e) architecte
l'architecture *(f.)*
l'art *(m.)*
un bâtiment
une bibliothèque
une cathédrale
un centre culturel
le chant *song; singing*
un(e) chanteur(euse)
le cinéma
un compositeur
la danse
un(e) danseur(euse)
dater de *dates from, goes back to*
un dramaturge *playwright, dramatist*
le dessin *drawing, sketch*
une école de danse (de musique, d'art, des beaux-arts)
un écrivain (une femme écrivain, une écrivaine) *writer*
un essai
l'esthétique *(f.)* (*adj.* esthétique)
une exposition
un festival (des festivals)
la haute couture *high fashion*
l'histoire *(f.)*
une langue
la littérature
la mode *fashion*
un monument (historique)
un musée
la musique
la peinture
un philosophe
la philosophie
la photographie
une pièce de théâtre *play (theater)*
la poésie (un poème)
un(e) poète
un roman *novel*
un(e) romancier(ère) *novelist*
une ruine
une salle de spectacle
un sculpteur
la sculpture
une statue
le théâtre
une troupe de théâtre

Le patrimoine naturel
un arbre *tree*
le bord de la mer *seaside*
un champ *field*
la côte *coast (ocean)*
la cuisine
délicieux(se)
l'environnement *(m.) surroundings; environment*
une fleur
une forêt
un lac
la marche (à pied) *hiking*
une montagne
la nature
la nourriture
un paysage *countryside; landscape*
un plat *dish (food)*
un produit frais
une saison
une spécialité culinaire
une station balnéaire *seaside resort*
une station de ski *ski resort*
la terre *earth; soil; land*
le terroir *earth; soil; land*
la verdure *greenery*

Les innovations technologiques
un avantage
le chemin de fer *railroad(s)*
dernier cri *state-of-the-art*
l'énergie *(f.)* (solaire)
une idée
un inconvénient *disadvantage*
innovateur(trice) *innovative*
lancer *to launch*
une mini-voiture
un pont *bridge*
un projet
une prouesse (technique, technologique) *(technical, technological) feat*
souterrain(e) *underground, subterranean*
un système de transports
le TGV (train à grande vitesse) *high-speed train*
une technologie
un train
les transports *(m.)* en commun *public transportation; carpooling*
un tunnel
une usine
un véhicule (solaire, électrique, hybride, etc.)
une voiture (solaire, électrique, hybride, etc.)

***II. Trouvez l'intrus.** Dans chaque série de mots, notez le mot qui n'est pas logique.

Modèle: extraordinaire / beau / délicieux / magnifique
délicieux

1. ____________ atout / mythe / patrimoine / héritage
2. ____________ ruine / ville / village / région
3. ____________ époque / dater de / histoire / rite
4. ____________ peinture / exposition / musique / littérature
5. ____________ mode / poème / pièce de théâtre / roman
6. ____________ arbre / lac / fleur / verdure
7. ____________ station de ski / montagne / haute couture / paysage
8. ____________ bord de la mer / côte / station balnéaire / plat
9. ____________ souterrain / terroir / paysage / terre
10. ____________ tunnel / pont / TGV / usine
11. ____________ dernier cri / culture / innovateur / prouesse
12. ____________ sculpteur / écrivain / dramaturge / romancier
13. ____________ bibliothèque / cathédrale / produit / bâtiment
14. ____________ qualité de vie / savoir-faire / esthétique / langue
15. ____________ archéologie / champ / dater de / ruine
16. ____________ atout / fierté / inconvénient / patrimoine
17. ____________ pont / chemin de fer / voiture / véhicule
18. ____________ bibliothèque / livre / poésie / monument

***III. Des définitions.** Trouvez le mot de la **Fiche Vocabulaire** qui correspond à chacune des définitions données.

Modèle: C'est une église de style gothique.
C'est une cathédrale.

1. Ce sont les atouts culturels d'un pays.

   ____

2. Le Cameroun, la France, la Belgique.

   ____

3. On peut y emprunter des livres.

   ____

4. C'est une petite commune.

   ____

5. C'est un centre urbain.

   ____

6. *La cathédrale de Rouen* par Monet.

   ____

7. Le Louvre, le Guggenheim, etc.

____

8. Un endroit touristique au bord de la mer.

____

9. Le bus, le métro, le train, l'avion.

____

10. C'est une personne qui écrit des pièces de théâtre.

____

11. C'est une présentation spéciale d'œuvres d'art.

____

12. Une route sous une montagne.

____

13. L'arc de triomphe, la tour Eiffel, etc.

____

14. C'est l'endroit où sont fabriquées les voitures.

____

15. C'est une longue promenade dans les montagnes.

____

16. C'est le côté négatif de quelque chose.

____

17. *Le Penseur* de Rodin.

____

18. Les vêtements de Gaultier, Hermès, Ungaro.

____

IV. Faisons des phrases. Ecrivez dix phrases qui contiennent chacune au moins deux mots ou expressions de la **Fiche Vocabulaire.** Utilisez une autre feuille de papier.

Modèles: *En Suisse, on a facilement* ***accès aux*** *autres* ***pays*** *d'Europe occidentale.*
L'arc de triomphe est ***un monument*** *qui* ***date de l'époque*** *napoléonienne.*

Contrôle des connaissances

Les verbes avoir *et* être

TEST

***A. Le verbe avoir.** Utilisez le verbe **avoir** pour compléter les phrases suivantes. Attention au temps du verbe: *infinitif, présent, passé composé, imparfait, plus-que-parfait, présent du subjonctif, passé du subjonctif.*

Nom ______________________________ Date ______________

Modèle: Il est important que tu ***aies*** de la patience.

1. Je suis très content. J'__________ une bonne note à mon examen de français.
2. Est-ce que vous __________ des livres sur l'histoire du Maroc?
3. Quand elle habitait en France, elle __________ des amis camerounais.
4. Tu __________ mes clés de voiture?
5. Monet et ses contemporains __________ l'intention de représenter leurs sujets dans leur contexte naturel.
6. Nous aimons beaucoup Paul et sa femme. Nous sommes contents que nous __________ l'occasion de les rencontrer hier soir.
7. Il __________ déjà fini le projet quand son patron est arrivé.
8. J'__________ l'impression qu'elle n'__________ pas assez d'argent pour acheter cette voiture.
9. Il faut absolument que tu __________ le courage de parler à tes parents!
10. Est-ce qu'ils __________ l'occasion de visiter Paris l'année dernière?
11. Il se peut que j'__________ une bonne note à l'examen, mais je ne sais pas.
12. Quand mes grands-parents étaient en vie, nous __________ une maison de campagne.
13. Hier soir, Zoé __________ un rendez-vous avec son nouveau petit ami.
14. Il faut qu'elles __________ au moins mille euros pour __________ cet appartement.
15. Est-ce que vous pensez qu'elle __________ acheté les billets de train?
16. Nous n'__________ pas compris les explications du prof.
17. Il faut étudier pour __________ de bonnes notes.
18. Nous sommes contents que vous __________ le temps de parler avec Hervé hier matin.
19. Est-ce que tu __________ un chien quand tu habitais à New York?

***B. Le verbe être.** Utilisez le verbe **être** pour compléter les phrases suivantes. Attention au temps du verbe: *infinitif, présent, passé composé, imparfait, plus-que-parfait, présent du subjonctif, passé du subjonctif*.

Modèle: Hier soir j'***étais*** trop fatigué pour aller au cinéma.

1. Il est nécessaire que tu __________ à l'heure pour ton rendez-vous avec le docteur.
2. Est-ce que vous __________ sûrs qu'elle va venir?
3. Pourquoi est-ce qu'elle __________ en retard ce matin?
4. Je me __________ levé vers 6h et j'ai pris mon café avant de partir.
5. Chère Maman. Nous __________ enfin arrivés à Rennes. Mamy et Papy __________ très contents de nous voir.
6. Elles __________ déjà parties quand ils __________ passés la chercher.
7. Il faut que vous __________ patients. Le train va arriver bientôt.
8. Est-ce qu'ils __________ allés chez vous hier soir?
9. Je doute qu'elles __________ vraiment malades.
10. Pourquoi est-ce que tu n'__________ pas allé au match de foot?

11. Nous nous __________________ déjà couchés quand vous __________________ rentrés.
12. Ma mère __________________ contente que nous __________________ allés à l'hôpital quand mon père __________________ malade.
13. Il est important d'__________________ sérieux si on veut __________________ médecin.
14. Est-ce que tu __________________ sénégalaise?
15. Nous __________________ très surpris quand il __________________ arrivé sans sa fiancée.
16. Je suis navré qu'elle __________________ victime d'un accident de voiture.
17. Une symphonie n'__________________ pas facile à composer.

***C. Les verbes *avoir* et *être* comme verbes auxiliaires.** Complétez les phrases suivantes en utilisant le passé composé des verbes entre parenthèses. Attention: Il faut décider s'il faut le verbe auxiliaire **avoir** ou le verbe auxiliaire **être**.

1. (aller, voir) Quand je __________________ à Paris, j'__________________ tous les monuments importants de la ville.
2. (se lever, prendre, partir) Nous __________________ vers 7h, nous __________________ le petit déjeuner et nous __________________.
3. (oublier, sortir) Ils __________________ leurs clés quand ils __________________ ce matin.
4. (pouvoir, téléphoner) Pourquoi est-ce que vous n'__________________ pas __________________ les aider quand ils vous __________________?
5. (faire, comprendre) J'__________________ beaucoup de progrès en français mais je n'__________________ pas bien __________________ le subjonctif.
6. (se promener, rencontrer) Quand elles __________________ au jardin public, elles __________________ des étudiants américains.
7. (vendre, décider) Est-ce que tu __________________ ta voiture? Non, j'__________________ de la garder.

See the **Corrigés** at the back of this book for the answers to the **Test**. A perfect score is 60 (1 point for each correct verb form).

- If your score is 48 or above, you've completed the assignment.
- If your score is less than 48, reread the rules for the conjugations of the verbs **avoir** and **être** in the **Rappel** section on pages 242 and 243; then do the **Exercice de révision V.** After correcting this exercise (see the **Corrigés** for the answers), do the **Repêchage** test.

RAPPEL

Les verbes *avoir* et *être*

1. Pourquoi réviser les verbes *avoir* et *être*?

Avoir *(to have)* and être *(to be)* are key verbs in the French language.

- They're frequently used as stand-alone verbs with their own meaning (**J'ai deux chats et un chien. Elle est québécoise.**).
- They serve as the helping verbs for a number of tenses that you've already learned (**passé composé, plus-que-parfait, past subjunctive**) and additional ones that you'll learn in this chapter.

- Remember also that **avoir** is combined with other words to form idiomatic expressions such as **avoir soif, avoir faim, avoir peur, avoir l'intention de, avoir envie de,** etc.

Given the frequency of these verbs, it's important to review all the forms of all the tenses you've studied in preparation for the active / passive structures and the new tenses you'll study in this chapter.

2. *Avoir* et *être*: conjugaisons

Le présent
avoir j'ai, tu as, il/elle/on a, nous avons, vous avez, ils/elles ont
être je suis, tu es, il/elle/on est, nous sommes, vous êtes, ils/elles sont

Le passé composé (for the use of the **passé composé,** see Chapter 3)
avoir j'ai eu, tu as eu, il/elle/on a eu, nous avons eu, vous avez eu, ils/elles ont eu
être j'ai été, tu as été, il/elle/on a été, nous avons été, vous avez été, ils/elles ont été

L'imparfait (for the use of the imperfect, see Chapter 3)
avoir j'avais, tu avais, il/elle/on avait, nous avions, vous aviez, ils/elles avaient
être j'étais, tu étais, il/elle/on était, nous étions, vous étiez, ils/elles étaient

Le plus-que-parfait (for the use of the pluperfect, see Chapter 3)
avoir j'avais eu, tu avais eu, il/elle/on avait eu, nous avions eu, vous aviez eu, ils/elles avaient eu
être j'avais été, tu avais été, il/elle/on avait été, nous avions été, vous aviez été, ils/elles avaient été

Le présent du subjonctif (for the use of the present subjunctive, see Chapter 4)
avoir que... j'aie, tu aies, il/elle/on ait, nous ayons, vous ayez, ils/elles aient
être que... je sois, tu sois, il/elle/on soit, nous soyons, vous soyez, ils/elles soient

Le passé du subjonctif (for the use of the past subjunctive, see Chapter 4)
avoir que... j'aie eu, tu aies eu, il/elle/on ait eu, nous ayons eu, vous ayez eu, ils/elles aient eu
être que... j'aie été, tu aies été, il/elle/on ait été, nous ayons été, vous ayez été, ils/elles aient été

3. *Avoir* et *être* comme verbes auxiliaires

Le passé composé
avoir + main verb
j'ai fait, tu as fait, il/elle/on a fait, nous avons fait, vous avez fait, ils/elles ont fait

être + main verb (non reflexive)
je suis allé(e), tu es allé(e), il/elle/on est allé(e), nous sommes allé(e)s, vous êtes allé(e)(s), ils/elles sont allé(e)s

être + main verb (reflexive)
je me suis levé(e), tu t'es levé(e), il/elle/on s'est levé(e), nous nous sommes levé(e)s, vous vous êtes levé(e)(s), ils/elles se sont levé(e)s

Le plus-que-parfait

avoir + main verb
j'avais pris, tu avais pris, il/elle/on avait pris, nous avions pris, vous aviez pris, ils/elles avaient pris

être + main verb (non reflexive)
j'étais sorti(e), tu étais sorti(e), il/elle/on était sorti(e), nous étions sorti(e)s, vous étiez sorti(e)(s), ils/elles étaient sorti(e)s

être + main verb (reflexive)
je m'étais dépêché(e), tu t'étais dépêché(e), il/elle/on s'était dépêché(e), nous nous étions dépêché(e)s, vous vous étiez dépêché(e)(s), ils/elles s'étaient dépêché(e)s

Le passé du subjonctif

avoir + main verb
que... j'aie parlé, tu aies parlé, il/elle/on ait parlé, nous ayons parlé, vous ayez parlé, ils/elles aient parlé

être + main verb (non reflexive)

que… je sois parti(e), tu sois parti(e), il/elle/on soit parti(e), nous soyons parti(e)s, vous soyez parti(e)(s), ils/elles soient parti(e)s

être + main verb (reflexive)

que… je me sois marié(e), tu te sois marié(e), il/elle/on se soit marié(e), nous nous soyons marié(e)s, vous vous soyez marié(e)(s), ils/elles se soient marié(e)s

Exercice de révision

***V. Les verbes *avoir* et être.** Conjuguez les verbes en utilisant les éléments donnés.

Modèle: je / avoir (passé composé)
j'ai eu

1. que nous / finir (passé du subjonctif) ______________________
2. elles / aller (plus-que-parfait) ______________________
3. vous / prendre (passé composé) ______________________
4. tu / être (présent) ______________________
5. qu'il / partir (passé du subjonctif) ______________________
6. je / manger (plus-que-parfait) ______________________
7. nous / être (imparfait) ______________________
8. ils / avoir (passé composé) ______________________
9. tu / être (passé composé) ______________________
10. nous / être (présent) ______________________
11. elle / comprendre (passé composé) ______________________
12. vous / s'amuser (passé composé) ______________________
13. je / se coucher (plus-que-parfait) ______________________
14. on / avoir (passé composé) ______________________
15. qu'elles / faire (passé du subjonctif) ______________________
16. ils / être (présent) ______________________
17. elle / sortir (passé composé) ______________________
18. je / rentrer (plus-que-parfait) ______________________

Repêchage

***Faisons des phrases!** Complétez les phrases en utilisant les verbes entre parenthèses aux temps indiqués.

Modèle: (finir / plus-que-parfait, arriver / passé composé)
J'__________ déjà __________ le travail quand Delphine __________________.
J'*avais* déjà *fini* le travail quand Delphine *est arrivée*.

1. (s'amuser / passé composé)

   Est-ce qu'elles ______________________________?

Nom ______________________________ Date ______________

2. (se dépêcher / passé composé)

Il ________________ pour arriver à l'heure.

3. (apprendre / plus-que-parfait, arriver en cours / passé composé)

Elles ________________ déjà ________________ le plus-que-parfait quand elles ________________ en cours.

4. (avoir / présent, être / présent)

Qu'est-ce que tu ________________? Tu ________________ malade?

5. (être / imparfait)

Nous ________________ très contentes de nos notes en français.

6. (être / présent, faire / passé du subjonctif)

Est-ce que vous ________________ sûrs qu'elle ________________ ses devoirs?

7. (être / imparfait, aller / passé du subjonctif)

J'________________ contente que vous ________________ au concert.

8. (être / présent, partir / passé du subjonctif)

Tu ________________ sûr qu'elle ________________?

9. (rentrer / passé composé)

Nous ________________ très tard.

10. (avoir / plus-que-parfait)

Vous n'________________ pas ________________ assez de patience.

See the **Corrigés** at the back of this book for the answers to the **Repêchage** test. The total number of points is 15 (1 point for each verb form).

- If you received a score of 12 or better, you've passed the test.
- If you scored below 12, let your instructor know by placing an X in the box at the upper right-hand corner of the re-test.
- In either case, you've completed the assignment.

Nom ______________________ Date ______________

⊙ A faire! (6-2) — Manuel de classe, pages 243–250

- To *work again* with the **Et vous?** vocabulary, do **Ecrivez!**, Exercise VI.
- To *work again* with the information in the **Magazine Culture**, do Exercise VII and the Internet activity (Exercise VIII), if assigned.
- In *preparation* for the next class period, learn to use the passive voice and do Exercises IX, X, XI, XII, XIII, XIV.

Quant à moi…

Ecrivez!

VI. Quels sont les atouts des Etats-Unis? Rédigez plusieurs paragraphes dans lesquels vous décrivez trois points d'intérêt des Etats-Unis (patrimoine culturel, patrimoine naturel, accomplissement technologique). Suivez le schéma indiqué ci-dessous. Consultez www.google.fr pour trouver le vocabulaire pour les exemples que vous avez choisis. Mais attention: Utilisez vos propres mots dans la rédaction. Ne copiez pas tout simplement ce que vous trouvez sur Internet.

Paragraphe 1: Introduction
Indiquez de quoi vous allez parler. Quels sont les trois exemples que vous avez choisis pour illustrer le patrimoine culturel, le patrimoine naturel, l'innovation technologique?

Paragraphe 2: Exemple du patrimoine culturel
Dites de quoi vous allez parler. Faites-en une description. Expliquez pourquoi ce point d'intérêt est un aspect important du patrimoine culturel américain.

Paragraphe 3: Exemple du patrimoine naturel (biologique ou paysager)
Dites quel paysage ou espèce vous avez choisi. Faites-en une description et expliquez pourquoi cet exemple est un aspect important du patrimoine naturel américain.

Paragraphe 4: Exemple de l'accomplissement technologique
Dites quel point d'intérêt vous avez choisi et parlez de son importance aux Etat-Unis et, si pertinent, dans le monde.

Paragraphe 5: Conclusion
Ecrivez quelques phrases qui résument ce dont vous avez parlé.

Magazine Culture *Le patrimoine français*

***VII. Est-ce que vous avez bien compris?** Consultez le **Magazine Culture** pour dire si les phrases suivantes sont vraies (**vrai**) ou fausses (**faux**). Si une phrase est fausse, corrigez-la.

________ 1. Blois est une ville de l'est de la France, pas trop loin du viaduc de Millau.

____

________ 2. La région où est située la ville de Blois est une région agricole.

____

________ 3. Les cultures les plus importantes de la région sont le blé, le vin, les fraises, les légumes et les asperges.

____

Nom ______________________________ Date ______________

_______ 4. Au début, le château de Blois était une église.

____

_______ 5. Ce qui reste de la forteresse médiévale est une grande salle et une tour.

____

_______ 6. Les plus grandes reconstructions du château ont été faites au XXe siècle par le président de la France.

____

_______ 7. Les livres et les manuscrits qui forment la base de l'actuelle Bibliothèque Nationale à Paris ont été collectionnés par le roi Louis XIV.

____

_______ 8. C'est en 1660 que le château a été classé monument historique.

____

_______ 9. La Guadeloupe est administrativement un groupe de huit îles antillaises.

____

_______ 10. La biodiversité de la Guadeloupe n'est plus ce qu'elle était au début de la colonisation.

____

_______ 11. Les tortues marines ne s'arrêtent plus sur les plages guadeloupéennes pour pondre leurs œufs.

____

_______ 12. Les étangs et mangroves sont assez rares en Guadeloupe, mais il y en a encore quelques-uns.

____

_______ 13. L'agriculture est le secteur économique le plus important en Guadeloupe.

____

_______ 14. Le viaduc de Millau a créé le sixième itinéraire nord-sud en France.

____

_______ 15. Avec l'Airbus A380, le TGV et d'autres projets innovateurs, le viaduc de Millau est une réalisation qui a battu plusieurs records techniques.

____

VIII. Internet: Le patrimoine français. Faites des recherches sur Internet pour trouver des renseignements sur le patrimoine culturel, naturel et technologique de la France. Identifiez au moins quatre articles ou sites qui vous intéressent, puis résumez brièvement (en français ou en anglais) ce que vous avez appris.

Moteurs de recherche: www.google.fr, www.google.com, www.voila.fr, www.lycos.fr, www.youtube.com

Mots-clés en français: (ajoutez l'adjectif «français» ou le département, territoire ou pays d'outre-mer) monuments historiques / cathédrales / musées / ponts / aéronautique / industrie aérospatiale / paysages / nature / patrimoine culturel / patrimoine biologique / patrimoine paysager / grottes préhistoriques / villages médiévaux / art / artistes / [noms d'artistes] / architecture / musique / compositeurs / [noms de compositeurs] / sculptures / sculpteurs / [noms de sculpteurs] / zouk / gwo-ka / biguine / musique créole / monuments préhistoriques / viaduc de Millau / Airbus A380 / TGV

Nom ______________________________ Date ______________

Mots-clés en anglais: (ajoutez l'adjectif *French* ou le département, territoire ou pays d'outre-mer) monuments / gothic cathedrals / romanesque churches / museums / Renaissance castles of the Loire Valley / bridges / space program / Airbus A380 / high-speed train / viaduct Millau / villages / art / artists / [names of specific artists] / architecture / musique / composers / [names of specific composers] / sculptures / sculptors / [names of specific sculptors] / zouk / gwo-ka / biguine / creole music / music of the French Caribbean / prehistoric caves / prehistoric monuments / natural heritage / cultural heritage / technology / innovations

Mot-clé utilisé	**Ce que j'ai appris**
1. ______________	______________________________
2. ______________	______________________________
3. ______________	______________________________
4. ______________	______________________________

Fonction

Comment distinguer entre la voix active et la voix passive

Accurate descriptions require you to distinguish between the active and the passive voice in French.

ACTIVE VOICE: **L'agent de police a blessé le malfaiteur.**
The police officer wounded the criminal.

PASSIVE VOICE: **Le malfaiteur a été blessé par l'agent de police.**
The criminal was wounded by the police officer.

1. L'actif et le passif

In most sentences, the noun or pronoun in the subject position designates the person or thing that *carries out* the action of the verb. This is called the *active voice*. For example:

sujet + verbe

Jacques et sa femme ont servi un très bon dîner.
(**Jacques et sa femme** = the people who served the dinner)

Evelyne veut sortir ce soir.
(**Evelyne** = the person who wants to go out)

L'inondation a détruit plus de 200 maisons.
(**L'inondation** *[The flood]* = that which destroyed the houses)

However, in some situations, the noun or pronoun in the subject position *undergoes* or *receives* (rather than carries out) the action of the verb. This is called the *passive voice*. For example:

sujet + verbe

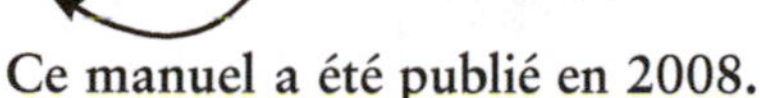

Ce manuel a été publié en 2008.
(The textbook did *not* do the publishing, it *was published*.)

Le cours était fait par Mme Richard quand j'étais à l'université.
(The course was *not* teaching, it *was taught*.)

Cette maison a été détruite par un incendie.
(The house did *not* destroy anything, it *was destroyed* by the fire.)

***IX. Actif ou passif?** D'abord, indiquez si les phrases suivantes en anglais sont à la voix active (**A**) ou à la voix passive (**P**).

1. _______ We usually buy our textbooks at the college bookstore.
2. _______ George was shot in the leg while hunting deer.
3. _______ Our house is built on the shore of a lake.
4. _______ We saw two very good films last weekend.
5. _______ When did Germany invade Czechoslovakia?
6. _______ You're going to be contacted by a representative of the company.

Ensuite, indiquez si les phrases suivantes en français sont à la voix active (A) ou à la voix passive (P).

7. _______ Cette cathédrale a été construite au XVe siècle.
8. _______ Nous avons acheté notre maison en 1995.

9. _______ Marie va finir ses études l'année prochaine.
10. _______ Le dîner va être servi à 21h.
11. _______ Les victimes de l'accident ont été transportées à l'hôpital.
12. _______ Les professeurs vont annoncer les résultats vendredi après-midi.

2. La voix passive sans agent

Cette édition **a été publiée** en 2008.
This edition ***was published*** *in 2008.*

Chez nous le dîner **est servi** à 20h.
At our house dinner ***is served*** *at 8 o'clock.*

Les résultats **vont être annoncés** demain.
The results ***are going to be announced*** *tomorrow.*

To form the passive voice, use the verb **être** and the *past participle* of the action verb.

a. **Etre** can be conjugated in any tense or the immediate future according to the meaning you wish to convey: **a été publiée** (past), **est servi** (present), **vont être annoncés** (immediate future).
b. The past participle functions as an adjective and thus agrees with the noun or pronoun at the beginning of the sentence: **publiée** (**édition** = feminine singular), **servi** (**dîner** = masculine singular), **annoncés** (**résultats** = masculine plural).

Notice that in these sentences, the doer of the action is either not known or not mentioned.

***X. Des équivalences.** Donnez l'équivalent français des phrases suivantes à la voix passive en utilisant **être** et un *participe passé.*

Modèle: Three million euros were found in an abandoned house.
Trois millions d'euros ont été trouvés dans une maison abandonnée.

D'abord, conjuguez le verbe **être** au *passé composé:*

1. These castles were built in the sixteenth century.

____

2. The new director was chosen unanimously (**choisir à l'unanimité**).

____

3. President Kennedy was assassinated in Dallas in 1963.

____

4. Marie-Claire Pierret was named CEO (**nommer présidente-directrice générale**) of Geodisa.

____

Ensuite, utilisez le *futur immédiat* du verbe **être:**

5. Dinner is going to be served at 8:30.

____

6. The paintings are going to be restored to their original condition (**restaurer**).

____

Enfin, conjuguez le verbe **être** au *présent*:

7. Breakfast is served in the basement (**à l'entresol**).

____

8. All the stores are closed.

____

3. La voix passive avec agent

Ils **vont être accueillis** par le président de l'université.
They're ***going to be welcomed by*** *the president of the university.*

Tous ses frais **ont été payés par** ses parents.
All his expenses ***were paid by*** *his parents.*

Normalement les candidats **sont évalués par** un jury de trois professeurs.
Usually the candidates ***are examined by*** *a jury of three professors.*

When the doer of the action is known, you can still use a passive construction by including the preposition **par** to introduce the doer (agent).

***XI. Encore des équivalences.** Donnez l'équivalent français des phrases suivantes à la voix passive en utilisant le verbe **être,** un *participe passé* et la préposition **par.**

Modèle: The village was destroyed by a flood.
Le village a été détruit par une inondation.

D'abord, conjuguez le verbe **être** au passé composé:

1. Our house was burglarized (**cambrioler**) by three masked (**masquées**) women.

____

2. These apartment buildings were built by the city (**la municipalité**).

____

3. Caroline Chauveau was strangled (**étrangler**) by her jealous husband.

____

4. We were questioned (**interroger**) by two policemen (**policiers**).

____

Ensuite, utilisez le *futur immédiat* du verbe **être:**

5. The lecture (**La conférence**) is going to be given by Jean-Pierre Richard.

____

6. The photos are going to be taken by the bride's cousin (**le cousin de la mariée**).

____

Enfin, conjuguez le verbe **être** au *présent*:

7. Beginning courses (**Les cours de débutants**) are often taught by TAs (**des assistants**).

____

8. At my house, meals (**les repas**) are prepared by my father.

____

4. La voix passive à valeur descriptive

Ce professeur **est respecté de** tous ses étudiants.
*This teacher **is respected by** all her students.*

L'école **était entourée d'**arbres.
*The school **was surrounded by** trees.*

Bientôt ces montagnes **vont être couvertes de** neige.
*Soon these mountains **are going to be covered with** snow.*

When the verb describes a static situation (i.e., one that is not likely to change without the intervention of another action), the notion of *by* or *with* is expressed by the preposition **de.** See the examples above. Since this structure is primarily used for description, use the **imparfait** of **être** when talking about the past.

To download a tutorial on the Passive Voice, go to **www.cengagebrain.com.**

***XII. Des équivalences, une troisième fois.** Donnez l'équivalent français des phrases suivantes à la voix passive en utilisant le verbe **être,** un *participe passé* et la préposition **de.**

Modèle: The entrance path is lined with flowers.
L'allée d'entrée est bordée de fleurs.

D'abord, conjuguez le verbe **être** au *présent* ou au *futur*:

1. The director is loved by all of his employees.

 ____

2. The restaurant is decorated with reproductions of famous paintings.

 ____

3. After the race (**la course**), I'm going to be covered with sweat (**tremper de sueur**).

 ____

4. The playing field (**terrain**) is surrounded by a fence (**une grille**).

 ____

Ensuite, conjuguez le verbe être à *l'imparfait*:

5. The stage (**La scène**) was surrounded by spectators.

 ____

6. The fields (**Les champs,** *m.*) were covered (**recouvrir—recouvert**) with snow.

 ____

***XIII. *Par* ou *de*?** Complétez les phrases avec la préposition **par** (s'il s'agit d'une action) ou avec la préposition **de** (s'il s'agit d'une description).

1. Ces magnétoscopes sont fabriqués ______________ Sony.
2. Cette chanson a été composée ______________ un chanteur québécois.
3. Le château était entouré ______________ eau.
4. Le professeur est très admiré ______________ ses élèves.
5. Ce manuel a été publié ______________ la maison d'édition Heinle.

6. La route était bordée __________ grands arbres.
7. Navratilova a été battue trois fois __________ Evert à Roland Garros.
8. Il est important que les examens soient corrigés __________ le professeur lui-même.

***XIV. Dans mon université.** Un étudiant américain est en train de décrire son université à des amis francophones. Transformez ses phrases à la voix active en phrases à la voix passive. Faites attention au temps du verbe.

Modèle: Généralement les assistants corrigent les devoirs.
Généralement les devoirs sont corrigés par les assistants.

1. Tous les étudiants aiment et respectent la présidente de l'université.
____
2. Les vice-présidents supervisent la création de nouveaux programmes.
____
3. Au milieu du campus, quatre bâtiments entourent une grande fontaine.
____
4. On a engagé beaucoup de professeurs pendant les années 1970.
____
5. Autrefois, les professeurs corrigeaient tous les examens.
____
6. Aujourd'hui les assistants font ce travail.
____
7. Dans mon cours d'anglais, on remet les devoirs par courrier électronique.
____
8. On va remettre les diplômes lors d'une cérémonie en juin.
____

Nom ______________________ Date ______________

⊙ A faire! (6-3) Manuel de classe, pages 251–254

- To *work again* with the **Témoignages** you heard in class, listen to CD4, Tracks 12–16 and do Exercise XV.
- In *preparation* for talking about the environment and prejudice, study the **Fiche Vocabulaire (Et vous?)** and do Exercises XVI, XVII, and XVIII.
- In order to *learn* how to use the conditional and past conditional, read the grammatical explanation and do Exercises XIX, XX, XXI, XXII, and XXIII.

 Quant à moi…

Témoignages: «A votre avis, quels sont les problèmes les plus graves dans le monde d'aujourd'hui?»

CD4, Tracks 12–16

***XV. Qui a parlé de quoi?** Pour chaque rubrique à gauche, cochez la case sous le nom de la personne qui a parlé de ce problème. Répondez ensuite aux questions. Utilisez une autre feuille de papier.

Vocabulaire utile

CHRISTOPHE MOURAUX: **dix fois trop** *(ten times too much)*, **à résoudre** *(to resolve)*, **SIDA** *(AIDS)*, **de moins en moins** *(less and less)*, **banalisé** *(trivialized)*, **meurent** *(die)*, **engendrer** *(engender, cause)*, **réchauffement de la planète** *(global warming)*, **passer sous silence** *(not mention)*, **auparavant** *(earlier)*, **subi** *(undergone, experienced)*, **au cours du** *(during the)*, **se sont améliorées** *(have gotten better)*, **nettement** *(clearly)*, **de par le fait** *(by the fact, because)*, **vague** *(wave)*, **provenait de** *(came from)*, **sachant que** *(knowing that)*, **je côtoyais** *(I frequented, I was around)*, **quoi qu'elles fassent** *(whatever they do)*, **n'auront pas** *(will not have)*, **s'en sortir** *(get out of their situation)*

CORINNE BERNIMOULIN-SCHMID: **réchauffement climatique** *(global warming)*, **scolarisés** *(educated)*, **hautes études** *(higher education)*, **n'auront pas** *(will not have)*, **xénophobes** *(la xénophobie) (xenophobic, xenophobia, a deep dislike of foreigners)*, **dû à** *(due to)*, **volent** *(steal)*, **une montée de** *(a rise in)*, **due à** *(due to)*, **avenir proche** *(near future)*, **guerre** *(war)*, **actuellement** *(currently)*, **ça nous brise le cœur** *(it's heart breaking)*, **pourrait faire** *(could do)*, **Il faudrait prendre exemple sur nous** *(You should take us as an example)*, **assiettes en carton** *(paper plates)*, **fourchettes** *(forks)*, **couteaux** *(knives)*, **ceux** *(those)*, **en porcelaine** *(china)*, **camions de recyclage** *(recycling trucks)*, **verre** *(glass)*, **boîtes de conserve** *(cans)*, **voisins** *(neighbors)*, **vous font remarquer** *(let you know)*, **sacs à poubelle** *(trash bags)*, **on les économise** *(we save them)*, **le moins possible** *(the least amount possible)*, **ménage** *(household)*, **glaciers** *(glaciers)*, **reculent** *(retreat)*, **prendre soin de** *(take care of)*, **taille** *(size)*, **grosses** *(large)*

Nom ____________________ Date ____________

PIERRE HUREL: **époque charnière** *(pivotal period)*, **bloc de l'Est** *(Eastern Block)*, **ère** *(era)*, **espèce d'** *(kind of, type of)*, **lié à** *(tied to)*, **nous interpelle** *(concerns us)*, **s'ennuient** *(are bored, have nothing to do)*, **ne devraient pas faire** *(shouldn't do)*, **manifestations** *(demonstrations)*

Problème	**Christophe**	**Corinne**	**Pierre**
terrorisme			
xénophobie			
environnement / pollution			
chômage			
maladies			
égoïsme			
faim			
guerre			
discrimination			
réchauffement climatique			

Questions:

1. Quel est le problème mentionné par les trois témoins?
2. Selon les témoins, quel est le problème numéro deux?
3. Qui a mentionné le moins de problèmes?
4. Combien de problèmes sont mentionnés par Christophe et Corinne?
5. Quel est le problème le moins concret qui a été mentionné?
6. Quels sont les deux problèmes qui sont liés de façon évidente?
7. Quels autres liens sont possibles entre les problèmes mentionnés?

Et vous?

FICHE VOCABULAIRE

LES RELATIONS ENTRE L'HOMME ET L'ENVIRONNEMENT / LES RELATIONS ENTRE LES ETRES HUMAINS

L'environnement
- **abîmer la nature** *to damage, harm nature*
- un accident (nucléaire, etc.)
- avoir peur
- le bruit *noise*
- une catastrophe
- une conséquence
- dangereux(se)
- les déchets *(m.)* (radioactifs, toxiques, nocifs, chimiques, etc.) *(radioactive, toxic, harmful, chemical) garbage, waste, trash*

la dégradation (de la faune, de la flore)
la destruction (des forêts, etc.)
la disparition (de la forêt amazonienne, etc.)
l'écologie *(f.)*
un écosystème
l'effet *(m.)* de serre *greenhouse effect*
l'énergie *(f.)*
l'environnement *(m.)*
être menacé(e) de disparition *to be endangered*
une espèce *species*
les espèces en voie de disparition *endangered species*
le gaspillage *waste*
gaspiller *to waste*
l'impact *(m.)* sur l'environnement *environmental impact*
une industrie
industriel(le)
une menace
menacer
la nature sauvage *wilderness*
les ordures *(f.)* ménagères *household garbage*
polluer
un pollueur
la pollution (de l'eau, de l'atmosphère, des rivières, de la mer, des sols, etc.)
préserver (les espaces naturels, etc.)
le progrès
la protection
protéger (la nature, les espaces naturels, etc.)
la qualité de vie
le réchauffement de la planète *global warming*
le recyclage (du papier, des magazines, du carton, des vêtements, etc.)
le trou dans la couche d'ozone *tear in the ozone layer*

La discrimination
l'action *(f.)* en faveur des minorités *affirmative action*
l'antisémitisme *(m.)*
une attitude condescendante
avoir des préjugés contre *to be prejudiced against*
avoir l'esprit ouvert *to be open-minded*
la couleur de la peau *skin color*
la discrimination à l'envers *reverse discrimination*
l'égalité (l'inégalité) *(f.)*
l'égalité des droits *equal rights*
les émeutes raciales *(f.) race riots*
être étroit(e) d'esprit *to be narrow-minded*
être l'objet de discrimination *to be discriminated against*
la haine *hate*
l'homophobie *(f.)*
une insulte verbale
mépriser *to scorn; to detest*
la peur *fear*
un préjugé
le racisme
la ségrégation
le sexisme
la tolérance (l'intolérance)

XVI. L'environnement: Qu'est-ce qui manque? *(What's missing?) Complétez les phrases suivantes avec des mots ou des expressions tirés de la **Fiche Vocabulaire.** Attention au sens et à la logique des phrases.

1. Dans la société moderne, le ____________________ est le grand ami de la nature. Nous jetons des tonnes de choses tous les ans sans trop penser aux conséquences de nos actions.
2. Le recyclage, c'est la ____________________ du papier, du verre et des autres produits de consommation.
3. ____________________ est créé par la destruction de l'atmosphère et de la couche d'ozone. Le résultat, c'est que le climat est en train de changer et qu'il va faire de plus en plus chaud.
4. Voici quatre formes de pollution:

   a. ______________________________

   b. ______________________________

   c. ______________________________

   d. ______________________________

   Et voici quatre conséquences:

   e. ______________________________

   f. ______________________________

g. ______________________

h. ______________________

5. Qu'est-ce qu'on peut faire pour protéger l'environnement? (Indiquez 4 actions.)

   a. ______________________

   b. ______________________

   c. ______________________

   d. ______________________

6. Il y a toutes sortes de déchets qui contribuent à la pollution de la terre. Parmi les plus dangereux, il y a ______________, ______________, ______________.

7. Le ______________ est aussi une forme de pollution de l'activité humaine. Beaucoup de personnes ont oublié ce que c'est que le silence.

8. 43% de l'énergie du chauffage urbain parisien sont fournis par l'incinération des ordures ______________.

9. Pour 87% des Français, les ______________ radioactifs sont le premier problème ______________, devant la ______________ des forêts (86%) et la ______________ (85%).

10. Avec 100 tonnes de journaux et magazines récupérés, on fabrique 80 à 90 tonnes de papier ______________.

XVII. L'environnement: Sont-ils écolos? A l'aide de la **Fiche Vocabulaire**, rédigez quelques phrases qui donnent un exemple précis du comportement ou de l'attitude de la personne indiquée.

Modèle: Jean-Marc ne se soucie pas du tout de l'environnement.
Par exemple, chaque fois qu'il mange ou boit quelque chose, il jette les bouteilles, les boîtes de conserve, le plastique. Quand je lui dis qu'il faut recycler nos déchets, il se moque de moi et il m'appelle «écolo». J'espère qu'un jour il va admettre que nos ressources naturelles sont limitées.

1. Suzanne fait partie d'une association écologiste. Elle va dans les écoles pour parler aux élèves et leur apprendre à protéger la nature.

____

____

____

2. Pour Anne-Marie, le recyclage est de première importance.

____

____

____

3. Hervé habite près de la mer et il voit les effets de la pollution tous les jours. Il fait donc partie d'un groupe écologiste qui a pour but d'améliorer la situation.

____

____

____

Nom ______________________________ Date ______________

4. Jacques ne comprend pas l'importance de la protection de l'environnement.

____

____

____

5. La plupart des consommateurs pensent rarement aux conséquences de leurs actions en ce qui concerne l'environnement.

____

____

____

***XVIII. La discrimination: Des définitions.** Dans la **Fiche Vocabulaire,** trouvez le mot ou l'expression qui correspond à chacune des définitions.

1. C'est un préjugé basé sur la couleur de la peau.

   ____

2. C'est quand on traite quelqu'un différemment à cause de caractéristiques physiques.

   ____

3. Quand on isole certaines personnes à cause de leur religion, de leur culture, de leur race, de leur sexe.

   ____

4. C'est ce qu'on dit d'un individu qui refuse de connaître ceux qui sont différents de lui.

   ____

5. C'est la haine des homosexuels.

   ____

6. C'est ce qu'on dit de quelqu'un qui accepte les autres.

   ____

7. C'est quand on a des préjugés contre des personnes à cause de leur sexe.

   ____

8. Ce sont les lois qui protègent les personnes traditionnellement défavorisées.

   ____

9. C'est le fait de détester quelqu'un.

   ____

10. C'est la haine des juifs.

    ____

11. C'est quand des individus sont traités différemment dans la société.

    ____

12. La haine en est souvent le résultat.

    ____

Nom ____________________ Date ____________

Fonction

Comment exprimer l'hypothèse

1. Le présent du conditionnel

a. *Les formes régulières*

In French, the present conditional is the equivalent of the English structure *would* + verb (*Yes, I would like to meet your parents*). To form the conditional, simply add the imperfect endings **-ais, -ais, -ait, -ions, -iez, -aient** to the infinitive of the verb. Notice that the final **e** of a verb ending in **-re** is dropped before the conditional ending is added.

arriver	**partir**	**prendre**
arriver-	**partir-**	**prendr-**
j'arriverais	je partirais	je prendrais
tu arriverais	tu partirais	tu prendrais
il/elle/on arriverait	il/elle/on partirait	il/elle/on prendrait
nous arriverions	nous partirions	nous prendrions
vous arriveriez	vous partiriez	vous prendriez
ils/elles arriveraient	ils/elles partiraient	ils/elles prendraient

b. *Les formes irrégulières*

Some verbs have irregular stems in the present conditional. There is no quick way to remember these forms. Only repeated use or memorization will help you acquire them and use them accurately.

aller	**ir-**	**j'irais**
avoir	**aur-**	**tu aurais**
devoir	**devr-**	**il devrait**
envoyer	**enverr-**	**elle enverrait**
être	**ser-**	**on serait**
faire	**fer-**	**nous ferions**
falloir	**faudr-**	**il faudrait**
pouvoir	**pourr-**	**vous pourriez**
savoir	**saur-**	**ils sauraient**
voir	**verr-**	**elles verraient**
vouloir	**voudr-**	**je voudrais**

c. *L'emploi du présent du conditionnel*

The present conditional has a variety of uses:

- Expression of politeness or formality

  Je serais contente de vous aider. — ***I would be*** *happy to help you.*
  Voudriez-vous m'accompagner? — ***Would you like*** *to come with me?*
  Auriez-vous l'heure? — ***Would you*** *have the time?*

- Expression of possibility or eventuality (an action that could possibly or eventually take place in the future—something that could hypothetically take place)

  Un jour, **je voudrais** être avocate. — *One day,* ***I'd like*** *to be an attorney.*
  Il aimerait sortir avec toi. — ***He'd like*** to go out with you.
  Nous ferions bien un voyage au Maroc. — ***We wouldn't mind taking*** *a trip to Morocco.*

- Advice

  A ta place, **je changerais** de travail. — *If I were you,* ***I'd change*** *jobs.*
  A votre place, **j'irais** en Norvège. — *If I were you,* ***I'd go*** *to Norway.*

- Doubt and supposition

Elle serait malade.	***She's supposed to be** sick (but there's some doubt about it).*
A votre avis, **serions-nous** plus heureux sans argent?	*In your opinion, **would we be** happier without money? (I doubt that.)*

To download a tutorial on the Conditional, go to **www.cengagebrain.com.**

***XIX. Soyons plus polis!** Utilisez le présent du conditionnel pour récrire les phrases suivantes sous une forme plus polie.

1. Je peux parler à M. Imbert?
____
2. Pouvez-vous me donner son adresse mail?
____
3. Savez-vous où il est allé?
____
4. Nous voulons vous demander un service.
____
5. Avez-vous le temps de me parler?
____
6. Je suis content de lui téléphoner.
____
7. Peux-tu dîner avec nous ce soir?
____
8. Françoise et moi, nous voulons bien y aller avec vous.
____
9. Tu fais la vaisselle pour moi?
____
10. Vous allez à la bibliothèque déposer ces livres?
____
11. Ils nous prêtent leurs DVD?
____
12. Il faut qu'elle arrive vers dix heures.
____

***XX. Que feriez-vous à leur place?** Donnez un conseil pour résoudre chacun des problèmes suivants. Utilisez le présent du conditionnel et suivez le modèle.

Modèle: Mon frère s'ennuie à son travail. (chercher un autre travail)
A sa place, je chercherais un autre travail.

1. Je suis toujours fatigué. (se coucher plus tôt)
____

2. Depuis quelques semaines, je grossis énormément. (ne pas manger de pizza)

____

3. Je n'ai jamais assez d'argent. (ne pas aller dans les grands magasins)

____

4. Elle n'a pas assez d'argent pour téléphoner à ses parents. (leur envoyer un mail)

____

5. La femme d'Hervé Villot ne sait pas parler français. (prendre des leçons de français)

____

6. J'ai la grippe (*flu*) depuis cinq jours. (consulter le médecin)

____

7. Nous n'avons pas envie de faire la cuisine ce soir. (dîner au restaurant)

____

8. Mes parents n'aiment pas l'appartement où nous habitons. (acheter une maison)

____

9. J'ai mal à la tête. (m'arrêter de travailler à l'ordinateur)

____

10. Mon frère a des difficultés en cours de chimie. (aller voir le prof)

____

11. Nous ne savons pas qui inviter. (inviter mes meilleurs amis)

____

12. Ma sœur a encore besoin d'argent. (ne plus lui donner d'argent)

____

2. Le conditionnel passé

a. ***Les formes du conditionnel passé***

The past conditional is formed by using the present conditional of the helping verbs être or avoir and the past participle of the main verb. All of the rules you've learned about the formation of compound tenses (choice of être or avoir, agreement of past participle) are the same for the past conditional.

j'aurais aimé — *I would have liked*
tu serais allé(e) — *you would have gone*
elle se serait levée — *she would have gotten up*

b. ***L'emploi du conditionnel passé***

- Expression of possibility in the past
  Elle aurait été contente de vous voir. — ***She would have been*** *happy to see you.* (But she didn't see you.)
- Expression of politeness
  J'aurais aimé accepter votre invitation. — ***I would have liked*** *to have accepted* your invitation. (But I couldn't.)
- Doubt and supposition
  Elle aurait volé son argent. — ***She supposedly (allegedly) stole*** *his/her money.* (But there's some doubt about that.)

To download a tutorial on the Past Conditional, go to **www.cengagebrain.com.**

***XXI. La criminalité.** Utilisez le conditionnel passé pour indiquer qu'il y a des doutes sur ce que les personnes suivantes auraient fait.

Modèle: Elles ont terrorisé leurs voisins.
Elles auraient terrorisé leurs voisins.

1. Le tireur fou *(sniper)* a tué dix personnes.

____

2. Les jeunes ont commis des vols d'automobiles.

____

3. Son oncle a signalé *(reported)* un crime.

____

4. Il a fait acte de vandalisme.

____

5. Elle a tabassé *(beat up)* son agresseur.

____

6. Ils sont allés à l'étranger.

____

7. Les voleurs *(robbers)* se sont servis d'une arme *(weapon)*.

____

8. La police a interrogé les suspects.

____

9. Ils ont participé à une bagarre *(fight)*.

____

10. Elles ont trouvé des indices *(clues)*.

____

3. Les phrases conditionnelles

A conditional sentence is one that has an *if* clause in it (either as the first or as the second clause). It means that something *would happen* or *would have happened* if another condition *were met* or *had been met*.

The correct verb patterns of conditional sentences are as follows:

a. si + imperfect → conditional in the other clause

Si elle **étudiait** davantage, elle **réussirait** mieux.
*If she **studied** harder, she **would do** better.*

Elle **réussirait** mieux **si** elle **étudiait** davantage.
*She **would do** better **if** she **studied** more.*

b. si + pluperfect → past conditional in the other clause

Si elle **était venue** avec nous hier soir, elle **aurait rencontré** Paul.
*If she **had gone** with us last night, she **would have met** Paul.*

Elle **aurait rencontré** Paul **si** elle **était venue** avec nous hier soir.
*She **would have met** Paul **if** she **had gone** with us last night.*

Un petit truc

Remember that the pluperfect (the **plus-que-parfait**) is a combination of the imperfect of the auxiliary verb **avoir** or **être** and the past participle. In English, that tense is translated as *had* + past participle:
Il avait déjà fini les exercices. *He had already finished the exercises.*

c. si + pluperfect → present conditional

In some specific situations, the *pluperfect* can be followed by a *present conditional*. This happens when you want to express how things *would be* now, if something else *had (had not) happened* in the past.

Si les événements du 11 septembre **n'avaient pas eu** lieu, nous **n'aurions pas** cette ambiance d'insécurité généralisée, nous **aurions** moins peur, il y **aurait** moins de problèmes.

***XXII. On mange quelque chose?** Indiquez les choix que vous feriez dans les situations suivantes.

Modèle: Si vous sortiez manger avec votre famille, est-ce que vous iriez dans un fast-food ou un restaurant chic?
Si je sortais manger avec ma famille, nous irions dans un restaurant chic.

1. Si vous pouviez choisir, est-ce que vous dîneriez au Macdo ou dans un restaurant français?

____

2. Si vous n'aviez pas commencé un régime il y a huit jours, est-ce que vous pourriez manger de la pizza avec nous ce soir?

____

3. Si vous payiez le repas, est-ce que vous choisiriez le menu à 20 euros ou le menu à 50 euros?

____

4. Et si vos amis vous invitaient à dîner, qu'est-ce que vous leur apporteriez?

____

5. Si vous vouliez maigrir, qu'est-ce que vous prendriez comme hors-d'œuvre—l'assiette de crudités ou les œufs mayonnaise?

____

6. Si vous n'aimiez pas le poisson, est-ce que vous commanderiez le filet de sole ou le bœuf bourguignon?

____

7. Si vous aviez très faim, est-ce que vous mangeriez une salade ou du rôti de bœuf?

____

8. Si vous vouliez grossir, qu'est-ce que vous choisiriez comme dessert—une glace ou un fruit?

____

9. Si vous aviez le choix, qu'est-ce que vous prendriez comme boisson?

____

10. Si le service n'était pas compris, combien est-ce que vous laisseriez de pourboire (*tip*)—15 pour cent ou 20 pour cent?

____

11. Si vous n'étiez pas allé(e) à l'institut culinaire l'année dernière, est-ce que vous seriez chef dans ce restaurant aujourd'hui?

____

Nom ______________________ Date ______________

XXIII. Si seulement j'avais étudié le conditionnel… ***(If only I had studied the conditional . . .)***
Utilisez le plus-que-parfait et le présent du conditionnel ou le conditionnel passé pour inventer ce que vous feriez (auriez fait) si… On vous donne soit la première proposition soit la deuxième. A vous de compléter la phrase.

Modèles: Si j'avais plus étudié,…
Si j'avais plus étudié, *j'aurais un meilleur job aujourd'hui.*
… je serais allé(e) en France.
Si j'avais eu plus d'argent, je serais allé(e) en France.

1. Si j'avais fait attention en cours,…
____
2. … j'enverrais un mail à mon ami(e).
____
3. Si j'avais eu un job à l'âge de seize ans,…
____
4. … je me serais beaucoup amusé(e).
____
5. Si j'étais rentré(e) plus tôt hier soir,…
____
6. … j'aurais acheté le DVD.
____
7. Si j'avais parlé au prof de français,…
____
8. … je pourrais aller au match de basket.
____
9. Si j'étais allé(e) à l'institut culinaire…
____
10. … j'aurais acheté une voiture neuve.
____

⊙ A faire! (6-4)   Manuel de classe, pages 255–264

- To *work again* with the **Et vous?** vocabulary, do **Ecrivez!**, Exercise XXIV.
- To *work again* with the information in the **Magazine Culture**, do Exercise XXV and the Internet activity (Exercise XXVI), if assigned.
- In order to *review* the passive / active and the conditional, do Exercises XXVII and XXVIII.

Quant à moi…

Ecrivez!

XXIV. A mon avis. Choisissez un des sujets suivants et faites une rédaction selon les indications données. Consultez la **Fiche Vocabulaire** pour vous aider. Utilisez une autre feuille de papier.

1. Vous écrivez un message électronique à un(e) ami(e) en Suisse. Dans ce mail:
   - expliquez ce qui, à votre avis, est le problème le plus grave dans la région où vous habitez;
   - identifiez le problème et expliquez qui, à votre avis, en est responsable; proposez des solutions;
   - donnez des exemples précis pour illustrer votre point de vue.
2. Imaginez que la fille de Tahar Ben Jelloun pose des questions sur les différentes formes de discrimination. Choisissez *une forme* de discrimination (racisme, sexisme, antisémitisme, homophobie, préjugés contre les plus démunis, préjugés contre les personnes âgées ou d'autres préjugés) et rédigez une réponse qui est inspirée du texte de Ben Jelloun.
   - Posez les questions (Dis, c'est quoi…?).
   - Donnez une définition.
   - Rédigez plusieurs paragraphes dans lesquels vous donnez des exemples qui illustrent votre définition.

Magazine Culture *Les relations entre l'environnement et l'homme / Les relations entre les êtres humains*

***XXV. Ce que j'ai appris.** Répondez aux questions selon ce que vous avez appris dans le **Magazine Culture.**

1. Des «gestes écologiques» énumérés dans le **Magazine Culture**, combien concernent directement ou indirectement:

   a. le plastique? ______________
   b. la nourriture et les boissons? ______________
   c. le papier? ______________
   d. la réutilisation? ______________
   e. l'électricité / l'énergie? ______________

2. Quels sont les avantages des voitures électriques telles que la Smart Car?

3. Qu'est-ce qu'on pourrait faire pour réduire le nombre de voitures, principales sources de pollution, dans les villes et ailleurs?

4. Quels gestes pourrait-on faire pour économiser l'eau?

5. Quels sont les avantages du recyclage?

6. Qu'est-ce que vous pensez des réponses que donne Ben Jelloun à sa fille à propos du racisme? Est-ce que les réponses sont faciles à comprendre? Est-ce qu'elles s'appliquent à d'autres formes de discrimination? Est-ce que ce texte est un texte important à votre avis? Pourquoi? Pourquoi pas?

XXVI. Internet: Menaces pour la terre et solutions. Faites des recherches sur Internet pour trouver des renseignements sur les thèmes liés à l'environnement et la discrimination (France et francophonie). Identifiez au moins quatre articles ou sites qui vous intéressent, puis résumez brièvement (en français ou en anglais) ce que vous avez appris.

Moteurs de recherche: www.google.fr, www.google.com, www.voila.fr, www.lycos.fr, www.youtube.com

Mots-clés en français: (pour chaque mot, ajoutez le pays qui vous intéresse) pollution (de l'eau, de l'air, du sol, bruit) / pluies acides / trou dans la couche d'ozone / surexploitation des océans / maladies dues à la pollution / modification des écosystèmes / disparition des forêts / réchauffement climatique / réduction de la biodiversité / pollution des nappes phréatiques / voitures électriques (hybrides) / transports électriques (publics) / Journée de la Terre / recyclage / réutilisation du verre (du papier, du carton, des boîtes de conserve, de l'aluminium) / discrimination / préjugés / racisme / sexisme / homophobie / antisémitisme / préjugés contre les personnes âgées (les plus démunis, etc.)

Mots-clés en anglais: (pour chaque mot, ajoutez le pays qui vous intéresse) (air, water, soil, noise) pollution / acid rain / destruction of the ozone layer / overfishing / illnesses related to pollution / changes in ecosystems / destruction of rain forests / global warming / reduction in biodiversity / electric (hybrid) cars / "green" public transportation / "green" buildings / Earth Day / recycling (list products) / discrimination / prejudice / racism / sexism / homophobia / antisemitism / ageism / discrimination against the poor, etc.

Nom ______________________________ Date ______________

Mot-clé utilisé	**Ce que j'ai appris**
1. ______________	______________
	______________
	______________
	______________.
2. ______________	______________
	______________
	______________
	______________.
3. ______________	______________
	______________
	______________
	______________.
4. ______________	______________
	______________
	______________
	______________.

REPRISE

L'emploi de la voix active et de la voix passive

Le conditionnel

***XXVII. Actif / passif, passif / actif.** Si les phrases sont à la voix active, mettez-les au passif. Si elles sont à la voix passive, mettez-les à l'actif.

Modèles: La construction de l'arc de triomphe a été commandée par Napoléon Ier.
Napoléon Ier a commandé la construction de l'arc de triomphe.
Le président de la République a inauguré l'arc de triomphe en 1836.
L'arc de triomphe a été inauguré par le président de la République en 1836.

1. Victor Hugo a écrit le roman *Les Misérables.*

____

2. La peinture *Cathédrale de Rouen* a été réalisée par Claude Monet.

____

3. Gilles Gauthier a imaginé la ville linéaire.

____

Nom ______________________________ Date ______________

4. Le sculpteur français Bertholdi a conçu *(designed)* la statue de la Liberté à New York.

____

5. La France a offert la statue de la Liberté aux Etats-Unis.

____

6. La statue de la Liberté a été inaugurée en 1886 par le président des Etats-Unis.

____

7. Le réchauffement climatique provoque l'élévation du niveau des océans.

____

8. Certaines villes françaises ont lancé des dimanches sans voitures.

____

9. On utilise 17 arbres pour fabriquer une tonne de papier.

____

10. Les Français jettent 22 millions de tonnes de déchets ménagers chaque année.

____

11. 30 m^3 d'eau par an sont consommés par chaque Américain (1 m^3 = 1 000 litres).

____

12. 1 200 000 tonnes de verre ont été recyclées par les Français en 2001.

____

13. Les papeteries fabriquent du papier avec les journaux et magazines recyclés.

____

14. Aujourd'hui les médias mentionnent souvent le réchauffement climatique.

____

15. Autrefois, des jardins entouraient le château de Blois.

____

16. Les jardins ont été conçus par des jardiniers célèbres de l'époque.

____

17. Les tours et les murs protégeaient le château.

____

18. Le roi et la reine occupaient le plus grand appartement.

____

19. Tout le monde admirait le roi et la reine.

____

20. La ville de Blois a transformé le château en musée.

____

Nom ______________________________ Date ______________

***XXVIII Si...** Terminez les phrases en utilisant les verbes entre parenthèses. N'oubliez pas de les mettre aux temps convenables.

Modèle: Si tous les pays participaient systématiquement au recyclage...
(il y avoir moins de gaspillage)
Si tous les pays participaient systématiquement au recyclage, *il y aurait moins de gaspillage.*

1. Si nous avions fait attention au recyclage il y a très longtemps,...
(la situation, être meilleure aujourd'hui / il y avoir moins de pollution aujourd'hui)

____

____

2. Si les personnalités politiques avaient agi plus tôt en ce qui concerne l'environnement,...
(les gens, prendre le recyclage au sérieux il y a longtemps / nous, avoir plus de voitures électriques aujourd'hui)

____

____

3. Si les pays industrialisés n'avaient pas gaspillé l'eau,...
(les autres pays du monde, être moins en difficulté / les autres pays du monde avoir suffisamment d'eau potable / il y avoir moins de personnes malades dans le monde)

____

____

____

4. S'il n'y avait pas de trou dans la couche d'ozone,...
(les rayons de soleil, nous faire moins de mal / le réchauffement climatique ne pas être si grave)

____

____

5. Si Jean n'avait pas dit ça,...
(on, ne pas l'accuser de racisme / nous, ne pas voir le problème)

____

____

6. S'il n'y avait pas eu de préjugés contre les personnes âgées,...
(les Perrot, ne pas perdre leur appartement / les Perrot, ne pas être obligés de quitter leur quartier)

____

____

7. Si le sexisme n'existait pas,...
(les femmes, faire plus de progrès / les femmes, être choisies plus souvent pour des postes importants / les femmes, être mieux acceptées dans les milieux financiers)

____

____

____

8. Si les gens avaient du respect pour les autres,...
(les préjugés, ne pas exister / il y avoir moins de violence)

____

____

Nom ______________________ Date ______________________

⊙ A faire! (6-5)

Manuel de classe, pages 264–268

- To *work again* with the **Témoignages** you heard in class, listen to CD4, Tracks 17–20 and do Exercise XXIX.
- In *preparation* for talking about the future world, study the **Fiche Vocabulaire (Et vous?)** and do Exercises XXX and XXXI.
- In order to *learn* how to talk about the future, read the grammatical explanation and do Exercises XXXII, XXXIII, XXXIV, XXXV, and XXXVI.

Quant à moi…

Témoignages: «Quels scénarios envisagez-vous pour l'an 2040? Quels aspects de la vie auront changé?»

CD4, Tracks 17–20

***XXIX. Ce que disent les témoins.** Répondez aux questions selon ce qu'ont dit les témoins.

Vocabulaire utile

EMMANUEL ROGER: **auront changé** *(will have changed)*, **sera** *(will be)*, **vu** *(given)*, **montée** *(rise)*, **vivra** *(will live)*, **ça nous occupe un peu trop l'esprit** *(that's a bit too much on our minds)*, **je vis** *(I live)*, **branchés** *(connected)*, **reliés à** *(connected to)*, **j'appartiens à** *(I belong to)*, **valeurs** *(values)*

PIERRE HUREL: **d'autant plus difficile que** *(all the more difficult in that)*, **sera réglé** *(will be settled)*, **changera** *(will change)*, **surpopulation** *(overpopulation)*, **aura** *(will have)*, **taxer** *(strain)*, **doit nous inquiéter** *(has to [should] worry us)*, **aura sans doute changé** *(will doubtlessly have changed)*, **crainte** *(fear)*, **enregistrer** *(record)*, **inquiétant** *(worrysome)*, **pourra-t-on** *(will one be able to)*, **angoissante** *(agonizing)*

CHRISTOPHE MOURAUX: **par rapport à** *(about)*, **moyens** *(means, ways)*, **on ira vivre** *(we'll go live)*, **En étant plus terre à terre** *(Being more down-to-earth)*, **dans lequel** *(in which)*, **de par leur faute** *(because of them)*, **notamment** *(especially)*, **polluants** *(polluting)*, **à prendre conscience** *(to realize, to become aware)*, **doit passer** *(has to come)*, **on ira** *(we'll go)*, **un mieux** *(something better)*, **robotique** *(robotics)*, **indéniable** *(undeniable)*, **en marche depuis toujours** *(moving forward forever)*, **apports** *(contributions)*, **on n'y échappera pas** *(we will not be able to escape it)*, **effectivement** *(really)*, **dira** *(will say)*, **SIDA** *(AIDS)*, **acharnement thérapeutique** *(prolongation of life by medical means [when the patient would otherwise die])*, **à un tel âge** *(to such an [old] age)*, **quand ça vaut la peine** *(when it's worth it [because there's a cure])*, **on ne s'acharne pas** *(we don't prolong life)*, **après avoir lutté** *(after having fought)*, **pourront** *(could)*

ANNE-MARIE FLOQUET: **dur** *(difficult)*, **aura changé** *(will have changed)*, **se seront posées** *(will have been asked)*, **graves** *(serious)*, **davantage** *(more, increasingly)*, **utiliseront** *(will use)*, **outrée** *(outraged)*, **au boulot** *(to work)*, **transports en commun** *(public transportation)*, **me font enrager** *(infuriate me)*, **il y aura** *(there will be)*, **tellement** *(so much)*, **ce sera** *(it will be)*, **plus permis** *(no longer allowed)*, **se noircissent** *(are getting black, dirty)*, **pierre** *(stone)*, **couleur dorée** *(golden color)*, **réglementations** *(rules, regulations)*, **je vivrais** *(I would live)*, **rapports** *(rapports, interactions)*, **les uns aux autres** *(with each other)*, **Est-ce que ça enrichit?** *(Does it enrich [us]?)*, **il y aura** *(there will be)*, **recherche** *(research)*, **cellules souches** *(stem cells)*, **par rapport à** *(related to)*, **cauchemardesques** *(nightmarish)*, **nettement** *(clearly)*, **comme le nôtre** *(like ours)*, **tout d'un coup** *(suddenly)*, **auront** *(will have)*

1. Quels sont les deux domaines mentionnés par les quatre témoins?

   ____

2. Quel domaine est mentionné par trois des quatre témoins?

   ____

3. Quelle est la seule personne qui s'inquiète de la surpopulation?

   ____

4. Quelle est la seule personne qui mentionne le problème du noircissement des monuments causé par la pollution?

   ____

5. Qui est plutôt optimiste en ce qui concerne l'état de l'environnement en l'an 2040?

   ____

6. Qui est moins sûr en ce qui concerne l'état de l'environnement en l'an 2040?

   ____

7. Qui parle des transports?

   ____

8. Qui est plutôt optimiste en ce qui concerne les progrès en médecine?

   ____

9. Qui est à la fois optimiste et pessimiste en ce qui concerne la médecine?

   ____

10. A votre avis, est-ce que les témoins sont plutôt conservateurs ou plutôt révolutionnaires dans leurs visions du futur? Justifiez votre réponse.

    ____

Et vous?

FICHE VOCABULAIRE

LE MONDE FUTURISTE

Tous les domaines

- l'accélération *(f.)*
- l'ADN *(m.) DNA*
- un alicament (aliment + médicament)
- améliorer
- automatiser
- autonettoyant(e) *self-cleaning*
- un biocarburant
- la biosphère
- les biotechnologies *(f.)*
- les carburants (m.) fossiles (pétrole, gaz)
- un carburant végétal
- le clonage
- un clone
- cloné(e)
- cloner
- contrôler

Nom ______________________ Date ______________________

un croquis *draft, sketch*	**imaginer**	**remplacer** *to replace*
le cyberespace	**l'infopollution** *(f.)*	**un robot**
la cybersphère	**une innovation**	**la robotique**
une découverte *discovery*	**inventer**	**le sang artificiel (synthétique)** *synthetic blood*
découvrir	**une invention**	**le sans-fil** *wi-fi*
développer	**un i-pet (i = intelligent), i + objet**	**une simulation**
diminuer *to reduce*	**un machin** *thing, object*	**solaire**
e-commerce (e-éducation, e-bike, e-livre, etc.)	**une manière de (une façon de) faire quelque chose** *a way to do something*	**supprimer (les efforts physiques)** *to eliminate (physical work)*
écosystème informationnel, Internet	**un médicament** *medicine, drug*	**un système**
faire des recherches	**miniaturiser**	**la technosphère**
fonctionner *to work, function*	**le monde (un objet) virtuel**	**la thérapie génique** *gene therapy*
un gadget	**les multimédias multi-fonctions**	**la traçabilité**
gagner du temps *to save time*	**prévenir** *to prevent*	**un traitement**
un gène	**prévoir** *foresee*	**travailler chez soi**
génétique	**un produit bio** *organic food*	**un truc** *thing, object*
le GPS (géopositionnement par satellite)	**le progrès**	
hybride	**la réalité virtuelle**	
	réduire les heures de travail	

***XXX. Le mot (L'expression) juste.** Trouvez le mot ou l'expression de la liste qui correspond à chaque définition donnée.

1. reproduction biologique exacte d'une cellule ou d'un individu

____

2. surabondance de renseignements due aux moyens électroniques de communication

____

3. pétrole ou gaz

____

4. trois autres mots pour le mot «chose»

____

5. manipulation génétique des molécules biologiques avec des applications industrielles

____

6. un machin, comme un four, qui se nettoie sans effort humain

____

7. fabriquer quelque chose dans de très petites dimensions

____

8. capacité de retracer les pas de quelqu'un ou de quelque chose

____

9. plus grande rapidité ou vitesse

____

10. combustible qui ne fait pas partie des carburants fossiles (2 mots)

____

11. dessin rapide, préliminaire

____

12. s'engager dans des travaux scientifiques, dans des analyses littéraires, etc.

____

13. création de quelque chose de nouveau (2 mots)

____

14. action de trouver quelque chose qui n'était pas connu avant

____

15. un système qui permet aux machines de fonctionner sans être branchées

____

16. la simulation d'un environnement réel par des images tridimensionelles

____

17. avec ce liquide, on n'aura plus besoin des groupes A, B, O (2 mots)

____

18. voiture mi-essence mi-électrique

____

19. ce qui constitue l'ADN

____

20. aliment qui est particulièrement bon pour la santé

____

***XXXI. Des associations.** Associez chaque mot donné à un des mots entre parenthèses.

Modèle: l'ADN (génétique / alicament / machin)
génétique

1. les carburants végétaux (vélo / frigo / voiture) ______________
2. un alicament (yaourt / bifteck / pâtisseries) ______________
3. autonettoyant (maison / four / fenêtres) ______________
4. biosphère (êtres vivants sur la planète / aliments bons pour la santé / gaz naturel) ______________
5. écosystème informationnel (téléphone / Internet / fax) ______________
6. médicament (santé / traitement / gène) ______________
7. fonctionner (machine / plante / carburant) ______________
8. faire des recherches (prévenir / remplacer / découvrir) ______________
9. robot (usine / salle de classe / jardin) ______________
10. l'ADN (sang artificiel / thérapie génique / réalité virtuelle) ______________
11. miniaturiser (médecins qui circulent dans le corps / bébés / photos) ______________
12. réalité virtuelle (fonctionner / prévoir / automatiser) ______________

Nom ______________________________ Date ______________

Fonction

Comment parler de l'avenir (1)

1. L'emploi du présent pour exprimer l'avenir

Je **pars** dans quinze jours.	***I'm leaving** in two weeks.*
Qu'est-ce que **tu fais** ce week-end?	*What **are you doing** this weekend?*
Demain, **je me repose**. Dimanche **je travaille**.	*Tomorrow **I'm relaxing (taking it easy)**. Sunday I'm working.*

In everyday French (spoken or informal writing), the present tense is often used to refer to events in the future. Thus, the words that refer to the future are not the verbs, but rather the time expressions that accompany them (**dans quinze jours, ce week-end, demain, dimanche**).

2. Des verbes et des expressions qui expriment l'avenir

Future time is also expressed using the present tense of a number of verbs that indicate that something has not yet happened (therefore, it will happen in the future). Each of these verbs expresses more or less definite plans and tends to show the attitude of the speaker (or writer). For example, there is a big difference between what you *hope to do, are going to do, count on doing, intend to do*, etc.

Used with infinitives, the following verbs all express future time, progressing from the least certain to the most certain:

avoir envie de + infinitive	**J'ai envie de faire une promenade.** *I feel like taking a walk.*
vouloir + infinitive	**Elle veut nous accompagner.** *She wants to go with us.*
penser + infinitive	**Nous pensons aller en Europe.** *We're thinking of going to Europe.*
espérer + infinitive	**J'espère avoir un salaire élevé.** *I hope to get a high salary.*
compter + infinitive	**Elle compte reprendre ses études.** *She's counting on going back to school.* *(She's expecting to go back to school.)*
avoir l'intention de + infinitive	**J'ai l'intention de sortir ce soir.** *I intend to go out tonight.*
aller + infinitive	**Ils vont déjeuner avec nous.** *They're going to have lunch with us.*

To make the sentences negative, put **ne… pas** around the conjugated verb.

Je **ne** veux **pas** voir ce film.
Il **n'**a **pas** l'intention de suivre ce cours.

Note that both **avoir l'intention** and **avoir envie** are followed by the preposition **de.**

***XXXII. Quels sont leurs projets?** Indiquez comment chaque personne envisage l'avenir.

Modèle:	voyager en Europe	
	votre père *(he has no desire to do so)*	*Il ne veut pas voyager en Europe.*
	votre mère *(she hopes to do so)*	*Elle espère voyager en Europe.*
	vous *(you're counting on it)*	*Je compte voyager en Europe.*

1. aller à Paris
   vos amis *(they intend to)*

   ____

votre sœur *(she's going to)*

____

vous *(you hope to)*

____

votre ami *(he wants to)*

____

2. suivre le cours de Sciences Po
   vous *(you don't want to)*

____

votre amie *(she intends to)*

____

votre frère *(he feels like it)*

____

3. acheter une voiture de sport
   vos parents *(they count on it)*

____

votre ami *(he's not going to buy one)*

____

vous *(you're thinking of buying one)*

____

4. réussir à l'examen de français
   vous *(you're hoping to)*

____

vos amis *(they're going to pass)*

____

votre amie *(she expects to pass)*

____

Fonction

Comment parler de l'avenir (2)

Future time is also expressed with a tense called **le futur** (future tense).

1. Le futur (formes régulières)

The future tense of most verbs is formed by adding the endings **-ai, -as, -a, -ons, -ez, -ont** to the infinitive.

- Note that the stem of the future tense, for both regular and irregular verbs, is the same as the stem of the present conditional that you've already learned.
- Remember that the e of the infinitive of **-re** verbs is dropped before adding the endings.

passer	**partir**	**vendre**
je passerai	je partirai	je vendrai
tu passeras	tu partiras	tu vendras
il/elle/on passera	il/elle/on partira	il/elle/on vendra
nous passerons	nous partirons	nous vendrons
vous passerez	vous partirez	vous vendrez
ils/elles passeront	ils/elles partiront	ils/elles vendront

2. Le futur (formes irrégulières)

aller	ir-	j'irai	faire	fer-	nous ferons
avoir	aur-	tu auras	falloir	faudr-	il faudra
devoir	devr-	il devra	pouvoir	pourr-	vous pourrez
envoyer	enverr-	elle enverra	savoir	saur-	ils sauront
être	ser-	on sera	voir	verr-	elles verront

To download a tutorial on the Future Tense, go to **www.cengagebrain.com.**

***XXXIII. L'avenir.** Complétez les phrases avec le futur des infinitifs entre parenthèses.

1. Nous (prendre) ____________ le métro pour visiter Paris. On (monter) ____________ tous ensemble à la place d'Italie. Jean et Patrice nous (quitter) ____________ à Jussieu. Chantal (descendre) ____________ à Châtelet. Dominique et Claudine, vous (continuer) ____________ avec nous jusqu'au Palais Royal. Martine, tu (changer) ____________ à Opéra. Et moi, je/j' (aller) ____________ jusqu'à la gare de l'Est où je (prendre) ____________ les billets pour notre excursion de demain. A 6h30, on (se retrouver) ____________ ici, nous (manger) ____________ quelque chose et puis nous (rentrer) ____________ à l'hôtel.

2. —Qui nous (accompagner) ____________ ce week-end?
—Moi, je ne (pouvoir) ____________ pas. Je/J' (être) ____________ à la campagne avec ma famille.
—Jeanne et sa cousine (aller) ____________ en Angleterre. Et Max (faire) ____________ du camping avec des amis.
—Alors il ne reste que toi. Tu (avoir) ____________ le temps de nous accompagner?

3. Est-ce que tu (voir) ____________ ta cousine ce week-end? Tu (pouvoir) ____________ lui dire de me téléphoner? Mon ami Robert Etienne me (rendre) ____________ visite et je suis sûr qu'elle (vouloir) ____________ lui parler. Dis-lui qu'elle (pouvoir) ____________ nous voir samedi soir. Nous (aller) ____________ sans doute en ville, mais nous ne (sortir) ____________ pas avant 9h. Robert (être) ____________ ravi d'avoir l'occasion de lui parler.

***XXXIV. Pas encore, mais...** Répondez aux questions en suivant le modèle.

Modèle: Tu as fini tes devoirs? (ce soir)
Non, pas encore, mais je les finirai ce soir.

1. Tu as vu ton frère aujourd'hui? (cet après-midi)
____
2. Vous êtes déjà allés à l'exposition? (ce week-end)
____
3. Joëlle a déjà suivi ce cours? (l'année prochaine)
____
4. Nathan est déjà arrivé? (dans quelques instants)
____

5. Il y a déjà eu une annonce? (à 6h)

____

6. Elles sont à Bruxelles? (lundi prochain)

____

7. Il a déjà pris son train? (le train de 17h30)

____

8. Elle s'est déjà couchée? (après le film)

____

9. Ils sont déjà partis pour l'Europe? (le 19)

____

10. Vous avez fini vos devoirs? (bientôt)

____

11. Tu as appris à utiliser ton ordinateur? (avant la rentrée)

____

Fonction

Comment parler de l'avenir (3)

L'emploi du futur

1. The first and most basic use of the future tense is to designate an action that is to take place in the future. In French, as in English, the future tense tends to be a more formal way to express future time, while the immediate future (**aller** + infinitive) and other verbs that indicate the future (**compter, vouloir, espérer, avoir l'intention de, avoir envie de, penser**) tend to be more common in everyday speech.

   J'irai en Espagne dans deux ans. — *I'll go to Spain in two years.*
   Il sera en cours demain? — ***Will he be*** in class tomorrow?

Un petit truc

Reminder: Use the future of **avoir** or **être** with a past participle for the passive voice that expresses future time:

Les professeurs **seront remplacés par** des robots.
Professors will be replaced by robots.

2. The future tense is often used in place of the imperative to tell someone to do something. It is generally used by the person who has some authority over the individual who is being addressed, and it is more a request than a direct order.

   Tu iras à la boulangerie pour moi? — ***Will (Would) you go** to the bakery for me?*
   Tu feras la vaisselle ce soir? — ***Will (Would) you do** the dishes tonight?*

3. The expressions **quand** *(when)*, **lorsque** *(when)*, **dès que** *(as soon as)*, and **aussitôt que** (as soon as) are followed by the future tense if the action will take place in the future. Note that, in English, these expressions are followed by the present tense.

   Quand elle ira en France, **elle contactera** ses cousins. — ***When she goes** to France, **she'll contact** her cousins.*
   Je les **verrai dès qu'ils arriveront.** — ***I'll see** them **as soon as they arrive.***
   Elle vous **écrira lorsqu'elle** le **pourra.** — ***She'll write** to you **when she can.***
   Vous mangerez aussitôt que le dîner **sera** prêt. — ***You'll eat as soon as** the dinner **is** ready.*

4. Les phrases conditionnelles

Si + *present* + *future*

When the present tense is used in an *if* clause (after **si**), the future tense (or the present or the imperative) can be used in the second clause.

***Si tu* me *donnes* ta liste, *j'irai* au supermarché cet après-midi.**
If you give me your list, *I'll go* to the market this afternoon.*

si + *present* + *present*

***Si tu continues* à avoir de bonnes notes, *on* t'*achète* une voiture.**
***If you continue** to get good grades, **we'll buy** you a car.*

si + *present* + *imperative*

***Si vous allez* en France, *achetez*-moi un béret basque.**
***If you go** to France, **buy** me a Basque beret.*

The following is a summary of the other conditional sentences you've already learned.

si + *imperfect* + *present conditional*

***S'il faisait* plus d'exercice, *il ne grossirait pas*.**
***If he did** more exercise, **he wouldn't gain weight**.*

si + *pluperfect* + *past conditional*

***Si j'avais fait* attention, *je n'aurais pas eu* cet accident.**
***If I had paid** attention, **I wouldn't have had** this accident.*

si + *pluperfect* + *present conditional*

***Si tu n'avais pas acheté* cette voiture, *tu aurais* plus d'argent maintenant.**
***If you hadn't bought** this car, **you would (you'd)** have more money now.*

***XXXV. Qui fera quoi?** Vous organisez une «journée française» pour les étudiants de votre campus. C'est à vous de distribuer les tâches aux membres de votre comité qui feront le travail. Donnez vos ordres en remplaçant l'impératif par le futur.

Modèle: George et Annie, achetez les décorations.
George et Annie, vous achèterez les décorations.

1. Matthieu, envoie les invitations aux administrateurs.

   ____

2. Justin, Laura et moi, faisons la publicité.

   ____

3. Sam et Adam, demandez de l'argent au chef du département de français.

   ____

4. Hilary, contacte le journal.

   ____

5. Michael, réserve les salles.

   ____

6. Sylvia et Mary, louez les vidéos.

   ____

7. Alex, Kim et moi, préparons les affiches.

   ____

8. Jerry et Frank, allez chercher les amuse-gueule (snacks).

____

9. Tony, fais des copies des CD.

____

10. Mary et moi, finissons l'article pour le journal français.

____

11. Jennifer, sois l'hôtesse.

____

12. Tom, vends les drapeaux des pays francophones.

____

***XXXVI. Si…** Liez les deux groupes d'éléments avec **si**. Faites-en trois phrases logiques en utilisant trois temps de verbe différents dans le résultat. Le premier groupe d'éléments est la condition, le deuxième est le résultat.

Modèle: tu, venir, chez nous / on, aller faire du ski
Si tu viens chez nous, on ira faire du ski.
Si tu venais chez nous, on irait faire du ski.
Si tu étais venu(e) chez nous, on serait allés faire du ski.

1. elle, étudier le français / elle, pouvoir parler à l'étudiant camerounais
   a. ______________________________
   b. ______________________________
   c. ______________________________
2. il, avoir assez d'argent / il, ne pas commettre de crimes
   a. ______________________________
   b. ______________________________
   c. ______________________________
3. les gens, avoir plus de respect pour les autres / il, ne pas y avoir de discrimination
   a. ______________________________
   b. ______________________________
   c. ______________________________
4. nous, conduire des voitures électriques / nous, pouvoir améliorer la qualité de l'air
   a. ______________________________
   b. ______________________________
   c. ______________________________
5. tu, recycler les emballages / tu, faire une contribution importante à la protection de l'environnement
   a. ______________________________
   b. ______________________________
   c. ______________________________
6. je, devenir membre d'un groupe écologique / je, aider à protéger la nature
   a. ______________________________
   b. ______________________________
   c. ______________________________

Nom ____________________ Date ____________

7. vous, travailler avec ces jeunes / ils, être peut-être moins violents
   a. ____________________
   b. ____________________
   c. ____________________

⊙ A faire! (6-6) Manuel de classe, pages 269–276

- To *work again* with the **Et vous?** vocabulary, do **Ecrivez!**, Exercise XXXVII.
- To *work again* with the information in the **Magazine Culture,** do Exercise XXXVIII and the Internet activity (Exercise XXXIX), if assigned.
- In *preparation* for the next class period, read the Jasmin text **(Littérature)** in the **Manuel de classe** and do Exercise XXXX.

Quant à moi…

Ecrivez!

XXXVII. La robotique. Quel rôle les robots joueront-ils dans votre vie dans quinze ou vingt ans? Pensez à toutes les situations quotidiennes dans lesquelles vous vous trouvez d'habitude et choisissez-en plusieurs qui se prêteraient à être effectuées par des robots. Utilisez une autre feuille de papier. Si vous voulez consulter des sites sur Internet pour trouver du vocabulaire supplémentaire, vous pouvez aller sur **www.google.fr.**

Premier paragraphe
Expliquez ce que c'est qu'un robot (**e.g., C'est un mécanisme qui peut être programmé pour reproduire les gestes humains…**). Ensuite dites si c'est une bonne idée ou pas d'intégrer des robots dans notre vie. Enfin terminez le paragraphe avec un résumé des exemples que vous allez mentionner.

Paragraphes 2, 3, 4
Décrivez trois exemples des fonctions que pourraient accomplir les robots dans votre vie (e.g., tâches ménagères, transports, loisirs, études, etc.). Donnez les détails de ce que ferait le robot.

Dernier paragraphe
Faites un résumé de ce dont vous avez parlé et donnez un commentaire personnel (**e.g., Je suis très enthousiaste en ce qui concerne le développement des robots… / Je ne suis pas très optimiste en ce qui concerne le développement des robots… / Il y a des avantages… / Mes craintes sont…, etc.**)

Magazine Culture *Scénarios de l'an 2040*

***XXXVIII. Des associations logiques.** Trouvez le mot ou la proposition dans le **Magazine Culture** qui s'associe logiquement à l'élément donné.

Modèle: une invention est l'analogue d'une…
mutation

1. des milliards d'années
2. les inventions créent la possibilité…
3. un inventeur dépose… pour protéger son invention
4. un croquis tridimensionnel
5. cyberespace
6. les utilisateurs d'Internet
7. l'utilisation des programmes sur Internet crée…
8. l'Internet du futur
9. les objets du futur

Nom ______________________________ Date ______________

XXXIX. Le monde futuriste. Faites des recherches sur Internet pour trouver des renseignements supplémentaires sur le monde de l'avenir. Trouvez au moins quatre articles ou sites qui vous intéressent, puis résumez brièvement (en français ou en anglais) ce que vous avez appris.

Moteurs de recherche: www.google.fr, www.google.com, www.voila.fr, www.lycos.fr, www.youtube.com, http://fr.youtube.com

Mots-clés en français: ville linéaire / Swissmétro / robots / robotique / alicament / biocarburant / biosphère / biotechnologie / bioéthique / carburants fossiles / carburant végétal / clonage / cyberespace / cybersphère / e-commerce / e-bike / e-livre / gadgets innovateurs / génétique / inventions / innovations / objets futuristes / miniaturiser / sang artificiel (synthétique) / simulations / objet virtuel / monde virtuel / réalité virtuelle / technosphère / thérapie génique / innovations en (médecine, éducation, appareils ménagers, etc.)

Mots-clés en anglais: cities of the future (futuristic cities) / Swissmetro / robots / robotics / organic foods / engineered foods / biofuels / biosphere / biotechnology / bioethics / fossil fuels / cloning / cyberspace / cybersphere / e-business / e-bike / e-book / innovative (futuristic) gadgets / innovations / genetics / inventions / innovations / miniaturization / artificial (synthetic) blood / simulations / virtual objects / virtual reality / technosphere / gene therapy / innovations in (medicine, education, household appliances, etc.)

Mot-clé utilisé	**Ce que j'ai appris**
1. ______________	______________
2. ______________	______________
3. ______________	______________
4. ______________	______________

Littérature

«Un monde futuriste» (Claude Jasmin)

***XXXX. Compréhension générale.** Lisez l'extrait du *Cosmonaute romantique* «Un monde futuriste» (Manuel de classe, pages 277–279) par Claude Jasmin et faites une liste d'au moins dix détails qui montrent que la vie à l'avenir sera bien différente de celle que nous connaissons. Vous pourrez considérer, par exemple, l'espérance de vie, les heures de travail, les transports et autres progrès technologiques.

1. ______________________________

2. ______
3. ______
4. ______
5. ______
6. ______
7. ______
8. ______
9. ______
10. ______

⊙ A faire! (6-7) Manuel de classe, pages 277–279

- As a *follow-up* to the future tense, do **Reprise,** Exercise XXXXI.
- In *preparation* for the next class period, do **C'est à vous maintenant!,** Exercise XXXXII.

REPRISE

L'emploi du futur

XXXXI. Dans dix ans. Comment envisagez-vous votre vie dans dix ans? Utilisez le futur et écrivez au moins dix phrases qui expliquent comment vous imaginez votre vie. Utilisez une autre feuille de papier.

Modèle: *Dans dix ans, j'habiterai dans une maison qui sera chauffée par l'électricité solaire.*
J'aurai un bon travail et je gagnerai assez d'argent pour être très à l'aise.
Ma femme travaillera aussi.
Mes amis et moi, nous ferons des voyages ensemble., etc.

C'est à vous maintenant!

XXXXII. Mon scénario pour le futur. En cours, on vous demandera de parler des changements que vous envisagez pour le futur. Pour vous préparer à faire cet exercice, choisissez le domaine qui vous intéresse le plus et faites une liste des changements concrets que vous imaginez. Utilisez une autre feuille de papier et n'oubliez pas d'apporter votre liste au prochain cours.

Domaines (choisissez-en un):
les villes / le travail / les études / les transports / la vie familiale / les loisirs / les rapports entre individus / l'environnement / la communication / la médecine / le logement / les aliments / la santé

⊙ A faire! (6-8) Manuel de classe, page 280

- As a *follow-up* to the activity done in class, do Exercise XXXXIII **(rédaction).**

XXXXIII. Mon scénario pour le futur *(cont.).* Rédigez plusieurs paragraphes qui décrivent les changements concrets du futur dans le domaine que vous avez choisi. Pour vous aider, utilisez les notes que vous avez prises dans l'Exercice XXXXII et pendant la discussion en cours. N'oubliez pas de présenter les grandes lignes de votre sujet dans l'introduction. Ensuite, développez les changements que vous envisagez dans plusieurs paragraphes et, enfin, écrivez une conclusion dans le dernier paragraphe.

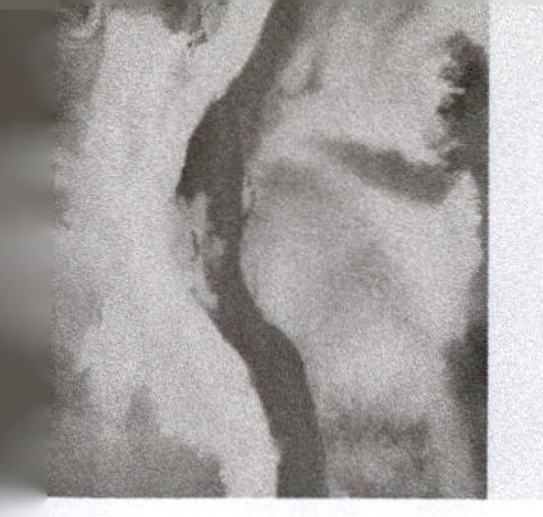

Corrigés

Chapitre préliminaire

Test (p. 2)

Total points: 55 (1 point for each correct answer)
Passing score: 44

A.
1. va / suis / pense / peut
2. aimes / prends
3. te promènes / dit / faut
4. faites / remplissons
5. sont / se reposent / ont / vont
6. veulent / font
7. pouvez / habitons
8. vous habillez / avons / arrive
9. es / choisit
10. vais / sommes
11. voulez / peux
12. ont / sont
13. vous amusez / passons
14. attends / attends
15. font / finissent

B. faisons / a / réserve / aime / aimons / pense / faut / attend / est / veut / nous intéressons / voulons / comprends / avons / me contente / finissons / arrivons / nous amusons / oublions

I. Monologues (p. 5)

1. restons / m'occupe / écoute / regardent / nous parlons / passes / vous amusez
2. vous énervez / réussis / choisit / grossissons
3. descendez / attendent / rendons / répond / défends / perds / m'en vais
4. êtes / avez / vont / fait / ai / font / est / suis / avons / sommes / faisons / faites
5. veulent / veux / pouvez / peuvent / voulons / peux / faut / ai / peut / veux
6. prends / prends
7. me lève / prépare / prends / est / fais / attends / finit / me prépare / mange / quitte / se dépêche

II. Vous et les autres (p. 7)

(There are numerous possibilities for each sentence; however, you should verify that the verb form you use matches the one given here.)

1. **b.** comprennent; **c.** comprend; **d.** comprenons
2. **a.** vais; **b.** va; **c.** vont
3. **a.** descends; **b.** descendons; **c.** descendent; **d.** descend
4. **a.** avons; **b.** ont; **c.** ai; **d.** a
5. **a.** veux; **b.** veut; **c.** veulent; **d.** voulons
6. **a.** réussissent; **b.** réussit; **c.** réussissons; **d.** réussis
7. **a.** sommes; **b.** suis; **c.** est; **d.** sont
8. **a.** joue; **b.** joue; **c.** jouent; **d.** jouons
9. **a.** fais; **b.** faisons; **c.** font; **d.** font
10. **a.** m'amuse; **b.** nous amusons; **c.** s'amusent; **d.** s'amusent

Repêchage (p. 8)

Total points: 29 (1 point for each correct answer)
Passing score: 23

1. vont / prennent
2. faites / rendons
3. vieillissent / ont
4. va / veux
5. sont / peuvent
6. vas / fait / faut
7. te dépêches / fais
8. comprends / vais
9. parlez / nous téléphonons
10. descend / continuons
11. a / font
12. peux / êtes
13. prenons / peut
14. t'amuses / est

VI. Une lycéenne aux Etats-Unis (p. 11)

sommes / ont / a / se trouve (est) / est / veux / peux / suis (descends) / faut / se lève / me réveille / entends / fait / réveille / frappe / travaille / quitte / se lèvent / quittent / ai / commencent / prends / m'habille / vais / nous retrouvons / sont / est / rougit / fais / rend visite / passent / manquez / attends / va / espère / allez

Chapitre 1

I. Les repas (p. 14)

Robin Côté: 3 à 5 / café, rôties (toasts) / sandwich / X / casse-croûte
Véronica Zein: 3 / pain, confiture, café / sandwich, café / X / X
Nehza Le Brasseur: 3 à 4 / X / X / X / café vers quatre heures et demie, cinq heures
Henri Gaubil: 3 / jus de fruits, café / X / potage, entrée, légumes, viande, dessert, verre de rosé ou de vin rouge / X

II. Synonymes et antonymes (p. 15)

1. (petit) en cas / goûter
2. normalement

3. faire la cuisine / préparer les repas
4. quelquefois
5. en semaine
6. après le travail
7. repas copieux
8. sortir dîner

III. Les habitudes alimentaires (p. 16)

1. exotique
2. retrouver un(e) ami(e) pour dîner / dîner en famille
3. un goûter
4. le petit déjeuner
5. un repas léger
6. bio
7. un fast-food / une cafétéria
8. manger (un morceau) sur le pouce / grignoter

Test (p. 18)

Total points: 10 (1 point for each correct question word) Passing score: 8

1. Combien de
2. A quelle heure
3. Est-ce que
4. Qu'est-ce que
5. Qui
6. Qu'est-ce que
7. Comment
8. Quand
9. Comment
10. Pourquoi

V. Faisons connaissance! (p. 20)

1. Combien de frères et de sœurs est-ce que tu as?
2. Est-ce que tu habites près du centre-ville?
3. Quand est-ce que tu as commencé à apprendre le français?
4. Où est-ce qu'elle travaille?
5. Comment est-ce qu'elle va à son travail?
6. A quelle heure est-ce qu'elle rentre le soir?
7. Est-ce qu'elle a beaucoup de temps libre?
8. Qui parle français dans ta famille?
9. Qu'est-ce que vous aimez faire pendant les vacances?
10. Pourquoi est-ce que vous ne voyagez pas plus souvent?

VI. Problèmes au cours de français (p. 20)

1. Qui
2. Pourquoi
3. A quelle heure
4. combien de / est-ce qu'
5. comment
6. qu'est-ce que
7. où
8. quand
9. est-ce que

VII. Raid en Nouvelle-Zélande (p. 21)

1. Quand est-ce que vous avez fait ce raid?
2. Combien de personnes est-ce qu'il y avait?
3. Pourquoi est-ce que vous étiez un peu triste au départ?
4. Où est-ce que vous êtes allés d'abord?
5. Comment est-ce que vous avez voyagé?
6. Qu'est-ce que vous aviez dans vos sacs?
7. Qui a filmé le voyage?
8. Quand est-ce que vous êtes rentrés en France?
9. Est-ce que vous aimeriez bien y retourner un jour?

Repêchage (p. 22)

Total points: 10 (1 for each correct interrogative form)
Passing score: 8

1. qu'est-ce que
2. Qui
3. Comment
4. Combien de
5. est-ce que
6. Quand
7. Pourquoi
8. qu'est-ce qu'
9. A quelle heure
10. Où

IX. Comparaisons: la France et les Etats-Unis (p. 23)

1. France
2. Etats-Unis
3. France
4. France
5. Etats-Unis
6. Etats-Unis
7. France
8. Etats-Unis
9. France
10. Etats-Unis

XI. Petites questions... (p. 25)

1. Comment s'appelle le film?
2. A quelle heure commence le film?
3. Où est le cinéma?
4. Combien coûtent les billets?
5. Comment s'appelle la jeune fille?
6. Où se trouve son école?
7. A quelle heure finissent les cours à son école?
8. Que font ses parents?
9. Où travaille son père?
10. Quand travaille sa mère?

XII. Un questionnaire (p. 27)

1. Combien de fois par an prenez-vous le train?
2. Etes-vous de nationalité française?
3. A quelle heure êtes-vous monté(e) dans le train où vous vous trouvez?
4. Où allez-vous?
5. D'où venez-vous?
6. Où vous êtes-vous procuré votre billet?
7. Combien de temps avez-vous été ou allez-vous être absent(e) de votre domicile?
8. Avez-vous apporté quelque chose à manger et à boire ou comptez-vous acheter quelque chose dans le train?
9. Quand allez-vous probablement prendre le train une nouvelle fois?

XIII. *Que* ou *quel*? (p. 28)

1. Qu'est-ce que tu as (vous avez) acheté?
2. Quels légumes est-ce que vous préférez (tu préfères)?

3. Quelle est la population de Paris?
4. Que regardez-vous (regardes-tu)? Qu'est-ce que vous regardez (tu regardes)?
5. Quel temps fait-il à Brest?
6. Quelle note est-ce que tu as (vous avez) eue à l'examen?
7. Quel est le nom du président du Sénégal?
8. Quelles sont les dates de nos vacances?
9. Quelle heure est-il?
10. Quels professeurs est-ce que tu préfères (vous préférez) (préfères-tu [préférez-vous])?

XIV. Une jeune Sénégalaise aux Etats-Unis (p. 29)

1. Quel est ton nom de famille?
2. Quel est ton prénom?
3. Quelle est ton adresse au Sénégal?
4. Où se trouve la ville de Ziguinchor?
5. Quel est le numéro de téléphone de tes parents?
6. Que font tes parents?
7. Quel âge a ton frère? (Quel est âge l'âge de frère?)
8. Quelle est la population du Sénégal?
9. Quels sont les principaux sports pratiqués au Sénégal?
10. Qu'est-ce que tu manges le matin au Sénégal?
11. Quels fruits et légumes aimes-tu? (Quels fruits et légumes est-ce que tu aimes?)
12. Qu'est-ce que tu aimerais faire aux Etats-Unis?

XV. Qui mange quoi? (p. 30)

1. Ce sont Mireille et Delphine qui mangent des toasts le matin.
2. C'est Delphine qui prend un jus de fruit le matin.
3. C'est Dovi qui mange une cuisine faite avec beaucoup d'épices.
4. Ce sont Dovi et parfois Mireille qui mangent du poisson au déjeuner.
5. C'est Delphine qui déjeune parfois dans un restaurant chinois.
6. C'est Mireille qui ne mange jamais entre les repas.
7. C'est Delphine qui prépare de la viande avec des fruits.
8. C'est Mireille qui mange de la soupe le soir.
9. C'est Delphine qui mange de la salade avec des noix, des fruits et parfois du fromage.
10. Ce sont Dovi et Delphine qui mangent souvent en famille.

XVI. Trouvez l'intrus (p. 32)

1. (les produits laitiers) de l'huile
2. (la volaille) du veau
3. (les fruits) des poivrons verts
4. (les crustacés) une truite
5. (les assaisonnements) de l'agneau
6. (la viande) du dindon
7. (les pâtes et le riz) du sel
8. (les légumes) des ananas
9. (les poissons) du persil

XVIII. Comment? (p. 34)

1. Comment? Avec qui est-ce que tu es (es-tu) allée au cinéma?
2. Comment? De quoi est-ce qu'il a (a-t-il) besoin?
3. Comment? A qui est-ce que tu as (as-tu) parlé?
4. Comment? A quelle heure est-ce que leur avion doit arriver (leur avion doit-il arriver)?
5. Comment? Pour qui est-ce qu'il va (va-t-il) travailler?
6. Comment? De quoi est-ce qu'il s'agit (s'agit-il) dans *La Liste de Schindler*?
7. Comment? De quelle couleur est la voiture?
8. Comment? Chez qui est-ce qu'ils passent (passent-ils) la nuit?
9. Comment? A quoi est-ce que tu pensais (pensais-tu)?
10. Comment? De quel instrument est-ce que Xavier joue (Xavier joue-t-il)?
11. Comment? Dans quoi est-ce qu'elle le fait (le fait-elle) cuire?
12. Comment? Avec quoi est-ce que je peux les farcir?

XIX. Vous devinez… (p. 35)

1. De quoi avez-vous besoin?
2. A quoi est-ce que tu penses?
3. A quelle émission est-ce que tu t'intéresses (particulièrement)?
4. Chez qui est-ce que tu veux passer la soirée?
5. A qui est-ce que tu as envie de téléphoner?
6. Dans quel (autre) cours est-ce que tu préférerais être?
7. Pardon, Madame. A quel étage se trouve l'appartement des Portier?
8. Dans quel pays étranger allez-vous, Monsieur?

XX. Questions (p. 36)

1. a. A qui avez-vous téléphoné (allez-vous téléphoner)?
   b. A qui est-ce que tu as téléphoné (tu vas téléphoner)?
2. a. De quoi avez-vous besoin?
   b. De quoi est-ce que tu as (as-tu) besoin?
3. a. Qui cherchez-vous? / Que cherchez-vous?
   b. Qui est-ce que tu cherches? / Qu'est-ce que tu cherches?
4. a. A quels sports jouez-vous (allez-vous jouer)? / De quel instrument de musique jouez-vous (allez-vous jouer)?
   b. A quels sports est-ce que tu joues? / De quel instrument de musique est-ce que tu joues (tu vas jouer)?
5. a. A qui parlez-vous? De qui parlez-vous?
   b. A qui est-ce que tu parles (parles-tu)? / De qui parles-tu?
6. a. Qui regardez-vous? / Que regardez-vous?
   b. Qui est-ce que tu regardes? / Qu'est-ce que tu regardes?

XXII. Vrai ou faux? (p. 37)

1. Faux. La cuisine de chaque région (pays) varie selon sa situation géographique, ses ressources agricoles et son histoire.
2. Vrai
3. Vrai
4. Vrai
5. Faux. On vend de l'arachide grillée dans les rues; les dibiteries grillent de la viande; des fast-foods libanais offrent des chawarmas.
6. Vrai
7. Vrai
8. Faux. On mange avec les trois premiers doigts de la main droite.
9. Vrai
10. Vrai
11. Faux. On mange de la poutine pour le petit déjeuner (avec des œufs) et comme plat principal au souper.
12. Vrai
13. Faux. La cuisine antillaise a hérité des assaisonnements fortement pimentés des Arawaks.
14. Vrai
15. Vrai

XXV. La faim: un problème? (p. 40)

Anne-Marie Floquet: la France / un petit problème / les Restos du Cœur, des institutions catholiques (l'Abbé Pierre)

Corinne Bernimoulin-Schmid: la Suisse / pas de problème en Suisse, un gros problème en Afrique et en Asie / donner de l'argent: des collectes, des marches, des courses, des concerts, des émissions télévisées

Christophe Mouraux: la Belgique / un petit problème / des allocations chômages, l'Armée du Salut, les Restaurants du Cœur

XXVI. La faim mondiale (p. 41)

1. la faim
2. de la faim, de faim
3. malnutrition (sous-alimentation), sécheresse, guerres
4. non gouvernementales, vivres (denrées alimentaires), ont faim
5. publiques, privées, banques alimentaires, Restos du Cœur, téléthons, collectes (concerts)

XXVIII. Des contraires (p. 43)

1. Non, elle n'a pas encore acheté ses livres. *No, she hasn't bought her books yet.*
2. Non, je n'ai plus faim (nous n'avons plus faim). *No, I'm not (we're not) hungry any more. (I'm not [we're not] still hungry.)*
3. Non, il ne mange jamais chez ses parents. *No, he never eats at his parents' (relatives') house.*
4. Non, ils n'ont rien fait le week-end dernier. *No, they didn't do anything last weekend. (No, they did nothing last weekend.)*
5. Non, rien d'intéressant n'est arrivé. *No, nothing interesting happened.*
6. Non, je n'ai vu personne dans le jardin. *No, I didn't see anyone in the garden. (No, I saw no one in the garden.)*
7. Non, personne n'a téléphoné. *No, nobody called.*
8. Non, ils n'ont besoin de rien. *No, they don't need anything. (No, they need nothing.)*
9. Non, je n'ai pas encore passé l'examen. *No, I haven't taken the exam yet.*
10. Non, elle n'a parlé à personne ce matin. *No, she didn't talk to anyone this morning. (No, she talked to no one this morning.)*

XXIX. Esprit de contradiction (p. 44)

1. Ce n'est pas vrai. Nous n'allons jamais (Vous n'allez jamais) au restaurant.
2. Ce n'est pas vrai. Elle n'est plus en France.
3. Ce n'est pas vrai. Il ne comprend rien.
4. Ce n'est pas vrai. Personne n'attend dans l'entrée.
5. Ce n'est pas vrai. Ses parents n'ont pas encore visité la Chine.
6. Ce n'est pas vrai. Nous n'avons besoin de rien (Vous n'avez besoin de rien) pour notre (votre) chambre.
7. Ce n'est pas vrai. Ils n'ont rencontré personne en ville.
8. Ce n'est pas vrai. Elle ne pense à rien.
9. Ce n'est pas vrai. Je n'ai rien fait.
10. Ce n'est pas vrai. Elles ne travaillent plus au centre commercial.

XXX. Chez des Français (p. 44)

1. Non, je ne suis plus fatigué(e).
2. Non, je n'ai pas encore mangé ce matin.
3. Non, je n'ai entendu personne ce matin.
4. Non, je n'ai besoin de rien pour ma chambre.
5. Non, je ne me couche jamais avant 10h chez moi.
6. Non, je n'ai rien laissé dans l'avion.
7. Non, je ne veux téléphoner à personne.
8. Non, personne ne va me téléphoner (aujourd'hui).

XXXI. Autrefois et aujourd'hui (p. 45)

1. Aujourd'hui nous ne regardons jamais la télé.
2. Aujourd'hui on n'a plus de chiens.
3. Aujourd'hui nous n'habitons plus à la campagne.
4. Aujourd'hui ma mère n'invite personne à passer le week-end chez nous.
5. Aujourd'hui personne ne vient chez nous pour faire le ménage.
6. Aujourd'hui nous ne dînons jamais au restaurant.
7. Aujourd'hui nous ne faisons rien pendant les vacances.
8. Aujourd'hui rien ne me fait plaisir.

XXXIII. Trois sur quatre (p. 46)

1. c
2. b
3. c
4. c
5. d

XXXVI. Lecture (p. 48)

1. Ralph: «...les sorciers jadis se servaient de certaines parties du poulet... pour lancer un mauvais sort... pour rassurer l'invité...»
2. Pamela: «... Nous avions passé toute la journée à cuisiner... ma sœur Denise s'étant particulièrement distinguée»
3. Ralph: «Il faut comprendre que nous avions un gros faible pour le poulet»
   Pamela: «Maman... les adultes... vont tout finir»
4. Cindy: «... nous étions trop nombreux pour nous mettre à table»
   Ralph: «... les repas d'adultes duraient des heures,... nous ne nous comportions pas bien:
5. Cindy: «Nous nous assîmes sur ces escaliers et commençâmes à observer les invités par le trou de la serrure»
6. Pamela: «... nous gardions encore espoir parce qu'il restait la tête et les pattes»
7. Pamela: «... je vis la tête du poulet disparaître... J'annonçai la triste nouvelle à Denise qui perdit son calme...»
8. Ralph: «...nous demanda de l'aider à débarrasser»
   Pamela: «... nous nous installâmes dans la salle à manger pour les écouter»
9. Ralph: «... Denise ne put se retenir et s'écria *Ndo cup!*»
   Pamela: «... dirent à nos parents combien nous étions sages»
10. Cindy: «Ma mère... faillit s'étrangler... s'excusa»
    Ralph: «Mon père éclata de rire...»

Chapitre 2

I. Où est-ce qu'ils habitent? (p. 56)

1. Nezha
2. Valérie
3. Philippe
4. Mireille
5. Nezha
6. Philippe
7. Nezha
8. Valérie
9. Mireille
10. Nezha
11. Valérie

II. Les types de logements (p. 58)

1. Une personne seule pourrait vivre dans un studio, dans un appartement, dans une maison, dans une chambre, dans une maison de campagne, dans un pavillon, dans une résidence universitaire, dans une maison de banlieue.
2. Une famille avec des enfants pourrait vivre dans un appartement, dans une maison, dans une maison de campagne ou de banlieue, dans un pavillon, dans une ferme.
3. Plusieurs familles pourraient vivre dans une ferme, dans une HLM, dans un logement collectif, dans un immeuble.
4. Deux adultes avec deux parents pourraient vivre dans un appartement, dans une ferme, dans une maison, dans une maison de campagne ou de banlieue, dans un pavillon.

III. Des définitions aux mots (p. 58)

1. un village
2. une locataire
3. la campagne
4. les personnes sans domicile fixe (les SDF), les sans-abri
5. les Roms, les Romanis, les Gitans, les Tziganes
6. une ferme
7. une maison de banlieue, un pavillon
8. (une chambre) dans une résidence universitaire
9. un centre d'accueil
10. un studio
11. un quartier, un arrondissement
12. une agglomération

IV. C'est le logement parfait pour vous (p. 59)

1. spacieux, ensoleillé, clair, grand
2. beau, climatisé, grand, de grand standing, luxueux, meublé, neuf, rénové, spacieux
3. bruyant, délabré, isolé, petit, sombre, vieux
4. calme, facile à entretenir, grand, propre, refait, solide, spacieux, tranquille
5. aménageable, délabré, vieux

Test (p. 60)

Total points: 40 (1 point for each correct adjective agreement, 1 point for each correct comparative, 1 point for each correct superlative.
Passing score: 32

A vendre: ferme en Bretagne

1. idéale
2. grande / belle
3. vieille
4. blanche / énorme
5. spacieuse / ensoleillées / équipée
6. charmant
7. accueillants
8. frais / délicieuses / raisonnables
9. sensationnelles
10. sportives
11. nouvelle

Si la ferme ne vous intéresse pas...

1. La ferme est aussi belle que la maison.
   La ferme est plus belle que l'appartement.
2. La cuisine est plus grande que la cuisine de l'appartement.
   La cuisine est moins grande que la cuisine de la maison.
3. La ferme est plus loin de Rennes que l'immeuble.
   La ferme est moins loin de Rennes que la maison.
   La ferme est aussi loin de Rennes que le village.
4. Les chambres de la ferme sont plus spacieuses que les chambres de l'appartement.
   Les chambres de la ferme sont aussi spacieuses que les chambres de la maison.

5. La ferme est moins vieille que l'immeuble.
   La ferme est plus vieille que la maison.
6. Pour les écoles, la situation de la ferme est meilleure que la situation de la maison.
   Pour les écoles, la situation de la ferme est moins bonne que la situation de l'appartement.

La ferme que vous avez achetée...

1. C'est la ferme la plus facile à entretenir de la région.
2. C'est la ferme la moins délabrée de la région.
3. C'est la ferme la plus agréable de la région.
4. C'est la ferme la plus ensoleillée de la région.
5. C'est la ferme la moins isolée de la région.
6. C'est la ferme la plus luxueuse de la région.
7. C'est la ferme la plus pittoresque de la région.
8. C'est la ferme la plus spacieuse de la région.
9. C'est la ferme la plus moderne de la région.
10. C'est la ferme la moins sale de la région.

VI.

A. Au féminin (p. 64)

1. facile
2. active
3. française
4. indiscrète
5. naturelle
6. première
7. naïve
8. ambitieuse
9. canadienne
10. délicieuse
11. ennuyeuse
12. mauvaise
13. nouvelle
14. violette
15. belle
16. suisse
17. fraîche
18. petite
19. verte
20. secrète
21. dernière
22. bonne
23. cruelle
24. sportive
25. blanche
26. vieille
27. italienne
28. longue

B. Faisons des phrases (p. 65)

1. jolie / blanche
2. ouverte
3. vieille / malade
4. grande / italienne
5. jeunes / studieuses
6. jeunes / sportifs
7. nouveaux / américains
8. beau / allemand
9. nouvelle / moderne
10. petit / énergique

VII. Des comparaisons (p. 65)

1. Ce tableau de Picasso est moins beau que le tableau de Matisse.
2. Ces melons sont meilleurs que ces bananes.
3. Hélène est aussi patiente que toi.
4. François et Karen sont plus ambitieux que leurs parents.
5. Marianne est moins sportive que sa sœur.
6. Cette tarte est aussi bonne que ce gâteau.
7. Philippe est toujours plus élégant que nous.
8. Annie est moins pessimiste que vous.
9. Yves est plus intelligent que ses camarades.
10. Sylvie est aussi belle que sa cousine.

VIII. Le plus... le moins... (p. 66)

1. Le téléphone portable est le moyen de communication le plus pratique.
   La lettre envoyée par la poste est le moyen de communication le moins pratique.
2. Internet est la source d'informations la plus rapide.
   La bibliothèque est la source d'informations la moins rapide.
3. La maison à 4 étages est le logement le plus cher.
   Le studio est le logement le moins cher.
4. La villa à Monte Carlo est l'habitation la plus luxueuse.
   La roulotte est l'habitation la moins luxueuse.
5. La tour Eiffel est la structure la plus haute.
   La maison de campagne est la structure la moins haute.
6. *Answers will vary.*
7. Le centre-ville est l'endroit le plus bruyant.
   La campagne est l'endroit le moins bruyant.
8. Les comédies sont les films les plus amusants.
   Les drames psychologiques sont les films les moins amusants.

Repêchage (p. 66)

Total points: 41 (1 point for each adjective, 1 point for each comparative, 1 point for each superlative)
Passing score: 33

Adjective Agreement

1. fermée
2. beau / norvégien
3. grande / spacieuse
4. jeune / gentille
5. belle / intéressante
6. nouvelle / française
7. longs / russes
8. belles / traditionnelles
9. mauvaise
10. discrète
11. grande / italienne
12. vieille / américaine

The comparative

1. a. Suzanne est plus sportive que Michel.
   b. Suzanne est moins sportive que Jean.
   c. Suzanne est aussi sportive que toi.
2. a. Marie-Jeanne est moins fatiguée que moi.
   b. Marie-Jeanne est plus fatiguée que son frère.
   c. Marie-Jeanne est aussi fatiguée que ses parents.
3. a. Nancy parle mieux le français que sa mère.
   b. Nancy parle moins bien le français que son prof.
   c. Nancy parle aussi bien le français que son amie.
4. a. Les tartes sont meilleures que les éclairs.
   b. Les tartes sont moins bonnes que le gâteau au chocolat.
   c. Les tartes sont aussi bonnes que les bonbons.

The superlative

1. C'est la personne la plus sportive des trois sœurs.
2. C'est l'homme le moins artistique du groupe.
3. Ce sont les caravanes les plus modernes du terrain de camping.
4. C'est la chambre la plus bruyante de la résidence universitaire.
5. C'est l'enfant le plus gentil de la famille.
6. C'est l'immeuble le moins ensoleillé du quartier.
7. C'est la route la plus dangereuse de la région.
8. C'est la ville la moins peuplée du sud de la France.

XI. Vrai ou faux (p. 71)

Les gens du voyage (Les Roms)

1. Vrai.
2. Faux. Le plus grand nombre de Romanis habite en Roumanie.
3. Faux. Beaucoup de Romanis ne savent ni lire ni écrire. Quelques enfants vont aujourd'hui à l'Ecole du voyage, mais, en général, savoir lire et écrire n'est pas une des priorités des Roms.
4. Vrai.
5. Faux. Plus de la moitié des Roms français continue à être nomade.
6. Vrai.
7. Vrai.
8. Vrai.
9. Faux. Il y a 1 million de Roms aux Etats-Unis.
10. Vrai.
11. Faux. Les familles nombreuses de plus de 6 enfants sont fréquentes.
12. Faux. Ils ne sont jamais des employés salariés. Leur travail est très précaire.
13. Vrai.
14. Faux. Les communes de plus de 5 000 habitants sont obligées d'aménager des terrains pour les gens du voyage.

Le logement en France

15. Vrai.
16. Faux. La mobilité démographique se fait vers les communes rurales.
17. Vrai.
18. Faux. Les logements ruraux sont moins chers que les logements urbains.
19. Faux. La vie à la campagne est beaucoup moins stressante que la vie urbaine.
20. Vrai.

XIII. La place des adjectifs (p. 74)

A.

1. sportive
2. intéressants
3. française
4. blanche
5. délabrée
6. moderne

B.

7. vieille
8. bel
9. nouvel
10. belles
11. autre
12. petite
13. mauvaises
14. nouvel

XIV. Précisons! (p. 74)

1. C'est une petite chambre meublée.
2. Ce sont des (de) beaux immeubles modernes.
3. C'est une vieille ville calme.
4. C'est une belle chambre ensoleillée.
5. Ce sont des pièces claires et spacieuses.
6. C'est un vieil escalier dangereux.
7. C'est une grande porte solide.
8. C'est un nouvel ami chinois.
9. C'est une amie discrète et fidèle.
10. C'est un bel appartement moderne.
11. Ce sont des (de) nouveaux films russes.
12. C'est une jolie maison blanche.
13. C'est un pull-over rouge et noir.
14. C'est un jeune étudiant sportif.
15. C'est une vieille ferme délabrée.

XVI. Là où j'habite... (p. 76)

Véronica Zein: France / maison / complexe privé / bruyant / boulangerie, centre commercial, école, pharmacie, restaurant, coiffeur / X / X

Anne Squire: France / appartement dans un immeuble / vivant, agréable, un peu bruyant / épiceries, boulangeries / métro, autobus / jouer du violon

Djamal Taazibt: Algérie / appartement / chic, résidentiel / Centre des Arts / X / assister aux activités artistiques et culturelles

Dovi Abe: Sénégal / X / X / petites boutiques / X / passer du temps dans la cour, discuter, les enfants jouent, il y a de la musique et des danses

XVII. Des catégories (p. 77)

1. un collège / une école / un lycée / une école de danse (de musique)
2. une boulangerie-pâtisserie / une boucherie / un café / un centre commercial / une charcuterie / une épicerie / un fast-food / un restaurant / un supermarché
3. une cathédrale / une église / une mosquée / une synagogue
4. une bibliothèque / un centre culturel / un cinéma / un château / un monument (historique) / un musée / une salle de théâtre / une médiathèque
5. une gare / le métro / une station de métro / un parking / une station d'essence / le tramway

XVIII. Faisons de la géographie! (p. 78)

1. Rennes se trouve à l'ouest.
2. Strasbourg se trouve au nord-est.
3. Les Alpes se trouvent au sud-est.
4. Nice se trouve au sud.
5. Paris se trouve au nord.
6. Bordeaux se trouve au sud-ouest.
7. La Provence se trouve au sud.
8. La Normandie se trouve au nord-ouest.
9. Bourges est au centre.
10. Les Pyrénées sont au sud.

XX. Un poème (p. 81)

1. *Answers will vary.*
2. line 2—que (la porte); line 3—où (la chaise); line 4—que (le chat); line 5—que (le fruit); line 6—que (la lettre); line 7—que (la chaise); line 8—que (la porte); line 9—où (la route); line 10—que (le bois); line 11—où (la rivière); line 12—où (l'hôpital)
3. In these lines, the relative pronoun **que** stands for a direct object. Since that direct object precedes a compound tense, the past participle has to agree in gender and number with the direct object.

XXI. Qui, que, où? (p. 81)

1. Tu as aimé le film que tu as vu?
2. Utilisez les chiffons qui sont dans le tiroir.
3. Tu as trouvé la librairie où ils ont acheté ce joli livre?
4. Est-ce que tu as compris le point de grammaire que le prof a expliqué?
5. C'est le moment où il faut se décider.
6. Voilà les jeunes que nous avons engagés.
7. Combien coûte le pull-over qui est dans la vitrine?
8. C'est le placard où j'ai mis les assiettes.
9. Tu as entendu le bruit que j'ai entendu?
10. C'est la ville où je suis née.
11. C'est la fille que j'ai rencontrée chez toi.
12. Tu vois les garçons qui sont assis à la terrasse du café?
13. C'est la nuit où elle a eu un accident de voiture.
14. Où est la personne qui a perdu son portefeuille?
15. Où est le DVD que tu as acheté?

XXIII. Qu'est-ce que vous avez appris? (p. 83)

1. d
2. a
3. c
4. d
5. b
6. c
7. a
8. b
9. d

XXV. Faisons des descriptions! (p. 85)

1. suisses, qui, belles
2. petite, blanche, où
3. que, bel, ensoleillé
4. que, nouveau, français
5. ancienne, malienne, où, grande
6. grands, qui, grandes, élevé
7. vieux, urbain, où
8. dernière, petit, que, nationale

XXVI. Les sans-abris: un problème? (p. 86)

Anne-Marie Floquet: Paris, France / Un gros problème / Des organisations permettent aux sans-abri d'avoir un toit et un lit pour la nuit.

Corinne Bernimoulin-Schmid: Genève, Suisse / Pas de problème / Il y a des abris où les sans-abri peuvent dormir et prendre un repas.

Christophe Mouraux: Liège, Belgique / Un petit problème / Il y a des refuges où les gens sans-abri peuvent aller; il y a des éducateurs de rue qui proposent des solutions.

Nadia Aouad: Beyrouth, Liban / Pas de problème / Les sans-logis sont hébergés chez un membre de la famille ou bien ils vont dans des associations ou dans des Restos du Cœur.

XXVII. Des catégories (p. 88)

1. une habitation tombée en ruine / une HLM (habitation à loyer modéré) / un logement misérable / la ségrégation dans le logement / délabré
2. une décharge sauvage / les ordures / la saleté / crasseux
3. un ghetto / un quartier chaud / un quartier de taudis / un quartier sensible / une région en difficulté / un taudis / un terrain vague / la zone / une zone de violence / défavorisé / lugubre / sordide / vandalisé / incendié
4. une bouche d'aération / une embrasure / une entrée de magasin / un terrain vague / dormir sur les bancs publics
5. être jeté(e) dans la rue / être sans abri / être sans domicile fixe / un pauvre / un clochard / une clocharde / les exclus / les indigents / un instable / un mendiant / les sans-abri / les sans-logis, les SDF (sans domicile fixe) / un vagabond
6. la pauvreté / la pauvreté chronique / un salaire de misère / être dans une misère noire / le strict nécessaire / être réduit à l'indigence / vivre dans le besoin / les indigents / un(e) pauvre
7. la criminalité / la délinquance / la délinquance (criminalité) juvénile / la violence

XXX. Qui avec une préposition (p. 90)

1. C'est le monsieur à côté de qui j'étais assis au concert.
2. C'est l'étudiante avec qui je me suis disputé.
3. C'est l'oncle pour qui ils travaillent.
4. Ce sont les voisins avec qui nous sommes allés en Grèce.
5. Ce sont les amis avec qui je suis sorti ce week-end.
6. C'est la voisine pour qui elle a préparé un bon repas.
7. C'est l'actrice avec qui nous travaillons.
8. C'est le collègue avec qui j'ai déjeuné.
9. C'est le prof de sciences à qui ils ont téléphoné.

XXXI. Le pronom relatif dont (p. 91)

1. C'est le prof dont j'ai parlé.
2. C'est le livre dont elle a besoin.
3. C'est l'iPod dont nous avons besoin.
4. C'est le film dont ils ont parlé.
5. C'est l'étudiante dont je t'ai parlé.
6. C'est le lecteur de DVD dont il a besoin.
7. C'est la personne dont elles m'ont parlé.

XXXII. Faisons des phrases! (p. 91)

1. Voilà l'ordinateur dont j'ai besoin.
2. C'est l'étudiante à qui elle a téléphoné.
3. Ce sont les voisins avec qui nous sommes allés à la plage.
4. Elle a acheté le DVD dont tu avais parlé.

5. Ils aiment bien la personne pour qui ils travaillent.
6. Voici le CD dont tu as besoin.
7. J'ai écrit une composition dont je suis satisfaite.
8. Je n'aime pas le garçon avec qui tu sors.

XXXIII. Faisons des traductions! (p. 92)

1. Voilà le stylo que je cherchais.
2. Est-ce que tu as vu la femme qui m'a vendu la voiture?
3. L'ordinateur dont il a besoin est dans le laboratoire.
4. Est-ce que tu sais avec qui il est allé au cinéma?
5. C'est le livre dont j'ai besoin.
6. Est-ce qu'il t'a dit pour qui est-ce qu'il travaille?
7. (Est-ce que) Tu sais où j'ai mis mes clés?
8. Ils ont apprécié l'effort que j'ai fait pour les aider.
9. J'ai acheté l'ordinateur que tu as recommandé.
10. Qui est la personne dont tu parlais?

XXXIV. Le puzzle des pronoms relatifs! (p. 93)

1. Est-ce que tu as vu la calculatrice que j'utilisais?
2. J'ai vu un de mes amis avec qui j'étais au lycée.
3. Est-ce que vous avez reçu le message que j'ai envoyé hier?
4. Voilà le garçon dont la mère est prof de sciences.
5. C'est la maison que nous avons achetée.
6. C'est le DVD dont j'ai besoin.
7. Voilà un exercice qui est intéressant.
8. C'est l'étudiante avec qui j'ai parlé hier matin.
9. C'est un aspirateur qui ne marche pas très bien.
10. Voilà les bouquins que je cherchais.

XXXVI. Qu'est-ce que vous avez appris? (p. 94)

1. d
2. b
3. c
4. a
5. d
6. d
7. c
8. a
9. b
10. d

XXXX. Pour décrire les choses et les personnes (p. 99)

1. Madeleine est une *jeune* femme *énergique (ambitieuse) qui* est très *ambitieuse (énergique)*.
2. C'est un *vieil* immeuble *qu'*on va rénover l'année *prochaine*.
3. C'est une *autre* chaise *délabrée* et *inutile* (*inutile* et *délabrée*) *dont* nous n'avons plus besoin.
4. Le *nouvel* appartement *que* nous avons acheté se trouve dans un *vieux* quartir *moyenâgeux*.
5. Les amis chez *qui* il habite ont une *grande* maison *spacieuse* et *ensoleillée (ensoleillée* et *spacieuse)*.
6. C'est le *jeune* homme *dont* la mère est une pianiste *célèbre*.

Chapitre 3

I. Comment passez-vous votre temps? (p. 106)

Henri Gaubil: Il travaille de 7h à midi, puis de 4h à 7h. / Il fait la sieste de midi à 2h. / Le week-end, il va à la plage d'Ajaccio ou chez des amis qui habitent dans le nord de la Corse.

Valérie Ecobichon: Elle est bibliothécaire à la bibliothèque municipale de Dinan; elle travaille du lundi au vendredi, de 9h à 5h. / Le week-end, elle va au bord de la mer; elle fait de la planche à voile ou des promenades sur la plage. Elle aide aussi ses parents quelquefois, le soir ou le week-end, pour certains travaux de la ferme.

Robin Côté: Il est chercheur en physique. Il travaille de 10h à midi. Il travaille aussi l'après-midi, et le soir, après le dîner, jusqu'à 10h. / Il a un peu de temps libre l'après-midi: il va au gymnase. Le soir, chez lui, il regarde les nouvelles à la télé ou il lit. Le week-end, il se lève entre 10h et midi; il va souvent au Mont Royal avec des copains le dimanche: ils pique-niquent. Le soir, il sort avec des copains, il va dans des bars ou au spectacle.

Anne Squire: Elle fait des études de musique et des études d'anglais. Elle travaille la musique tous les matins, de 9h30 jusqu'à 1h. L'après-midi, elle va souvent à l'université. Le soir, elle a quelquefois des cours ou des répétitions d'orchestre. / Certains après-midi, elle fait de la musique de chambre avec des amis. Elle va beaucoup au cinéma.

II. Deux emplois du temps (p. 108)

1. se lève / prend une douche / se coiffer / se maquiller / s'habille / prend le petit déjeuner (mange quelque chose, déjeune) / travaille / un emploi du temps très chargé (une journée très chargée) / profite / son temps libre / lire le journal / regarder la télé(vision) / prend un bain / se couche / s'endort / lit
2. se réveille / a… de cours / reste au lit / se lève / faire sa toilette / s'habiller / va à pied / déjeuner / travaux pratiques / temps / réviser / prend une douche / consulte ses méls (lit des méls), envoie des méls (tchatte, blogue) / télécharge / se couche / chargé / faire la grasse matinée / temps libre / devoirs

Test (p. 109)

Total points: 40 (1 point for each form of the ***passé composé*** *in Part A; 2 points for each form of the* ***imparfait*** *in Part B). Passing score: 32*

A.
1. a fini / s'est couchée
2. as pris / a prêté
3. êtes allés / n'avons rien fait
4. t'es bien reposé / ai regardé
5. vous êtes perdus / avons demandé
6. ont laissé / n'ai pas vu
7. ont pu / est arrivée
8. t'es levée / ai eu
9. vous êtes amusés / a gagné
10. êtes rentrés / nous sommes dépêchés

B. étais / allait / avaient / nous dirigions / prenaient / faisions / descendaient / ne voulais pas / finissait / vous amusiez

IV. Monologues (p. 112)

1. n'est pas allé / a attendu / s'est trompé / a décidé
2. sommes rentrées / avons regardé / avons téléphoné / nous sommes couchées / n'ai pas pu
3. ai dormi / n'ai pas déjeuné / me suis dépêché / suis arrivé
4. n'as pas fini / n'es pas venue / n'as pas répondu / t'es disputée
5. a pris / s'est habillée / est sortie / sont allés / se sont bien amusés / n'a rien mangé
6. avez fait / n'êtes pas venus / avez perdu / vous êtes amusés
7. avons pris / sommes descendus / sommes entrés / a acheté / ai vu / sommes restés / sont retournées

V. Interrogatoires (p. 113)

1. étais / écoutais / te disputais / répondais / avais / étais / m'entendais / parlais
2. étiez / séjourniez / sortiez / vous amusiez / avais / allais / aimais
3. était / faisait / prenait / réussissait / faisaient / allaient / faisait / étaient

Repêchage (p. 113)

Total points: 40 (1 point for each form of the ***passé composé*** *in Part A; 2 points for each form of the* ***imparfait*** *in Part B). Passing score: 32*

A.
1. as acheté / ai choisi
2. n'es pas allée / suis restée
3. est venue / a regardé
4. avez vu / sont rentrés
5. a fait / me suis fâchée
6. ont fait / ont joué
7. n'a pas déjeuné / s'est levé
8. as parlé / se sont couchées
9. avez attendu / avons pris
10. as retrouvé / me suis trompée

B. prenait / habitaient / avait / attendions / finissais / se promenaient / faisait / nous amusions / étais / prenait / alliez

VII. Travail et loisirs (p. 115)

1. productifs / industrialisés / congés payés / travailleurs / semaine / libre / en moyenne / Américains / ont droit à / congé / supplémentaire / accumuler / prolonger / cadres / collègues / heures
2. stressante / conséquences / consommateurs / monde / salaires / bas / médian / euros / gagnent / loyer / nourriture / loisirs
3. technologie / numérique / illimité / jouer / activités / lire / pratiquer / cinémas

IX. Un séjour à la Martinique (p. 118)

1. nous y sommes arrivés / mon père a loué une voiture / nous sommes allés directement à notre hôtel
2. notre hôtel était / il se trouvait / nous avions
3. nous nous sommes promenés / ma mère et mon père ont visité / nous avons passé
4. les pêcheurs rapportaient / les femmes faisaient / les jeunes s'amusaient
5. ma mère a eu / mon père s'est senti / j'ai été
6. nous avons pris / ma mère et moi, nous avons fait / mon père a gagné
7. nous allions / j'ai vu / qui jouaient / j'ai pensé / c'était

XI. Le temps libre des témoins (p. 121)

Sophie Everaert: Elle lit ou elle regarde la télé. Elle aime se relaxer avec son mari, ne rien faire. Quelquefois, ils invitent des amis à dîner. / Elle fait beaucoup de sport: de la course à pied, de la natation, du volley-ball et de l'exercice. / Elle va souvent à l'étranger avec son mari. En hiver, ils vont skier en Suisse ou en France. En été, il vont au soleil et font de la planche à voile, sur la Côte d'Azur ou en Espagne.

Florence Boisse-Kilgo: Elle range son appartement, elle s'occupe de la paperasserie. Elle lit. Elle s'occupe de son cochon d'Inde. / Elle aime être assez active. Elle fait du jogging et des tours en vélo. Elle a commencé à apprendre à faire du cheval. Elle aime aussi se promener. / X

Xavier Jacquenet: Il écoute de la musique, il lit ou il regarde une vidéo. / Il va nager, jouer au tennis, au cinéma, boire un pot ou flâner en ville avec des copains. / Le premier mois, il travaille pour gagner de l'argent. Le deuxième mois, il part en vacances avec l'argent qu'il a gagné. Le troisième mois, il prépare les examens de rattrapage ou, s'il n'a pas d'examen à repasser, il ne fait pas grand-chose: il passe beaucoup de temps avec ses copains, il part en week-end avec eux.

Robin Côté: En semaine, il mange, il regarde la télé, il se repose (il dort). / L'hiver, il joue au hockey deux ou trois fois par semaine. Il fait du patin à glace au grand air. Le week-end, il va faire du ski. L'été, il fait du vélo ou il joue à la «balle molle» avec des copains de bureau. / Il se repose au début des vacances, mais il aime surtout partir visiter d'autres pays, en Europe en particulier, où il a des amis.

XIV. «Le pauvre Gilles!» (p. 125)

est né / est devenu / est rentré / est arrivé / est entré / est monté / est descendu / est tombé / est passée / est partie / n'est venu / est sorti / est allé / est resté / est revenu / est retourné / est mort

XV. Paragraphes (p. 125)

1. est née / est morte / a vécu / ai vu / avons passé / nous sommes (bien) amusé(e)s
2. avons eu / a demandé / est sortie / a pris / a ouvert / s'est retournée / a dit / a engagés / est montée / ont disparu / nous sommes regardés / sommes retournés
3. a appris / avons rendu visite / sommes arrivé(e)s / suis resté(e) / est entrée / s'est assise / se sont parlé / a montré / a lu / a embrassé / a retrouvé(e) / a eu / a (rien) dit

4. ont passé / se sont (pas bien) amusés / a fait / ont été / sont montés / est tombée / s'est cassé / ont reçu / a fallu

XVI. Le combat du serpent et de la mangouste (p. 127)

était / invitait / aimait / préférait / a vu / sont arrivés / se passaient / était / se jetait / a ouvert / a précipité / semblait (a semblé) / se blottissait (s'est blottie) / s'est avancée / a essayé / s'est retourné / a fait / a esquivé / s'est reposée / est revenue / a réussi / s'est échappé / a saisi / a continué / criaient / encourageait / suivaient / se sont lâchés / se sont repris / a remporté / a cessé / a retirée / était / semblait / se sentait (s'est sentie)

XVIII. Vrai ou faux? (p. 128)

1. Faux. Les émissions de RFO, d'ATV et de CC1 émanent de Fort-de-France.
2. Vrai
3. Faux. Quelques-uns vont au bar.
4. Vrai
5. Faux. Les meilleurs marins viennent de l'est (de la côte atlantique).
6. Faux. Il commence le dimanche précédant le Carême.
7. Vrai
8. Faux. Il y a des chars bâtis sur des thèmes plus modernes (par exemple, le débarquement d'extra-terrestres sur l'île).
9. Vrai
10. Vrai
11. Faux. C'est le plus grand carnaval d'hiver.
12. Faux. Il dure 17 jours.
13. Faux. Il y a une course en canot à glace sur le fleuve Saint-Laurent.
14. Faux. 75 personnes se baignent dans les eaux glacées du Saint-Laurent.
15. Faux. Bonhomme retourne au Palais de glace et remet les clés de la ville au maire pour marquer la fin de la fête.

XXI. Est-on en train d'évoluer vers une civilisation des loisirs? (p. 132)

Valérie Ecobichon: oui / On passe de plus en plus de temps à des activités de loisir et c'est tant mieux. De nos jours, même les agriculteurs consacrent plus de temps aux loisirs, grâce au développement de la mécanisation.

Xavier Jacquenet: oui / Les gens travaillent moins. La vie quotidienne est plus assurée qu'avant, il y a des garanties de l'Etat en ce qui concerne la santé, l'éducation... Donc, les gens ont l'esprit plus libre et donnent plus d'importance aux loisirs.

Mireille Sarrazin: non / A cause du chômage, les gens ont peur de perdre leur emploi; alors ils travaillent de plus en plus et ils sont très fatigués. Ils n'ont pas beaucoup de temps à consacrer aux loisirs.

Henri Gaubil: non / Les loisirs ne représentent pas une priorité. Les problèmes de la vie quotidienne (chômage, famille, éducation des enfants) passent avant. Pour avoir des loisirs, on est obligé de les provoquer.

Dovi Abe: oui et non / C'est sans doute vrai dans les pays industrialisés. Les pays en voie de développement n'ont ni le temps ni les moyens de disposer d'autant de loisirs.

Fatim Kramer: non / La vie coûte plus cher. Les gens travaillent pour avoir de l'argent qu'ils peuvent dépenser ou économiser comme ils veulent.

XXII. Le travail et les loisirs (p. 133)

1. moins de temps à travailler (au travail)
2. gagner leur vie / subsister / avoir le temps de prendre des loisirs (l'argent pour se payer des loisirs) / réussir dans la vie
3. à temps partiel / à mi-temps / à plein temps
4. ouvriers / employés / cadres / fonctionnaires
5. moins de temps libre
6. s'amuser / se développer / enrichir sa vie / rester en forme / vivre mieux / se détendre (se relaxer) / supporter le stress / rester jeune (ne pas vieillir)
7. s'évader de la réalité (fuir la réalité / s'évader dans une réalité alternative / substituer le rêve à la réalité)

XXIV. Le passé composé et le plus-que-parfait (p. 136)

1. a. tu as vu; b. tu avais vu
2. a. tu es arrivé(e); b. tu étais arrivé(e)
3. a. elle a pris; b. elle avait pris
4. a. il est allé; b. il était allé
5. a. vous avez fini; b. vous aviez fini
6. a. vous vous êtes couché(e)(s); b. vous vous étiez couché(e)(s)
7. a. nous sommes parti(e)s; b. nous étions parti(e)s
8. a. nous avons écouté; b. nous avions écouté
9. a. ils ont fait; b. ils avaient fait
10. a. elles se sont retrouvées; b. elles s'étaient retrouvées
11. a. je me suis amusé(e); b. je m'étais amusé(e)
12. a. j'ai regardé; b. j'avais regardé

XXV. Pourquoi (pas)? (p. 137)

1. (Parce qu')il avait fait une grosse faute à son examen de chimie.
2. Non, elles étaient déjà montées se coucher.
3. Non, elle n'avait pas fini ses devoirs.
4. (Parce que) nous avions déjà visité Beaubourg.
5. (Parce qu')elle s'y était bien amusée pendant sa première visite en 2001.
6. (Parce qu')il n'avait rien mangé depuis le matin.
7. (Parce que) nous nous étions disputés.
8. Non, mes parents avaient pris la voiture pour aller à Cahors.
9. (Parce qu')il avait répondu à la même question deux minutes avant.
10. Non, ils étaient allés au cinéma avec des copains.

XXVI. Bandes dessinées (p. 139)

1. François et sa fiancée attendent leur dîner depuis 8h (depuis une heure).
2. M. et Mme Beaudouin préparent le dîner depuis 2h de l'après-midi (depuis plus de 5 heures).
3. Mathilde ne se sent pas bien depuis le 17 octobre (depuis deux jours).

4. Thierry s'amuse à poursuivre le chien depuis un quart d'heure.
5. Le bébé pleure depuis 20 minutes.
6. La petite fille appelle sa mère depuis 10 minutes.
7. François et sa fiancée attendaient leur dîner depuis deux heures quand le garçon les a enfin servis.
8. M. et Mme Beaudouin préparaient le dîner depuis 6 heures quand leurs invités sont arrivés.
9. Mathilde ne se sentait pas bien depuis 5 jours quand son mari a téléphoné au médecin.
10. Thierry s'amusait à poursuivre le chien depuis une demi-heure quand le chien l'a mordu.
11. Le bébé pleurait depuis 35 minutes quand son papa est venu le calmer.
12. La petite fille appelait sa mère depuis 22 minutes quand sa mère l'a retrouvée avec l'aide d'une vendeuse.

XXVII. Une histoire de la Martinique (p. 142)

était / habitait / travaillaient / n'aimaient pas / avait fait / est venu / ont donné / vivait / taillait / communiquait / donnait / balayait / rangeait / lavait / rapportait / préparait / n'entrait jamais / gardait / est venue / a balayé / venait de / est sortie / a semblé (semblait) / a été (était) / a oublié / a dit / a ajouté / était / est arrivée / est retournée / s'est mise / connaissait / racontait (avait raconté) / étaient arrivés / étaient allés / vivait / étaient venus / étaient / s'était développée / s'étaient mariés / avait refusé / était partie / est resté *(still true today; therefore, p.c. rather than p.q.p.)* / est rentrée / se regardaient / a dit / a répondu / n'a jamais remis *(p.c. with negative sentence and **depuis**)*

XXIX. Mythe ou vérité? (p. 144)

1. V
2. V
3. V
4. M
5. M
6. M
7. V
8. M

XXXII. Lecture (p. 146)

1. Le mardi et le vendredi soir. Ça coûtait moins cher ces jours-là.
2. Ils se mettaient à l'orchestre. C'est là que se retrouvaient tous les autres jeunes mal habillés et querelleurs.
3. parler, crier, rire, aller et venir dans tous les sens, aviser les femmes, monter sur une chaise pour chanter et danser, se battre
4. Non. On parlait, on discutait pendant le film.
5. A la longue, il trouvait cette ambiance sympathique et inoffensive.
6. Ils parlaient longuement du film et aussi du rôle des gens de couleur.
7. Quelqu'un de subordonné à un patron (boy, chauffeur, valet); pas très intelligent; pauvre et vêtu d'habits déchirés; avec un langage différent; toujours victime des plaisanteries des autres; quelqu'un qu'on battait ou qu'on trompait.
8. Il ne comprend pas comment et pourquoi les Blancs ont inventé cette image des Noirs. Il accuse les classes supérieures d'être responsables de la misère et de la pauvreté de cette classe sociale représentée par les Noirs.

XXXIII. Le rapport de l'inspecteur Dorval (p. 147)

a retrouvé / a fait / a déclaré / se rendait / était / nous sommes transportés / avons noté / baignait / portait / avait été / avons noté / ont prouvé / s'était déroulé / a identifié / a (avait) agonisé / avons retrouvée / a avoué / a déclaré / avait / a attiré / s'est penché / a porté / a déclaré / avait peur / devait / a affirmé / savait / avait toujours cachée / a déclaré / avait agi / était / a été

Chapitre 4

I. De qui s'agit-il? (p. 154)

1. Pierre
2. Emmanuel
3. Fatim
4. Pierre
5. Corinne
6. Fatim
7. Corinne
8. Emmanuel
9. Pierre
10. Corinne
11. Fatim
12. Emmanuel

II. Comment sont-ils? (p. 157)

1. Théo est un adolescent. Il est beau. Il est pâle. Il a des taches de rousseur et il a les cheveux roux.
2. Clarisse et Alex sont jumeaux. Ils sont grands et minces. Ils ont les cheveux blonds et frisés.
3. Amélie est (une femme) d'un certain âge. Elle est de taille moyenne. Elle mesure (fait) 1,62 mètre. Elle a les cheveux châtains. Elle a (Elle porte) les cheveux en queue de cheval. Elle est (très) bronzée.
4. Mme Rivarol est âgée. Elle est belle. Elle est petite et svelte. Elle a les cheveux gris et mi-longs.

III. Jouons avec les nombres (p. 158)

A.
1. créateur
2. innovateur
3. indépendant
4. fidèle
5. orgueilleux
6. équilibré
7. généreux
8. charmant
9. sensuel
10. dévoué
11. jaloux
12. fortuné

Test (p. 160)

A.
1. mangiez
2. répondes
3. trouvions
4. accomplisse
5. étudiions
6. travaillent
7. finisse
8. partiez
9. vendions
10. sortes
11. regarde
12. vérifiions

B.
1. ailles (b)
2. prenions (c)
3. fasse (c)
4. aie (b)
5. soyez (a)
6. viennent (b)
7. puisses (c)
8. soient (b)
9. revenions (c)
10. aille (a)

VI. Les formes du présent du subjonctif (p. 163)

1. prennes / preniez
2. réfléchissiez / réfléchissent
3. aille / allions
4. fasse / fassent
5. aies / ayons
6. reveniez / reviennes
7. soyons / soient
8. parle / parliez
9. apprenions / apprenne
10. étudiiez / étudient
11. vendes / vendions
12. sortiez / sorte
13. puisse / puisses
14. attendions / attende
15. manges / mangions

Repêchage: Qu'est-ce qu'il faut faire? (p. 164)

1. partions
2. préviennes
3. vérifiiez
4. fasse
5. réussissent
6. achète
7. prennent
8. réponde
9. allions
10. puissent
11. décidions
12. choisissiez
13. fassions
14. loues
15. aille

VIII. Est-ce que vous avez bien compris? (p. 165)

1. Les francophones sont tous les gens du monde qui parlent français.
2. Les gens qui parlent français n'ont pas tous la nationalité française.
3. Francophonie avec F majuscule, c'est l'Organisation Internationale de la Francophonie, qui est une organisation de 70 pays et régions.
4. La fonction de l'OIF, c'est la promotion de la langue française dans le monde.
5. Le mot «diversité».
6. Il y a des festivals de film et de musique, des contacts entre cultures, des événements culturels et des jours de festivités à l'ONU et dans les lycées internationaux aux Etats-Unis et dans les autres pays francophones.
7. Ce qui m'impressionne le plus, c'est le fait que le français… *(Answers will vary.)*
8. Ce qui m'étonne le plus, c'est le fait… *(Answers will vary.)*
9. *Answers will vary.*
10. *Answers will vary.*

X. Vous êtes sûr(e)? (p. 168)

1. Je suis sûr(e) que nous allons trouver un appartement.
2. Mes parents pensent que je vais me marier.
3. Elles doutent que je sois capable de piloter un avion.
4. Il se peut qu'elle fasse des études de droit.
5. Nous sommes certains que nos amis sont encore au Cameroun.
6. Est-ce que vous êtes sûrs que les ceintures de sécurité soient une bonne chose?
7. Il se peut qu'elle finisse ses devoirs avant le dîner.
8. Il est évident que le prof n'a pas corrigé mon examen.
9. Il est probable qu'il va faire beau ce week-end.
10. Il est certain que le train est déjà parti.
11. Je ne suis pas sûr(e) qu'elle aille chez Sylviane.
12. Ta mère doute que tu fasses attention en cours.
13. Il est évident que les enfants n'aiment pas le fromage.
14. Il est possible que nous ayons tort.
15. Il se peut qu'il vienne dimanche prochain.
16. Est-ce que le docteur pense que vous êtes malade?

XI. Doute ou certitude? (p. 169)

Answers will vary; forms determined by exercise.

1. Il est certain qu'elle accompagne (va accompagner)…
2. Nous ne pensons pas que vous arriviez…
3. Il est possible que j'aille…
4. Il est probable qu'ils font (vont faire)…
5. Il se peut que nous déménagions…
6. Il est possible que je sorte…
7. Je doute que nous ayons…
8. Elle n'est pas sûre que tu sois…
9. Je suis sûr(e) que vous oubliez (allez oublier)…
10. Il se peut qu'elles viennent…
11. Nous ne pensons pas que le professeur fasse…
12. Ma famille doute que je finisse…

XII. Vrai/Faux (p. 171)

1. Vrai.
2. Faux. C'est un travail très varié.
3. Vrai.
4. Faux. Elle a eu une promotion il y a deux ans.
5. Vrai.
6. Vrai.
7. Vrai.
8. Faux. Il voyageait beaucoup dans sa région et il travaillait avec les médecins.
9. Faux. Il n'aimait pas beaucoup son patron parce que son patron attendait trop de lui.
10. Faux. Elle travaille dans un hôpital universitaire.
11. Vrai.
12. Faux. Il voit des patients mais il fait aussi de la recherche pour trouver des nouveaux médicaments.

XIII. Des catégories (p. 173)

1. agriculteur / éboueur / facteur / livreur / viticulteur
2. militaire (soldat) / policier (agent de police) / pompier / astronaute
3. agent de voyage / agent immobilier / artisan / caissier / commerçant / concessionnaire / courtier / détaillant / fournisseur / grossiste / pharmacien / vendeur
4. informaticien / ingénieur / programmeur
5. acteur / artisan / artiste / cinéaste / compositeur / couturier / écrivain / musicien / poète / professeur / vedette

6. agent de change / banquier / caissier / courtier / facturier
7. dentiste / infirmier / médecin / pharmacien / psychiatre / psychologue / sage-femme / scientifique

XIV. Pour exprimer la nécessité (p. 174)

1. arrives
2. preniez
3. attende
4. soyons
5. aillent
6. partent
7. fasses
8. étudiiez
9. ayons
10. soient

XV. Pour exprimer la volonté (p. 175)

1. aille / suive
2. fasse / aie
3. prenions / fassions
4. attende / sois
5. regarde / allions / sorte
6. vienne / rendiez

XVII. Le subjonctif ou l'infinitif? (p. 177)

étudier / faire / comprenne / attende / suivre / aille / devienne / prenne / partir / fasse / perfectionner / écouter / explique / aller / comprennent

XXII. L'importance des amis (p. 181)

Answers will vary. Sample answers:

1. Selon Pierre, les amis sont les gens avec qui on partage des intérêts.
2. Selon Corinne, nos amis nous ressemblent.
3. Selon Pierre, un ami, c'est une personne qui ne vous juge pas.
4. Selon Corinne, les amis sont des gens qui ont les mêmes valeurs.
5. Selon Pierre et Corinne, les amis sont des gens qui ont l'esprit ouvert.
6. Selon Corinne, les amis sont des gens qui se dépannent les uns les autres.
7. Selon Christophe, les amis sont des gens avec qui on partage beaucoup d'expériences.
8. Selon Christophe, les amis sont, en priorité, les gens avec qui on veut partager les moments heureux.
9. Selon Christophe, un ami c'est quelqu'un qui peut vous dire ce qu'il pense.

XXIII. C'est qui? (p. 182)

1. C'est mon arrière-grand-mère.
2. C'est une famille monoparentale.
3. C'est son beau-frère.
4. C'est une famille nombreuse.
5. C'est ta cousine?
6. Ce sont vos neveux?
7. C'est une famille recomposée.
8. C'est un ado (adolescent).
9. C'est leur grand-mère.
10. C'est son confrère.
11. C'est ma bonne copine.
12. C'est mon petit-fils.
13. C'est ma demi-sœur.
14. C'est mon père. (C'est mon beau-père.)
15. Ce sont leurs potes.
16. C'est son petit copain.

XXIV. Nous sommes contents (p. 185)

1. Nous sommes ravis que cet appartement soit très grand.
2. Je suis déçu(e) que Marie ne sache pas nager.
3. Mes parents sont heureux de déménager en Floride.
4. Je ne suis pas content(e) que les enfants sortent ce soir.
5. Nous sommes contents de ne pas avoir de problèmes.
6. Elle est navrée de quitter le quartier.
7. Mes parents sont ravis que je devienne professeur de français.
8. Tu regrettes de rentrer en France?
9. Ils sont déçus de ne pas vous accompagner.
10. Je suis désolé(e) que vous soyez malade.

XXV. On réagit (p. 185)

Answers will vary. Sample answers:

1. Nous *(expression of emotion)* que vous réussissiez à tous vos examens.
2. Je *(expression of emotion)* que tu manges bien.
3. Elle *(expression of emotion)* qu'il maigrisse.
4. Je *(expression of emotion)* qu'elle ne puisse pas nous accompagner.
5. Ils *(expression of emotion)* que j'aie de bonnes notes.
6. Tu *(expression of emotion)* que nous soyons patients?
7. Il *(expression of emotion)* qu'elles étudient le chinois.
8. Je *(expression of emotion)* que tu saches la vérité.
9. Nous *(expression of emotion)* qu'il soit malade.
10. Elle *(expression of emotion)* que je ne puisse pas visiter Paris.
11. Il *(expression of emotion)* que vous sortiez souvent.
12. Elles *(expression of emotion)* que nous fassions des progrès.

XXVI. Qu'est-ce que tu en penses? (p. 186)

ait / avoir / n'ait pas / se trouve / puisses / puissions / fassent / habitions / soyons / habiter / commencer

XXVII. Le passé du subjonctif (p. 188)

1. soit allé / soient allées / soyez allé(e)(s) / sois allé(e) / soyons allé(e)s
2. aies perdu / ayez perdu / ait perdu / aient perdu / ait perdu
3. nous soyons amusé(e)s / te sois amusé(e) / se soit amusé / se soient amusées / vous soyez amusé(e)(s)

XXVIII. Nos réactions (p. 188)

1. aies réussi
2. sois venu(e)
3. n'ayons pas compris

4. vous soyez disputé(e)s
5. soient allés
6. aies eu
7. soyons sorti(e)s
8. vous soyez irrité(e)(s)
9. aies mangé
10. n'ait pas fait
11. ait manqué
12. aies fini
13. aient échoué
14. n'ait pas pu
15. ne vous soyez pas amusé(e)(s)

XXX. Vrai ou faux? (p. 190)

1. V
2. V
3. V
4. F / Ils sont tous les deux passionnés de cinéma.
5. V
6. F / Il n'a qu'un seul vrai ami.
7. F / Ils espèrent participer à une course cycliste.
8. V
9. V
10. F / Certains s'en fichaient.
11. F / Les faux amis existent.
12. F / Les tribus modernes sont des groupes de gens qui ont des intérêts et des valeurs en commun.
13. V
14. F / Les tribus s'organisent aussi dans le monde virtuel d'Internet.
15. V
16. V

XXXII. Compréhension générale (p. 192)

Answers will vary. Sample answers:

1. We know that he's from another planet. The planet is small. He left because he had a disagreement with his flower and he went to visit seven other planets. The seventh planet is Earth, where he meets the fox.
2. He's looking for friends.
3. The only value that people have is that they raise chickens.
4. It means "to create bonds," to get to know someone.
5. That person becomes special, unique, different from all other people.
6. It seems perfect because there are no hunters, but it's not perfect because there are also no chickens.
7. a. His life will be full of sunshine.
   b. He'll recognize a footstep that's different from everyone else's.
   c. The color of wheat will remind him of the Little Prince.
8. He says that you can't truly know someone unless you create a bond with that being. According to the fox, people don't have time to get to know anything anymore. They buy everything off the rack, and since stores don't sell ready-made friends, people don't have friends.
9. He has to be very patient. At first, he has to sit quietly at a distance from the fox. Each day, he can sit a little closer. But he always has to return at the same time, otherwise the fox won't know when to begin to be happy in anticipation of seeing his new friend. He says that creating a bond involves rituals.
10. It's something special that makes one day different from another day. It's something you have to be able to count on and to look forward to.
11. The color of the wheat will have taken on special significance because it will remind him of the Little Prince and of their friendship. That's much more than he had before.
12. The secret is: You see well only with your heart; the most important things are invisible to the eyes; it's the time you take with someone (something) that makes that someone (something) important; you become responsible for those with whom you've created a bond.

XXXIII. Les leçons du renard (p. 193)

2 / 3 / 5 / 8 / 9 / 11 / 12 / 14

Chapitre 5

I. Les contes de leur enfance (p. 198)

Corinne Bernimoulin-Schmid: sa maman / le soir, avant le lit / contes avec des princesses comme *Cendrillon* et *Blanche Neige* / X

Nadia Aouad: sa grand-mère / X / le conte d'Ali Baba / une morale: ne pas impatienter, attendre la fortune, ne pas aller la chercher

Fatim Kramer: ses frères et soeurs, principalement sa grande soeur / à l'école / contes avec des princes et des princesses, *Cendrillon* / l'optimisme, il y a toujours une ouverture vers quelque chose de positif

Anne-Marie Floquet: ses parents, des cassettes / dans la voiture / des comptines / Il y a beaucoup de choses mystérieuses, difficiles ou tristes dans la vie.

II. *Le Petit Chaperon rouge* (p. 199)

il s'agit / Les personnages principaux / Ça se passe (L'histoire se déroule) / Un jour / puis / Ensuite (Puis) / D'abord / à cause de / parce qu' / Et c'est ainsi que (Et voilà comment)

Test (p. 200)

Total points: 25 (1 point for each correct antecedent in Part A; 1 point for the correct pronoun and 1 point for the correct position in Part B) Passing score: 20

A.
1. la télévision
2. le film de Cocteau
3. Jacques et Anne-Marie Ducroiset
4. son devoir de français
5. ta nouvelle calculatrice

B.
6. je la connais
7. Je l'ai vu
8. je vais (nous allons) les visiter

9. elle le parle
10. je ne les ai pas compris
11. Je ne veux pas le voir
12. il l'écoute
13. je ne peux pas la lire
14. Attendons-la
15. Ne les regardez pas

IV. Les antécédents (p. 202)

1. c
2. a, b
3. a, c, d
4. a, b, d

V. Des mini-conversations (p. 202)

1. Non, je les vois très rarement.
2. Nous l'écoutions tous les jours.
3. Non, je ne la connais pas.
4. Nous, on les passait dans les Alpes.
5. Non, je ne le lis jamais.
6. Nous ne l'admirions pas.
7. Je l'ai acheté aux Nouvelles Galeries.
8. Non, nous ne les avons pas du tout compris.
9. Elle ne sait pas où elle l'a perdu.
10. Non, je ne veux pas la lire.
11. Oui, nous allons la voir.
12. Jean-Pierre pourra aller le chercher.
13. Mets-les dans la poubelle.
14. Achetez-la.
15. Si, mais ne le regardez pas.
16. Oui, ne les oublions pas.

Repêchage (p. 203)

Total points: 25 (1 point for each correct antecedent in Part A; 1 point for the correct pronoun and 1 point for the correct position in Parts B and C) Passing score: 20

A.
1. Max Lecompte
2. mes chaussures
3. le prof
4. la porte
5. Jean-Pierre

B.
6. je vais les voir
7. la fait chez nous
8. je ne l'écoute
9. je ne veux pas la regarder
10. les avons mis
11. l'attend
12. je ne l'ai pas vu
13. vais la faire

C.
14. Attendons-les
15. Ne le cassez pas

VII. Les contes africains et antillais (p. 205)

Ressemblances: On les dit le soir (à la tombée de nuit). / Le conteur établit un contact avec son public. / On commence souvent par une devinette. / Le public interrompe souvent le conteur. / Les personnages peuvent être des hommes ou des animaux. / Les contes illustrent une morale ou expliquent un phénomène.

Différences: Le conte africain date du XIIIe siècle; le conte antillais, du XVIe siècle. / Le griot africain est membre d'une caste respectée; le conteur antillais est esclave. / Les contes antillais reflètent les rapports entre les Noirs et les Blancs. / Les personnages antillais représentent différents membres de la société esclavagiste.

IX. Sylvie et sa famille (p. 208)

1. Je lui envoie des messages électroniques deux ou trois fois par semaine.
2. Pour son dernier anniversaire, je lui ai donné un joli chemisier.
3. Quand nous étions petites, je n'aimais pas lui montrer mes poupées.
4. Je lui parle tous les jours.
5. Quand nous étions petits, je lui lisais des contes de fées.
6. Hier soir je lui ai préparé quelque chose à manger.
7. Je lui prépare un goûter pendant qu'il fait ses devoirs.
8. Je fais un effort pour leur téléphoner toutes les semaines.
9. Je leur parle de mes activités mais je ne leur parle pas de mes petits amis.
10. La semaine dernière je leur ai demandé de partir en vacances avec nous.

X. Direct ou indirect (p. 209)

1. Je vais lui demander
2. tu veux les chercher
3. Je lui ai promis
4. Ecoutez-les
5. elle ne lui a pas répondu
6. Je leur ai dit
7. l'attendre
8. lui téléphoner
9. ne les regarde pas
10. ne lui permettent pas

XI. Les témoins et les films (p. 210)

Emmanuel Roger: salle de cinéma / films d'auteur / explorer l'essence de la réalité, aller au-delà de l'apparence

Fatim Kramer: salle de cinéma (de temps en temps), télévision (plus souvent) / films d'art et d'essai, comédies, films d'action (thrillers, policiers) / apprendre des choses sur différentes cultures et différents aspects de la société

Anne-Marie Floquet: salle de cinéma / films noirs, vieux films policiers, films documentaires / montrer un aspect de la vie de façon inattendue ou esthétique

Christophe Mouraux: salle de cinéma, DVD / films de Hitchcock, de Kubrick, de quelques metteurs en scène américains / ouvrir des fenêtres sur le monde, voir le beau et l'horrible, un miroir qui nous renvoie notre image

XII. Aimez-vous le cinéma? (p. 211)

1. comédies / films d'action / n'aime pas (du tout) / films d'horreur (d'épouvante) / la musique
2. films policiers / thrillers / intrigue
3. effets spéciaux / films d'animation (dessins animées) / originale / sous-titres

4. films d'espionnage / décors / acteurs / réalisateurs (metteurs en scène) / ne me plaît pas / violence

XIV. Quelques conversations (p. 214)

1. Pourquoi est-ce qu'ils y sont allés? / Combien de temps est-ce qu'ils vont y passer? / Non, ils y vont très rarement.
2. Qu'est-ce qu'il y fait? / Oui, nous nous y intéressons beaucoup. / Allez-y!
3. Oui, j'y pense de temps en temps. / Oui, j'y ai habité pendant une dizaine d'années. / Tu as envie d'y retourner un jour?
4. Oui, j'en ai acheté hier. / J'en ai acheté deux. / Oui, je vais en servir avec le poisson.
5. Oui, j'en ai fait pour le dîner. / Mais non, n'en mange pas! / Non, il y en a juste assez pour les invités.
6. Non, j'en ai besoin. / Où est-ce qu'on peut en acheter? / Ah, oui, Mélanie en a acheté au rayon femmes la semaine dernière.

XVI. *L'Appât* (p. 217)

1. D'un film policier. Il s'agit de trois jeunes personnes qui commettent plusieurs crimes (vols et meurtres).
2. Dans la banlieue de Paris, dans les années 90.
3. Trois jeunes personnes—une fille et deux garçons.
4. a. quand, où, qui; b. le point de départ, la situation au début du film; c. la complication; d. une description ou une évaluation du film
5. Le compte rendu *ne* révèle *pas* la fin du film.
6. Il aime le film; il le recommande.

XVIII. Qu'est-ce que vous avez appris? (p. 218)

1. Gérard Depardieu, Jean Renoir
2. Vincent Paronnaud, Marjane Satrapi
3. Jean Renoir
4. *La Grande Illusion*
5. *La Règle du jeu, Boudu sauvé des eaux*
6. *Persépolis*
7. *Boudu sauvé des eaux*
8. *Les Valseuses*
9. Gérard Depardieu, Marjane Satrapi
10. Gérard Depardieu
11. Jean Renoir
12. Gérard Depardieu, Marjane Satrapi

XX. Pour éviter la répétition (p. 220)

1. Ma cousine Evelyne? Je ne l'ai pas vue récemment, mais je lui ai parlé au téléphone.
2. Georges et Jean-Luc? On les a vus au match de football, mais on ne leur a pas parlé.
3. Eric? Je l'attends depuis une bonne demi-heure; il faut que je lui transmette un message.
4. Le professeur? Ne l'attendons pas! Envoyons-lui un mail!
5. La ville de New York? Je ne la connais pas. Je n'y suis jamais allé.
6. Ces deux pantalons? Je les ai achetés aux Galeries Lafayette. J'en ai assez maintenant.
7. La biochimie? Je voudrais bien l'étudier. Je m'y intéresse beaucoup.
8. De la viande? Non, merci, je n'en veux pas. J'en ai mangé à midi.
9. La clé de la voiture? Tu l'as perdue?... J'en ai une autre.

XXI. Pour éviter la répétition (suite) (p. 221)

1. Mes parents? Je les vois très peu. Je leur téléphone souvent.
2. De l'argent? J'en ai beaucoup. Mon frère en a besoin. Je dois lui prêter 200 euros.
3. Cette robe, où est-ce que tu l'as achetée? Je l'ai achetée chez C & A. J'y ai acheté (J'y achète) des vêtements aussi.
4. Des chiens? On en a deux. On leur donne à manger deux fois par jour.
5. La politique, je m'y intéresse beaucoup. Mes amis ne veulent pas en discuter.
6. Sophie Delorme? Je la connais bien. Je lui parle deux ou trois fois par semaine. Ses parents? Je ne les ai pas vus depuis longtemps.

XXII. Vous regardez la télévision? (p. 222)

1. Anne-Marie
2. Corinne
3. Pierre
4. Anne-Marie
5. Corinne
6. Pierre
7. Nadia
8. Nadia / Anne-Marie
9. Corinne
10. Pierre / Nadia
11. Pierre
12. Nadia
13. Corinne
14. Pierre / Anne-Marie
15. Anne-Marie

XXIII. Les médias (p. 224)

1. la radio / auditeurs / la musique / les informations (les actualités, les nouvelles) / la météo
2. gratuite / chaînes / émissions / téléspectateurs / par câble / par satellite
3. actualités (informations, nouvelles) / journal (quotidien) / l'édition électronique / les actualités (les informations, les nouvelles, le journal du soir) / hebdomadaires (magazines) / se tenir au courant (s'informer)

XXV. Parents et enfants (p. 226)

1. Oui, il m'envoie des méls tous les jours.
2. Non, il me téléphone rarement.
3. Oui, il m'a invité à dîner chez lui samedi.
4. Bien sûr, il m'a expliqué comment aller chez lui.
5. Non, il ne peut pas m'accompagner à la réception.
6. Oui, je veux bien te raconter ce qui se passe en cours.
7. Oui, je t'ai montré les résultats de l'examen la semaine dernière.
8. Oui, ils nous donnent trop de devoirs.
9. Non, il n'est pas nécessaire que vous nous aidiez à faire nos devoirs.
10. Oui, elle nous a envoyé des bonbons.
11. Oui, elle nous a invitées à aller en Suède.
12. Non, il ne va pas nous accompagner.

13. Bien sûr, nous allons vous écrire de Suède.
14. Au contraire, nous vous avons envoyé des cartes postales.

XXVI. Des débuts de conversation (p. 227)

1. Je vous connais, n'est-ce pas? Je vous ai vue chez les Gillot. Vous m'avez parlé de vos vacances en Egypte.
2. Je t'ai vu(e) pour la première fois au mois de novembre. Je t'ai invité(e) à sortir trois semaines après. Je t'ai demandé de m'épouser à Noël.
3. Nous te cherchons depuis trois jours. Nous voulons t'inviter à une surprise-partie. Nous espérons te voir samedi soir.
4. Nous sommes content(e)s de vous voir. Nous avons une question à vous poser. Est-ce que vous pouvez nous expliquer le devoir de lundi?

XXVII. On change d'avis (p. 227)

1. Oui, achète-moi un cadeau. Non, ne m'achète pas de cadeau. Fais-moi un dîner.
2. Oui, aide-moi. Non, ne m'aide pas. Prête-moi ta calculatrice.
3. Oui, montre-moi la réponse à la question. Non, ne me montre pas la réponse à la question. Explique-moi le problème.
4. Oui, prête-moi ta voiture. Non, ne me prête pas ta voiture. Accompagne-moi chez le médecin.
5. Oui, fais-moi un gâteau d'anniversaire. Non, ne me fais pas de gâteau d'anniversaire. Achète-moi une tarte.
6. Oui, achetez-nous des CD. Non, ne nous achetez pas de CD. Donnez-nous un DVD.
7. Oui, écrivez-nous. Non, ne nous écrivez pas. Téléphonez-nous.
8. Oui, aidez-nous. Non, ne nous aidez pas. Expliquez-nous comment faire.
9. Oui, donnez-nous l'argent. Non, ne nous donnez pas d'argent. Envoyez-nous un chèque.
10. Oui, accompagnez-nous. Non, ne nous accompagnez pas. Retrouvez-nous à six heures.

XXVIII. Un article de journal (p. 228)

1. d'un accident (d'un meurtre, d'un accident mortel)
2. M. Robert Besnard (un homme qui se promenait avec son épouse)
3. dans un bois près de Manerbe
4. samedi
5. Trois jeunes s'amusaient à tirer sur des oiseaux; une de leurs balles a atteint M. Besnard au cou.
6. Les trois jeunes sont en garde à vue à la gendarmerie de Lisieux

Résumé *(Answers will vary.)*

XXX. Les internautes et les mobinautes (p. 229)

1. e
2. f
3. g
4. c
5. i
6. b
7. d
8. a
9. h

XXXII. Lecture (p. 230)

1. Le Corbeau est perché sur la branche d'un arbre. Il a un morceau de fromage dans son bec. Le Renard est au pied de l'arbre. Il parle au Corbeau.
2. Il veut le fromage du Corbeau. Il flatte son apparence et sa belle voix. Le Corbeau ouvre son bec pour chanter. Le fromage tombe et le Renard le prend.
3. Il ne faut pas écouter les flatteurs.
4. Il a honte; il est embarrassé. Il se promet de ne plus jamais se laisser avoir.
5. Le Moineau est perché sur la branche la plus basse d'un arbre. Le Chat est tout près de lui. Il veut manger le Moineau.
6. Le Chat attrape le Moineau et se prépare à le manger. Le Moineau lui dit qu'un Chat bien élevé fait sa toilette avant de manger, donc le Chat lâche le Moineau.
7. Le Moineau dit au Chat qu'il est stupide et puis il s'envole.
8. De manger d'abord et de faire sa toilette ensuite.

XXXIII. Pour éviter la répétition (p. 231)

A. Oui, je l'ai vue dans le journal. / Oui, je lui ai parlé. / Oui, elle les a expliqués. / Oui, je m'y intéresse beaucoup. / Oui, j'en ai deux à la maison. / Je l'ai étudié pendant six ans. Je le parle couramment. / J'en ai apporté plusieurs aujourd'hui. Et je peux en envoyer d'autres, s'il le faut. / Je leur parlerai demain ou après-demain.

B. J'y fais des études. / Je l'étudie depuis deux ans. / Je les aime beaucoup. / On peut leur poser toutes les questions qu'on veut. / On peut les voir dans leur bureau. / Je dirais qu'ils y passent plusieurs heures par semaine. / Normalement j'en ai quatre. / Regarde-le! / Au sujet des devoirs, tu en as beaucoup? / A mon avis, il faut les faire avant d'aller en cours. / Si tu en as trop, ta note s'en ressent.

XXXIV. Réglons nos dettes! (p. 233)

1. —Je te dois 50 euros. / —Non, tu me dois 60 euros. Je t'ai donné 50 euros la semaine dernière et 10 euros hier. / —Bon, d'accord. Je vais te donner 20 euros aujourd'hui et 40 euros la semaine prochaine. / —Non. Donne-moi 30 euros maintenant et 30 euros la semaine prochaine.
2. —Je vous dois 50 euros. / —Non, vous me devez 60 euros. Je vous ai donné 50 euros la semaine dernière et 10 euros hier. / —Bon, d'accord. Je vais vous donner 20 euros aujourd'hui et 40 euros la semaine prochaine. / —Non. Donnez-moi 30 euros maintenant et 30 euros la semaine prochaine.
3. —Nous vous devons 50 euros. / —Non, vous nous devez 60 euros. Nous vous avons donné 50 euros la semaine dernière et 10 euros hier. / —Bon, d'accord. Nous allons vous donner 20 euros aujourd'hui et 40 euros la semaine prochaine. / —Non. Donnez-nous 30 euros maintenant et 30 euros la semaine prochaine.

Chapitre 6

I. Qui a dit quoi? (p. 236)

1. Pierre
2. Anne-Marie
3. Nadia
4. Corinne
5. Corinne
6. Anne-Marie
7. Pierre
8. Nadia
9. Pierre
10. Anne-Marie
11. Corinne
12. Nadia

II. Trouvez l'intrus (p. 236)

1. mythe
2. ruine
3. rite
4. exposition
5. mode
6. lac
7. haute couture
8. plat
9. souterrain
10. usine
11. culture
12. sculpteur
13. produit
14. langue
15. champ
16. inconvénient
17. pont
18. monument

III. Des définitions (p. 239)

1. C'est le patrimoine.
2. Ce sont des pays.
3. C'est une bibliothèque.
4. C'est un village.
5. C'est une ville.
6. C'est une peinture (un tableau).
7. Ce sont des musées.
8. C'est une station balnéaire.
9. C'est un système de transports. (Ce sont des moyens de transport.)
10. C'est un dramaturge.
11. C'est une exposition.
12. C'est un tunnel.
13. Ce sont des monuments.
14. C'est une usine.
15. C'est une marche à pied.
16. C'est un inconvénient.
17. C'est une sculpture (une statue).
18. C'est la haute couture.

Test (p. 240)

A.
1. ai eu
2. avez
3. avait
4. as
5. avaient
6. ayons eu
7. avait
8. ai, a
9. aies
10. ont eu
11. aie
12. avions
13. a eu
14. aient, avoir
15. ait
16. avons
17. avoir
18. ayez eu
19. avais

B.
1. sois
2. êtes
3. était (a été)
4. suis
5. sommes, sont
6. étaient, sont
7. soyez
8. sont
9. soient
10. es
11. étions, êtes
12. est (était), soyons, était (a été)
13. être, être
14. es
15. étions (avons été), est
16. ait été
17. est

C.
1. suis allé(e), ai vu
2. nous sommes levé(e)s, avons pris, sommes parti(e)s
3. ont oublié, sont sortis
4. (n')avez (pas) pu, ont téléphoné
5. ai fait, (n')ai (pas bien) compris
6. se sont promenées, ont rencontré
7. as vendu, j'ai décidé

V. Les verbes avoir et être (p. 244)

1. que nous ayons fini
2. elles étaient allées
3. vous avez pris
4. tu es
5. qu'il soit parti
6. j'avais mangé
7. nous étions
8. ils ont eu
9. tu as été
10. nous sommes
11. elle a compris
12. vous vous êtes amusé(e)(s)
13. je m'étais couché(e)
14. on a eu
15. qu'elles aient fait
16. ils sont
17. elle est sortie
18. j'étais rentré(e)

Repêchage: Faisons des phrases! (p. 244)

1. se sont amusées
2. s'est dépêché
3. avaient (déjà) appris, sont arrivées
4. as, es
5. étions
6. êtes, ait fait
7. étais, soyez allé(e)(s)
8. es, soit partie
9. sommes rentré(e)s
10. (n')aviez (pas) eu

VII. Est-ce que vous avez bien compris? (p. 246)

1. Faux. Blois est une ville dans la région du Centre.
2. Vrai.
3. Vrai.
4. Faux. Au début, le château était une forteresse.
5. Vrai.
6. Faux. Les plus grandes reconstructions ont été faites au XVIe siècle par le roi Louis XII et sa femme Anne de Bretagne et par le roi François Ier.
7. Faux. Les livres et les manuscrits ont été collectionnés par François Ier.
8. Faux. C'est en 1841 que le château a été classé monument historique.
9. Vrai.
10. Vrai.

11. Faux. Cinq des sept espèces de tortues identifiées dans le monde s'arrêtent sur certaines plages de la Guadeloupe.
12. Vrai.
13. Faux. L'agriculture est en crise en Guadeloupe. Le tourisme est le secteur le plus important.
14. Faux. C'est le quatrième itinéraire nord-sud.
15. Vrai.

IX. Actif ou passif? (p. 249)

1. A	7. P
2. P	8. A
3. P	9. A
4. A	10. P
5. A	11. P
6. P	12. A

X. Des équivalences (p. 250)

1. Ces châteaux ont été construits au seizième siècle.
2. Le nouveau directeur a été choisi à l'unanimité.
3. Le président Kennedy a été assassiné à Dallas en 1963.
4. Marie-Claire Pierret a été nommée présidente-directrice générale de Geodisa.
5. Le dîner va être servi à 20h30.
6. Les tableaux vont être restaurés.
7. Le petit déjeuner est servi à l'entresol.
8. Tous les magasins sont fermés.

XI. Encore des équivalences (p. 251)

1. Notre maison a été cambriolée par trois femmes masquées.
2. Ces immeubles ont été construits par la municipalité.
3. Caroline Chauveau a été étranglée par son mari jaloux.
4. Nous avons été interrogé(e)s par deux policiers.
5. La conférence va être donnée par Jean-Pierre Richard.
6. Les photos vont être prises par le cousin de la mariée.
7. Les cours de débutants sont souvent faits par des assistants.
8. Chez moi, les repas sont préparés par mon père.

XII. Des équivalences, une troisième fois (p. 252)

1. Le directeur est aimé de tous ses employés.
2. Le restaurant est décoré de reproductions de tableaux célèbres.
3. Après la course, je vais être trempé(e) de sueur.
4. Le terrain est entouré d'une grille.
5. La scène était entourée de spectateurs.
6. Les champs étaient recouverts de neige.

XIII. Par ou de? (p. 252)

1. par	5. par
2. par	6. de
3. d'	7. par
4. de	8. par

XIV. Dans mon université (p. 253)

1. La présidente de l'université est aimée et respectée de tous les étudiants.
2. La création de nouveaux programmes est supervisée par les vice-présidents.
3. Au milieu du campus, une fontaine est entourée de quatre bâtiments.
4. Beaucoup de professeurs ont été engagés pendant les années 1970.
5. Autrefois, les examens étaient corrigés par les professeurs.
6. Aujourd'hui ce travail est fait par les assistants.
7. Dans mon cours d'anglais, les devoirs sont remis par courrier électronique.
8. Les diplômes vont être remis lors d'une cérémonie en juin.

XV. Qui a parlé de quoi? (p. 254)

terrorisme: Christophe
xénophobie: Corinne
environnement / pollution: Christophe, Corinne, Pierre
chômage: Corinne, Pierre
maladies: Christophe
égoïsme: Pierre
faim: Christophe
guerre: Corinne
discrimination: Christophe
réchauffement climatique: Christophe, ("le réchauffement de la planète est un problème qui est énorme à mes yeux.") Corinne

1. l'environnement / la pollution
2. le chômage
3. Pierre
4. 6, 5
5. l'égoïsme
6. l'environnement / la pollution et le réchauffement climatique
7. terrorisme et guerre / chômage et faim / terrorisme et xénophobie / xénophobie et discrimination

XVI. L'environnement: Qu'est-ce qui manque? (p. 256)

1. recyclage
2. réutilisation
3. L'effet de serre
4. *Possible answers:* Polluants: les déchets radioactifs, toxiques, chimiques, etc. / les ordures ménagères / les produits chimiques / les pesticides / les détergents / le verre / le papier / le carton / le plastique / le pétrole, etc. Conséquences: la dégradation de la faune et de la flore / la destruction (la disparition) des forêts / l'effet de serre / le réchauffement de l'atmosphère / la pollution de l'eau / les maladies (allergies, cancers, asthme, etc.) / les accidents nucléaires
5. *Possible answers:* le recyclage / la conservation des ressources naturelles / la punition des pollueurs /

la protection (la préservation) de la nature (des espaces naturels, des espèces) / la fin du gaspillage

6. *Possible answers:* les déchets radioactifs et toxiques / les pesticides / les détergents / les déchets industriels / les déchets chimiques
7. bruit
8. ménagères
9. déchets / écologique / dégradation (destruction) / pollution
10. recyclé

*XVIII. La discrimination: Des définitions (p. 258)

1. le racisme
2. la discrimination
3. la ségrégation
4. Il est étroit d'esprit.
5. l'homophobie
6. Il a l'esprit ouvert.
7. le sexisme
8. l'action en faveur des minorités
9. la haine
10. l'antisémitisme
11. l'inégalité
12. la peur

XIX. Soyons plus polis! (p. 260)

1. Je pourrais parler à M. Imbert?
2. Pourriez-vous me donner son adresse mail?
3. Sauriez-vous où il est allé?
4. Nous voudrions vous demander un service.
5. Auriez-vous le temps de me parler?
6. Je serais content de lui téléphoner.
7. Pourrais-tu dîner avec nous ce soir?
8. Françoise et moi, nous voudrions bien y aller avec vous.
9. Tu ferais la vaisselle pour moi?
10. Vous iriez à la bibliothèque déposer ces livres?
11. Ils nous prêteraient leurs DVD?
12. Il faudrait qu'elle arrive vers dix heures.

XX. Que feriez-vous à leur place? (p. 260)

1. A ta place, je me coucherais plus tôt.
2. A ta place, je ne mangerais pas de pizza.
3. A ta place, je n'irais pas dans les grands magasins.
4. A sa place, je leur enverrais un mail.
5. A sa place, je prendrais des leçons de français.
6. A ta place, je consulterais le médecin.
7. A votre place, je dînerais au restaurant.
8. A leur place, j'achèterais une maison.
9. A ta place, je m'arrêterais de travailler à l'ordinateur.
10. A sa place, j'irais voir le prof.
11. A votre place, j'inviterais mes meilleurs amis.
12. A ta place, je ne lui donnerais plus d'argent.

XXI. La criminalité (p. 262)

1. Le tireur fou aurait tué dix personnes.
2. Les jeunes auraient commis des vols d'automobiles.
3. Son oncle aurait signalé un crime.
4. Il aurait fait acte de vandalisme.
5. Elle aurait tabassé son agresseur.
6. Ils seraient allés à l'étranger.
7. Les voleurs se seraient servis d'une arme.
8. La police aurait interrogé les suspects.
9. Ils auraient participé à une bagarre.
10. Elles auraient trouvé des indices.

XXII. On mange quelque chose? (p. 263)

1. Si je pouvais choisir, je dînerais dans un restaurant français (au Macdo).
2. Si je n'avais pas commencé un régime il y a huit jours, je pourrais manger de la pizza avec vous ce soir.
3. Si je payais le repas, je choisirais le menu à 20 euros (à 50 euros).
4. Si mes amis m'invitaient à dîner, je leur apporterais (une bouteille de vin / un bouquet de fleurs, etc.).
5. Si je voulais maigrir, je prendrais l'assiette de crudités comme hors-d'œuvre.
6. Si je n'aimais pas le poisson, je commanderais le bœuf bourguignon.
7. Si j'avais très faim, je mangerais du rôti de bœuf.
8. Si je voulais grossir, je choisirais une glace.
9. Si j'avais le choix, je prendrais (un coca, une limonade, etc.).
10. Si le service n'était pas compris, je laisserais 20 pour cent (15 pour cent).
11. Si je n'étais pas allé(e) à l'institut culinaire l'année dernière, je ne serais pas chef dans ce restaurant aujourd'hui.

XXV. Ce que j'ai appris (p. 265)

1. a. 6 (recycler, gobelets plastiques, cadeaux sans emballages, produits avec peu d'emballages, sacs réutilisables, produits jetables)
   b. 4 (composter, eau du robinet, produits alimentaires locaux, éviter le gaspillage de la nourriture)
   c. 5 (recycler, photocopies, emballages, livres, factures en ligne)
   d. 2 (vêtements, livres)
   e. 5 (piles rechargeables, ampoules longue durée, voiture électrique ou hybride, éteindre les lumières, faire les courses à pied ou à velo)
2. Elles sont petites, économiques, ne polluent pas l'air et sont pratiques pour stationner.
3. Utiliser des vélos et des Vespas; utiliser des transports publics comme le métro, le bus, le tramway, le train; déclarer des journées officielles sans voitures; créer des voies piétonnières; aller à pied; etc.
4. Ne pas laisser un robinet ouvert; ne pas laisser couler l'eau pour rien; réparer les robinets: ne pas laisser goutter; collecter l'eau de pluie pour arroser le jardin; utiliser un arrosoir plutôt qu'un tuyau pour arroser les plantes; surveiller de près la consommation de l'eau; etc.

5. Les produits recyclés sont réutilisés; on réduit l'énergie nécessaire à la fabrication de nouveaux produits.
6. *Answers will vary.*

XXVII. Actif / passif, passif / actif (p. 267)

1. Le roman *Les Misérables* a été écrit par Victor Hugo.
2. Claude Monet a réalisé la peinture *Cathédrale de Rouen.*
3. La ville linéaire a été imaginée par Gilles Gauthier.
4. La statue de la Liberté a été conçue par le sculpteur français Bertholdi.
5. La statue de la Liberté a été offerte aux Etats-Unis par la France.
6. Le président des Etats-Unis a inauguré la statue de la Liberté en 1886.
7. L'élévation du niveau des océans est provoquée par le réchauffement climatique.
8. Des dimanches sans voitures ont été lancés par certaines villes françaises.
9. 17 arbres sont utilisés pour fabriquer une tonne de papier.
10. 22 millions de tonnes de déchets ménagers sont jetées chaque année par les Français.
11. Chaque Américain consomme 30 m^3 d'eau par an.
12. Les Français ont recyclé 1 200 000 tonnes de verre en 2001.
13. Du papier est fabriqué par les papeteries avec les journaux et magazines recyclés.
14. Aujourd'hui, le réchauffement climatique est souvent mentionné par les médias.
15. Autrefois, le château de Blois était entouré de jardins.
16. Des jardiniers célèbres de l'époque ont conçu les jardins.
17. Le château était protégé par les tours et les murs.
18. Le plus grand appartement était occupé par le roi et la reine.
19. Le roi et la reine étaient admirés de tout le monde.
20. Le château a été transformé en musée par la ville de Blois.

XXVIII. Si... (p. 269)

1. ... la situation serait meilleure aujourd'hui. / ... il y aurait moins de pollution aujourd'hui.
2. ... les gens auraient pris le recyclage au sérieux il y a longtemps. / ... nous aurions plus de voitures électriques aujourd'hui.
3. ... les autres pays du monde seraient moins en difficulté. / ... les autres pays du monde auraient suffisamment d'eau potable. / ... il y aurait moins de personnes malades dans le monde.
4. ... les rayons de soleil nous feraient moins de mal. / ... le réchauffement climatique ne serait pas si grave.
5. ... on ne l'aurait pas accusé de racisme. / ... nous n'aurions pas vu le problème.
6. ... les Perrot n'auraient pas perdu leur appartement. / ... les Perrot n'auraient pas été obligés de quitter leur quartier.
7. ... les femmes feraient plus de progrès. / ... les femmes seraient choisies plus souvent pour des postes importants. / ... les femmes seraient mieux acceptées dans les milieux financiers.
8. ... les préjugés n'existeraient pas. / ... il y aurait moins de violence.

XXIX. Ce que disent les témoins (p. 270)

1. l'environnement, la technologie
2. la médecine
3. Pierre
4. Anne-Marie
5. Emmanuel et Pierre
6. Christophe et Anne-Marie
7. Anne-Marie
8. Emmanuel et Anne-Marie
9. Christophe
10. *Answers will vary.*

XXX. Le mot (L'expression) juste (p. 272)

1. un clone
2. l'infopollution
3. des carburants fossiles
4. un gadget, un machin, un truc
5. la biotechnologie
6. un machin autonettoyant
7. miniaturiser
8. la traçabilité
9. l'accélération
10. un biocarburant, un carburant végétal
11. un croquis
12. faire des recherches
13. une innovation, une invention
14. une découverte
15. le sans-fil
16. la réalité virtuelle (un monde virtuel, une image virtuelle)
17. le sang artificiel, le sang synthétique
18. une voiture hybride
19. les gènes
20. un alicament

XXXI. Des associations (p. 273)

1. voiture
2. yaourt
3. four
4. êtres vivants sur la planète
5. Internet
6. traitement
7. machine
8. découvrir
9. usine
10. thérapie génique
11. médecins qui circulent dans le corps
12. prévoir

XXXII. Quels sont leurs projets? (p. 274)

1. Ils ont l'intention d'aller à Paris.
   Elle va aller à Paris.
   J'espère aller à Paris.
   Il veut aller à Paris.
2. Je ne veux pas suivre le cours de Sciences Po.
   Elle a l'intention de suivre le cours de Sciences Po.
   Il a envie de suivre le cours de Sciences Po.
3. Ils comptent acheter une voiture de sport.
   Il ne va pas acheter une voiture de sport.
   Je pense acheter une voiture de sport.
4. J'espère réussir à l'examen de français.
   Ils vont réussir à l'examen de français.
   Elle compte réussir à l'examen de français.

XXXIII. L'avenir (p. 276)

1. prendrons / montera / quitteront / descendra / continuerez / changeras / irai / prendrai / se retrouvera / mangerons / rentrerons
2. accompagnera / pourrai / serai / iront / fera / auras
3. verras / pourras / rendra / voudra / pourra / irons / sortirons / sera

XXXIV. Pas encore, mais... (p. 276)

1. Non, pas encore, mais je le verrai cet après-midi.
2. Non, pas encore, mais nous irons ce week-end.
3. Non, pas encore, mais elle le suivra l'année prochaine.
4. Non, pas encore, mais il arrivera dans quelques instants.
5. Non, pas encore, mais il y en aura une à 6h (il y aura une annonce à 6h).
6. Non, pas encore, mais elles y seront lundi prochain.
7. Non, pas encore, mais il prendra le train de 17h30.
8. Non, pas encore, mais elle se couchera après le film.
9. Non, pas encore, mais ils partiront pour l'Europe le 19.
10. Non, pas encore, mais nous les finirons bientôt.
11. Non, pas encore, mais j'apprendrai à l'utiliser avant la rentrée.

XXXV. Qui fera quoi? (p. 278)

1. Matthieu, tu enverras les invitations aux administrateurs.
2. Justin, Laura et moi, nous ferons la publicité.
3. Sam et Adam, vous demanderez de l'argent au chef du département de français.
4. Hilary, tu contacteras le journal.
5. Michael, tu réserveras les salles.
6. Sylvia et Mary, vous louerez les vidéos.
7. Alex, Kim et moi, nous préparerons les affiches.
8. Jerry et Frank, vous irez chercher les amuse-gueule.
9. Tony, tu feras des copies des CD.
10. Mary et moi, nous finirons l'article pour le journal français.
11. Jennifer, tu seras l'hôtesse.
12. Tom, tu vendras les drapeaux des pays francophones.

XXXVI. Si... (p. 279)

1. a. Si elle étudie le français, elle pourra (peut) parler à l'étudiant camerounais.
   b. Si elle étudiait le français, elle pourrait parler à l'étudiant camerounais.
   c. Si elle avait étudié le français, elle aurait pu parler à l'étudiant camerounais.
2. a. S'il a assez d'argent, il ne commettra (commet) pas de crimes.
   b. S'il avait assez d'argent, il ne commettrait pas de crimes.
   c. S'il avait eu assez d'argent, il n'aurait pas commis de crimes.
3. a. Si les gens ont plus de respect pour les autres, il n'y aura pas de discrimination.
   b. Si les gens avaient plus de respect pour les autres, il n'y aurait pas de discrimination.
   c. Si les gens avaient eu plus de respect pour les autres, il n'y aurait pas eu de discrimination.
4. a. Si nous conduisons des voitures électriques, nous pourrons (pouvons) améliorer la qualité de l'air.
   b. Si nous conduisions des voitures électriques, nous pourrions améliorer la qualité de l'air.
   c. Si nous avions conduit des voitures électriques, nous aurions pu améliorer la qualité de l'air.
5. a. Si tu recycles les emballages, tu feras (fais) une contribution importante à la protection de l'environnement.
   b. Si tu recyclais les emballages, tu ferais une contribution importante à la protection de l'environnement.
   c. Si tu avais recyclé les emballages, tu aurais fait une contribution importante à la protection de l'environnement.
6. a. Si je deviens membre d'un groupe écologique, j'aiderai (aide) à protéger la nature.
   b. Si je devenais membre d'un groupe écologique, j'aiderais à protéger la nature.
   c. Si j'étais devenu(e) membre d'un groupe écologique, j'aurais aidé à protéger la nature.
7. a. Si vous travaillez avec ces jeunes, ils seront peut-être moins violents.
   b. Si vous travailliez avec ces jeunes, ils seraient peut-être moins violents.
   c. Si vous aviez travaillé avec ces jeunes, ils auraient peut-être été moins violents.

XXXVIII. Des associations logiques (p. 280)

1. l'évolution biologique (l'évolution de la biosphère)
2. d'accélération
3. un brevet
4. un objet virtuel
5. cybersphère (Internet)
6. les internautes

7. de la complexité (des systèmes de plus en plus variés)
8. de nouvelles applications dans beaucoup de domaines
9. communiqueront avec nous

XXXX. Compréhension générale (p. 281)

Any of the following:

1. On travaille seulement jusqu'à deux heures de l'après-midi (le «9 à 5» est fini).
2. On peut prendre le métro aérien (l'omnibus pneumatique) pour aller de Montréal à Paris.
3. On peut écouter toutes les émissions du globe sur un plusistor.
4. On peut se balader dans le vide cosmique (dans l'ionosphère).
5. La semaine de travail est de moins de 20 heures. Si on fait 20 ou 25 heures, on fait des heures supplémentaires.
6. On peut suivre des cours télévisés quand on est au travail.
7. Les ouvriers vont aux bains de vapeur et au gymnase pendant les heures de travail.
8. On peut passer l'examen d'astronaute.
9. Il y a des quais satellisés sur lesquels on peut travailler.
10. On peut travailler dans les gares spatiales du côté de Vénus ou de Mars.
11. Les êtres humains vivent jusqu'à 200 ans.
12. On peut faire des voyages interplanétaires.
13. On peut vivre sur Mars.
14. Il y a des gadgets comme le plurimètre comptable, la machine à peindre, le plusistor, la machine souvenak.
15. Il y a une machine (la machine souvenak) qui peut effacer jusque dans le subconscient toute trace de n'importe quel souvenir désagréable.
16. On fait des études moins de dix ans.
17. On en sait beaucoup plus sur les planètes et le système solaire.

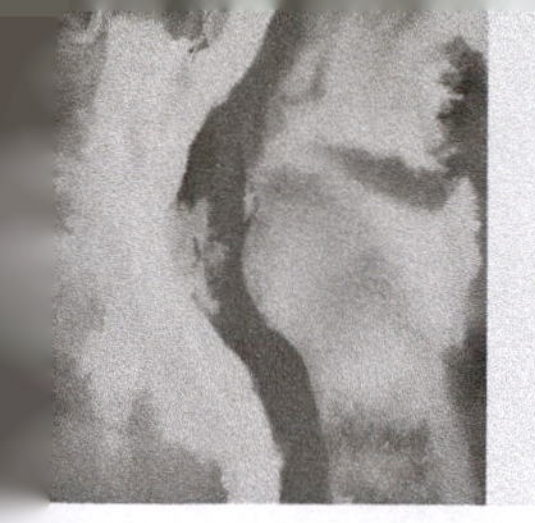

Audio Script

Chapitre préliminaire

CD1, Track 2

[MC] A. Trois étudiants au café

NARRATEUR: C'est la rentrée à l'université de Bourgogne, à Dijon. Un étudiant, Cyril, est assis sur la terrasse d'un café dans le quartier universitaire. Il pense reconnaître une étudiante qui s'installe à côté de lui.
CYRIL: Pardon. Je ne t'ai pas vue à la faculté d'anglais hier après-midi? Tu t'appelles comment?
MÉLODIE: C'est bien possible. Moi, c'est Mélodie. Mélodie Cordin. Et toi?
CYRIL: Moi, Cyril Poncet. T'étais là l'année dernière?
MÉLODIE: Non, je viens de Bordeaux. C'est ma première année à l'université. Et toi?
CYRIL: C'est ma deuxième année.
MÉLODIE: Tu es de Dijon?
CYRIL: Oui, ma famille habite à Dijon.
NARRATEUR: A ce moment-là, Cyril voit son amie Anne qui passe devant le café. Il l'appelle.
CYRIL: Anne! Anne!
ANNE: Tiens, salut, Cyril! Ça fait longtemps qu'on ne s'est pas vus! Qu'est-ce que tu deviens?
CYRIL: Bonjour, Anne. Eh bien, moi, ça va. Et toi?
ANNE: Ça va bien.
CYRIL: Tiens! Je te présente Mélodie…
MÉLODIE: Mélodie Cordin. Bonjour, Anne.
CYRIL: Alors, Anne, ça s'est bien passé, les vacances?
ANNE: Ah, oui. J'ai fait un stage dans un laboratoire à Paris.
MÉLODIE: Tu es de Paris?
ANNE: Non, non. Je suis de Lille. Mais j'ai un oncle qui habite à Paris. C'est lui qui m'a trouvé ce stage.
CYRIL: C'était bien?
ANNE: Ah, oui. C'était vraiment formidable. Et toi? Qu'est-ce que tu as fait?
CYRIL: Ben, moi, j'ai passé l'été chez mes grands-parents. Ils ont une maison de campagne non loin de La Baule. C'était pas mal mais je suis content de reprendre mes études.
ANNE: Et toi, Mélodie, comment est-ce que tu as passé les vacances?
MÉLODIE: Alors, moi, j'ai voyagé. Deux amis et moi, nous avons passé un mois en Norvège, en Suède et au Danemark. On s'est bien amusés.
NARRATEUR: Le garçon arrive pour prendre la commande des trois étudiants. Ensuite ils parlent de leur programme d'études.
CYRIL: Alors, Mélodie, tu prépares quoi comme diplôme?
MÉLODIE: Moi, je fais une Licence de sociologie.
ANNE: Tu as un emploi du temps très chargé?
MÉLODIE: Pas tellement. J'ai un cours de sociologie, un cours d'anthropologie, un cours de statistiques et un cours d'anglais. Et toi, Cyril, pourquoi est-ce que tu fais de l'anglais?
CYRIL: C'est que je prépare une Licence d'administration économique et sociale. Je voudrais entrer dans le secteur public un jour et l'anglais, c'est très utile.
ANNE: Quels autres cours est-ce que tu as?
CYRIL: J'ai des cours d'histoire, d'économie et de droit.
MÉLODIE: Et Anne, tu fais quoi comme études?
ANNE: Moi, je suis en deuxième année de sciences de la terre.
CYRIL: Oui, elle est très calée, Anne. Elle a toujours un programme très dur.
MÉLODIE: Ah, bon. Qu'est-ce que tu as comme cours?
ANNE: Voyons… euh… maths, physique, chimie, histoire des sciences… euh…
MÉLODIE: Oh là là. Moi, je suis très contente d'être en sciences humaines!
CYRIL: Moi aussi.

Chapitre 1

**Brackets indicate errors in spoken French made by the speaker.*

CD1, Track 3

[MC] B. On prend quelque chose?

1. —Oh là là! Qu'est-ce que j'ai soif! Tu ne veux pas boire quelque chose?
   —Si. Je prendrais bien quelque chose de chaud.
   —Un thé? Un café? Un chocolat peut-être.
   —Oui, pourquoi pas?
2. —Dis donc, chérie, qu'est-ce qu'on va manger ce soir?
   —J'sais pas encore. J'vais peut-être préparer un bifteck avec des haricots verts…
   —Si on sortait? J'ai envie de manger quelque chose de nouveau… quelque chose de plus original.
   —Du canard laqué, peut-être… ou bien du poulet au citron?
   —Oui, c'est ça.

3. —C'est à quelle heure le film?
—A 20h30.
—Oh là là! Il est déjà 20 heures. On n'aura pas le temps de manger.
—Si. Il y a un fast-food juste à côté du cinéma.
—Mais moi, j'ai horreur du fast-food.
—On pourrait manger une crêpe, si tu préfères.
—Bonne idée!

4. —Alors, chérie, on va sortir ce soir fêter ton anniversaire?
—Oh, non, mon amour. Je suis trop fatiguée. J'aimerais manger en famille ici.
—Bon, d'accord. Mais dans ce cas-là, les enfants et moi, nous nous occupons du repas.
—Si vous voulez. Mais attention! Rien de copieux, rien de trop lourd. Tu sais bien que je fais attention à ma ligne.
—Ne t'inquiète pas! On va te préparer quelque chose de léger mais de délicieux aussi.

5. —T'as faim, toi?
—Un peu, mais nous n'avons pas beaucoup de temps. On nous attend chez Liliane.
—Oui, mais on pourrait prendre un petit quelque chose, non? Une tartelette ou un morceau de gâteau.
—Oui, pourquoi pas? Oh, regarde, elle a l'air délicieuse, cette tartelette.

CD1, Tracks 4–7

[MC] E. Les témoins vous parlent
[MP] I. Les repas

CD 1, Track 4

Robin Côté

—Bonjour, Monsieur.
—Bonjour.
—Comment vous appelez-vous?
—Je m'appelle Robin Côté.
—Vous pouvez épeler votre nom de famille?
—C-O accent circonflexe-T-E accent aigu.
—Et quel âge avez-vous?
—J'ai vingt-neuf ans.
—Où est-ce que vous habitez?
—Je viens du Canada. J'habite un petit village qui s'appelle Sainte-Luce, qui est à environ 12 kilomètres d'une ville de 40 000 habitants qui s'appelle Rimouski et cette ville est située à environ 300 kilomètres au nord de Québec. C'est sur la rive sud du fleuve Saint-Laurent.
—Est-ce que vous pouvez épeler Rimouski?
—C'est R-I-M-O-U-S-K-I.
—Combien de fois par jour est-ce que vous mangez normalement? A quelles heures, où, avec qui?
—Environ de trois à cinq fois, dépendamment des journées, de mon horaire. Un petit déjeuner—on dit chez nous un déjeuner—simplement un café avec quelques rôties…
—Rôties?
—Des «toasts»… Puis, après ça, il y a ce qu'on appelle, nous, le dîner: le déjeuner. Bon, ça, c'est avec des copains, ça peut être un sandwich ou je sais pas trop… Après ça, il y a le souper, ce que vous appelez le dîner. Ça peut être dans un restaurant ou à la maison. Puis, souvent, le soir, après, il peut y avoir un petit casse-croûte, ça dépend. Si je vais aussi en boîte ou si je sors, bon… ben… on va peut-être aller manger un petit morceau après.

CD 1, Track 5

Véronica Zein

—Bonjour, Mademoiselle.
—Bonjour, Madame.
—Comment vous appelez-vous?
—Je m'appelle Véronica Zein.
—Z-E-deux N?
—Z-E-I-N.
—Et quel âge avez-vous?
—J'ai vingt ans.
—Et où est-ce que vous habitez?
—J'habite à Savigny-sur-Orge. C'est dans la banlieue sud de Paris.
—Et combien de fois par jour est-ce que vous mangez, normalement?
—En général, trois fois: le matin, au petit déjeuner, avant d'aller en cours, vers midi, une heure, pendant mon heure de déjeuner, et le soir, quand tout le monde est à la maison, vers les alentours de huit heures et demie, neuf heures.
—Ah, vous dînez en famille, alors?
—Oui.
—Et qu'est-ce que vous prenez pour tous ces repas?
—Petit déjeuner, assez léger: en général, du pain et de la confiture, et un café…
—Et ça, c'est avec la famille aussi?
—Euh… non, parce qu'on ne se lève pas tous à la même heure, donc ça dépend… souvent avec la personne qui va partir en même temps que moi, ou toute seule. Le café est toujours prêt. A midi, je vais manger avec des amis, souvent au café. On reste à discuter.
—Et qu'est-ce que vous mangez, là?
—Oh, quelque chose de très léger. Ça coûte trop cher!
—Un sandwich, une salade?
—Un sandwich, et puis un petit café pour terminer, toujours. Et le soir, on s'assoit, on mange un bon repas en famille.
—Et qui fait la cuisine en général?
—Soit ma mère, soit moi.
—J'ai entendu que votre mère est très douée.
—Oui, c'est une excellente cuisinière, elle m'a très bien appris.

CD1, Track 6

Nezha Le Brasseur

—Bonjour, Madame.
—Bonjour.
—Comment vous appelez-vous?
—Je m'appelle Nezha Le Brasseur.
—Vous pouvez épeler votre nom de famille?
—Mon nom de famille: L-E-B-R-A-S-S-E-U-R.
—Et où est-ce que vous habitez?
—J'habite à Casablanca, au Maroc.

—Et quel âge avez-vous?
—J'ai trente ans.
—Combien de fois par jour est-ce que vous mangez, normalement?
—Euh... normalement, je mange trois à quatre fois par jour. Je prends mon petit déjeuner vers sept heures, sept heures et demie, et puis je mange le déjeuner vers midi et demi, une heure, et puis, après je mange vers quatre heures et demie, cinq heures: je prends un café, et puis après vers huit heures, neuf heures, je prends mon dîner.
—Et qui fait la cuisine chez vous, c'est vous-même?
—Non, c'est ma mère, aidée par une bonne.
—Et vous savez faire la cuisine marocaine?
—Euh... un petit peu, pas beaucoup.
—Est-ce que c'est très différent de la cuisine américaine?
—Bien sûr, c'est très très différent.
—Est-ce qu'il est possible de décrire les différences ou c'est trop compliqué?
—Euh... la première différence, c'est que ça prend beaucoup de temps à préparer, un plat marocain. Les plats marocains qui sont très connus sont le couscous—ça prend environ deux heures pour le préparer—et... c'est vraiment... c'est bon mais ça prend beaucoup de temps.

CD1, Track 7

Henri Gaubil

—Bonjour, Monsieur.
—Bonjour, Madame.
—Comment vous appelez-vous?
—Je m'appelle Henri Gaubil.
—Et vous habitez où?
—J'habite dans une île qui appartient à la France qui s'appelle la Corse, nommée l'Ile de Beauté.
—Et dans quelle ville?
—Ajaccio, plus précisément, dans le sud-ouest de la Corse.
—Et vous avez quel âge?
—Ah, j'ai cinquante-cinq ans!
—Combien de fois par jour est-ce que vous mangez, normalement?
—Comme tout bon Français, trois fois par jour, c'est-à-dire: le matin, de bonne heure en principe, à sept heures, le petit déjeuner; le midi—on parle souvent du midi, mais en fait c'est souvent treize heures—le déjeuner, nous prenons le déjeuner.
—«Nous», c'est qui, «nous»?
—Nous, ben... la famille.
—Ah, vous mangez en famille à midi?
—De temps en temps. De temps en temps, sauf si je suis en déplacement sur l'île, je mange au restaurant, seul. Mais le soir, toujours, nous mangeons en famille.
—Et qu'est-ce que vous prenez pour ces repas?
—Oh, le matin—surtout l'été, c'est une période très chaude en Corse—des jus de fruits et un café.
—C'est tout?
—C'est tout. En ce qui me concerne. Le repas du midi est très léger également, parce que nous sommes à l'extérieur, il fait très chaud, on pense plutôt à boire qu'à manger.
—Vous voulez dire quoi par «nous sommes à l'extérieur»?
—Nous sommes à l'extérieur de la maison.
—Ah!
—Et le soir, alors là, c'est le repas de famille. Et nous avons faim parce que la journée, nous n'avons pas mangé beaucoup, en fait, en quantité.
—Alors, qu'est-ce que vous mangez, par exemple?
—Le dîner du soir, nous sommes en famille et nous mangeons le repas traditionnel français.
—C'est quoi, ça?
—Le repas traditionnel français, c'est le potage, bien souvent... potage ou alors une entrée, des légumes, et un peu de viande, et un dessert, arrosé bien sûr soit d'un verre de rosé ou d'un verre de vin rouge.

CD1, Track 8

[MC] K. Des rencontres

Tiens! Mardi dernier j'ai rencontré Jean-Luc Tessier à l'aéroport. Je ne l'avais pas vu depuis deux ou trois ans. Lui et sa femme, Martine, ils habitent à Lyon. Mais il vient souvent à Paris pour les affaires. Comment? Oui, ils ont deux filles—Carole et Stéphanie.

Tu ne devineras jamais qui j'ai rencontré au magasin de meubles samedi—les Martineau! Oui, Pierre et Isabelle. Ils cherchaient une nouvelle table pour leur salle à manger. Nous avons parlé pendant longtemps et puis ils ont fini par acheter un sofa et un fauteuil pour le living. C'était très agréable de les voir. Je les ai invités à ma soirée. Tu viens, n'est-ce pas? Oui, vendredi. Oh, vers 9h, 9h30.

CD1, Tracks 9–11

[MC] Q. Les témoins vous parlent
[MP] XV. Qui mange quoi?

CD1, Track 9

Mireille Sarrazin

—Bonjour, Madame.
—Bonjour, Madame.
—Comment vous appelez-vous?
—Mireille Sarrazin.
—Et où est-ce que vous habitez?
—A Lyon.
—Et quel âge avez-vous?
—Trente-neuf ans.
—Ah, c'est un âge important!
—Oui, euh... bientôt la quarantaine, oui!
—Combien de fois par jour est-ce que vous mangez, normalement?
—Trois fois par jour.
—Et à quelles heures, et avec qui, et où?
—Le petit déjeuner, tout d'abord...
—A quelle heure?
—Entre sept heures et demie et huit heures, ça dépend. Et je mange... du pain, du beurre, de la confiture, et je bois du café. Et quelquefois, des croissants.
—Et le déjeuner?

—Alors, le déjeuner, c'est un peu plus important. Dire ce que je mange, ça dépend des jours, mais disons que je mange une salade, une viande, éventuellement un légume ou un féculent accompagné...
—Et ça, c'est vers quelle heure?
—Midi et demi, une heure. Et puis... ça peut être du poisson aussi, et puis... euh... un fruit.
—OK. Et le dîner?
—Alors, le dîner, ben, je le fais un petit peu plus léger. Je le fais vers les huit heures. Alors, ça dépend des saisons: l'hiver, c'est une soupe, ou alors une salade, avec peut-être de la charcuterie, ou alors un féculent quelconque... des pâtes ou une quiche lorraine, quelque chose comme ça, ou alors seulement du pain et du fromage et puis un fruit.
—Et entre les repas, est-ce que vous mangez un tout petit peu?
—Non, jamais.

CD1, Track 10

Dovi Abe

—Bonjour, Monsieur.
—Bonjour, Madame.
—Comment vous appelez-vous?
—Je m'appelle Dovi Abe.
—Et où est-ce que vous habitez?
—J'habite au Sénégal, à Dakar, précisément.
—Et quel âge avez-vous?
—J'ai 35 ans.
—Combien de fois par jour est-ce que vous mangez, normalement?
—Je mange trois fois par jour, donc le matin, à midi et le soir.
—Et qu'est-ce que vous prenez pour chaque repas et avec qui?
—Pour chaque repas, ce que je prends... Donc, au petit déjeuner, le matin, un petit déjeuner typiquement sénégalais et donc, se compose d'une bouillie de mil...
—«Mil»... Vous pouvez expliquer ce que c'est?
—Donc le mil est une céréale produite localement, qui s'épèle m-i-l, et donc, c'est une bouillie de mil qui est accompagnée de lait caillé et de miel... et dans mon cas, que j'aime beaucoup. Donc tous ces repas se prennent en général avec la famille ou avec les amis mais disons avec, généralement, la famille à tout moment. Et à midi, donc, pour le déjeuner, très souvent, nous prenons du riz et du poisson. Donc c'est une spécialité sénégalaise à base de riz et de poisson qui s'appelle le tiéboudienne...
—Vous pouvez épeler ça, sil vous plaît?
—Ah, le tiéboudienne, sommairement épelé, c'est t-i-e accent aigu-b-o-u-d-i-e-n-n-e, «tiéboudienne». C'est un mot de la langue wolof, au Sénégal, et c'est une spécialité locale qui est très bonne. Et qui est très connue aussi internationalement: je crois que de plus en plus de chefs, donc, le présentent à leurs clients parce que le Sénégal est aussi une destination touristique majeure, en Afrique de l'Ouest en tout cas.
—Et ça, c'est vers quelle heure, le déjeuner?
—Entre midi et une heure, selon les emplois du temps des uns et des autres. Et là aussi, ce déjeuner se prend avec toute la famille, quoi. Et le soir, donc, au dîner, soit du riz avec une autre sauce—il y a plusieurs types de sauces, qui vont de la sauce arachide à la sauce aux feuilles de manioc... C'est l'équivalent local de la pomme de terre et ça s'écrit m-a-n-i-o-c. Ou bien, du couscous, du couscous local. Il y a une variété de couscous locale qui est produite à base de mil et qui, aussi, donc, se mange avec une sauce.
—Et, est-ce que vous avez mentionné une sauce pour le déjeuner? Je ne me rappelle pas.
—Je n'en ai pas mentionné parce que, en fait, le riz et le poisson sont cuits ensemble, dans la sauce. Donc cette sauce se fait avec des tomates et beaucoup d'autres légumes: des carottes, des choux, du poisson séché, des crevettes, etc. Il y a toute une variété de combinaisons possibles pour cette sauce.
—Et est-ce qu'il y a des épices qui sont... ?
—Il y a beaucoup d'épices, oui, il y a beaucoup d'épices.
—Par exemple?
—Il y a de l'ail, du gingembre, donc très couramment, et il y a aussi d'autres épices locales...
—Qui sont différentes des nôtres...
—Qui sont différentes? Oui, probablement. On utilise, par exemple, des clous de girofle, au Sénégal, assez couramment... Des clous de girofle.
—Des clous de girofle.
—Oui, donc, que l'on utilise assez couramment.

CD1, Track 11

Delphine Chartier

—Le matin, j'aime bien commencer avec un jus de pamplemousse. Mais en fait, c'est un pamplemousse frais que je presse. Je préfère ça. Ensuite, je bois du thé, mais c'est pas spécifiquement français. La plupart des Français boivent du café, du café noir ou du café au lait. Je fais griller des toasts. En général, c'est du pain de mie que je fais griller, et que je beurre, sur lequel je mets de la confiture. J'aime bien la confiture de framboises, la confiture de fraises. Voilà, c'est à peu près ce que je prends régulièrement tous les matins.

Pour le déjeuner, ça sera différent si c'est le déjeuner de la semaine ou le déjeuner du samedi ou du dimanche. Dans la semaine, quand je travaille et que je suis sur le campus, j'ai en général peu de temps pour déjeuner. Donc ça va être soit une pizza, soit une salade composée, soit on va manger au chinois et on mange un plat avec du riz, des crevettes, et on boit du thé. C'est un repas qui prend à peu près une demi-heure. En revanche, le samedi et le dimanche, on a plus de temps, la famille est réunie, et je cuisine davantage. Le samedi matin, je vais au marché. J'aime bien faire le marché moi-même, acheter des fruits, acheter des légumes, aller acheter du poisson éventuellement, ou de la viande... très souvent, on fait des hors-d'œuvre—c'est souvent une salade, une salade mélangée ou une salade de tomates, de concombres, c'est différent selon la saison, mais souvent on commence par une salade. Ou bien l'été, un melon. Ensuite, on a soit un rôti—ça peut être un de porc avec des pommes de terre… Ce que j'aime bien aussi, c'est faire un mélange de viande et de fruits, par exemple du canard que je fais rôtir et que j'entoure de poires. Et puis ensuite, on a du fromage. Ça, à la maison, il y a pas un seul repas où on sert pas de fromage. Et ensuite, un dessert qui peut être des fruits, à la saison où il y a des fraises, des cerises, des fruits rouges, et l'hiver, ça peut être une tarte aux pommes si j'ai eu le temps de cuisiner le matin, ou simplement une compote de fruits, ou des pommes, des poires, des noix aussi ou des raisins secs. Le dimanche, c'est à peu près la même chose. Pour nous, en tout cas, dans notre famille, le repas de midi du samedi, le repas de midi du dimanche, c'est un moment privilégié où on a le temps de discuter autour de la table, où chacun raconte un petit peu ce qu'il a fait… Et on finit, j'avais oublié, on finit toujours par un café, un café serré, à l'italienne.

Le dîner… on est une famille qui mange tard le soir. On se met rarement à table avant huit heures ou huit heures et demie, le soir, parce qu'on a tous des emplois du temps assez chargés. Le dîner est, dans la semaine, plutôt plus important que le week-end, du fait qu'on a tous mangé en dehors de la maison. Donc c'est en général un plat principal avec des légumes: ça peut être un poisson, ça peut être aussi des pâtes… et puis toujours une salade. L'hiver, on mange beaucoup de salades d'endives avec une vinaigrette. On y ajoute des morceaux de pomme et des noix, pour changer, ou bien des petits morceaux de fromage. Et puis du fromage, toujours. Et ensuite, un fruit. En général, il y a pas de dessert sophistiqué le soir, c'est un fruit. Et pas de café après le repas.

CD1, Tracks 12–14

[MC] Z. Les témoins vous parlent
[MP] XXV. La faim: un problème?

CD1, Track 12

Anne-Marie Floquet

—Bonjour, Madame. Je m'appelle Anne-Marie Floquet… F-L-O-Q-U-E-T. Je suis parisienne. J'ai vingt-neuf ans. Je fais de la recherche et j'enseigne dans le domaine des lettres classiques.

—Dans quelle mesure la faim est-elle un problème dans votre région / pays?

—Euh… dans ma région, dans mon dans mon pays même, je dirais que la France est un pays riche, euh avec beaucoup de ressources. Donc, dans l'ensemble, la faim, au sens vraiment fort de de problème, c'est-à-dire des gens qui meurent de faim, c'est très rare. Euh cela dit, euh, bien sûr, il y a, il y a des gens en dessous du seuil de de pauvreté, très peu, mais il y en a, et des sans-abri.

—Que fait-on pour aider les gens qui ont faim?

—Il y a, il y a pas mal d'aide, euh d'initiatives publiques euh et privées, qui qui aident les gens qui ont faim. Je pense par exemple à celle de Coluche, le comique Coluche, dans les années quatre-vingts. Il a commencé les Restos du Cœur. Donc ça, c'était euh une initiative qui, je pense, a marché parce qu'elle était lancée par euh une figure connue, une figure sympathique, le… celle du comique Coluche. Et ça a permis vraiment de de faire passer le message et que que… il y ait une réaction assez générale et ça ça a vraiment aidé euh, je pense, les gens qui ont faim. Il y a aussi euh des initiatives de la part de… d'institutions euh qui ont été fondées par l'Eglise catholique. Je pense par l'exemple à l'influence de l'Abbé Pierre, euh vous connaissez peut-être le film «Hiver 54», qui était un hiver très très froid. Donc euh, pour les sans-abri, c'était une question de logement mais aussi euh de faim et ça a été une occasion de se rendre compte de combien de gens étaient dans les rues à l'extérieur et l'Abbé Pierre a commencé des mouvements importants aussi pour aider les gens pauvres.

CD1, Track 13

Corinne Bernimoulin-Schmid

—Bonjour, Madame. Je m'appelle Corinne Bernimoulin-Schmid… B-E-R-N-I-M-O-U-L-I-N–S-C-H-M-I-D. Je viens de Genève. J'ai trente-six ans et demi. Je suis physiothérapeute ostéopathe.

—Dans quelle mesure la faim est-celle un problème dans votre pays?

—Euhm… en Suisse, c'est un phénomène qu'on ne connaît pas. En fait la faim, euh… si elle existe, c'est on le… on on voit ce phénomène par les journaux ou la télévision, que des gens ont été euhm hospitalisés par malnutrition ou par dénutrition. Euh mais c'est un phénomène très rare qui touche surtout des personnes âgées, ou qui sont malades avec de la dépression. Euhm on entend parler de la faim, surtout euh dans les pays lointains qui sont les pays d'Afrique, les pays d'Asie. Et euhm on voit des images, euh avec des enfants avec des gros ventres, des bras très maigres, euh qui sont dans le désert ou qui sont euh euh malades, qu'ont [qui ont] tous les symptômes de la famine. Mais euh, chez nous, euhm c'est c'est vraiment très très rare.

—Que fait-on pour aider les gens qui ont faim?

—Euh, comme la famine n'existe pas chez nous et que… on trouve ça vraiment très injuste, il y a régulièrement des collectes qui sont faits [faites] euh, soit par les écoles, donc les enfants viennent sonner à nos portes pour demander de l'argent, soit il y a des marches ou des courses qui sont faits [faites] dans le but d'amasser le plus d'argent pour euh l'envoyer ensuite euh en Afrique ou en Asie ou dans ces pays. Ou euh à la télévision, il y a 24 heures euh de course contre la faim où les téléspectateurs doivent téléphoner pour euh… des promesses de dons. Ou il y a des stars qui chantent euh euh et qui font des concerts et qui amassent euh de l'argent pour ensuite la [le] reverser à ces pays qui souffrent de la famine.

CD1, Track 14

Christophe Mouraux

—Bonjour, je m'appelle Christophe Mouraux... M-O-U-R-A-U-X. Je viens d'une ville qui s'appelle Liège, en Belgique. Euh j'ai trente-quatre ans, enfin je vais les avoir dans un mois maintenant. Je suis euh professeur, je suis euh instituteur pour euh les enfants.

—Dans quelle mesure la faim est-elle un problème dans votre pays?

—Euhm... la faim est un problème dans mon pays, un peu comme je crois dans la plupart des pays du monde. Mais ça n'atteint pas des proportions comme on peut le voir dans certains pays africains, asiatiques ou ou d'Amérique latine. Il y a malheureusement, c'est certain, des personnes qui souffrent de la faim en Belgique. Mais euh ça ne prend pas des proportions énormes, je pense. En fait euh, c'est difficile de donner un chiffre précis. Euh mais je pense qu'il y a plus ou moins une centaine de milliers de personnes, qui doivent souffrir de la faim en Belgique, sur approximativement 10 500 000 habitants en Belgique. Donc, comme vous le voyez, le pourcentage n'est pas énorme, c'est toujours 100 000 personnes de trop, en fait.

—Que fait-on pour aider les gens qui ont faim?

—Pour aider les gens qui ont faim, d'abord il faut savoir qu'en Belgique, on a un système où on aide facilement les gens qui n'ont pas de travail. Donc il y a des allocations de chômage qui [sont] prévues pour les aider, à certaines conditions. Mais euh il y a, si on n'a pas le droit d'avoir des allocations de chômage, il y a encore d'autres aides provenant d'un organisme qui s'appelle le CPAS. Et, en dehors de ces euh organisations d'Etat, il y a euh des euh associations euh sans but lucratif, comme l'Armée du Salut, un peu partout dans le monde en fait, qui s'occupent de distribuer des vivres, des... euh de la nourriture aux personnes qui ont faim. Il y a aussi euh les Restaurants du Cœur, qui euh existent en France depuis euh 1985, je pense, et qui ont été créés en Belgique un an après. Après avoir collecté euh toutes sortes de denrées alimentaires, on acceuille les gens, on leur donne un repas gratuit et puis, en fonction de leur revenu, on leur demande de payer un... une petite somme... un euro cinquante maximum pour les repas.

CD1, Track 15

[MP] Activité d'écoute/Enregistrement: Les consonnes

L'ours et les deux chasseurs

Deux chasseurs ayant besoin d'argent allèrent trouver un marchand de fourrures et lui dirent: «Dans la montagne voisine, il y a un ours énorme dont nous avons trouvé la piste. Nous sommes certains de le tuer. Si vous voulez nous donner vingt euros nous vous apporterons bientôt sa peau.» Le marchand leur donna les vingt euros et les deux chasseurs partirent pour la montagne. A peine y étaient-ils arrivés que l'ours s'avança vers eux en poussant des grognements effrayants. Lorsque les chasseurs l'aperçurent, ils furent saisis de terreur et cherchèrent les moyens d'échapper au terrible animal. L'un d'eux grimpa sur un arbre; l'autre se coucha par terre, retint son souffle et fit le mort. L'ours vint le flairer de tous les côtés, mais voyant qu'il ne bougeait pas et qu'il ne respirait pas, il le crut mort et s'éloigna sans lui faire de mal, car les ours n'aiment pas les cadavres.

Quand l'ours eut disparu, le chasseur qui était sur l'arbre descendit, s'approcha de son compagnon et lui demanda, pour se moquer de lui: «Qu'est-ce que l'ours t'a dit à l'oreille?»

«Il m'a dit», répondit l'autre, «qu'il ne faut pas vendre la peau de l'ours avant de l'avoir tué.»

La consonne *r*

Deux chasseurs ayant besoin d'argent allèrent trouver un marchand de fourrures et lui dirent...

Deux chasseurs ayant besoin d'argent allèrent trouver un marchand de fourrures et lui dirent...

part / fort / pour / gare / faire / mari / carottes / orage / sortir / servir / ferveur / auberge / prends / première / trop / vrai / rouge / rapide / rêver / rôti

Les trains pour Marseille ne partent pas de la gare du Nord.

Marie sera ravie de vous voir au musée de la gare d'Orsay.

Ils n'ont pas retrouvé la serviette qu'elle avait perdue à l'opéra.

Le mur murant Paris rend Paris murmurant.

Les consonnes finales

Est-ce qu'il y a un restaurant dans l'hôtel? J'ai très faim et je voudrais manger du bœuf.

Il faut regarder là, derrière le banc; il y a un loup et un ours.

Il fait très froid au nord des Etats-Unis et sur la côte est; il fait plutôt chaud au sud et sur la côte ouest.

Nous cherchons un vin blanc, assez sec, qui ne coûte pas trop cher.

C'est donc vous, le premier à traverser l'océan tout seul?

Mon époux s'est fait mal au dos en descendant l'escalier.

CD 1, Track 16

«Il pleure dans mon cœur»

Il pleure dans mon cœur
Comme il pleut sur la ville.
Quelle est cette langueur
Qui pénètre mon cœur?

O bruit doux de la pluie
Par terre et sur les toits!
Pour un cœur qui s'ennuie,
O le chant de la pluie!

Il pleure sans raison
Dans ce cœur qui s'écœure.
Quoi! Nulle trahison?
Ce deuil est sans raison.

C'est bien la pire peine
De ne savoir pourquoi,
Sans amour et sans haine
Mon cœur a tant de peine.

Chapitre 2

CD1, Track 17

[MC] B. De quoi s'agit-il?

1. Ils n'ont pas l'argent pour se payer une maison ou un appartement. Ils dorment dans les rues, des centres commerciaux et des voitures.
2. C'est une habitation individuelle à la périphérie d'une ville. Il y a souvent un mur qui entoure la maison et le jardin.
3. Un Français sur quatre y habite.
4. Ce sont des bâtiments avec plusieurs ou même beaucoup d'appartements. Plus de 40% des Français habitent dans ces bâtiments.
5. C'est la région où habite 20% de la population française. Cette ville est un mélange de vieux immeubles et de maisons individuelles.
6. C'est une région de l'extrême ouest de la France. Rennes est sa ville principale.
7. C'est un endroit où peuvent dormir les personnes sans domicile fixe.

CD1, Tracks 18–21

[MC] F. Les témoins vous parlent
[MP] I. Où est-ce qu'ils habitent?

CD1, Track 18

Mireille Sarrazin

—Bonjour, Madame.
—Bonjour, Madame.
—Comment vous appelez-vous?
—Mireille Sarrazin.
—Et quel âge avez-vous?
—Trent-neuf ans.
—Où est-ce que vous habitez?
—J'habite à Lyon.
—Dans quel type de logement?
—Dans un appartement au bord de la Saône.
—Est-ce que vous pouvez décrire un peu le quartier où vous habitez?
—J'habite dans le vieux Lyon. Donc c'est le plus vieux quartier de Lyon. C'est un quartier assez intéressant parce que… une partie… même la majorité du quartier est piétonnier. C'est un quartier moyenâgeux, avec des rues très étroites, où il y a une vie dehors, où il y a beaucoup de restaurants. Il y a beaucoup de petites boutiques artisanales aussi, et c'est un quartier où il y a une vie nocturne assez importante.

CD1, Track 19

Valérie Ecobichon

—Comment vous appelez-vous, Madame?
—Valérie.
—Et votre nom de famille?
—Ecobichon.
—Vous pouvez épeler votre nom de famille?
—Oui. C'est E-C-O-B-I-C-H-O-N.
—Et où est-ce que vous habitez?
—J'habite en Bretagne, dans un petit village qui s'appelle Saint-Maudez.
—Vous pouvez épeler Saint-Maudez?
—Oui, c'est S-A-I-N-T et Maudez, c'est M-A-U-D-E-Z.
—Et quel âge avez-vous?
—J'ai vingt-cinq ans.
—Où est-ce que vous habitez, dans quel type de logement?
—J'habite dans une grande ferme… Nous avons une grande maison d'habitation en pleine nature dans la campagne. C'est une maison assez longue sur deux étages.
—Et avec qui est-ce que vous habitez?
—J'habite avec toute ma famille: mes parents, ma grand-mère et mes frères et sœurs.
—Et combien de frères et sœurs?
—J'ai un frère et deux sœurs.
—Où se trouve votre maison?
—Nous sommes assez isolés dans la campagne et le village est à deux kilomètres de chez nous.

CD1, Track 20

Nezha Le Brasseur

—Bonjour, Madame.
—Bonjour.
—Comment vous appelez-vous?
—Je m'appelle Nezha Le Brasseur.
—Vous pouvez épeler votre nom de famille?
—Mon nom de famille, L-E-B-R-A-S-S-E-U-R.
—Et le B, c'est majuscule?
—Le B, c'est majuscule.
—Et où est-ce que vous habitez?
—J'habite à Casablanca, au Maroc.
—Et quel âge avez-vous?
—J'ai trente ans.
—Où est-ce que vous habitez, dans quel type de logement?
—Euh… j'habite dans une maison avec un petit jardin et c'est un quartier français. Les maisons ont été bâties par des Français puisqu'on a été colonisé par des Français. J'habite à Casablanca et le quartier, ça s'appelle les «Roches Noires»… C'est près de la plage. C'est un beau quartier mais malheureusement il y a beaucoup d'usines. Il y a des restaurants, il y a un cinéma, il y a quelques activités… on peut faire des activités, mais il y a beaucoup d'usines. Malheureusement.
—Les usines sont à quelle distance de chez vous?
—Je peux dire… en marchant, on peut y aller en… peut-être… 10 minutes.
—Ah oui, c'est tout près!
—C'est très proche.

CD1, Track 21

Philippe Heckly

—Bonjour, Monsieur.
—Bonjour, Madame.
—Comment vous appelez-vous?

—Je m'appelle Philippe Heckly.
—Vous pouvez l'épeler?
—Oui, bien sûr. H-E-C-K-L-Y. C'est un nom qui vient d'Alsace et puis peut-être d'origine suisse, mais il y a longtemps.
—Et où est-ce que vous habitez?
—J'habite à Asnières. C'est une banlieue au nord-ouest de Paris, sur la Seine. C'est célèbre, Asnières. Il y a le fameux cimetière aux chiens… où Rin Tin Tin est enterré.
—Et quel âge avez-vous?
—J'ai trente-deux ans.
—Où est-ce que vous habitez, dans quel type de logement?
—J'habite dans un immeuble qui date des années trente. Il y a un vieil ascenseur qui date aussi des années trente et où on peut mettre deux personnes coude à coude et puis les bagages, si on a des bagages, c'est dans les jambes, hein. Sinon, il y a un escalier. C'est pas très loin du centre-ville et c'est assez sympa. Il y a un grand parc à côté… c'est à cinq minutes de la mairie, cinq minutes du marché et de l'autre côté, il faut à peu près dix minutes un quart d'heure pour aller au métro, mais j'ai ma voiture dans la rue.
—Donc c'est bien situé.
—C'est pas trop mal. Et puis, il y a le boucher juste au coin qui me connaît, il connaît mes habitudes, c'est bien.

CD1, Track 22

[MC] K. Des précisions

Modèle: Vous entendez: Le prof est très marrant. Il nous raconte des histoires amusantes et nous faisons des jeux pour apprendre les maths.

Question: le cours de maths (monotone? intéressant?) Expliquez.

Vous dites: *Le cours de maths est intéressant parce que le prof raconte des histoires amusantes et parce qu'il utilise des jeux pour faire apprendre les maths.*

1. Nous avons quatre chambres à coucher, trois salles de bain, un living énorme et une cuisine où il y a aussi une table et des chaises. La maison a deux étages et un sous-sol aménagé.
2. C'est un film psychologique qui se déroule surtout à l'intérieur de la tête d'un malade. Dans les trois heures que dure le film il n'y a presque pas d'action et l'histoire est très difficile à suivre. Moi, je me suis presque endormi mais j'ai continué à faire attention parce que notre prof de psychologie nous a obligés à écrire un compte rendu du film.
3. Sarah étudie beaucoup parce qu'elle est sûre qu'elle va réussir dans le monde des affaires. Elle compte travailler un jour pour une entreprise internationale. Elle est énergique et elle pense que son avenir ne dépend que d'elle.
4. Le prof de biologie s'irrite assez facilement. Il s'impatiente quand nous faisons des erreurs stupides et quand nous ne faisons pas nos devoirs. Il est assez sévère quand il nous note parce qu'il veut nous obliger à faire attention.
5. Moi, je préfère aller à la bibliothèque pour faire mes devoirs. Il y a toujours beaucoup de bruit dans la résidence où j'habite: des discussions, de la musique, la télé, etc. J'ai donc des difficultés à me concentrer.
6. Ces bâtiments sont très vieux. Tout y est en mauvais état: les portes, les fenêtres, les escaliers, les couloirs et l'intérieur des appartements. Ils ont vraiment besoin de rénovations si nous voulons les vendre à des prix avantageux.
7. Zut! Je comptais trouver un livre à la bibliothèque pour le compte rendu que je dois rédiger pour demain. Mais il est déjà minuit et les heures d'ouverture sont entre sept heures et vingt-trois heures. Je vais voir si je peux trouver les informations sur Internet.
8. J'adore les plantes vertes et j'aimerais bien en avoir dans mon appartement. Malheureusement, mon appartement donne sur une cour et je ne vois que très rarement le soleil. Il n'y a donc pas assez de lumière pour avoir des fleurs et d'autres plantes vertes.
9. La chambre d'Yvan est toujours très bien rangée. Tout est à sa place. Les livres sont sur les étagères et les vêtements dans l'armoire. Yvan passe l'aspirateur une fois par semaine parce qu'il n'aime pas la saleté.
10. Vanessa est née aux Etats-Unis. Quand elle avait deux ans, sa famille a déménagé en France et elle y a passé toute sa vie. Elle a un passeport français mais elle n'oublie pas ses racines américaines.

CD1, Tracks 23–26

[MC] S. Les témoins vous parlent
[MP] XVI. Là où j'habite…

CD 1, Track 23

Véronica Zein

—Où est-ce que vous habitez? Dans quel type de logement?
—C'est une maison, mais c'est dans un complexe privé. Donc toutes les maisons sont les mêmes. Notre maison donne sur l'autoroute. Oui, c'est assez bruyant mais on s'habitue à tout. Il y a une petite boulangerie, un petit centre commercial… Ça fait partie de la ville mais c'est un complexe privé… c'est-à-dire c'est tout des co-propriétaires qui habitent là. Il y a beaucoup de complexes comme ça dans la banlieue parisienne. Si, par exemple, vous voulez aller au cinéma ou aller chercher de l'essence, il faudra quand même aller en ville. J'ai grandi dans un milieu, je ne dirais pas fermé, mais toujours avec les mêmes enfants. J'ai grandi avec des amis qui habitaient dans le même complexe. Mes voisins, tous les enfants, sont à peu près de la même génération, donc on a tous grandi ensemble. J'ai remarqué qu'il y a un changement de générations. Les gens s'en vont et puis d'autres petites familles arrivent. Et puis l'école était aussi à côté… donc on allait tous à

l'école ensemble. La pharmacie et la boulangerie sont au milieu du complexe, même pas à 500 mètres de la maison et au-dessus, d'ailleurs, il y a des immeubles avec d'autres personnes qui y habitent. Il y a un petit restaurant mais il n'est pas tellement populaire. Il y a aussi un coiffeur pour les grands-mères.

CD1, Track 24

Anne Squire

—Eh bien, j'habite chez mes parents, comme je vous ai dit... à Levallois-Perret, qui est près de la Porte Champerret, juste au nord-ouest de Paris, donc nous avons le métro. Et j'habite au 4e étage sans ascenseur dans un grand appartement. C'est un immeuble qui date du XIXe siècle, qui est près d'un carrefour, alors c'est assez bruyant. Eh bien, nous habitons sur un grand boulevard et puis il y a un quartier assez populaire... avec beaucoup de boutiques du genre épicerie, boulangerie, etc. C'est assez vivant. C'est très agréable. Un peu bruyant, à notre avis, mais, à part ça, c'est tout à fait agréable. Je regrette un peu de ne pas habiter dans le centre de Paris; ça serait quand même plus intéressant, mais enfin nous avons le métro juste à côté donc, les transports français sont tellement formidables, il n'y a pas de problème.

—Dans quelle partie de la maison est-ce que vous passez la plupart de votre temps?

—Eh bien, dans ma chambre qui est au fond de l'appartement, où je joue du violon en principe toute la matinée, à partir de 9h30 jusqu'à midi et demi, quelque chose comme ça. Eh bien, j'ai une vie quand même très indépendante de mes parents, ce qui est très très agréable. Et il y a beaucoup d'espace et en fait je m'entends très bien avec eux, donc il n'y a vraiment aucun problème. Je suis tout à côté du métro et des autobus, donc c'est comme si vraiment j'habitais, enfin, dans la ville. Et je ne circule qu'en transports en commun: le métro ou l'autobus.

CD1, Track 25

Djamal Taazibt

—Comment est-ce que le type de logement et la situation de votre logement ont influencé votre vie?

—J'habite, comme je vous le disais tout à l'heure, dans un quartier assez chic. Assez chic parce que les gens qui y habitent sont généralement des gens qui occupent des postes assez importants dans l'administration et dans l'Etat; des gens cultivés dont le couple, homme et femme, travaille. Et c'est un quartier chic parce qu'il est à proximité de la ville et loin du chahut des voitures et de l'industrie et tout ça. C'est un quartier, disons-le, résidentiel. La proximité de mon appartement du centre-ville m'encourage beaucoup à assister aux différentes activités artistiques, culturelles et autres. Et aussi, le Centre des Arts n'est qu'à quelques minutes de marche à pied de chez moi. C'est là que se passent toutes les activités importantes de la vie artistique, culturelle algérienne.

CD1, Track 26

Dovi Abe

—Comment est-ce que le type de logement et la situation du logement influencent votre vie?

—On passe beaucoup de temps dans la cour. C'est vraiment le lieu où l'on rencontre le plus de gens le plus souvent, donc, et c'est le lieu où on passe vraiment beaucoup de temps avec les autres membres de la famille et avec les amis lorsqu'ils viennent. Et ce qui fait que, même lorsque les amis viennent vous voir, en fait, ils sont directement en contact avec la famille, il n'y a pas de séparation réellement avec les autres membres de la famille, quoi. [La cour] Dans notre cas, elle est cimentée, elle est complètement cimentée. Donc il n'y a pas de gazon... Elle est disponible toute l'année, c'est-à-dire que nous n'avons pas d'hiver, donc nous pouvons l'utiliser à tout moment de l'année, à tout moment, aussi, du jour comme de la nuit, parce que même la nuit, parfois, nous passons du temps à discuter dans la cour. Il y des enfants qui jouent,... il y a les grands-parents lorsqu'ils viennent et bien sûr, comme je l'ai dit, les amis et puis les autres membres de la famille, quoi. Parfois il y a de la musique... des danses de temps en temps, mais de la musique, oui, très souvent, pratiquement tous les jours. Dans le quartier, nous avons surtout des boutiques, comme on dit, de proximité, donc des petites boutiques qui vendent essentiellement des produits de consommation courante et qui sont souvent tenues par des Mauritaniens, donc des gens qui sont originaires de la Mauritanie. Il y a beaucoup de raisons historiques. Il y a eu une immigration très forte de la Mauritanie à un moment parce que l'économie du Sénégal était en meilleur état à ce moment-là que l'économie mauritanienne. Donc c'est comme ça que ces gens sont arrivés au Sénégal et se sont établis dans ce type de commerce et parce qu'aussi, apparemment, dans leur tradition il y avait une forte dose de commerce. Et donc, au Sénégal, ils tiennent beaucoup de ces petites boutiques de quartier. Séparément, nom, ils habitent dans le quartier. Généralement, ce sont des gens qui ont acheté une maison dans le quartier et ils ont transformé une partie de la maison en boutique, c'est comme ça que nous les appelons, et ils habitent dans les autres pièces de la maison quai... Vraiment ils vivent dans le quartier, ovi, pour la plupart.

CD2, Tracks 2–5

[MC] BB. Les témoins vous parlent
[MP] XXVI. Les sans-abri: un problème?

Note: Brackets [ ] indicate errors in spoken French.

CD2, Track 2

Anne-Marie Floquet

—Les gens aisés sont normalement propriétaires de maison ou d'appartement; ils ont souvent des résidences secondaires. Mais que font les défavorisés, les pauvres, chez vous? Comment sont-ils logés?

—Les défavorisés, les pauvres… euh… bon… je peux parler de Paris, hein, parce que c'est ce que je connais le mieux. Euh… je vais vous dire ce qu'ils font, ce qu'ils peuvent faire. Il y a des endroits et des organisations qui leur permettent d'avoir… euh… un un toit ou un lit pour la nuit. Mais je… on en a vu beaucoup… euh… qui dorment sur les bords de la Seine… euh… ou sous les ponts. Il y a même eu un moment où c'était devenu un problème. Euh… donc où habitent-ils? Ben où ils peuvent. J'en ai même vu… euh… au bord du périphérique, pour vous dire, entre deux allées, où passent les voitures à toute vitesse. J'imagine que c'est difficile à… c'est difficilement accessible, donc l'avantage, c'est qu'ils sont protégés. On [ne] va pas venir les embêter. En même temps, c'est… ça m'a toujours fait quelque chose de voir ça. Euh… cela dit, il y a aussi des initiatives pour euh… loger. Euh… donc comme je vous ai déjà parlé des sans-abri, là je vais peut-être parler des pauvres qui ont des logements. Euh… typiquement, euh… il y a ce qu'on appelle les HLM, euh les habitations à loyer modéré. Donc ça, ce sont ben les fameux grands immeubles bâtis euh surtout dans les banlieues des zones urbaines. Et qui sont souvent critiqués parce qu'ils [ne] sont pas très beaux, parce qu'ils créent des centres qui [ne] sont pas toujours très sûrs.

CD2, Track 3

Corinne Bernimoulin-Schmid

—Les gens aisés sont normalement propriétaires de maison ou d'appartement; ils ont souvent des résidences secondaires. Mais que font les défavorisés, les pauvres, chez vous? Comment sont-ils logés?

—Alors, euhm, les gens plus défavorisés, les pauvres, habitent dans les banlieues, où sont construites des HLM. Ce sont des logements sociaux qui sont habités par ces gens, donc il faut avoir un revenu euh… maximum par mois pour avoir le droit d'habiter dans ces appartements. Euhm si on gagne trop d'argent, on n'a pas le droit d'habiter dans ces appartements. Donc c'est vraiment réservé à des gens de… à… aux revenus modestes, ou euh même pauvres. Et ce sont souvent des banlieues, ça veut dire des quartiers où il n'y a que euh des HLM. Donc c'est [ce n'est] quand même euh pas au centre-ville et c'est vraiment à l'extérieur du centre-ville. Euhm, souvent, au premier étage, ou au rez-de-chaussée, ou euh dans le euh euh dans la cave, il y a des salles de jeux euh pour les enfants où il y a des animateurs qui viennent, qui aident les enfants à faire leurs devoirs, ou il y a un petit supermarché. Donc les gens sont vraiment confinés dans ces habitations à loyer modéré.

—Est-ce qu'il y a des sans-logis chez vous?

—Alors… euh… non, il n'y a pas de sans-logis dans notre ville, euh… à Genève, car la mendicité est interdite. C'est-à-dire que euhm les personnes qui mendient, par exemple une personne qui est assise par terre avec un bocal pour mettre de l'argent, euhm, ça n'existe pas, ou très peu. Ils vont… on les on les met le soir, surtout en hiver, il y a des abris qui sont ouverts pour eux. Donc, euh… vers six heures, la police tourne un petit peu au centre-ville, tourne partout. Elle amène ces gens dans des abris où il y a quarante lits… euh… et ils dorment là. Ils ont un repas et, le lendemain, elle les refait repartir. Et ils n'ont pas le droit, ce ne sont pas des hôtels, ce [ne] sont pas des motels, c'est [ce sont] des endroits où ils viennent juste pour dormir. Et euh… donc, euhm, les sans-logis, je n'en vois pas, on n'en voit pas.

CD2, Track 4

Christophe Mouraux

—Les gens aisés sont normalement propriétaires de maison ou d'appartement; ils ont souvent des résidences secondaires. Mais que font les défavorisés, les pauvres, chez vous? Comment sont-ils logés?

—Euhm, donc premièrement… euh… par rapport aux personnes qui sont propriétaires, il faut savoir qu'en Belgique, il y a une énorme aide du gouvernement pour… euh… essayer d'aider les jeunes… euh… à pouvoir acheter une première maison. Et donc… euh… l'Etat les aide en leur permettant de faire un emprunt à un taux très très réduit. Ensuite euh… il peut, on peut, l'Etat peut donner aussi… euh… les moyens aux jeunes de rénover leur maison, en leur donnant des primes. Donc ça c'est déjà une première chose par rapport aux propriétaires en Belgique. Et… euh… il y a aussi la possibilité qui est mise par l'Etat d'acheter… euh… ce qu'on appelle des logements sociaux, qui… euh… peuvent être achetés à des coûts… euh… nettement moindres. Donc ça permet à des personnes qui ont des revenus… euh… nettement moins importants, de malgré tout pouvoir être propriétaires.

—Est-ce qu'il y a des sans-logis chez vous?

—Mais comme, oui comme partout, euh je pense, dans le monde, il y a des sans-logis en Belgique, euh, qui euh, sont un peu en marge de la société. Donc euh, parfois euh par choix, ça peut paraître bizarre, mais il y en a parfois qui font ce choix. Mais la plupart évidemment, c'est… euh… suite à une situation difficile dans leur famille, une perte d'emploi ou euh une insertion sociale qui ne s'est jamais faite. Donc euh… il y a des aides pour… euh… pour ces personnes-là, pour… euh… les aider à se loger, dans des refuges, c'est le nom que l'on donne… euh… aux établissements où ils peuvent aller. Et… euh… ces refuges sont souvent ouverts toute l'année, mais la plupart sont quand même ouverts en période en fait… euh… plus froides, donc en hiver, où… euh… on invite les sans-abri à venir euh dormir pour ne pas euh prendre de risques par rapport euh à leur santé. Donc il y a aussi euh beaucoup d'euh d'éducateurs de rue, de personnes qui travaillent dans… au niveau social, qui… euh… se promènent dans les rues et qui… euh… essaient d'aller à la rencontre des sans-abri, de leur parler et de leur proposer… ben… une aide.

CD2, Track 5

Nadia Aouad

—Bonjour, Madame. Euh… je m'appelle Nadia Aouad.
—Vous pouvez épeler votre nom de famille?
—C'est A – O – U – A – D.
—Et où est-ce que vous habitez?
—Je viens de Beyrouth, la capitale du Liban.
—Et quel âge avez-vous?
—J'ai vingt-cinq ans.
—Qu'est-ce que vous faites comme travail?
—Je suis professeur de français.
—Les gens aisés sont normalement propriétaires de maison ou d'appartement; ils ont souvent des résidences secondaires. Mais que font les défavorisés, les pauvres, chez vous? Comment sont-ils logés?
—Alors les gens aisés… euh… au Liban sont… euh… propriétaires de maisons luxueuses, et ils ont surtout… euh… plusieurs résidences… une résidence dans la ville, une résidence… euh… euh… à la montagne, un chalet à la plage. Donc ils ont souvent deux ou trois résidences un peu partout. Et parfois il y en a qui ont des résidences dans d'autres pays, par exemple… euh… un chalet ou bien une maison… euh… sur la Côte d'Azur ou bien… euh… à Paris. Et… euh… les gens, la classe moyenne, euh… ont souvent une maison qu'ils achètent ou bien qu'ils louent. Et, quant aux… euh… gens défavorisés, ils sont souvent euh, ils habitent souvent chez leurs cousins, ou bien chez leurs parents. Donc ils se retrouvent parfois à six ou sept dans une petite maison.
—Est-ce qu'il y a des sans-abri chez vous?
—Pas vraiment. Euh… on retrouve quelques-uns certainement, mais ils sont vite hébergés ou bien euh… ils vont surtout dans des associations ou bien dans des Restos du Cœur.

CD2, Track 6

[MP] Activité d'écoute/Enregistrement: Les voyelles

«La vie dans les HLM»

Maintenant, notre appartement était bien. Avant, on habitait dans le treizième, une sale chambre avec l'eau sur le palier. Quand le coin avait été démoli, on nous avait mis ici; on était prioritaires; dans cette Cité, les familles nombreuses étaient prioritaires. On avait reçu le nombre de pièces auquel nous avions droit selon le nombre d'enfants. Les parents avaient une chambre, les garçons une autre, je couchais avec les bébés dans la troisième; on avait une salle d'eau, la machine à laver était arrivée quand les jumeaux étaient nés, et une cuisine-séjour où on mangeait; c'est dans la cuisine, où était la table, que je faisais mes devoirs. C'était mon bon moment: quel bonheur quand ils étaient tous garés, et que je me retrouvais seule dans la nuit et le silence! Le jour je n'entendais pas le bruit, je ne faisais pas attention; mais le soir j'entendais le silence.

The vowels *a* and *i*

la / Ça va? / gare / papa / ici / livre / dîne / quarante / ville / Paris / mari / Italie / pharmacie / capitale / politique / quartier / pessimiste / île / appartement / habiter / film / qualité / cinéma / jardin / balcon / quatre / vestibule / Philippe / favorite / majorité / arriver / retard / origine / mal / situation / population / fini

L'appartement des Chartier est bien aménagé: il a un balcon, un petit jardin, un vestibule et quatre chambres; il est près des cinémas et des boutiques; sa situation est idéale.

Le ministre de la culture est un personnage qui a la responsabilité de sauvegarder la qualité de la vie culturelle et artistique.

Est-ce que tu as visité la ville de Chartres? Il y a une très belle cathédrale.

The vowel *u*

une / tu / fume / autobus / bureau / portugais / salut / vue / russe / musique / musée / sur / architecture / d'habitude / mur / du / minute / plusieurs / plus / univers / devenu / revenu / rendu / tissu / urbain / surtout / régulièrement / rue

Le mur murant Namur rend Namur murmurant.

A cause de son revenu très faible, son univers est devenu plutôt restreint et il ne s'intègre plus dans le tissu urbain.

The vowels *é*, *è*, and *ê*

- The letter é

  thé / café / église / métro / cathédrale / été / écouté / désiré / allé / hésité / acheté / étudié / stéréo / Hervé / téléphoné / préféré / pâté / université / aéroport / lycée / télévision / célébrer / épuisé / occupé / béton / isolé

  Il a téléphoné à Hervé et lui a donné l'itinéraire pour les vacances d'été.

  Cette année, j'ai acheté une stéréo, un téléviseur et des appareils ménagers. Maintenant je suis fauché.

  A l'université, elle a étudié les sciences économiques, les mathématiques, la géographie, la géologie et la littérature. C'est une personne énormément douée.

- The letters *è* and *ê*

  mère / frère / père / crème / achète / scène / bibliothèque / tête / êtes / fête / même

  Elle se lève toujours la première, avant sa mère, son père et son frère.

  J'espère qu'elle va être à la fête.

  Tu préfères de la crème ou du lait?

The vowel *o*

notre, nos / votre, vos / téléphoner, métro / sport, hôte / orage, chose / octobre, prose / soleil, exposé

pomme / rôti / promenade / chocolat / kilo / trop / roquefort / gigot / Sorbonne / haricots / photo / monotone / chose / bonne / sport / écho / homme / nord / mot / vote / auto / porte / nôtre / poche / tôt / fort / hôtel / sommes / tort

C'est un sport trop monotone.
Il me faut une robe rose avec des poches.
Il vaut mieux manger une pomme que du chocolat.
Il fait du soleil; je n'ai pas besoin d'anorak.
Nicolas apporte les vidéos.
Simone a une auto de sport.

The vowel combinations *ai, au, ou,* and *oi*

aime / français / anglais / frais / vais / maître / semaine / fait / au / aussi / auto / autobus / de Gaulle / gauche / aujourd'hui / haut / rouge / beaucoup / oui / poulet / couvert / ouest / jouer / tour / cousin / silhouette / Louvre / août / souvent / pirouette / moutarde / toi / avoir / trois / oignon / froid / étoile / Antoine / noir / poires / loi / droit / roi / obligatoire / choisir

Je prends des cours de français parce que je vais trouver un poste au Louvre.

Et toi, qu'est-ce que tu fais en août? Tu vas passer quelques jours au Pérou?

Nous n'aimons pas jouer avec Antoine parce qu'il veut toujours avoir raison.

The nasal vowels

am, an, em, en are pronounced [ã]
om, on are pronounced [õ]
im, in, aim, ain, un are pronounced [ã]

Londres / banque / oncle / tante / nombres / changer / important / intéressant / faim / entrer / commencer / bien entendu / attention / enfants / fin / sans / on / campagne / chance / ensemble / lapin / sont / violence / délinquance / gouvernement / conscience / ambitieux / urbain / gens / profond / montrer / grand / banlieue / construit / urgence / pourtant / habitants / sensationnel / tradition / confort / demander / emploi / contre / France / Japon / Nantes

Je joue du violon depuis l'âge de cinq ans.

Il montre une méfiance profonde à l'égard du gouvernement.

Pendant quatorze ans, François Mitterrand a été le président de la France.

Les grands ensembles des banlieues ont des problèmes de violence et de délinquance.

Nous n'avons pas demandé d'emploi à Nantes depuis cinq mois.

Je compte faire un long voyage l'an prochain.

Un de mes oncles est médecin dans la banlieue d'Avignon.

Vous avez l'intention de changer de profession? C'est incroyable!

CD2, Track 7

«L'homme qui te ressemble»

J'ai frappé à ta porte
J'ai frappé à ton cœur
pour avoir bon lit
pour avoir bon feu
pourquoi me repousser?
Ouvre-moi mon frère!...

Pourquoi me demander
si je suis d'Afrique
si je suis d'Amérique
si je suis d'Asie
si je suis d'Europe?
Ouvre-moi mon frère!...

Pourquoi me demander
la longueur de mon nez
l'épaisseur de ma bouche
la couleur de ma peau
et le nom de mes dieux?
Ouvre-moi mon frère!...

Je ne suis pas un noir
je ne suis pas un rouge
je ne suis pas un jaune
je ne suis pas un blanc
mais je ne suis qu'un homme.
Ouvre-moi mon frère!...

Ouvre-moi ta porte
Ouvre-moi ton cœur
l'homme de tous les temps
l'homme de tous les cieux
l'homme qui te ressemble!...

René Philombe, *Petites gouttes de chant pour créer l'homme,* Editions Nouvelles du Sud

Chapitre 3

[Brackets in script indicate errors in spoken French made by the speaker.]

CD2, Track 8

[MC] B. Des emplois du temps

Bonjour, tout le monde. Je vous remercie d'être venus parler à notre public radiophonique. Ce soir nous parlons à plusieurs personnes à propos de leur emploi du temps. Tout d'abord, voici Christine Bérard. Elle est jeune cadre et nouvellement mariée.

—Bonjour, Christine.
—Bonjour.
—Alors vous voulez nous parler de votre semaine? Elle est très chargée?
—Oui, assez chargée. Je travaille du lundi au vendredi. Je commence vers 9h et je continue jusqu'à 6h, 6h30. Puis je rentre. Mon mari et moi, nous aimons dîner ensemble. Si je rentre la première, c'est moi qui prépare le repas. Sinon, c'est lui qui s'en occupe. Après le dîner, on est assez fatigués, donc on regarde la télé.
—Et le week-end?
—Eh bien, le samedi matin, moi, je fais de l'équitation, j'adore les chevaux. Puis le samedi soir, nous sortons

souvent dîner au restaurant ou chez des amis. Le dimanche, s'il fait beau, on se promène à vélo; sinon, on va au cinéma ou bien on reste à la maison.
—Merci, Christine. Et maintenant voici Yves Truchot. Lui, il est étudiant. Alors, Yves. Parlez-nous un peu de votre semaine.
—Eh bien, j'ai des cours, bien sûr, en semaine. Et puis j'ai un petit job. Je travaille au centre de documentation. Et si j'ai un peu de temps libre pendant la journée, je vais au café pour discuter avec des copains. Le soir, j'écoute des CD ou je surfe sur Internet. Je passe beaucoup de temps devant mon ordinateur.
—Est-ce que vous faites du sport?
—Ah, oui. Tous les samedis matins je fais de la musculation au centre sportif près de l'université. L'après-midi, si le temps le permet, j'aime faire des randonnées; il y a de beaux sentiers de promenade à l'extérieur de la ville. Et puis le soir, si je ne suis pas trop fatigué, je retrouve mes copains et on va danser en disco.
—Et que faites-vous le dimanche?
—Ben, ça dépend. Si j'ai beaucoup de travail pour mes cours, je reste chez moi; autrement, je joue au tennis ou je vais dans une boîte écouter de la musique.
—Très bien, Yves. Ensuite nous allons parler à Monsieur et Madame Bourdon. Ils sont plus âgés que nos deux premiers invités. Monsieur Bourdon est à la retraite depuis trois ans et lui et sa femme habitent une petite maison de banlieue. Eh bien, on va commencer par vous, madame. Comment passez-vous votre temps?
—Bien, le matin, je me lève, je prépare le petit déjeuner pour mon mari, puis je range la maison. Heureusement notre maison est assez petite, donc il n'y a pas grand-chose à faire. Après, je fais du tricot en écoutant la radio.
—Et vous, monsieur?
—Moi... euh... je me lève, je mange, puis je lis le journal. Je fais toujours les mots croisés. J'adore ça. Puis je fais de la lecture. Je m'intéresse beaucoup à l'histoire et aux civilisations antiques. L'après-midi, je travaille dans le jardin.
—Oui, mon mari et moi, nous aimons beaucoup faire du jardinage. Lui, il plante des légumes; moi, je m'occupe des fleurs. Puis le soir, on dîne, on regarde un peu la télé et puis on se couche d'assez bonne heure.
—Et le week-end?
—Oh, le week-end, c'est pareil. Nous, on ne sort pas très souvent.
—Merci, Monsieur et Madame Bourdon. Et finalement, nous allons parler à Evelyne Ligonnière. Elle est avocate. Elle n'est pas mariée. Bonjour, Evelyne.
—Bonjour.
—Alors, comment est votre emploi du temps?
—En semaine, bien entendu, je travaille. Puisque je passe la plus grande partie de la journée derrière un bureau, le soir je cherche toujours à faire quelque chose de très actif. Par exemple, le lundi et le mercredi soir, je fais du yoga; le mardi et le jeudi soir, je vais au club sportif faire de la gymnastique; et puis le vendredi soir, je fais du bowling.
—Oh là là! Vous devez vous reposer un peu le week-end, non?
—Pas vraiment. Le samedi, je fais un stage de pilotage.
—De pilotage? Vous pilotez un petit avion?
—Oui, c'est vraiment passionnant, ça. Puis le dimanche, je vais au musée ou peut-être à un concert.
—Vous avez donc une semaine vraiment très chargée.
—C'est vrai.

CD2, Tracks 9–12

[MC] E. Les témoins vous parlent
[MP] I. Comment passez-vous votre temps?

CD2, Track 9

Henri Gaubil

—Est-ce que vous pouvez parler de votre emploi du temps en semaine et pendant le week-end?
—Oh, c'est toujours le même. La semaine, c'est le travail, le week-end, les loisirs. Les loisirs consistent à se rendre à la plage, à la plage d'Ajaccio ou, quelquefois, nous avons des amis dans le nord de l'île chez lesquels nous nous rendons.
—Mais pendant la semaine, vous travaillez de quelle heure à quelle heure, par exemple?
—La semaine, on travaille de bonne heure, étant donné la chaleur qui règne en Corse. On commence à sept heures du matin jusqu'à midi, et ensuite seize heures, dix-neuf heures.
—De seize heures à dix-neuf heures.
—Il ne faut pas avoir peur de le dire: nous faisons la sieste entre midi et deux heures, en Corse. D'ailleurs, tous les Corses font la sieste. Les magasins sont fermés, bien souvent, jusqu'à quinze heures ou seize heures même.
—Parce qu'il fait trop chaud pour travailler?
—Il fait trop chaud, effectivement. Et la climatisation n'est pas installée dans tous les magasins.

CD2, Track 10

Valérie Ecobichon

—Est-ce que vous pouvez nous parler un peu de votre emploi du temps—en semaine ou pendant le week-end?
—Oui, alors, je travaille à la bibliothèque municipale de Dinan qui se trouve à 16 kilomètres de chez moi. Donc, je travaille du lundi au vendredi de neuf heures à cinq heures, des horaires de bureau.
—Vous travaillez comme bibliothécaire?
—Je suis bibliothécaire, oui. Et le week-end, c'est le temps des loisirs, je vais au bord de la mer qui est tout près de chez moi, à la plage, je fais de la planche à voile ou des promenades au bord de la mer.
—Vous avez de la chance!
—Oui.
—Combien de temps libre avez-vous?
—Euh, j'ai deux jours le week-end, le samedi et le di-

manche. Et le soir après le travail. J'aide mes parents le soir, une fois de temps en temps, ou le week-end pour les gros travaux.
—Par exemple?
—Pour ramasser le foin au mois de juin ou pour aller simplement rentrer le bétail le soir ou nourrir les animaux.

CD2, Track 11

Robin Côté

—Est-ce que vous pouvez nous parler de votre emploi du temps, en semaine et puis le week-end?
—Mon travail consiste en... chercheur en physique, donc je fais de... la recherche.
—A Montréal?
—Oui. De sorte que mon emploi du temps est assez simple. Je me lève le matin vers neuf heures, comme j'ai un horaire assez flexible malgré tout, donc j'arrive au travail vers dix heures. Puis, je travaille, je fais mes calculs... C'est théorique, donc je travaille sur des ordinateurs toujours. Puis vers midi, je vais manger avec mes copains du bureau... L'après-midi, je continue à travailler, puis... ou bien je vais au gymnase m'entraîner et après, je vais souper, ou bien je vais souper simplement, et puis après je reviens le soir travailler jusqu'à peut-être... dix heures, puis après, bon, je prends un peu de temps libre, j'écoute les nouvelles à la télé ou je lis des bouquins et je vais me coucher vers une heure, environ.
—Et le week-end?
—La fin de semaine, le lever est un peu plus tard, généralement entre dix et midi, dépendamment de ce que j'ai fait la soirée et les soirées sont généralement aussi très occupées: des sorties avec des copains, ce qu'on appelle chez nous des «parties» et que vous appelez des «parties». Puis euh... bon, avec des copains, des sorties dans les bars ou voir des spectacles, comme tout récemment, il y avait le festival de jazz à Montréal, donc j'ai passé plusieurs soirées à simplement marcher et à écouter les spectacles qui sont à l'extérieur.
—Et pendant la journée?
—Le dimanche à Montréal, entre autres, ce qu'il y a de bon, c'est que près de la montagne, le Mont Royal, il y a un parc et il y a beaucoup de gens qui vont jouer du tam-tam. On amène quelque chose à manger et on fait un gros pique-nique. Donc tous les gens vont là, il y a beaucoup de gens qui jouent du tam-tam et d'autres qui dansent autour. Il peut y avoir facilement aux alentours de mille personnes. Donc souvent, le dimanche, j'amène mon pique-nique et puis on va manger là avec quelques copains.

CD2, Track 12

Anne Squire

—Est-ce que vous pouvez nous parler de votre emploi du temps en semaine, et puis le week-end?
—Je fais différentes sortes d'études. Je fais des études de musique—puisque je vous ai dit que j'étais violoniste—ce qui demande quand même beaucoup de temps de pratique. J'ai des leçons avec un professeur que j'adore toutes les semaines. Et je travaille toutes les matinées, en fait de neuf heures et demie jusqu'à l'heure du déjeuner qui est, en général, à une heure. Mon père rentre de son travail à une heure pendant une heure pour déjeuner avec la famille. Et puis, ensuite, je vais à l'université. Je suis étudiante à Paris III, et je fais des études d'anglais et, en fait, j'ai souvent des cours le soir aussi. Et des répétitions d'orchestre qui, en général, se passent le soir. Mais enfin, ça, c'est pas quotidien. Donc, ça arrive peut-être deux fois par semaine ou... Et je joue avec l'orchestre de l'Université de Paris et nous donnons des concerts dans différentes églises, à Paris ou autre part.
—Et il n'y a pas de cours à la fac le matin? Vous pouvez...
—On peut choisir, en fait, parce que l'université offre aussi des cours pour les gens qui travaillent à plein temps, par exemple. Donc, en général, je me trouve avec des étudiants qui sont peut-être un peu plus âgés et qui travaillent et puis qui font des études en même temps le soir.
—Et combien de cours par jour en général à la fac est-ce que vous suivez?
—Oh, un ou deux, pas plus. Et en fait, dans différents endroits. En fait, quand je les prends le soir, c'est à Censier, qui est près de la rue Monge. Et puis sinon, près de l'Ecole de Médecine, dans le grand amphithéâtre de Paris III, là. Voilà. Alors, ça, c'est plutôt pendant la journée.
—Et comment est-ce que vous passez votre temps libre?
—Eh bien, je fais du quatuor avec des amis, donc j'ai des après-midi musique de chambre. Sinon, je vais beaucoup au cinéma et Paris est une ville extraordinaire pour le cinéma, il y en a tellement...

CD2 Track 13

[MC] J. Le passé composé ou l'imparfait?

1. Nous, on a fait du ski de piste pendant les vacances.
2. Est-ce que Janine est allée au concert avec vous?
3. Quand j'étais jeune, je faisais de l'équitation.
4. Nous avons vu un bon film récemment.
5. Est-ce que vous collectionniez les timbres?
6. Pourquoi est-ce que tu ne jouais pas au foot?
7. Elles allaient au disco presque tous les week-ends.
8. Tu as lu le nouveau livre de Le Clézio?
9. Est-ce que tu as regardé le match de football à la télé?
10. Nous aimions nous balader sur les quais.
11. Avec qui est-ce que vous vous êtes promenés?
12. Est-ce que vos parents écoutaient les actualités?

CD2, Tracks 14–17

[MC] R. Les témoins vous parlent
[MP] XI. Le temps libre des témoins

CD2, Track 14

Sophie Everaert

—Comment passez-vous votre temps libre? Où? A faire

quoi? Et avec qui?
—Je fais assez bien de sports. J'aime bien faire de la course à pied ou de la natation ou du volley-ball. J'aime beaucoup faire de l'exercice. Je le fais en général, euh... volley-ball avec une équipe, mais le reste seule, parce que mon mari travaille tellement qu'il n'a pas le temps de faire ça.
—Vous avez des copines?
—Oui, oui, oui. Mais disons que j'aime bien courir toute seule et nager toute seule, parce que sinon je dois m'adapter à la vitesse de quelqu'un d'autre. Oui, c'est plus pratique.
—Et quand vous êtes à la maison, qu'est-ce que vous avez l'habitude de faire?
—Souvent je lis ou je regarde la TV ou on invite parfois des personnes à dîner ou... En général, j'aime bien me relaxer avec mon mari et ne rien faire.
—Et pendant les vacances?
—Pendant les vacances, on va souvent à l'étranger, là où il fait un peu meilleur. Alors, on va soit skier en France ou en Suisse, soit en été on va à la Côte d'Azur ou en Espagne. On aime bien faire de la planche à voile, avoir un peu de soleil.
—Vous menez une bonne vie, hein?

CD2, Track 15

Florence Boisse-Kilgo

—Comment est-ce que vous passez votre temps libre?
—En général, j'essaie d'être assez active. Je fais du jogging. Je fais des tours en vélo. Récemment, j'ai commencé un petit peu à apprendre à faire du cheval. Oui, j'aime beaucoup une variété d'activités.
—Et quand vous êtes à la maison, qu'est-ce que vous faites d'habitude?
—A la maison, il y a toujours des petits trucs à faire. Je passe pas mal de temps à... ranger ou m'occuper de paperasserie ou de choses comme ça. Et puis, quand j'ai vraiment des moments très libres, je lis ou je vais me promener ou... enfin, ça dépend de la saison aussi.
—Et vous n'avez pas un petit animal domestique?
—Oui, en fait, j'ai un petit cochon d'Inde avec lequel, bon, je ne passe pas énormément de temps, mais enfin, c'est vrai que je joue avec elle de temps en temps et puis, je prends du temps à m'occuper d'elle, quoi, à changer sa cage...
—J'espère!
—Oui.

CD2, Track 16

Xavier Jacquenet

—J'ai deux manières d'occuper mon temps libre. Si je suis chez moi, à ce moment-là, je vais écouter de la musique, je vais lire un livre, regarder une vidéo, disons... passer le temps tranquillement. Si je suis avec des amis, à ce moment-là, aller nager, aller jouer au tennis, aller au ciné, aller boire un pot ou simplement flâner en ville, se rencontrer, discuter... Pendant les vacances d'été, qui durent trois mois, le temps est bien organisé puisque je passe un mois à travailler pour gagner de l'argent; cet argent gagné va servir à partir en vacances pendant un autre mois; et le troisième mois, il ne se passe quasiment rien, puisque le troisième mois est réservé aux examens de rattrapage et que, pour l'instant, j'ai eu la chance de toujours réussir à la première session, donc je n'ai jamais rien eu à faire pendant le troisième mois et, généralement, ça se passe... vraiment très agréable, avec des copains, à passer beaucoup de temps ensemble, à sortir, à partir en week-end... C'est un mois où, vraiment, il ne se passe rien. Je pense que mes parents ont un peu moins de temps libre que moi, de par leur profession: ils sont médecins. Malgré tout, en semaine, ils disposent de leurs soirées et puis le dimanche—le samedi, généralement, ils travaillent toute la journée. Le soir, la plupart du temps, ils regardent la télé, ils ne font rien. Quelquefois, ils sont invités par des amis, ou alors ils sortent au restaurant ou... aller voir un film, assez rarement, ou sortir à l'opéra ou au théâtre... Assez souvent, tout de même, ils reçoivent des amis à la maison et ils jouent aux cartes. Ils aiment beaucoup jouer au tarot. Les week-ends, disons peut-être une à deux fois par mois, on va passer la journée du dimanche en famille, chez leurs cousins ou chez leurs grands-parents et autrement, ils restent toute la journée à la maison, sauf aller faire une promenade dans l'après-midi.
—Et pendant les vacances?
—Ils disposent d'un mois de vacances dans l'année. Ils partent, prennent une location à l'étranger ou dans le sud de la France, et ils voient ça comme étant vraiment le moment pour se reposer, donc pas de contraintes, pas de contraintes d'horaires, on mange à l'heure où on a envie de manger... Et puis ils visitent un peu les points d'intérêt dans la région, et autrement se reposent, ils lisent beaucoup...

CD2, Track 17

Robin Côté

—Comment est-ce que vous passez votre temps libre? Où? A faire quoi? Avec qui?
—Tout dépend de la saison. L'hiver, qui représente pratiquement la moitié du temps chez nous, je fais comme la majorité des Canadiens: je joue au hockey. Donc je passe peut-être deux à trois fois par semaine à jouer au hockey dans une équipe. Sinon, je patine aussi assez régulièrement à l'extérieur. Ce qu'il y a de bon aussi, c'est qu'on peut patiner à l'extérieur, au grand air, ce qui est plaisant, à tout le moins. Sinon, les fins de semaine, je vais aller faire du ski aussi. On attend généralement les fins de semaine parce que c'est le seul temps où on peut vraiment avoir une journée pour aller skier. Dans la région de Montréal, il y a quelques centres de ski près de la ville, mais pas trop. Dans la région d'où je viens, dans le coin de Rimouski, il y a plusieurs bonnes montagnes de taille assez raisonnable. A 15 minutes de chez mes parents, il y a un centre de ski. Donc, les fins de semaine, je vais skier. Il y a aussi le ski de fond, de temps en temps, mais c'est plus rare. L'été, c'est le vélo ou ce

qu'on appelle aussi «la balle molle» chez nous, le «softball», la «balle molle», et donc des fois aussi, on joue à la balle molle.
—Et ça, c'est avec qui? C'est avec les copains?
—Oui, c'est avec les copains du bureau ou du centre de recherche. Il y a aussi la plage, mais on doit avouer que dans la région de Montréal, il y a pas trop de plages, il y a quelques lacs, donc c'est pas très favorable pour ça; mais la région d'où je viens, Rimouski, le fleuve, à cet endroit, a 50 kilomètres de large, l'eau est salée, il y a des marées... D'ailleurs, on appelle le fleuve «la mer» à cet endroit. Les gens, au Québec en général, ne font pas trop de patin à roulettes, ce qu'on appelle ici «rollerblades», les gens font plutôt de la bicyclette parce que, à Montréal entre autres, il y a beaucoup de pistes cyclables aménagées. Les rues majeures ont des pistes juste à côté, pour les bicyclettes, donc les gens se déplacent beaucoup à bicyclette à Montréal.
—Qu'est-ce que vous faites quand vous êtes à la maison?
—Sur semaine, je mange seulement et j'écoute la télé et je me repose, et je dors, pratiquement.
—Pendant les vacances, qu'est-ce que vous faites?
—J'essaie autant que possible de me reposer un peu, au début, mais souvent j'essaie d'aller visiter d'autres pays, c'est mon passe-temps.
—Par exemple?
—Ah, j'aime bien aller en Europe. J'ai de très bons copains en France, en Allemagne, donc si j'ai le temps et si j'ai les moyens financiers, je me permets une petite visite, comme on dit chez nous, une petite «saucette» chez les copains.

CD2, Track 18

[MC] X. Avoir ou être?

1. A quelle station est-ce qu'elles sont descendues?
2. Nous, on a fait du ski de piste pendant les vacances.
3. Quand est-ce que vous êtes revenus de Grèce?
4. Combien de temps est-ce qu'ils sont restés en Irlande?
5. Quand est-ce que ton grand-père est mort?
6. Nous avons vu un bon film récemment.
7. C'est vrai? Tu es tombée dans l'escalier?
8. Tu as lu le nouveau livre de Le Clézio?
9. Comment! Elle est retournée au Japon sans son mari?
10. A quelle heure est-ce qu'ils sont partis?
11. Est-ce que tu es rentrée avant minuit?
12. En quel mois est-ce que ton frère est né?

CD2, Tracks 19–24

[MC] CC. Les témoins vous parlent
[MP] XXI. Est-on en train d'évoluer vers une civilisation des loisirs?

CD2, Track 19

Valérie Ecobichon

—On dit que, de nos jours, on a de plus en plus de temps libre, que le travail a moins de valeur qu'autrefois et que nous évoluons vers une civilisation des loisirs. Etes-vous d'accord avec cette déclaration?
—Tout à fait. C'est vrai que nous passons de plus en plus de temps avec des activités de loisir, et c'est tant mieux, je dirais.
—Vous appréciez?
—Oui, tout à fait.
—Est-ce que vous voyez une différence entre votre génération et celle de vos parents ou de vos grands-parents en ce qui concerne le rapport travail-loisirs?
—Oui, énormément, en particulier, le fait que je vienne d'une famille d'agriculteurs: mes parents et mes grands-parents passaient 90% de leur temps au travail. C'était la chose la plus importante. Et maintenant, même dans les familles d'agriculteurs, on essaie de consacrer plus de temps aux loisirs grâce à la mécanisation du travail agricole. Ça aide beaucoup.
—Et quand vous aurez des enfants, vous voudriez qu'ils deviennent agriculteurs ou pas?
—Ça ne me déplairait pas. Je crois que c'est une vie de très bonne qualité, même si c'est toujours un peu difficile, en particulier au niveau de la vie économique. C'est pas facile d'avoir ce métier.
—Et vous-même, vous aimeriez vivre dans une ville, plus tard, ou toujours à la campagne?
—Je préférerais être à la campagne, oui.

CD2, Track 20

Xavier Jacquenet

—Il est évident qu'à long terme, disons... si on fait une comparaison par rapport à il y a cent ans, l'évolution va vers de plus en plus de loisirs. Les gens travaillent moins, et aujourd'hui, on met sûrement plus l'accent sur les loisirs par opposition au temps pour gagner son argent, pour vivre, d'abord parce que la situation est tout de même plus assurée: on n'a pas d'inquiétudes pour la santé ou pour payer l'éducation pour les enfants, des choses comme ça. On a des garanties par l'Etat. Donc, les gens ont l'esprit plus libre et donnent plus d'importance à la détente. Je pense que dans ma famille, il y a pas mal d'évolution. Mes grands-parents, et leurs parents avant, étaient agriculteurs, donc là, c'est vraiment un travail très prenant: on se lève le matin à l'aurore et on travaille toute la journée. Eux ne sont jamais partis en vacances, du moins pas avant d'être en retraite et même aujourd'hui, ils sont assez casaniers, enfin ils restent beaucoup à la maison et... ils ont pas l'habitude ou... Quelques événements par an, à la Noël ou au quatorze juillet, alors là, c'est la fête et ils s'amusent. Par contre, mes parents, eux, apprécient vraiment la détente et peuvent se détendre vraiment en ayant l'esprit libéré.

CD2, Track 21

Mireille Sarrazin

—On dit que, de nos jours, on a de plus en plus de temps libre, que le travail a moins de valeur qu'autrefois et que nous évoluons vers une civilisa-

tion des loisirs. Etes-vous d'accord avec cette… ?
—Mais c'est pas vrai du tout! C'est une horreur, ce que vous dites, parce que…
—Ah bon, pourquoi?
—Je trouve que les gens maintenant travaillent de plus en plus. Je trouve qu'il y a de plus en plus de compétition dans le domaine professionnel. Il faut regarder le contexte économique actuel aussi. Cela existe en ce moment, parce qu'il y a des taux de chômage énormes et que quand on a un travail, effectivement, on essaie de le garder. Donc, on fait le maximum. Donc, l'histoire des huit heures de travail par jour, ça n'existe plus maintenant. Les gens font le maximum pour garder leur emploi.
—Oui, c'est vrai.
—Donc, dire qu'il y a plus de loisirs… Ils existent effectivement. Ils sont là, mais je crois que les gens ont de moins en moins de temps et sont très fatigués.

CD2, Track 22

Henri Gaubil

—On dit que, de nos jours, on a de plus en plus de temps libre, que le travail a moins de valeur qu'autrefois et que nous évoluons vers une civilisation des loisirs. Est-ce que vous êtes d'accord avec cette déclaration?
—Absolument pas. On s'aperçoit de plus en plus que le travail ou les problèmes personnels occupent la totalité de notre temps. Et pour avoir des loisirs, on est obligé de les provoquer.
—Je n'ai pas compris «les problèmes personnels».
—Entre les problèmes personnels, la vie de tous les jours, la vie familiale, les problèmes d'éducation pour les enfants, les problèmes du chômage, un tas de problèmes qui viennent se greffer maintenant et que nous n'avions pas autrefois, le temps libre passe vraiment très très loin. Et on est obligé de provoquer ce temps libre.
—De le forcer?
—De le forcer.
—Et quand vous le forcez, qu'est-ce que vous faites?
—Oh, lorsqu'on le force, eh bien, on s'adresse à une agence de voyages, et nous nous expatrions une semaine.
—Où?
—N'importe où.
—Par exemple?
—Eh bien, on se trouve dans les Caraïbes, on se trouve en Italie, un peu partout.

CD2, Track 23

Dovi Abe

—On dit que, de nos jours, on a de plus en plus de temps libre, que le travail a moins de valeur qu'autrefois et que nous évoluons vers une civilisation des loisirs. Est-ce que vous êtes d'accord avec cette observation?
—Oui. Cette observation est peut-être moins vraie dans le cas des pays comme le Sénégal…
—Mais c'est ça qui nous intéresse.
—… qui sont justement des pays en voie de développement, donc qui ont encore justement beaucoup de choses à faire au niveau du développement technologique et du développement des activités industrielles. Donc, je dirais que ce sont des pays qui ont encore beaucoup de choses à faire. Et donc, lorsqu'on parle de loisirs, réellement, on pense peut-être plutôt aux pays industrialisés parce que ce sont les pays qui peuvent le plus… enfin, qui en ont le plus les moyens.

CD2, Track 24

Fatim Kramer

—Bonjour, je m'appelle Fatim Kramer. K-R-A-M-E-R. Je viens de Paris. Je suis d'origine marocaine. J'ai trente et un ans. Je suis ingénieur projet.
—On dit que le temps des loisirs augmente, que les loisirs représentent une part toujours plus importante de la vie. A votre avis, est-il vrai que les gens travaillent moins et s'amusent plus?
—Alors, c'est une très bonne question. J'pense pas que les gens travaillent forcément moins, car, le coût de la vie, il est, il est plus élevé, donc les gens essaient de gagner leur vie et aussi euh d'avoir suffisamment d'argent pour pouvoir euh, ou bien en profiter pour aller en vacances ou le dépenser, ou économiser. Donc j'pense pas que les gens travaillent moins. Par ailleurs, euh, que ce soit en France ou au Maroc, les gens au contraire essaient de, vraiment d'avoir, enfin d'avoir de l'argent quoi, donc de de… pouvoir survivre entre guillemets dans cette société, et de pouvoir euh ben de pouvoir le dépenser comme ils l'entendent, euh, comment ils l'entendent.
—Quand on parle de l'importance des loisirs, est-ce vrai pour tout le monde?
—Ah euh, l'importance des loisirs? J'pense pas que ce soit vrai pour tout le monde, j'pense que de plus en plus de gens, en tous les cas, essaient d'en profiter plus dans leur vie, à savoir euh effectivement il y a le travail et ça je crois que c'est plus vrai en France qu'au Maroc. Y a… y a le travail, mais y a aussi une partie plaisir où on veut euh, ben on veut prendre le temps de faire c'qu'on aime, que ce soit une passion, que ce soit uniquement de la détente et de la relaxation. Euh au Maroc, c'est beaucoup moins le cas. Les gens veulent vraiment travailler parce qu'en fait, y a… y a beaucoup plus de problèmes de chômage au Maroc. Donc les gens euh pensent pas vraiment au terme de «loisirs». Bien que là…, y a une certaine classe supérieure qui, eux, effectivement intègrent la partie loisirs euh complètement dans leur emploi du temps.

CD2, Track 25

[MP] Activité d'écoute / Enregistrement: La liaison

vous petit deux très prend

Vous avez tort.
Sa sœur a vingt-deux ans.
C'est son petit ami.
Elle est très intelligente.
Que prend-il?

vous avez = [vu za ve]; petit ami = [pe ti ta mi]; vingt-deux ans = [vɛ̃t dø zɑ̃]; très intelligente = [tre zɛ̃ te li ʒɑ̃t]; prend-il = [prɑ̃ til]

■ Les liaisons obligatoires

les‿hommes / un‿accident / ces‿exercices / mon‿oncle / quels‿autres

ses‿anciens‿amis / trois‿autres / à neuf‿heures / de grands‿arbres / un petit‿enfant

elles‿en‿ont trouvé / nous‿y arriverons / je ne les‿ai pas vus
Comprend‿elle bien? / Où vont‿ils? / Allons‿y! / Prends‿en!

très‿important / bien‿aimable / dans‿un an / depuis‿une éternité / sans‿arrêt

■ Les liaisons interdites

un plat intéressant / notre maison est blanche / le train a du retard / un effort exceptionnel

Jacques et Marie / Les Dupont ont quitté le pays / Paris est la capitale de la France

une orange et une pomme / grand et très joli / les onze premiers / mais oui

en haut / les haricots verts / mes huit enfants / en Hollande / les héros

les salles à manger / les machines à laver la vaisselle / nos brosses à dents

Ont-ils acheté quelque chose?
Quand vont-elles arriver?
A-t-on entendu quelque chose?

■ Les liaisons facultatives

«Et des peuples‿errants demandaient leur chemin» / les hommes‿ont peur / des rues‿étroites

ils sont‿arrivés en retard ou ils sont arrivés en retard

elle fait‿une promenade ou elle fait une promenade

il est‿évident ou il est évident

ils sont‿allemands ou ils sont allemands

j'ai beaucoup‿appris ou j'ai beaucoup appris

pendant‿un mois ou pendant un mois

depuis‿une éternité ou depuis une éternité

CD2, Track 26

Liaison: oui ou non?

Il y a plusieurs années, un ethnologue américain rentrant de France où il avait passé l'été, à son retour d'Afrique, me dit que ce qui l'avait beaucoup impressionné en France, c'était la méfiance des gens qui gardaient toujours leurs persiennes fermées. L'idée même de persiennes [...], c'était comme si tous ces villages étaient inhabités, ou comme si on vous épiait de derrière ces volets.

Quand ma mère est venue me rendre visite aux Etats-Unis, elle a beaucoup aimé le style «villa» ou «pavillon» des maisons, les grandes pelouses, la diversité, l'espace. Puis, nous étions tranquillement assis au salon, quand elle a brusquement pris conscience de la grande baie vitrée et m'a dit, visiblement choquée: «Mais tu vis dans la rue!» Et je comprenais exactement ce qu'elle ressentait. Il m'a fallu des années pour m'habituer à «vivre dans la rue». [...]

Les pelouses, autour des maisons américaines, montrent ce même refus de séparation entre la maison et la rue. Dans certaines villes américaines, le trottoir lui-même disparaît, la pelouse ne s'arrête qu'à la chaussée, et le ou la propriétaire de la maison est responsable de son entretien (comme d'ailleurs de l'entretien du trottoir). L'espace prend la place des murs, barrières ou palissades, dont le rôle est rempli parfois par des buissons ou des arbres. Mais la ligne de démarcation n'est pas vraiment nette.

Ainsi au printemps, ou en été, il est fréquent de voir des promeneurs s'asseoir quelque temps sur votre pelouse pour se reposer, sans toutefois qu'ils aillent jamais au-delà d'une limite implicite. Les jardins et pelouses à l'arrière des maisons se fondent l'un dans l'autre dans certaines petites villes américaines, mais sont plus souvent séparés par des haies pas bien hautes, par dessus lesquelles les voisins s'offrent réciproquement les produits de leurs jardins, ou bavardent tout simplement.

Chapitre 4

CD2, Track 27

[MC] B. Pareils ou différents?

Modèle: Vous entendez:

—Pour moi, la religion, c'est quelque chose qui joue un rôle minime dans ma vie. Mes parents n'ont jamais insisté pour que j'aille à l'église ou que je fasse des prières. Ce qui m'intéresse beaucoup plus, ce sont les valeurs qui guident ma vie. Et ces valeurs ne sont pas nécessairement déterminées par une seule philosophie ou religion.

—Mes croyances? C'est une question très personnelle et je n'aime pas vraiment en parler. Mais je peux dire que je vais à la messe régulièrement, que je me confesse et que l'Evangile guide ma vie. Mes croyances font partie intégrale de mon identité et de mes valeurs.

Vous dites: *Ils sont différents.*

1. —Je ne suis pas sûre de ce que je veux faire dans la vie. Mais une chose est certaine: pour moi, tout ce qui est technologie m'intéresse. Je ne peux pas vivre sans mes gadgets. Mon iPhone me permet de tout faire: écouter de la musique, communiquer avec mes amis, consulter Internet, prendre des photos, envoyer des photos, enfin tout, quoi.
   —Je ne vois pas comment mes parents et mes grands-parents vivent sans technologie. Peu à peu je les aide à se mettre à l'ordinateur, à faire des achats sur Internet, à communiquer avec un portable. Ma mère commence à s'y intéresser, mon père un peu moins. Mes grands-parents sont fascinés par tout ce qu'on peut faire sur ordinateur. Ils savent maintenant envoyer des méls, recevoir des photos de toute la famille et envoyer des messages. Moi j'aime bien les aider avec tout ça et je pense que la vie sera plus intéressante pour eux.
2. —La langue française est, pour moi, un aspect important de mon identité. Ma façon de communiquer et d'utiliser le français me distingue des gens d'autres langues. En plus, je pense que j'ai beaucoup en commun avec toutes les personnes du monde qui parlent français dans leur vie quotidienne.
   —Je ne sais pas si la langue française unit les gens de différentes cultures. Je suis d'accord que la façon de s'exprimer crée une certaine identité. Mais, en tant que belge, qu'est-ce que j'ai vraiment en commun avec quelqu'un qui est du Sénégal, du Cameroun ou même d'un pays européen comme la Suisse ou la France? Il faut que je fasse beaucoup de recherches avant d'accepter l'idée que la langue peut créer des identités partagées.
3. —Mes frères et moi, nous passons presque toutes nos vacances chez nos grands-parents. Ils ont une ferme et c'est à nous de les aider. Mais nous avons aussi du temps pour nous amuser, pour regarder la télé et pour communiquer avec nos amis. Nous avons notre ordinateur et nous pouvons communiquer avec nos amis. Notre grand-mère fait des repas extraordinaires, nous écoutons de la musique ensemble, nous faisons des promenades et nous aimons rendre visite à tous les voisins.
   —Nos petits-enfants sont la joie de notre vie. Quand ils sont avec nous, on s'amuse beaucoup. Je prépare les repas qu'ils aiment, on se promène, on écoute de la musique ensemble et on rend visite aux voisins. Nous savons que les enfants aiment passer du temps sur leur ordinateur, regarder des DVD et jouer à des jeux vidéo. Mais pour les valeurs qui comptent, les générations de notre famille se ressemblent plus qu'elles ne sont différentes.
4. —Mes parents ne me comprennent pas. Ils n'aiment pas la coupe de mes cheveux, ils pensent que mes vêtements sont moches, ils ne sont presque jamais d'accord avec ce que je fais, ils critiquent mes choix en musique et, ce qui est pire, ils n'aiment pas ma petite amie. Nous nous disputons assez souvent.
   —J'ai vingt ans et j'habite encore chez mes parents. Je les aime bien, mais, franchement, eux, ils n'acceptent pas les choix que je fais dans la vie. Par exemple, moi, il me faut la liberté d'aller et venir comme je veux. Eux, ils disent que je dois rentrer à onze heures le soir, que je prenne les repas avec eux et que je les accompagne quand ils vont à la maison de campagne. En plus, ils pensent que mon rêve de faire mon apprentissage comme coiffeuse n'est pas au niveau de mes talents. Moi, je veux qu'on me laisse tranquille et je veux pouvoir faire ce que je veux de ma vie.
5. —Je suis mère célibataire de deux enfants. Je travaille à temps partiel parce que mes enfants sont encore très petits et je ne veux pas les quitter toute la journée. Par conséquent, j'ai un salaire assez bas qui nous suffit à peine. Mes journées sont très chargées. Avec les enfants et le travail, je n'ai pas de temps pour moi-même. Mon ex-mari, qui est aussi le père des enfants, nous aide un peu, mais lui aussi a un salaire modeste.
   —Je suis divorcé et j'ai deux enfants qui habitent avec leur mère. Je travaille au bureau de poste et mon salaire n'est pas formidable. Je contribue quelque chose au soutien des enfants, mais je sais que ce n'est pas suffisant. Ma vie est assez simple depuis mon divorce. Je travaille, je retrouve mes copains au café à la fin de la journée, je sors assez souvent avec ma nouvelle amie… on aime beaucoup le cinéma… Le samedi je peux voir les enfants si je veux et le dimanche, je joue au foot dans un club de la région. Il faut avouer que j'aime bien le sentiment de liberté que j'ai depuis mon divorce.

CD2, Tracks 28–31

[MC] F. Les témoins vous parlent
[MP] I. De qui s'agit-il?

CD2, Track 28

Pierre Hurel

—Bonjour, Monsieur.
—Bonjour, Madame.
—Comment vous appelez-vous?
—Je m'appelle Pierre Hurel.
—Qu'est-ce que vous faites dans la vie?
—Je suis musicien et professeur.
—Comment est-ce que vous vous décririez physiquement et du point de vue personnalité?
—Je suis plutôt grand. Je, je mesure un mètre quatre-vingt-cinq. Je suis plutôt mince.
—Et la couleur de vos cheveux?

—Bruns avec quelques cheveux blancs qui apparaissent malheureusement.
—Et vos yeux?
—Euh... j'ai les yeux marron.
—Et qu'est-ce que vous diriez sur vos traits de caractère?
—C'est toujours délicat de parler de soi-même, mais je, je suis plutôt calme. Euh, je suis musicien de formation. Donc peut-être que, étant musicien, on a besoin de se calmer et de, d'être capable de jouer, je crois qu'on, on joue difficilement quand on est nerveux. Mes attitudes par rapport à la vie sont, j'essaie de, d'être positif, en étant bien sûr français, ce qui veut dire parfois être euh... un peu, peut-être un peu cynique, un peu, pas pessimiste, mais peut-être euh peut-être que les Français ne, n'ont pas toujours euh tendance à voir le côté positif des choses. On a beaucoup de choses formidables en France, et pourtant, euh... l'idée de se plaindre... euh... est toujours euh... assez courante malheureusement en France. Donc je crois essayer euh... quant à moi, d'être euh... assez positif.

CD2, Track 29

Corinne Bernimoulin-Schmid

—Comment est-ce que vous vous décririez physiquement et du point de vue personnalité?
—Alors je euh... mesure un mètre soixante-deux et demi. Je pèse cinquante kilos. Euh, j'ai les cheveux mi-longs, châtains, que j'attache parfois en queue de cheval ou bien des fois je mets un bandeau multicolore dans les cheveux. Euh... je suis plutôt d'humeur facétieuse et puis quand même assez souriante. J'ai un tempérament assez nerveux. Ça veut dire que je bouge beaucoup donc et je, j'arrive, j'arrive pas à être calme en fait. Je dois toujours être occupée et même, des fois, euh je fais trois choses en même temps, donc je suis à l'ordinateur, je téléphone et je fais la cuisine en même temps. Donc... euh... vous pouvez imaginer que c'est..., le résultat n'est pas toujours bien. Je suis très sociale, j'aime beaucoup parler comme vous l'avez entendu. Et je, euh, j'aime beaucoup être avec des gens, euh, avoir du contact en fait. Je suis plutôt quelqu'un de social que quelqu'un de solitaire.

CD2, Track 30

Fatim Kramer

—Comment est-ce que vous vous décririez physiquement et du point de vue personnalité?
—Je mesure environ un mètre soixante-dix, donc c'est une taille moyenne. Euh... j'ai les cheveux mi-longs, je suis brune, aux yeux bruns. J'ai la peau assez claire. Euh... certains disent que je suis jolie. Euh... mon caractère? Je pense que je suis une femme assez indépendante, euh... dans le sens où euh je, j'attends pas forcément une approbation, ou euh, je prends les choses et je les fais un peu comme je les entends. Euh, je suis aussi une personne assez attentionnée, je pense euh, dans le sens où j'écoute, je suis à l'écoute des personnes et euh je fais très attention à ce que les personnes aiment ou veulent. Je suis aussi une personne ouverte, euh, tolérante, euh un esprit assez libre. Euh... au niveau de mes attitudes, je pense que je suis une personne sérieuse, sur qui on peut compter, euh... mais je suis aussi, j'aime aussi rire et faire rire. Euh... je suis assez positive et j'essaie toujours de voir la vie du bon côté parce que, pour moi, c'est essentiel.

CD2, Track 31

Emmanuel Roger

—Comment est-ce que vous vous décririez physiquement et du point de vue personnalité?
—Bon, alors qui je suis? Euh, comme je le disais donc, je suis euh, professeur. J'ai soixante-deux ans. Physiquement, assez grand pour un Français, euh, un mètre quatre-vingt-deux. Euh, j'ai les cheveux blancs, les yeux marron. Euh, je suis assez en forme. Je fais du vélo et de la natation pour rester en forme. Quant aux traits de caractère? Euh, je crois que je suis un Gémeau assez typique, c'est-à-dire que je suis... euh... plutôt passionné dans ce que je fais, je suis aussi assez euh, inconstant, imprévisible, euh peut-être pas toujours facile à vivre pour ceux qui sont autour de moi. Mais, oh, je crois que j'ai le contact assez facile et oh c'est un peu difficile de parler de soi. Il vaudrait mieux demander à, à ma femme et à mon fils. Mais donc je dirais que oui, je suis un Gémeau assez typique.

CD3, Tracks 2–5

[MC] P. Les témoins vous parlent
[MP] XII. Vrai/faux?

CD3, Track 2

Valérie Ecobichon

Je travaille à la bibliothèque municipale de Dinan. Je suis donc bibliothécaire. Je m'occupe des prêts et des retours des livres. Je réponds aux questions des lecteurs. Je fais des commandes d'ouvrages. Je classe les livres; je les range. Mes parents sont agriculteurs. C'est un travail très varié. Il y a ce qui concerne le travail avec les animaux, d'abord traire les vaches deux fois par jour. Il faut ensuite les emmener aux champs. Il faut s'occuper de la terre. Nous cultivons du blé, des pommes de terre, des betteraves pour les animaux et donc il y a beaucoup de travail à l'extérieur et tout un travail mécanique: maintenir en état le tracteur, toutes les machines que nous utilisons.

CD3, Track 3

Hélène Perrine

Je suis employée de magasin à la Fnac, ici à Marseille. Depuis que j'ai eu ma promotion il y a deux ans, je fais un peu de tout. Quand il y a beaucoup de clients, je travaille même à une des caisses. Je connais beaucoup des clients qui fréquentent le magasin. Le contact avec les clients, c'est ce que j'aime le plus. En général, je suis très contente de mon travail. J'ai pas mal de responsabilités: je vérifie le stock et je m'occupe des commandes. Je supervise aussi le travail des autres employés, y compris celui des vendeurs et des vendeuses. Je suis satisfaite des personnes qui travaillent sous ma direction, mais j'ai un employé qui me pose des problèmes parce qu'il arrive souvent en retard. C'est une situation qui commence à devenir insupportable. Mais à part ça, mon travail me plaît. Mon horaire me convient parce qu'il est assez souple. Je peux donc passer du temps avec mes deux enfants, ce qui est très important pour moi. Je suis divorcée et les enfants ont besoin de moi.

CD3, Track 4

Habib Smar

Je suis au chômage depuis deux mois. Malheureusement, j'ai été victime d'un licenciement économique qui a touché plusieurs cadres comme moi. Je travaillais dans une firme pharmaceutique qui distribue les médicaments aux pharmacies. Une autre partie de mon job, c'était d'informer les médecins de la région sur les nouveaux médicaments disponibles. J'étais responsable des employés de ma région et j'avais un salaire tout à fait correct. Mais je n'aimais pas beaucoup mon patron. Il attendait trop de nous: presque chaque week-end, il me contactait pour une chose ou une autre. C'était très fatigant. Maintenant je cherche quelque chose qui demande moins de voyages. J'aimerais une situation plus stable dans un bureau et je voudrais avoir un horaire moins compliqué. J'aurai donc un peu plus de temps pour ma famille.

CD3, Track 5

Sophie Everaert

Je suis psychologue dans un hôpital universitaire à Bruxelles, l'hôpital de St-Luc. Je travaille avec des individuels, avec des couples, des familles. Je travaille aussi un peu dans le personnel et donc, quand il y a des problèmes, des gens qui ne s'entendent pas, qui doivent travailler ensemble, des problèmes d'équipe, j'interviens et j'essaie de travailler pour que la communication soit un peu meilleure, des choses comme ça. Mon mari est médecin, il est cardiologue et il travaille aussi dans un hôpital universitaire. Il voit des patients mais il fait aussi de la recherche, de la recherche dans les nouveaux médicaments pour les crises cardiaques.

CD3, Track 6

[MC] V. De quoi est-ce qu'il s'agit?

Modèle: —Il faut que tu te souviennes de ton rendez-vous avec le prof de maths à dix heures demain.
—Oui, je l'ai noté dans mon agenda. J'y serai.

1. —Il est important que tu fasses tes devoirs avant le dîner.
   —Mais je ne veux pas. Tous les copains jouent au foot jusqu'à 7h.
   —Tant pis. Tu joueras au foot samedi après-midi.
2. —Appelle les enfants. Le dîner est prêt. Il faut aussi qu'ils se lavent les mains.
   —D'accord. Zoé, Kévin, lavez-vous les mains et descendez! On mange!
3. —Maman, nous pouvons sortir ce soir?
   —D'accord. Mais d'abord, je veux que vous alliez chercher votre père à l'aéroport. Son avion arrive à cinq heures.
4. —Si Marc veut être médecin, il faut qu'il soit un peu plus sérieux dans ses études.
   —T'as raison. Mais il n'a que dix ans. Il est un peu jeune pour choisir une carrière.
5. —Mon chat est malade et je m'inquiète beaucoup. Mais c'est dimanche et je ne veux pas téléphoner au vétérinaire. Ce n'est peut-être pas grand-chose. Mais on ne sait jamais.
   —Alors pourquoi attendre? Il faut absolument que tu contactes le vétérinaire. Tu pourras lui expliquer les symptômes et il peut peut-être te dire si c'est sérieux ou pas.
6. —C'est presque la fin du semestre et j'ai beaucoup trop de travail pour mes cours. Je ne sais pas où commencer.
   —A mon avis, il faut que vous organisiez le travail en ordre de priorité. Après ça, vous pouvez faire systématiquement une chose à la fois.
7. —Alors, comment il va, votre fils?
   —Oh, il ne va pas trop mal. Mais il faut que nous ayons beaucoup de patience. Depuis qu'il s'est cassé la jambe, il est toujours de mauvaise humeur. Surtout parce qu'il ne peut pas jouer au basket.
8. —Qu'est-ce qu'il faut pour faire une sauce tomate?
   —Il est important que vous utilisiez des ingrédients très frais. Moi, j'achète toujours mes tomates au marché en plein air le jour où je vais préparer la sauce.
9. —Il est à quelle heure, ton train?
   —A midi vingt. Il faut que je puisse quitter mon bureau vers onze heures.
   —Il y aura pas mal de circulation. A mon avis, tu devrais quitter le bureau plutôt vers dix heures trente. Tu pourras ainsi manger quelque chose à la gare.
10. —Avant de me rendre les examens, je veux que vous vérifiiez toutes vos réponses.
    —Monsieur, s'il vous plaît? Combien de temps est-ce qu'il nous reste?
    —Vous avez encore vingt minutes.

CD3, Track 7–9

[MC] CC. Les témoins vous parlent
[MP] XXII. L'importance des amis

CD3, Track 7

Pierre Hurel

—Avec qui passez-vous la plupart de votre temps?

—Eh bien, je passe beaucoup de temps seul parce que je joue du piano et que c'est une activité, bien sûr, qui se fait seul. Je passe beaucoup de temps avec ma fiancée, que je vois euh, bien sûr, chaque soir et pendant le week-end. Et euh... je passe aussi un peu de temps avec ma famille... avec ma mère notamment. Et quant à mes collègues, ce sont soit des professeurs de musique, soit des musiciens avec qui je joue, avec qui je fais des répétitions, et avec qui, effectivement, nous passons euh du temps euh ensemble. Et oui, effectivement, je passe aussi du temps avec des gens qui partagent mes intérêts. Ce sont mes amis, qui sont euh souvent, qui ne sont pas musiciens, qui ont souvent d'autres activités, qui sont psychologues, ou journalistes, ou, ou dans les affaires, etc. J'ai étrangement beaucoup d'amis qui ne sont pas musiciens d'ailleurs.

—C'est quoi, pour vous, un(e) ami(e)?

—Je pense qu'un ami, c'est quelqu'un qui ne vous juge pas. C'est quelqu'un qui euh... c'est quelqu'un qui est conscient bien sûr de vos défauts mais aussi de vos qualités. Mais c'est quelqu'un qui ne vous juge pas, c'est quelqu'un qui accepte. Euh, en quoi est-ce que mes amis me ressemblent? Ça, c'est plus difficile à dire parce que, effectivement, j'ai des amis un peu de tous les bords. Euh... je pense que, peut-être que le point commun que nous avons, c'est d'avoir une certaine ouverture, euh par rapport au monde, par rapport à d'autres cultures, une certaine tolérance. Je crois que mes amis ont souvent voyagé, euh ou se sont intéressés à d'autres cultures, à l'art, à la politique internationale. Euh... c'est peut-être en ça que nous nous retrouvons. Mais euh sûrement pas sur d'autres plans euh, comme par exemple la religion ou des choses comme ça, qui euh, qui n'entrent pas en ligne de compte euh dans dans le choix de mes amis.

—Qui joue le rôle le plus important dans votre vie?

—Alors... une question bien difficile. Je pense que, je pense que euh la la personne qui est un peu euh la boussole, le point de repère de ma vie, c'est ma mère, parce que, finalement, ayant perdu mon père il y a six ans, je pense que ma mère correspond à ma, à ma famille maintenant, euh à la personne qui, euh, qui s'intéresse vraiment, enfin, je je pense qu'un parent a une façon de s'intéresser à vous qui est tout à fait unique. Euh... et je pense que, dans ce sens-là, la personne que je vois le plus est bien sûr ma fiancée, la personne avec qui je fais des projets pour ma vie euh future... mais euh consciemment, inconsciemment peut-être, que le rôle le plus important de ma vie, pas de ma vie présente, mais de toute ma vie, euh je pense que ce rôle, c'est sans doute celui de ma mère.

CD3, Track 8

Corinne Bernimoulin-Schmid

—Avec qui passez-vous la plupart de votre temps?

—Alors, euh... donc je, j'adore être entourée, tout d'abord euh de ma famille. J'ai, j'ai deux enfants, deux petits enfants. Euh, donc j'aime beaucoup passer du temps avec eux et avec leurs amis, les observer quand ils sont avec leurs copains. Et euh j'aime bien être avec mon mari aussi et avec nos amis. En fait, euhm, pour moi, euhm, j'aime bien les grandes tablées avec tout le monde autour d'un bon repas et on discute en fait de, de tout, de... Et les amis, mes amis, sont des gens qui ont les mêmes valeurs que moi, euh c'est-à-dire qui, qui sont quand même euh des gens ouverts, qui acceptent la différence, mais euh tout en restant sur euh, euh l'ouverture d'esprit et euh la gentillesse. Euhm mon cœur est plutôt à, euh à gauche au niveau politique. Donc j'ai beaucoup de peine à garder mon sang-froid quand on parle de politique ou de certains sujets. Euh j'essaie de, de voir aussi, le positif. Et j'aime bien les gens qui sont positifs vis-à-vis euh de la vie et euh qui sont là pour euh dépanner. Euh j'aime bien qu'on se dépanne les uns les autres, que ce soit pour garder les enfants, pour euh, ou euh quand quelqu'un est triste, euh d'aller les uns chez les autres. Pour moi, un, un vrai ami, c'est ça, c'est quelqu'un qui est là pour euh l'autre dans..., que ce soit le, le milieu de la nuit ou, ou n'importe quand.

—C'est quoi, pour vous, un(e) ami(e)?

—Euh comme je suis physiothérapeute et ostéopathe, j'ai euh surtout un, un rôle paramédical et mon mon mari est médecin. Donc nous avons des amis qui nous ressemblent, c'est vrai, qui sont surtout dans le paramédical et euh qui qui ont plutôt un contact avec les gens. Par nos études, on a plutôt des affinités avec des gens euh qui nous ressemblent. Mais nous aimons beaucoup l'art, nous aimons beaucoup euh les musées, la musique. Donc nous avons aussi des, des gens qui touchent à ces domaines. Mais euh autrement on passe notre vie dans les hôpitaux.

—Qui joue le rôle le plus important dans votre vie?

—Alors, pour le moment, je..., euh ce sont mes enfants. J'ai deux petits enfants, je les aime et euh ils ont besoin de moi, donc euh ce sont eux qui sont le plus important pour moi. Et mon mari. Donc c'est ma famille proche, ma petite famille, nous quatre. Et ensuite, ce sont euh nos amis, nos amis proches, euh car mes parents, ma sœur, mes cousins ou les parents de mon mari habitent dans d'autres pays. Pour le moment, notre famille, c'est, ce sont nos amis. Et puis aussi mes patients. Je suis physiothérapeute, euh j'aime bien les toucher et m'occuper d'eux. Euh ils sont très importants pour moi, j'aime bien qu'ils aillent mieux. Donc on, on garde toujours le contact que ce soit par euh courriel ou par téléphone.

CD3, Track 9

Christophe Mouraux

—Avec qui passez-vous la plupart de votre temps?

—Donc, en dehors du travail, euh je passe beaucoup de temps avec mes amis, que ce soit euh pour des, des sorties que ce soit pour des, des mini-trips qu'on fait pendant trois ou autres jours, ou pendant même des vacances plus prolongées. Euh je passe aussi beaucoup de temps avec les, les personnes qui, qui partagent mon enthousiasme pour euh un sport qui est le volley-ball, auquel je consacre beaucoup de temps. Par rapport à ma famille, j'ai plus de distance. On n'a pas un esprit très famille en fait chez moi. Euh on se voit de temps en temps mais quelques petites exceptions par rapport à mon frère et ma sœur que je vois souvent. Et aussi euh ma grand-mère qui est la dernière qui me reste et que je vois euh avec beaucoup de plaisir, euh plus ou moins tous les quinze jours.

—C'est quoi, pour vous, un(e) ami(e)?

—Donc, pour moi, la plupart de mes amis, en fait, ce sont des amis d'enfance que j'ai connus euh quand j'étais à l'école. Donc euh j'ai grandi avec eux, j'ai partagé énormément d'expériences, euh que ce soit pendant mon enfance ou pendant mon adolescence. Et, en fait, la plupart de ces amis, on s'est jamais, on s'est jamais vraiment quitté. Donc on a, on a toujours partagé énormément de choses ensemble. Euh donc, pour moi, un ami, c'est quelqu'un d'abord avec qui je veux passer euh le plus grand nombre de moments heureux dans ma vie. Un ami euh, ce n'est pas que quelqu'un sur qui on peut compter dans les moments difficiles, comme on dit souvent, non, pour moi, d'abord en priorité, c'est partager des moments forts et euh agréables avec ces, ces personnes. Un ami, vu mon caractère assez direct, c'est quelqu'un aussi qui peut accepter cela, euh et qui lui aussi peut me dire des choses euh qu'il a en tête, sans, sans craindre que je puisse mal réagir. Euh… que dire encore? Aux moments difficiles, je pense que c'est quelqu'un qui saura quand être là et comment être là, sans que j'aie un, un long discours à lui faire.

—Qui joue le rôle le plus important dans votre vie?

—Alors, évidemment, ben tout ça, ça, ça a évolué. Il y a eu un moment où je vous aurais dit que c'était ma grand-mère, qui euh, qui euh m'a élevé à partir de, du divorce de mes parents. Donc elle, elle a beaucoup compté et elle compte toujours beaucoup pour moi. Maintenant que je suis euh marié et que je vis avec euh Valérie depuis euh près de neuf ans, maintenant, évidemment, c'est elle qui a, qui a le rôle le plus important dans ma vie. C'est quelqu'un avec qui euh je peux partager énormément de choses, que ce soit sur le plan euh culturel, que ce soit sur le plan euh discussions de fond sur la société et par rapport à nos loisirs. C'est quelqu'un qui, avec qui on partage, euh, enfin avec qui on a une confiance mutuelle et on se laisse assez libres de faire pas mal de choses. Et donc je crois qu'elle a réussi à mettre un, un équilibre dans ma vie, euh ce qui me permet d'être euh parfaitement en harmonie entre mes amis, mon boulot, ma famille.

CD3, Track 10

[MC] II. Quelles émotions est-ce qu'ils expriment et pourquoi?

1. Elle est furieuse d'avoir perdu son job. Il ne sera pas facile de trouver un autre poste dans cette mauvaise économie.
2. Nous sommes heureux que Marc soit venu nous voir. Ça fait longtemps que nous ne l'avons pas vu. Il n'a pas vraiment beaucoup changé.
3. Mais maman. Pourquoi est-ce que je ne peux pas sortir ce soir? Je suis très déçue. Mes amis comptent sur moi et je leur ai déjà dit que je pouvais sortir avec eux. S'il te plaît, laisse-moi y aller.
4. Il a fini ses études en mai et il a trouvé un très bon job. Ses parents sont très contents.
5. Je regrette que Gérard ne soit pas allé en France avec moi. J'ai appris beaucoup de choses et je me suis bien amusée.
6. Il est étonné que Zoé ait trouvé un job si vite. Il était sûr qu'elle allait être au chômage pendant des mois.

CD3, Track 11

[MC] Littérature: Le Petit Prince

Le petit prince arrive sur la Terre et il cherche des amis. Il entend une voix:

—Bonjour, dit le renard.

—Bonjour, répondit poliment le petit prince, qui se retourna mais ne vit rien.

—Je suis là, dit la voix, sous le pommier…

—Qui es-tu? dit le petit prince. Tu es bien joli…

—Je suis un renard, dit le renard.

—Viens jouer avec moi, lui proposa le petit prince. Je suis tellement triste…

—Je ne puis pas jouer avec toi, dit le renard. Je ne suis pas apprivoisé.

—Ah! pardon, fit le petit prince.

Mais, après réflexion, il ajouta:

—Qu'est-ce que signifie «apprivoiser»?

—Tu n'es pas d'ici, dit le renard, que cherches-tu?

—Je cherche les hommes, dit le petit prince. Qu'est-ce que signifie «apprivoiser»?

—Les hommes, dit le renard, ils ont des fusils et ils chassent. C'est bien gênant! Ils élèvent aussi des poules. C'est leur seul intérêt. Tu cherches des poules?

—Non, dit le petit prince. Je cherche des amis. Qu'est-ce que signifie «apprivoiser»?

—C'est une chose trop oubliée, dit le renard. Ça signifie «créer des liens…»

—Créer des liens?

—Bien sûr, dit le renard. Tu n'es encore pour moi qu'un petit garçon tout semblable à cent mille petits garçons. Et je n'ai pas besoin de toi. Et tu n'as pas besoin de moi non plus. Je ne suis pour toi qu'un renard semblable à cent mille renards. Mais, si tu

m'apprivoises, nous aurons besoin l'un de l'autre. Tu seras pour moi unique au monde. Je serai pour toi unique au monde...
—Je commence à comprendre, dit le petit prince. Il y a une fleur... je crois qu'elle m'a apprivoisé...
—C'est possible, dit le renard. On voit sur la terre toutes sortes de choses...
—Oh! ce n'est pas sur la Terre, dit le petit prince.
Le renard parut très intrigué:
—Sur une autre planète?
—Oui.
—Il y a des chasseurs, sur cette planète-là?
—Non.
—Ça, c'est intéressant! Et des poules?
—Non.
—Rien n'est parfait, soupira le renard.
Mais le renard revint à son idée:
—Ma vie est monotone. Je chasse les poules, les hommes me chassent. Toutes les poules se ressemblent, et tous les hommes se ressemblent. Je m'ennuie donc un peu. Mais, si tu m'apprivoises, ma vie sera comme ensoleillée. Je connaîtrai un bruit de pas qui sera différent de tous les autres. Les autres pas me font rentrer sous terre. Le tien m'appellera hors du terrier, comme une musique. Et puis regarde! Tu vois, là-bas, les champs de blé? Je ne mange pas de pain. Le blé pour moi est inutile. Les champs de blé ne me rappellent rien. Et ça, c'est triste! Mais tu as des cheveux couleur d'or. Alors ce sera merveilleux quand tu m'auras apprivoisé! Le blé, qui est doré, me fera souvenir de toi. Et j'aimerai le bruit du vent dans le blé...
Le renard se tut et regarda longtemps le petit prince:
—S'il te plaît... apprivoise-moi, dit-il!
—Je veux bien, répondit le petit prince, mais je n'ai pas beaucoup de temps. J'ai des amis à découvrir et beaucoup de choses à connaître.
—On ne connaît que les choses que l'on apprivoise, dit le renard. Les hommes n'ont plus le temps de rien connaître. Ils achètent des choses toutes faites chez les marchands. Mais comme il n'existe point de marchands d'amis, les hommes n'ont plus d'amis. Si tu veux un ami, apprivoise-moi!
—Que faut-il faire? dit le petit prince.
—Il faut être très patient, répondit le renard. Tu t'assoiras d'abord un peu loin de moi, comme ça, dans l'herbe. Je te regarderai du coin de l'œil et tu ne diras rien. Le langage est source de malentendus. Mais, chaque jour, tu pourras t'asseoir un peu plus près...
Le lendemain revint le petit prince.
—Il eût mieux valu revenir à la même heure, dit le renard. Si tu viens, par exemple, à quatre heures de l'après-midi, dès trois heures je commencerai d'être heureux. Plus l'heure avancera, plus je me sentirai heureux. A quatre heures, déjà, je m'agiterai et m'inquiéterai: je découvrirai le prix du bonheur! Mais si tu viens n'importe quand, je ne saurai jamais à quelle heure m'habiller le cœur... Il faut des rites.
—Qu'est-ce qu'un rite? dit le petit prince.
—C'est aussi quelque chose de trop oublié, dit le renard. C'est ce qui fait qu'un jour est différent des autres jours, une heure, des autres heures. Il y a un rite, par exemple, chez mes chasseurs. Ils dansent le jeudi avec les filles du village. Alors le jeudi est jour merveilleux! Je vais me promener jusqu'à la vigne. Si les chasseurs dansaient n'importe quand, les jours se ressembleraient tous, et je n'aurais point de vacances.

* * *

Ainsi le petit prince apprivoisa le renard. Et quand l'heure du départ fut proche:
—Ah! dit le renard... Je pleurerai.
—C'est ta faute, dit le petit prince, je ne te souhaitais point de mal, mais tu as voulu que je t'apprivoise...
—Bien sûr, dit le renard.
—Mais tu vas pleurer! dit le petit prince.
—Bien sûr, dit le renard.
—Alors tu n'y gagnes rien!
—J'y gagne, dit le renard, à cause de la couleur du blé. [...] Va revoir les roses. Tu comprendras que la tienne est unique au monde. Tu reviendras me dire adieu, et je te ferai cadeau d'un secret. [...]
Et il revint vers le renard:
—Adieu, dit-il...
—Adieu, dit le renard. Voici mon secret. Il est très simple: on ne voit bien qu'avec le cœur. L'essentiel est invisible pour les yeux.
—L'essentiel est invisible pour les yeux, répéta le petit prince, afin de se souvenir.
—C'est le temps que tu as perdu pour ta rose qui fait ta rose si importante.
—C'est le temps que j'ai perdu pour ma rose... fit le petit prince, afin de se souvenir.
—Les hommes ont oublié cette vérité, dit le renard. Mais tu ne dois pas l'oublier. Tu deviens responsable pour toujours de ce que tu as apprivoisé. Tu es responsable de ta rose...
—Je suis responsable de ma rose... répéta le petit prince, afin de se souvenir.

Chapitre 5

CD3, Tracks 12–15

[MC] E. Les témoins vous parlent
[MP] I. Les contes de leur enfance

CD3, Track 12

Corinne Bernimoulin-Schmid

—Vous souvenez-vous des contes de votre enfance?
—Alors les contes de mon enfance, c'était surtout le soir, juste avant d'aller au lit. Et c'était ma maman parce que mon papa, il voulait tout de suite aller lire son journal, donc il les raccourcissait. Ma maman me racontait des histoires avant de dormir et ça me berçait, ça me permettait de m'endormir. Ceux que

je préférais, c'était ceux avec les princesses, comme *Cendrillon, Blanche Neige*. J'ai l'impression que toutes les filles aiment ces contes de fées qui finissent avec des princes, avec un baiser du prince. Et ceux que je n'aimais pas, c'étaient ceux qui faisaient peur, que ce soit *Le Petit Chaperon rouge*... Ça, je n'ai jamais compris pourquoi on le racontait à des enfants, ça me faisait toujours très peur. Et j'aimais bien les contes de Grimm aussi. Je sais qu'il y a un aspect qui fait peur mais c'est, je ne sais pas, je les aimais beaucoup en fait, avec les deux enfants avec la maison en bonbons et ça finit par la sorcière qui finit dans la marmite. Et celui-là, je l'aimais bien. Je pense que c'est parce que je suis gourmande et puis qu'il y a des bonbons dedans.

CD3, Track 13

Nadia Aouad

—Vous souvenez-vous des contes de votre enfance?

—Oui, je me souviens mais très vaguement des contes de mon enfance. C'est surtout ma grand-mère qui me racontait des contes et il s'agissait surtout de contes populaires libanais ou bien parfois des contes de Perrault ou des contes d'Andersen. Et je préférais surtout le conte d'Ali Baba.

—Pourriez-vous nous raconter un peu le conte d'Ali Baba?

—Alors le conte d'Ali Baba, c'est un conte assez intéressant. Il parle d'un frère qui, lui, un jour découvre une caverne où il y a des voleurs qui déposent leur butin. Et donc le frère d'Ali Baba se précipite pour aller à la caverne et voler cet argent. Et donc il doit prononcer une formule magique pour ouvrir le rocher. Et, finalement, quand il rentre, il oublie la formule magique et il n'arrive plus à en sortir. Donc Ali Baba va à sa rescousse. Et je pense que la morale de cette histoire, c'est un peu le fait d'apprendre aux enfants de ne pas s'impatienter, d'attendre la fortune, de ne pas aller la chercher parce qu'il peut nous arriver malheur et donc d'être assez modestes dans la vie.

CD3, Track 14

Fatim Kramer

—Vous souvenez-vous des contes de votre enfance?

—Alors les contes de mon enfance? Les souvenirs que j'en ai, c'est plutôt des contes de France. C'était surtout à l'école. En fait, mes parents sont analphabètes, vu qu'ils sont marocains, ils sont jamais allés à l'école. Donc ils n'ont jamais pu nous lire des histoires. Donc, en fait, les personnes qui ont pu me lire des histoires, c'étaient mes frères et sœurs, c'était principalement ma grande sœur. A l'école, on nous lisait aussi beaucoup d'histoires, c'était plutôt à la maternelle. J'aimais beaucoup, bien évidemment étant petite fille, les histoires de princes charmants et de princesses. Alors l'un de mes contes préférés, c'est *Cendrillon*. C'est, ça fait peut-être une réponse cliché et basique mais je vais vous dire un peu pourquoi j'aime *Cendrillon*. Parce qu'en fait, on était, enfin étant jeune, j'étais issue d'une famille modeste et à la maison, ben je faisais les tâches ménagères comme surtout mes sœurs, un peu moins les garçons, surtout les filles. Et donc le ménage, etc. ça me faisait penser aussi, donc, j'avais une certaine ressemblance avec Cendrillon, qui était en train de nettoyer le sol, à essayer de rendre tout propre parce que, je crois, sa belle-mère était vraiment très méchante et voulait absolument que le sol soit nickel, propre, etc. Bon ma mère n'était pas comme ça, je tiens à le préciser. Ma mère n'était pas méchante dans ce sens-là, mais elle voulait, elle était exigeante dans tous les cas, donc il fallait que tout soit propre et euh c'était un effort commun entre... entre mes sœurs d'avoir une maison propre et bien organisée. Donc, dans ce sens-là, j'avais un peu cette ressemblance avec Cendrillon. Et donc de voir un peu le malheur par lequel elle passait et de voir que, au fur et à mesure, ben les choses changeaient et qu'elle, qu'à la fin, surtout, ben elle rencontrait donc son prince charmant et qu'elle donc vivait heureuse et avec plein d'enfants. Donc il y a une certaine, un certain optimisme dans le sens où, même si la vie, de temps en temps, est difficile, eh bien il y a toujours une ouverture vers quelque chose de positif. Et je pense que ça, c'est essentiel d'avoir un peu ce type d'attitude.

CD3, Track 15

Anne-Marie Floquet

—Vous souvenez-vous des contes de votre enfance?

—Les contes de mon enfance? Oui, oui, je me... j'ai des souvenirs. Qui me les racontait? Ben surtout mes parents, je dirais, mais on avait aussi des cassettes qu'on écoutait dans la voiture avec des contes et des comptines, donc les espèces de, les petites chansons pour enfants qui racontent des histoires... généralement rigolotes, pas toujours, quelquefois sinistres, mais oui, donc on chantait ça en famille.

—Pourriez-vous nous donner un exemple d'une comptine?

—Une comptine, hein je dirais, c'est une chanson qui raconte une histoire, c'est l'histoire de Jeannette et la chanson commence en disant: «Ne pleure pas, Jeannette, nous te marierons.» On se dit: «Bon, elle pleure parce qu'elle a peur de ne pas être mariée, je ne sais pas.» Et on lui dit qu'on va la marier avec un prince ou un baron et elle n'en veut pas, elle n'en veut pas du prince ou du baron, elle veut son ami Pierre. Et là on commence à comprendre la chanson. Elle veut se marier avec son ami Pierre, qui est en prison et on lui dit: «Non, ton ami Pierre.» On ne dit même pas, on va le pendre, c'est «pendouillerons». Donc un verbe un peu comique, donc il y a un ton intéressant dans cette chanson, la tension entre le contenu absolument sinistre, cette jeune femme amoureuse qu'on veut marier, elle est peut-être, je ne sais pas, fille de baron. On veut la marier avec quelqu'un de sa classe. Elle, elle veut Pierre, qui est en prison, et on, «nous le pendouillerons», on lui répond. Et alors là, ça devient vraiment une tragédie parce qu'elle répond que, dans ce cas, elle veut être pendue avec lui. Ils sont tous les deux pendus à la fin de la chanson. Et ça, c'est toujours quelque chose que j'ai trouvé très difficile à assimiler dans une chanson pour enfants, quand j'étais petite, mais je pense que ça apprend beaucoup. Ça amuse les enfants et ça leur apprend énormément sur le monde, ce n'est pas toujours «tout le monde il est beau, tout le monde il est gentil...» qu'il y a beaucoup de choses mystérieuses ou difficiles ou tristes et que ça fait partie de la vie. Cette chanson avait été particulièrement efficace en ce sens-là, pour moi. Ça m'avait posé beaucoup de questions.

CD3, Tracks 16–19

[MC] N. Les témoins vous parlent
[MP] XI. Les témoins et les films

CD3, Track 16

Emmanuel Roger

—Vous aimez les films?

—Bon alors, comme tout Français, je suis avide de cinéma. Je peux même me décrire comme cinéphile.

—Où est-ce que vous les regardez? Dans une salle de cinéma? A la télé? Sur DVD?

—Euh, je suis un puriste. Donc je vais au cinéma, j'aime bien aller dans la salle obscure partager l'émotion avec les autres spectateurs. Euh, je n'aime pas tellement regarder des films à la télé ou en DVD. Non là, je suis un puriste. J'aime aller au cinéma, j'aime sortir. C'est un événement spécial.

—Quels genres de films est-ce que vous préférez?

—Bon alors comme je le disais, en tant que cinéphile, j'aime bien les films d'auteur, hein. Euh vous savez qu'en France, on considère le cinéma comme le septième art. Et moi, je crois effectivement que le cinéma est un moyen d'expression aussi important que la littérature. Donc, j'aime les films d'auteur. J'aime bien les voir, les revoir, en discuter avec mes amis. Euh c'est une expérience nouvelle à chaque fois. Je parle là naturellement du cinéma sérieux, non pas des comédies qu'on nous sert en ce moment ou des comédies américaines, dont on est un peu saturés d'ailleurs.

—A votre avis, est-ce que les films donnent une image véridique du monde?

—Absolument, absolument. Si on pense que le cinéma est un art, alors là, le but de l'art étant d'explorer l'essence de la réalité, l'essence d'un moment, d'exprimer ce qui est inexprimable, alors évidemment, c'est très précieux. Et il s'agit même non pas seulement de donner une image véridique mais d'aller au-delà de l'apparence, au-delà de la vérité, hein, comme toute œuvre d'art.

CD3, Track 17

Fatim Kramer

—Vous aimez les films? Où est-ce que vous les regardez? Dans une salle de cinéma? A la télévision? En DVD?

—Alors effectivement, j'aime beaucoup les films. Je vais au cinéma de temps en temps. J'aimerais avoir plus de temps pour aller au cinéma malheureusement. Et je regarde beaucoup la télé. Les DVD, je n'ai pas du tout le réflexe d'aller dans des magasins de location de DVD pour pouvoir en prendre un en fail. Donc, le plus simple pour moi, c'est la télévision. J'essaie de programmer les choses, donc je regarde sur le programme télé chaque dimanche pour voir dans la semaine les films que je peux voir. Et j'adore le cinéma parce que le cinéma avec le grand écran, c'est tellement... on est vraiment à l'extérieur, enfin on est vraiment dans un autre monde. Le fait que l'écran soit si grand, on est plongés dans l'action par rapport à la télé où, bon bien évidemment, il y a toujours des grandes télés aujourd'hui mais ce n'est pas notre cas à la maison, on a une petite télé, donc le rapport, je pense, ce n'est pas le même.

—Quels genres de films est-ce que vous préférez? Pourquoi?

—Alors les films que j'aime, ce sont souvent des films d'art et d'essai. Pourquoi? Parce qu'en fait, il y a cet aspect humain et cet aspect de simplicité dans l'action, dans le sens où il n'y a pas forcément beaucoup de choses qui se passent, mais il y a énormément de choses qui se passent au niveau relationnel. Donc j'aime, j'aime un peu cette étude de comportement humaniste des personnages. J'aime aussi en général... il y a plus d'études au niveau du scénario, des mots, du langage, du dialogue. Donc j'aime ce genre de films. J'aime aussi les comédies parce qu'en fait les comédies, c'est léger. J'aime rire... J'aime aussi les films d'action, je n'aime pas forcément les films d'action dans le sens où trop d'action, voire violent. J'aime les films d'action type policier, type thriller, oui les films d'action. Et je n'aime pas du tout les films d'horreur.

—Qu'est-ce qu'on peut apprendre à propos du monde en regardant les films?

—Je pense que, lorsqu'on regarde des films, surtout étrangers, cela nous apprend en fait différentes cultures. Pour les films français, je pense que ça donne un autre regard sur un aspect de la société, sur les rapports humains. Bien évidemment, ça dépend du genre.

CD3, Track 18

Anne-Marie Floquet

—Vous aimez les films? Où est-ce que vous aimez les regarder? Dans une salle de cinéma? A la télévision? En DVD?

—J'adore les films. J'adore cette question parce que j'adore parler du cinéma. J'aime beaucoup le rituel d'aller dans une salle de cinéma, du Quartier latin, rive gauche. A Paris il y a des salles petites.

Généralement, ce sont des petits cinémas avec une salle ou deux, avec des grands fauteuils rouges, et ça me rappelle le lycée. Au lycée, je prenais mon vélo et même à l'heure du déjeuner, j'allais voir des films dans ces salles, où souvent il n'y avait personne. Et ça, c'est la façon dont je préfère voir les films, dans ces salles qui passent des films d'auteurs, des vieux films, il y a souvent des cycles, des cycles de vieux films américains, mais aussi des films plus récents… plutôt des films intéressants ou d'artistes, pas des «blockbusters», hein, mais il y a des films hollywoodiens de qualité aussi. Euh, à la télé, là je crois que je ne suis pas très représentative de mon pays ou de ma génération, mais je n'ai pas de télé. Par contre, j'ai un ordinateur avec un lecteur DVD et j'adore le soir regarder, généralement pas tout un film entier parce que je suis fatiguée et un petit peu couche-tôt, donc je regarde une bonne partie d'un bon film, j'adore.

—Quels genres de films préférez-vous? Pourquoi?

—Genres de films? Ça, c'est difficile. Il y en a beaucoup. Je n'ai vraiment pas de catégorie spécifique. J'aime beaucoup les films noirs, j'aime les films… les vieux films policiers. J'adore les films d'Henri-Georges Clouzot, les vues de Paris qu'on a, la musique, le suspense… ou même il y avait eu une version du *Salaire de la peur* qui avait été refaite, et en couleurs, et ça, c'est un film avec une tension remarquable, et que j'aime beaucoup. Donc j'aime ces films-là mais j'aime aussi beaucoup les films à rythme lent, qui montrent un peu intimes, qui montrent un aspect de la vie peut-être de manière inattendue ou de manière très esthétique ou de manière révélatrice, qui font réfléchir, qui font mal au cœur quelquefois. J'aime beaucoup les films documentaires, je crois que ça avait commencé avec *Les Oiseaux migrateurs*, peut-être et tout ça. Ça, c'est un de mes films préférés. La beauté de ces oiseaux en vol, la beauté du projet, qui a pris des, une dizaine d'années, je crois, à faire, pour voler avec ces oiseaux en ULM, hein en ultra-léger motorisé, pour leur faire croire qu'on était un oiseau, ces migrations, ça c'est quelque chose que j'avais beaucoup aimé. Euh… plus récemment il y a eu *Etre et avoir*. Et ça je pense que c'est un bon exemple du genre de films documentaires en particulier que j'aime. C'était un film qui a eu beaucoup de succès au niveau international, mais c'était un projet français à budget très petit et qui filmait un maître, un instituteur, dans une vieille école, vraiment au fond du milieu, du centre de la France, et je crois que c'était dans le Massif central. Et ce regard intime sur son rapport avec ses élèves de tous les âges, les passages sur les paysages et le rythme très lent, j'adore aussi les regarder sur DVD, je devrais dire, parce que souvent on a le «making of» et on voit les scènes qui n'ont pas été retenues ou comment les choix ont été faits. Et là il y avait un commentaire du réalisateur qui expliquait pourquoi, à un moment, il montre une scène de vingt secondes, où il y a des tortues, des tortues qui avancent dans cette salle de classe, et ça montre vraiment, il y disait, que ça montrait que l'éducation, c'est lent, c'est progressif, mais c'est persistant et efficace, et j'avais trouvé ça très bien fait.

CD3, Track 19

Christophe Mouraux

—Vous aimez les films?

—Alors… aimer les films? Oui. J'aime énormément les films. J'ai beaucoup de, je visite beaucoup d'horizons par rapport aux films.

—Où est-ce que vous les regardez? Dans une salle de cinéma? A la télévision? Sur DVD?

—Donc ça dépend des moments, mais de préférence, je les regarde au cinéma. J'aime beaucoup les cinémas indépendants, où on peut regarder ça calmement, sans qu'il y ait trop de personnes, qui bougent, qui mangent du popcorn, ce que je déteste. Donc, dans ces conditions-là, c'est le cinéma que je préfère. Le DVD, c'est intéressant parce que ça permet de pouvoir choisir le moment où on le regarde, ce programme, en fonction d'autres activités qu'on peut avoir. Donc c'est un support que j'apprécie assez. La télévision, par contre, moins parce que ben on est obligé de respecter certains programmes de télévision et, très souvent, les films qui passent à la télévision sont des films qu'on a vus et revus plusieurs fois et ou alors, souvent faute de moyens, ils passent des films que je trouve peu intéressants. Donc voilà, la télévision, non. Le DVD, très pratique. Et le cinéma, c'est clair que c'est le moyen le plus agréable pour moi quand on est dans de bonnes conditions pour regarder le film.

—Quels genres de films préférez-vous? Pourquoi?

—Je n'ai pas un style de films particulier. Donc, ça va dans tous les sens. D'abord, la première, quand on me parle de films, la première chose que, qui me vient à l'esprit, c'est tous les films d'Alfred Hitchcock. Ce sont les premiers que j'ai vraiment regardés avec beaucoup d'attention, une fois que j'ai été, un peu après l'adolescence. Donc j'adore l'univers d'Hitchcock, j'adore tout ce qui est suspense, j'adore les traits d'humour qu'il met dans ses films, j'adore la variété de ses films. Donc c'est un metteur en scène qui compte beaucoup pour moi. J'aime beaucoup aussi Stanley Kubrick et les personnages incroyables qu'il arrive à imaginer et à mettre en scène. Le rôle de Jack Nicholson dans *Shining*, par exemple, ou le rôle d'Alex qui est le meneur de la bande de loubards de *Orange mécanique* parce que ce sont des personnages incroyables qui restent dans les esprits de tous. Donc ça c'est, ça c'est certain, c'est quelque chose qui m'intéresse. Sinon, par rapport à d'autres réalisateurs, j'aime beaucoup des réalisateurs comme

Sean Penn, comme Tarantino, comme les frères Coen. Ce sont des réalisateurs plus modernes mais ont des univers totalement différents et qui sont très très intéressants à découvrir et à visiter en fait. Donc voilà, il y a ceux-là qui comptent beaucoup pour moi. Il y a... bizarrement, peu de metteurs en scène français que j'aime beaucoup. Je trouve que le cinéma français, probablement, il se perd un peu entre des comédies un peu douteuses ou pas très élaborées, un peu faiblardes et un cinéma qui est trop intellectualisé et dans lequel beaucoup de monde se perd. Et une, peut-être une dernière chose par rapport au cinéma: un des aspects du cinéma que je n'aime pas vraiment du tout, c'est le cinéma à grand spectacle hollywoodien qui n'a aucun but culturel ou artistique, qui a simplement un but financier. Et c'est un cinéma que, ben que je n'apprécie pas tellement et que j'évite d'aller voir en fait. Voilà.

—Qu'est-ce qu'on peut apprendre à propos du monde en regardant des films?

—C'est impossible de généraliser. Pour moi... il est clair que, de par sa diversité, de par son histoire, le cinéma, ben il a évidement un rôle dans la société et qu'il ouvre plusieurs fenêtres sur notre monde. Et que, à partir de ces différentes fenêtres en fait, on peut y voir les beaux comme les horribles côtés, les beaux comme les horribles aspects de ce que nous sommes, de ce que notre société est, de ce que nous faisons au quotidien. Donc, oui, on peut dire que le cinéma effectivement joue ce rôle-là. Il est, comment dire, il a parfois un, il est parfois terrible, c'est parfois un terrible miroir en fait qui nous renvoie notre image en pleine face et souvent ben ça peut être très intéressant ou très choquant, selon certains, certains films. Mais oui, sans aucun doute, le cinéma il a un rôle très important là-dedans.

CD4, Tracks 2–5

[MC] W. Les témoins vous parlent
[MP] XXII. Vous regardez la télévision?

CD4, Track 2

Pierre Hurel

—Vous regardez la télévision? Quand? Quelles sortes d'émissions? Combien d'heures par semaine?

—Je regarde la télévision, presque chaque jour un petit peu. Euh... je regarde des émissions culturelles. J'aime beaucoup regarder effectivement des chaînes d'histoire, un un petit peu de chaînes de sport si c'est du tennis parce que, finalement, je regarde très peu de sport mais j'aime beaucoup le tennis. Euh... donc, je dirais que je regarde la télé régulièrement, peut-être deux heures par jour, donc, mettons, entre douze et quinze heures par semaine, j'imagine.

—Est-ce que la télévision a une mauvaise influence sur certaines personnes?

—Je pense que, d'ailleurs on on le sait, la télévision est une activité complètement passive. Et on sait que des études montrent que l'état mental dans lequel vous êtes avant de regarder la télévision est le même qu'après avoir regardé la télévision. Donc, pendant que vous regardez un programme quel qu'il soit, vous pouvez avoir l'impression d'améliorer votre état mental, euh si vous étiez triste, vous avez l'impression d'être plus heureux mais vous revenez à l'état où vous étiez très rapidement après. Donc je pense que c'est peut-être ça le danger de la télévision. C'est une activité passive qui ne vous permet pas de vous développer, ni d'un point de vue moral, ni d'un point de vue intellectuel. Euh je pense que c'est peut-être dans ce sens-là que la télévision peut avoir une mauvaise influence.

—Est-ce que vous faites confiance à la télévision en ce qui concerne les informations qu'on reçoit?

—Quant à la validité des informations que l'on peut entendre et regarder à la télévision, je pense qu'on a cette chance d'avoir la presse écrite, on peut lire *Le Monde*, on peut lire d'autres journaux, surtout *Le Monde* mais pas que *Le Monde*. On peut trouver beaucoup d'informations sur l'Internet. Euh je pense que la télévision pour profits, la télévision commerciale, est dangereuse parce que les journalistes confondent information et détente et je pense que ce n'est pas le rôle d'un journaliste de vous amuser, c'est le rôle d'un journaliste de vous informer. Et donc j'ai une confiance relative dans les informations que je reçois de la télévision mais, par contre, ce qui n'est pas relatif du tout, c'est les images que je suis bien sûr très content de voir à la télévision.

CD4, Track 3

Corinne Bernimoulin-Schmid

—Vous regardez la télévision?

—Je suis un phénomène. Je regarde très peu la télévision. Je regarde deux heures, deux heures et demie par semaine. Ça dépend de ma corbeille à linge. Je regarde le dimanche soir une émission qui s'appelle *Sept sur Sept* et qui résume l'actualité de la semaine. Et, ensuite, il y a un débat. Et j'aime beaucoup cette émission. Comme ça, je n'ai pas besoin de regarder tous les jours la télévision. J'ai le résumé. Et... avant j'aimais bien regarder des «soap operas» américains. Mais, maintenant, je ne prends plus le temps pour ça parce que je trouve que ça consomme beaucoup trop de temps. Et puis en fait après on n'a qu'une envie, c'est regarder de nouveau le prochain jour, donc je n'ai pas envie, euh je me limite au dimanche soir.

—Est-ce que vous faites confiance à la télévision en ce qui concerne les informations qu'on reçoit?

—En fait, je fais plus confiance à des journalistes qu'à la télévision elle-même. Euh ça va dépendre de la, du journaliste qui va parler. En fait c'est ça... et de l'émission. En fait, il y a des émissions euh que j'estime beaucoup plus crédibles que d'autres. Donc je fais confiance à la télévision et souvent, comme j'écoute également la radio, c'est..., les informations sont concordantes. Euh... et il y a des personnes, en fait je ne m'y connais pas assez pour me permettre de dire que c'est, ce n'est pas bien en fait ce qu'elle dit ou que je ne crois pas. Oui je fais confiance à la télévision.

—Est-ce que la télévision a une mauvaise influence sur certaines personnes?

—Je pense que, je pense plutôt aux enfants. Je pense que ça peut avoir une très mauvaise influence s'ils regardent la télévision sans les parents car je pense que les parents devraient toujours avoir un œil sur ce que regardent les enfants, pour mettre, pour stopper parce qu'il y a des images qui peuvent être un peu heurtantes. Ou bien je pense à des dessins animés qui ne sont absolument pas appropriés pour les enfants, qui sont beaucoup trop violents. Et ça, c'est euh une mauvaise influence. Mais d'un autre côté, il y a aussi des émissions avec des animaux où ils peuvent apprendre beaucoup de choses sur la nature, sur le monde qui les entoure.

CD4, Track 4

Nadia Aouad

—Vous regardez la télévision?

—Alors je ne regarde presque jamais la télévision parce que, je ne sais pas, les émissions ne m'intéressent pas forcément. Je regarde surtout les nouvelles. Euh... à part ça, parfois des films, de temps en temps, mais très rarement.

—Est-ce que vous faites confiance à la télévision en ce qui concerne les informations qu'on reçoit?

—Je dirais qu'il ne faut pas vraiment faire confiance aux médias parce que, surtout au Liban, les télévisions appartiennent à des leaders politiques, à des partis politiques. Donc chaque télévision, chaque chaîne nous communique une vérité assez subjective. Donc ils manipulent la vérité comme ils veulent. C'est pour cela qu'il est important de faire une synthèse, de regarder plusieurs chaînes ou bien de regarder une chaîne internationale pour avoir une idée globale ou bien de lire les journaux. Euh et donc je pense qu'il faut être assez méfiant, assez distant par rapport aux informations qui nous sont divulguées ou bien qui sont transmises à la télé.

—Est-ce que la télévision a une mauvaise influence sur certaines personnes?

—Alors je pense que oui, certainement, la télévision peut avoir une mauvaise influence sur certaines personnes parce que certaines personnes sont influencées par certains discours à la télévision, par certaines publicités. Ils ont tendance à imiter les personnages de films ou bien des personnages de feuilletons ou bien les leaders politiques. Euh ils ont aussi tendance à adhérer à leurs discours, à adhérer à leurs idées, à croire qu'un produit est le meilleur parce que c'est ce qu'on montre à la télé.

CD4, Track 5

Anne-Marie Floquet

—Vous regardez la télévision? Quelles sortes d'émissions?

—Oui, donc oui, comme je vous ai dit, je ne regarde pas la télévision, chez moi en tout cas. Ça m'arrive d'être chez, je ne sais pas, des membres de ma famille ou des amis ou quelqu'un qui m'invite à venir regarder quelque chose expressément, et là, dans ce cas-là, déjà il y a une présélection, ce n'est pas passif, je ne rentre pas chez moi et hop j'allume le téléviseur. Donc si quelqu'un me dit: «Viens, on va regarder tel reportage ou telle émission», euh, dans ce cas-là, oui. Quelles sortes d'émissions? Euh... bon, les nouvelles évidemment. Mes grands-parents regardent souvent les nouvelles avant le dîner. Donc là, dans ces cas-là, je regarde avec eux. Euh... les émissions, c'est surtout des séries, et là c'est surtout des séries américaines qui passent. Et elles sont de mieux en mieux, la qualité est vraiment vraiment bonne, je dirais. Il y a des très bonnes séries avec des dialogues de mieux en mieux écrits. Je ne parle pas de *Desperate Housewives* ou des choses comme ça, et encore que je trouve qu'au début, j'avais regardé, était très prometteur. Mais il y a des choses vraiment bien écrites, euh *Lost* ou *Rome*, c'est très bien fait. Euh, pour ce qui est de la politique, j'essaie de suivre ça sur l'Internet.

—Est-ce que vous faites confiance à la télévision en ce qui concerne les informations qu'on reçoit?

—Bonne question. Euh... faire confiance à la télévision? Non. Enfin, c'est, il ne faut pas faire confiance à la télévision. C'est une machine qui transmet des informations telles qu'elles ont été préparées et telles qu'elles sont présentées par chaîne en particulier, par des gens qui représentent des informations. Donc ce n'est pas directement, entre guillemets, la vérité. Encore que, même quand on est témoin de quelque chose directement, tout le monde autour, chaque témoin, a une version différente. Donc, faire confiance, non.

—Est-ce que la télévision a une mauvaise influence sur certaines personnes?

—Je pense que vraiment, justement la menace de la télévision, c'est qu'on est, c'est un énorme cliché ce que je dis, mais c'est qu'on est passif, c'est qu'on reçoit les informations et que c'est tellement plus facile, quand on n'est pas là à choisir ce qu'on lit, ou sa source d'information, de ne pas mettre en question ce qu'on vous dit. Et puis après, il y a encore un deuxième cliché, le pouvoir de l'image. Euh... les images en soi, ça ne veut rien dire et comment on les montre, ça peut, ça peut influencer beaucoup, dans un sens ou dans l'autre, et ça peut même être dangereux dans ce cas-là. Donc oui, ça peut avoir une mauvaise influence sur certaines personnes, au sens où on peut manipuler les images, l'information et les… les faits de ce qui se passe quelque part mais aussi on peut penser bien sûr, là, je vais sortir mon troisième cliché mais je pense que les clichés, c'est-à-dire que ce sont des choses qui sont dites souvent mais c'est parce qu'elles sont essentielles et il y a une part de vrai à laquelle il faut vraiment faire attention. C'est bien sûr la violence. Le sexe, bon ça, c'est une autre question, je pense que ça, c'est quelque chose qui obsède plus les pays anglo-saxons. On est plus détendu pour ça en France. Mais c'est surtout la violence bien sûr, peut-être pas tellement l'idée que ça va donner des idées de commettre un acte violent en en voyant un, encore que, hein, on sait que vraiment les gens dérangés, ou les psychopathes, peuvent ou quand ils sont interviewés, une fois qu'ils sont, s'ils sont arrêtés, ils disent qu'ils voulaient essayer de battre un record et qu'ils se suivent eux-mêmes, à la télévision. Donc une mauvaise influence aussi parce qu'on en voit tellement que ça banalise la violence, ça devient quelque chose de vraiment quotidien et peut-être euh, j'espère pas anodin. Ça rejoint une autre idée que j'ai toujours, c'est le côté musique sensationnelle quand on donne les nouvelles. Les nouvelles, ce n'est pas quelque chose d'amusant, ce n'est pas sensationnel. D'ailleurs, c'est souvent sinistre et ça, ça m'a toujours indignée, que ce soit à la radio ou à la télévision.

Chapitre 6

CD4, Track 6

[MC] B. Une visite guidée

1. Et voici, à votre gauche, quatre peintures dans la série de la Cathédrale de Rouen. Vous reconnaissez, bien sûr, l'artiste dont le nom est synonyme d'impressionnisme: Claude Monet. Il a peint ses tableaux en plein air pour saisir ses sujets sous des effets de lumière différents et de différents points de vue. C'est ainsi qu'il a commencé, en 1890, une trentaine de représentations de la cathédrale de Rouen, dont quatre se trouvent ici au musée d'Orsay. Ce sont des exemples magnifiques des techniques qui caractérisent les impressionnistes: couleurs vibrantes et pures, jeux de lumière, le sujet dans son contexte naturel et changeant.
2. Et vous voilà devant Notre Dame, un des plus remarquables exemples des cathédrales gothiques. Notre Dame est située à l'extrémité de l'Ile de la Cité, centre historique de Paris. Construite entre 1163 et 1345, la cathédrale est un mélange de styles gothiques avec deux rosaces qui sont parmi les plus grandes d'Europe. Les deux tours, qui ne sont pas exactement semblables, sont facilement reconnaissables même par ceux qui n'ont jamais visité Paris. Notre Dame, avec la tour Eiffel et l'arc de triomphe, est un des monuments qui symbolise Paris. Vous êtes ici devant la façade ouest et ici, juste devant l'entrée, vous remarquerez une plaque de bronze dans le sol qui sert de point zéro pour toutes les distances de routes qui partent de Paris.
3. Vous êtes maintenant dans le VIIe arrondissement, au 79, rue de Varenne devant le musée du sculpteur français Auguste Rodin. Ce musée est un des plus visités de Paris. A l'intérieur, vous trouverez plusieurs œuvres majeures de Rodin, dont *Le Penseur* et *Le Baiser*. Vous pouvez vous promener aussi dans le jardin, où vous verrez d'autres sculptures célèbres. *Le Penseur* est sans doute la sculpture la plus connue de la production artistique de Rodin. Mais il faut noter que Rodin a réalisé plusieurs exemplaires de cette célèbre statue dans différentes dimensions. Par exemple, vous en trouverez un exemplaire à l'entrée du musée Rodin de Philadelphie, en Pennsylvanie aux U.S.A. Un autre est au cimetière de la ville de Meudon où Rodin et sa femme sont enterrés.
4. Vous êtes ici au 6, place des Vosges, devant la maison de Victor Hugo. C'est dans l'appartement du deuxième étage qu'il a vécu pendant seize ans (entre 1832 et 1848) et c'est ici qu'il a écrit plusieurs pièces de théâtre, des collections de poésie et la majeure partie de son roman *Les Misérables*, publié en 1862. *Les Misérables* et *Notre-Dame de Paris* sont les deux romans qui continuent à assurer la célébrité de Victor Hugo. En effet, c'est en 1980 que le compositeur français Claude-Michel Schönberg a créé la pièce musicale souvent appelée *Les Mis (Les Miz)*. Et, depuis 1923, cinq films ont été basés sur Notre-Dame de Paris, aussi connu sous le nom *Le Bossu de Notre Dame*. Il va sans dire que l'œuvre monumentale de Victor Hugo va continuer à exercer son influence sur la création littéraire et artistique de notre époque et des époques à venir.
5. Bienvenue à la Villette, Cité des Sciences et de l'Industrie de Paris. Vous pouvez commencer votre visite par les expositions d'Explora. Il y a «Sciences Actualités» où vous verrez les dernières découvertes scientifiques, «L'univers» où vous pouvez faire des voyages dans l'espace, visiter le Planétarium ou vous perdre dans des jeux de lumière. Si la génétique vous intéresse, il y a l'exposition «Le Vivant» qui fait l'exploration de l'homme et des gènes. Dans l'exposition «La Communication», vous ferez l'expérience des dernières technologies de communication. Si vous êtes mathématicien, il faut absolument visiter la salle des mathématiques. Enfin il y a «L'Observatoire des innovations», l'exposition «L'Industrie» (Automobile, Aéronautique, Energie). Ce musée extraordinaire de vision futuriste et du virtuel fascine enfants comme adultes et mérite plusieurs visites.

CD4, Tracks 7–10

[MC] E. Les témoins vous parlent
[MP] I. Qui a dit quoi?

CD4, Track 7

Anne-Marie Floquet

— Quels sont les atouts de votre pays?

— Je pense qu'il y a vraiment une, une fierté dans les atouts du, du pays. Euh… ben je vais peut-être commencer par les, les plus évidents, euh… la beauté du pays, son terroir, la nourriture qui vient de ce terroir, le vin. Donc je pense que les gens sont fiers de, de ce rapport à la terre, euh de la beauté, de l'histoire du pays. Euh, la France est aussi un pays qui n'a pas seulement un patrimoine culturel… euh… considérable mais qui est un pays riche. Et donc euh, elle, elle peut euh lancer des initiatives euh remarquables pour maintenir ce patrimoine et pour le, pour le mettre en valeur. Donc les musées sont superbes, à toute échelle. Euh, régulièrement, dans les petits villages, on tombe sur des, des petits centres sur l'histoire du vin ou sur n'importe quoi de, de local.

Quand on se promène dans Paris, je crois que c'est, c'est vraiment une ville unique euh, bon par sa beauté, il y a d'autres villes qui sont très belles, euh mais je crois quand on se promène dans Paris, il y a toutes les époques, ça remonte à tellement loin et, et ça c'est incroyable, la variété des styles et, et pourtant une, une unité dans la beauté qui est vraiment remarquable.

Un savoir-vivre aussi. Ce n'est pas tellement ce qu'on mange, oui, c'est en partie ce qu'on mange, mais comment on le mange, les rites, euh le repas comme rite. Le repas en famille ou avec des amis, euh la culture de, de l'amour de, de la bonne cuisine. Ça fait partie du savoir-vivre, une certaine esthétique aussi.

CD4, Track 8

Pierre Hurel

— Quels sont les atouts de votre pays?

— Il y a énormément d'aspects positifs. La vie en France euh… est très agréable sur bien des plans, euh… notamment peut-être euh la première chose à citer, c'est l'extraordinaire présence euh des services sociaux dans, dans euh le système français. Je pense que la France, le gouvernement français, euh continue à, à croire que euh l'éducation devrait être gratuite, que les frais médicaux devraient être plus ou moins gratuits, que euh on devrait avoir un ministre, un ministère de la culture parce qu'on devrait investir de l'argent dans l'art, que l'art est une chose importante. Et je pense donc le, le système social, euh qui régit euh les Français, qui leur permet de mieux vivre, euh est assez efficace. Euh… donc ça, c'est une chose qui, à mon avis, est, est très claire sur la France, sur le système français.

Euh… les atouts de notre pays, on parle toujours des des produits de luxe, où la France continue à être la première puissance, qu'il, qu'il s'agisse de mode, de parfums, de produits cosmétiques, etc. Euh… mais il y a aussi d'autres industries, euh où la France se situe euh en très bonne position. Euh… la France devrait être fière du nouveau, euh, de du nouvel avion Airbus. Cet énorme Airbus, euh… le A380, qui a deux niveaux, et qui n'est pas uniquement un, le résultat de la France, qui est un, qui est une euh, qui est un travail européen. Mais les usines d'Airbus sont à Toulouse, en France, et on sait que, euh c'est un, c'est une énorme prouesse technique, et je pense que c'est peut-être une des choses dont la France pourrait être fière.

Quant à recommander des choses à pr… à propos de notre euh pays, euh… je continue à penser qu'il y a une qualité de vie en France, euh qui explique pourquoi de nombreux, euh… de nombreux étrangers continuent euh à vouloir non seulement visiter la France mais vivre en France. Et c'est cette qualité que j'allais dire morale, cette qualité, cet univers que nous avons en France, qui nous permet d'acquérir euh un certain bonheur finalement. Je crois qu'il y a un certain bonheur à vivre en France, une certaine tranquillité.

CD4, Track 9

Corinne Bernimoulin-Schmid

— Quels sont les atouts de votre pays?

— Alors, euh, tout d'abord concernant la Suisse, c'est un petit pays qui a 7 millions d'habitants. On peut la traverser en quatre heures. Et ça, c'est un atout. Donc on a accès, que ce soit à la France, à l'Italie, à l'Autriche, à l'Allemagne, très très vite, donc euh…, et à d'autres langues également. En Suisse et à Genève, euh on parle… on est bilingue, trilingue, quadrilingue parce que… on est obligé d'apprendre d'autres langues. Euh, deuxièmement, c'est un…, euh, je ne sais pas si vous êtes déjà venue, mais c'est un magnifique pays. Il y a des montagnes, il y a des lacs, il y a une nature fabuleuse et c'est tout simplement un magnifique pays. Et euh je pense que les gens sont très fiers de montrer euh la Suisse. Et euhm il y a du chocolat qui est fabuleux parce que… il y a les vaches qui sont à l'extérieur. Et ce n'est pas un mythe, c'est vrai, le chocolat suisse est tout simplement le meilleur. Et il y a des magnifiques vins. Euhm… il y a peu de vins mais le vin qu'il y a est très très bon. Et boire du vin avec de la viande séchée et du chocolat, c'est, c'est magique. Il y a la fondue et la raclette, c'est vraiment délicieux, tout ça avec du fromage, beaucoup de très bons fromages. Euhm… concernant la nature, euhm on peut faire des, des marches fabuleuses pendant des heures sans rencontrer une autre âme parce que… il y a énormément de nature, de verdure, de…, euh des paysages euh magnifiques. Et pour faire le ski, en Suisse, c'est magique aussi. Et, par exemple, depuis Genève, en une heure, vraiment une heure de temps, de route, on est sur les pistes de ski. Ou bien, si on roule un peu plus longtemps, en trois heures on est en France au bord de la mer ou bien en en Italie. Donc euhm ça, c'est vraiment euh un atout, je pense. Et euhm, concernant les gens, euhm en Suisse, euh nous parlons..., en fait il y a quatre langues nationales: l'allemand, euh où c'est 70%; le français, 20%; 8% d'italien; et 2% le romanche. Au niveau national, cela nous donne quand même un multilinguisme et cela nous oblige à être quand même ouverts, euhm vis-à-vis des gens déjà de notre pays. Entre nous, il y a un grand respect et euh un grand pacifisme.

CD4, Track 10

Nadia Aouad

— Quels sont les atouts de votre pays?

— Alors euh le Liban est un très beau pays. Euh nos atouts sont surtout le paysage, les quatre saisons, euh les loisirs. Donc on peut euh, on peut parfois skier et nager en même temps, euh dans le même mois, donc. Euh la, la montagne n'est pas très loin euh du rivage, de, du bord de la mer. Donc on peut, on peut facilement arriver en, donc en trente minutes à la montagne, faire du ski et puis redescendre, euh aller nager.

Euh aussi donc on a beaucoup de, de monuments historiques, euh de, c'est surtout un pays très important euh dans l'archéologie parce que... il y a beaucoup de ruines qui datent de l'époque romaine, de l'époque des croisés, euh de l'époque euh euh islamique aussi. Euh donc voilà ce qui attire euh les touristes. Et c'est surtout euh les gens qui sont très accueillants, qui sont très hospitaliers, euh euh c'est ce qui attire surtout les étrangers parce qu'ils se sentent vraiment chez eux quand ils sont euh bien accueillis dans les hôtels, dans les maisons. Et euh les Libanais sont généralement trilingues. Donc ils parlent arabe, français et anglais. Donc euh peut-être pas très couramment mais ils peuvent se débrouiller à pouvoir comprendre les autres, à répondre à leurs besoins.

Et, euh voilà, les, les gens sont surtout fiers de leur héritage, de leur euh, de leur culture et euh de leurs euh, de leurs plats aussi. Donc les plats traditionnels sont très bons. Euh on fait beaucoup de, euh de plats de, de ragoûts et euh beaucoup de salades qui sont vraiment bons pour la santé en même temps qui, qui sont très bons.

CD4, Track 11

[MC] K. Les dernières nouvelles: qu'est-ce qui s'est passé?

Et voici les dernières nouvelles. Situation toujours dangereuse en Côte d'Ivoire. Le président Jacques Chirac a demandé au président ivoirien, Laurent Gbagbo, de tenir son engagement. Entre-temps les manifestations continuent dans les rues et la compagnie aérienne Air France a suspendu tous ses vols vers la Côte d'Ivoire.

Après le rapport du chef des inspecteurs en désarmement, Hans Blix, la déclaration de guerre à l'Irak a été retardée de quelques semaines. La suggestion de l'Allemagne, qu'on demande à M. Blix un nouveau rapport au Conseil de la Sécurité le 14 février, a été appuyée par les représentants de la France et de la Grande-Bretagne.

Pour continuer avec les actualités internationales, accident meurtrier en Inde. Près de Calcutta, 44 personnes ont été tuées et 13 personnes blessées dans un accident d'autocar. Percuté par un camion transportant du carburant, l'autocar a pris feu.

En France, les cinq syndicats d'enseignants appellent à la grève aujourd'hui. Ils revendiquent le ré-emploi de plus de 40 000 surveillants et aide-éducateurs.

En Lorraine, les négociations sociales pour l'usine Daewoo commenceront mercredi. On cherche à replacer la majorité des employés.

Pour finir, dans le monde du sport, la victoire d'Herman Maier au super-G de Kitzbühel, un an et demi après son accident de moto, a été saluée avec respect et admiration par les autres compétiteurs.

CD4, Tracks 12–16

[MC] O. Les témoins vous parlent
[MP] XV. Qui a parlé de quoi?

CD4, Track 12

Christophe Mouraux

— A votre avis, quels sont les problèmes les plus graves dans le monde d'aujourd'hui?

— Donc, pour parler d'abord du monde en général, euh je crois qu'il y a un, un problème par rapport à tout ce qui est la faim dans le monde, qui est un problème qui est intolérable. Euh quand on sait la différence qui est de plus en plus grande entre les, les riches et les pauvres, entre ceux qui ont euh dix fois trop et ceux qui euh n'ont rien du tout, même pour manger. Donc ça, c'est quelque chose qui, humainement parlant, est euh terrible à accepter. C'est un problème qui est très difficile à résoudre. Ça c'est une première chose.

Un deuxième, c'est euh la progression de graves maladies comme le SIDA. Euh et, parallèlement à ça, le fait que euh les médias en parlent de moins en moins. On a l'impression que ce phénomène est, est banalisé. Et ça, je trouve ça assez terrible de voir le nombre de personnes qui meurent encore dans le monde.

Une troisième chose, euh c'est les conséquences de la pollution euh qui arrive maintenant et qui euh va engendrer de terribles choses pour le futur, le réchauffement de la planète est un problème qui est énorme à mes yeux.

Et, enfin, je ne peux pas évidemment passer sous silence le, les problèmes de terrorisme qui euh affectent beaucoup de personnes dans le monde. C'est un problème qui est important, qui, pour moi, n'a pas, à mes yeux, n'a pas la même importance que les problèmes dont je vous ai parlé euh auparavant.

CD4, Track 13

Christophe Mouraux (continued)

— Dans quelle mesure la discrimination est-elle un problème chez vous? Qui en sont les victimes principales?

— La discrimination, oui, elle existe, malheureusement. Euh… historiquement, en Belgique, les premiers à avoir euh vraiment subi euh, au cours du XXe siècle je parle discriminations, ont été les, les premiers immigrants italiens qui sont venus après la Seconde Guerre mondiale. Ils sont venus pour aider euh les Belges dans le, le travail de mines notamment parce que simplement beaucoup de Belges ne voulaient pas de ce travail et euh donc les Italiens ont beaucoup aidé euh la Belgique à, par rapport à son économie à ce moment-là. Et ils étaient victimes d'énormément de discriminations. Et euh, depuis, ben les choses euh ont changé. Euh j'ai l'impression qu'elles se sont améliorées, elles se sont nettement améliorées, pardon, pour les Italiens mais j'ai l'impression qu'elles se sont améliorées de par le fait qu'il y a eu une autre vague d'immigration et euh qui provenait de, des pays de l'Afrique du Nord et euh il est indéniable que ces personnes souffrent de discriminations en Belgique, que… elles n'ont pas les mêmes facilités pour avoir accès à un emploi, elles n'ont pas les mêmes facilités pour avoir des accès à des appartements euh intéressants. C'est quelque chose qui m'affecte énormément sachant que moi j'ai travaillé dans des écoles surtout euh qu'on appelle «difficiles» en Belgique, où je côtoyais euh énormément de personnes qui venaient de ces cultures euh d'Afrique du Nord mais aussi de Turquie par exemple. Et ces personnes ont l'impression que, quoi qu'elles fassent, elles n'auront pas la même chance dans leurs études, elles n'auront pas euh la même chance de pourvoir s'en sortir. C'est quelque chose que je regrette énormément.

CD4, Track 14

Corinne Bernimoulin-Schmid

— A votre avis, quels sont les problèmes les plus graves dans le monde d'aujourd'hui?

— Euhm…, donc euh…, la préoccupation euh première, c'est euhm en fait le réchauffement climatique. Tous les Suisses, tout, tout le monde en parle et en est conscient et fait des choses pour ça.

Deuxièmement, c'est le chômage qui touche maintenant de plus en plus les jeunes. Même s'ils sont scolarisés avec des hautes études, ils sortent de l'école, ils n'auront pas de travail et ça, ça touche beaucoup de gens. Et euhm… ce qui les pousse aussi à être xénophobes et, particulièrement à Genève par exemple, on est, on habite à un kilomètre de la frontière avec la France et il y a de la xénophobie qui, qui monte dû à ça, en fait. Les gens ont peur que les Français leur euh volent leur travail. En fait, ça, ça pousse les gens à être violents. Donc il y a aussi une montée de la, la violence due à cette insécurité. Maintenant on a beaucoup plus peur de l'avenir, même l'avenir proche, que nos parents.

Et puis il y a aussi euhm la guerre, la guerre qui n'est pas euh à Genève, qui n'est pas en Suisse mais qui n'est pas très loin, parce qu'on parle beaucoup de, par exemple euh la guerre d'Irak, actuellement. Et euh ça nous fait…, ça nous brise le cœur. Et on se demande bien ce qu'on pourrait faire. Et ça, c'est quand même un, un problème, cette, cette peur de, de la guerre. On en est vraiment assez conscients.

CD4, Track 15

Corinne Bernimoulin-Schmid (continued)

— Quelles sont les principales menaces pour l'environnement dans votre pays? Quelles mesures prend-on ou pourrait-on prendre chez vous pour protéger la nature?

— Il faudrait prendre exemple sur nous, pour euh l'environnement, la protection de l'environnement parce que je pense que on a une tellement belle nature autour de nous, on vit vraiment avec la nature. Euh on, on, alors on recycle. Euh ils recyclent tout, le papier, le verre, l'aluminium, euh tout, tout et tout. On a très peu par exemple de, d'assiettes en carton. Si on va faire un pique-nique, on n'a pas d'assiettes en carton ou de fourchettes et couteaux en plastique. On prend euh ceux de la maison en porcelaine et on les lave ensuite. Il y a des camions de recyclage qui viennent tous les jours. Alors on sait que le lundi, c'est pour le papier, le mardi, c'est pour le verre, le mercredi, euh c'est pour les boîtes de conserve. Et je peux vous dire que les voisins vous font remarquer si on utilise trop de sacs à poubelle. Et d'ailleurs, on paie nos sacs euh poubelle euh quatre francs suisses. Donc, après on, on les économise, donc on recycle et on essaie d'en mettre le, le moins possible dans ces poubelles. Donc ça, c'est concernant en fait chaque ménage. Et on est très très conscients de, de l'environnement car on voit en fait euh chaque année les glaciers qui reculent, la neige qui monte de plus en plus haut.

Il faut prendre soin de l'environnement. On prend beaucoup de mesures. Quarante pour cent des Suisses n'ont pas de voiture car euh ils prennent les transports publics. Les, les voitures 4x4 sont taxées. Euh à l'achat, elles coûtent 30% de plus que les, les voitures hybrides par exemple. Et il y a très très peu, bon c'est dû aussi à la taille de la Suisse, euh mais il y a très très peu de, de grosses voitures. Euh ça, ça n'existe plus, on n'en voit plus. Je pense que la Suisse est pionnière en ce domaine.

CD 4, Track 16

Pierre Hurel

— A votre avis, quels sont les problèmes les plus graves dans le monde d'aujourd'hui?

— Je pense que nous sommes à une époque charnière, dans le monde, en ce moment. Je pense que le monde euh a énormément changé dans les années quatre-vingt et quatre-vingt-dix, et que la fin des pays euh du bloc euh de l'Est euh a marqué une ouverture potentielle du reste du monde vers une autre ère. La fin du socialisme que l'on voit dans les pays de l'Est nous a presque tous permis, autorisés à devenir de plus en plus égoïstes, finalement. Et cet espèce d'égoïsme est peut-être le plus grave problème dans le monde d'aujourd'hui parce que, euh finalement, les problèmes de la pollution, qui euh, de toute évidence, seraient le plus important des problèmes, le problème de la pollution est complètement lié à l'égoïsme, euh que l'on retrouve dans tous les pays développés.

Pour ce qui est des problèmes qui préoccupent le plus les gens en France ici, euh je pense que le problème de la pollution euh nous interpelle tous, et puis, de façon peut-être plus euh personnelle, le problème du chômage qui est quand même un, un grand problème en France. Euh… avec 10% de chômeurs, c'est un problème qui mène à euh la violence, à euh, lorsque les gens s'ennuient, les gens euh commencent à faire des choses euh qu'ils ne devraient pas faire. On le voit dans les manifestations et surtout on le voit chez les jeunes parce que le chômage ne donne pas beaucoup d'espoir aux jeunes. Voilà pour les problèmes qui touchent la France.

CD4, Tracks 17–20

[MC] AA. Les témoins vous parlent
[MP] XXIX. Ce que disent les témoins

CD 4, Track 17

Emmanuel Roger

— Quels scénarios envisagez-vous pour l'an 2040? Quels aspects de la vie auront changé?

— Ah, c'est une question difficile évidemment. Comment sera la vie en l'an 2040? Euh… j'ai plutôt tendance à être euh pessimiste. Euh c'est difficile de ne pas l'être, vu euh l'état du monde aujourd'hui, si on pense aux conflits planétaires, euh aux problèmes euh de l'environnement, euh à la montée de toutes sortes de fondamentalismes, d'extrêmismes, au terrorisme. J'essaie de rester positif mais euh c'est un peu difficile. Je pense quand même que la technologie continuera d'améliorer certains aspects de notre vie. Euh les progrès de la médecine euh sont extraordinaires. Et je crois qu'on va continuer à faire des progrès et à trouver des cures à des maladies jusqu'à maintenant incurables. Donc j'ai espoir qu'on vivra mieux de ce côté-là. Euh… j'ai un peu peur de, de l'invasion de la technologie, de l'information dans notre vie de tous les jours. On est déjà bombardés d'informations et euh ça nous occupe un peu trop l'esprit. Et j'ai peur que ça continue hein, je vois les jeunes de chez moi, là où je vis, euh constamment branchés, euh reliés à quelque chose, avec un iPod dans les oreilles ou avec le cell phone et je ne suis pas sûr que ce soit un vrai progrès mais, encore une fois, j'appartiens à la génération précédente et j'ai des valeurs différentes alors euh c'est difficile pour moi de juger.

CD4, Track 18

Pierre Hurel

— Quels scénarios envisagez-vous pour l'an 2040? Quels aspects de la vie auront changé?

— Alors là bien sûr euh c'est une question euh… d'autant plus difficile que personne ne peut vraiment savoir. Je pense que le problème de la pollution par exemple dont nous parlions tout à l'heure, euh je pense que ce problème sera réglé, complètement réglé à mon avis en l'an 2040. Donc rien que ça euh… changera euh beaucoup de choses. Mais euh… je pense que les deux problèmes qui vont être les plus importants euh dans le futur, le premier, la surpopulation qui existe depuis déjà maintenant vingt ou trente ans. Euh… il y a trop de monde sur terre et il y en aura de plus en plus et on voit que euh les gens qui décident d'avoir euh beaucoup d'enfants euh continuent finalement à, à taxer le, la planète, à taxer les ressources naturelles et je pense que la surpopulation, euh… c'est peut-être euh le problème numéro un euh qui nous qui doit nous inquiéter pour l'an euh 2040, pour le futur en général. L'autre chose, euh l'autre aspect de la vie qui aura sans doute changé, c'est que, malheureusement, je pense que la crainte du ce qu'on appelle en anglais le Big Brother, la crainte d'avoir une espèce de société où finalement vous êtes toujours observé et on a toujours conscience de ce que vous faites et on peut enregistrer ce que vous faites, par association ce que vous pensez, ce que vous avez dit, etc., etc. Euh… cette crainte est, est justifiée parce qu'on le voit déjà, euh… avoir un système GPS dans son téléphone, c'est amusant mais c'est aussi très inquiétant… où pourra-t-on trouver un sentiment de liberté, un sentiment d'indépendance, euh… et un sentiment d'individualisme. Comment est-ce qu'on pourra trouver ces choses-là dans le futur? Ça c'est une question euh que je trouve personnellement très angoissante.

CD4, Track 19

Christophe Mouraux

— Quels scénarios envisagez-vous pour l'an 2040? Quels aspects de la vie auront changé?

— Donc euh… par rapport à 2040? Euh je n'imagine pas des choses incroyables. Hein je n'imagine pas que euh nos moyens de locomotion vont changer, qu'on va flotter dans l'air, qu'on ira vivre sur Mars. Euh je pense qu'on est loin de tout ça. En étant plus terre à terre, ben j'espère simplement que tout ce qui concerne les problèmes d'environnement euh aura évolué, que les gens auront pris conscience euh du monde dans lequel ils vivent, du péril dans lequel ce monde est de par leur faute, de, et surtout notamment ben les pays riches. J'aimerais tellement que les pays les plus riches qui sont les plus polluants arrivent à comprendre, à prendre conscience que euh leur intérêt économique doit passer euh largement derrière euh ce problème-là. Donc ça, c'est une première chose. Donc j'espère vraiment que, je, je préfère rester positif et dire que euh ces gens vont comprendre et qu'on ira vers un mieux par rapport à l'environnement. Par rapport à d'autres sujets comme euh tout ce qui est technologie, robotique, ben c'est indéniable, euh ça va continuer à évoluer. Euh je crois que le, le monde est en marche depuis toujours et euh il ne s'arrêtera jamais. Donc forcément, il y aura toujours des apports technologiques qui euh seront soit positifs, soit négatifs, ça dépendra toujours de l'utilisation que l'homme choisit d'en faire mais euh évidemment euh ça, c'est certain, on, on n'y échappera pas. Par rapport à quelque chose comme la médecine, j'espère qu'on pourra trouver effectivement, ben ça tout le monde le dira évidemment, des, des solutions pour les graves maladies euh comme euh le cancer ou euh comme le SIDA, c'est certain. Par contre, une chose contre laquelle je suis, c'est euh cet espèce d'acharnement thérapeutique. Moi, j'estime qu'on n'est pas programmés pour vivre euh 120 ans. Euh ce n'est pas dans la nature de l'homme de vivre absolument jusqu'à euh un tel âge. Moi, je préfère franchement qu'on, qu'on aide les gens quand ça vaut la peine mais qu'on ne s'acharne pas avec certains malades. Voilà, on est programmés de toute façon pour mourir et puis euh ben je préfère que ça se fasse euh dans la dignité que plutôt euh après euh avoir lutté pendant euh vingt ans pour euh, par rapport à une maladie qu'on sait euh de toute façon incurable et qui nous empêche de vivre euh exactement la vie qu'on veut. Donc ça euh, j'espère que progrès de la médecine oui, mais que les mentalités par rapport à ça euh pourront évoluer aussi.

CD4, Track 20

Anne-Marie Floquet

— Quels scénarios envisagez-vous pour l'an 2040? Quels aspects de la vie auront changé?
— Ça, c'est dur. Euh... l'an 2040? Euh qu'est-ce qui, qu'est-ce qui aura changé? Ben, je pense que euh, malheureusement mais peut-être aussi heureusement, euh les questions d'énergie et de ressources euh se seront posées en, en termes vraiment plus graves et radicaux. On en aura moins, on sera obligés de davantage se tourner vers les énergies nouvelles. Peut-être que les gens utiliseront moins leur voiture. Euh, récemment, j'étais vraiment outrée, parce que j'ai des amis qui, à Paris, vont euh, vont au boulot en voiture et, franchement, euh les transports en commun sont remarquables, euh c'est vraiment pas nécessaire et ça, ça fait partie des choses qui me font enrager. Ben, peut-être que, à ce moment-là, il y aura tellement de législations que, ben, ce sera tout simplement plus permis. Ça permettra aussi de mieux préserver les, les, les monuments historiques qui se noircissent très vite. Euh, quand on a nettoyé le Louvre, on s'est dit: «Tiens, ce n'était pas noir, non non c'est une, une belle pierre couleur dorée, c'est incroyable.» Donc je pense qu'il y aura beaucoup plus de réglementations par rapport à l'environnement.

Bon, bien sûr, aussi euh au niveau de la, la technologie. Euh on aura sans doute encore beaucoup avancé. Quand on pense que l'Internet est là, depuis pas tellement longtemps. Je ne sais pas comment je vivrais sans, sans Internet. Enfin si je sais, mais ce serait tellement plus lent et compliqué. Les, les téléphones portables, ça change euh les rapports que les gens ont les uns aux autres, les gens se parlent beaucoup plus. Est-ce que ça enrichit? Pas nécessairement. Mais je pense qu'en tout cas, ça change la nature des rapports. Et ça, ça va continuer. Euh, bien sûr, la technologie aussi, ça va faire avancer la médecine. Après tout, il y a eu beaucoup de découvertes complètement révolutionnaires, quand on pense à la menace que représentait encore la tuberculose il n'y a pas tellement longtemps. Bien sûr, là, je pense euh, ben au SIDA et au cancer hein en particulier. Euh là, on peut espérer, on peut espérer qu'il y aura des, des innovations et des changements. Et ça, ce serait vraiment remarquable. Euh, bien sûr, il y a aussi toute la recherche sur les cellules souches, euh qui va permettre de faire avancer certaines choses, euh par rapport à la maladie Parkinson et d'autres domaines.

Euh, donc la vie de tous les jours euh sera certainement différente par par les moyens de transport. De plus en plus, les gens voyagent. C'est c'est c'est moins cher, c'est plus facile. Mais, bien sûr, il y a le contraire. Il y a toutes ces histoires d'aéroport cauchemardesques, où les avions sont surbookés, les gens attendent euh des heures, euh et donc ça devient nettement plus compliqué, bien sûr aussi euh, dans un monde comme le nôtre, avec le terrorisme. Donc est-ce que les gens vont voyager de plus en plus ou est-ce que, tout d'un coup, ça va devenir un monde un peu plus isolé parce que les gens auront moins envie de faire face à tout ce que représente vraiment euh prendre l'avion maintenant?

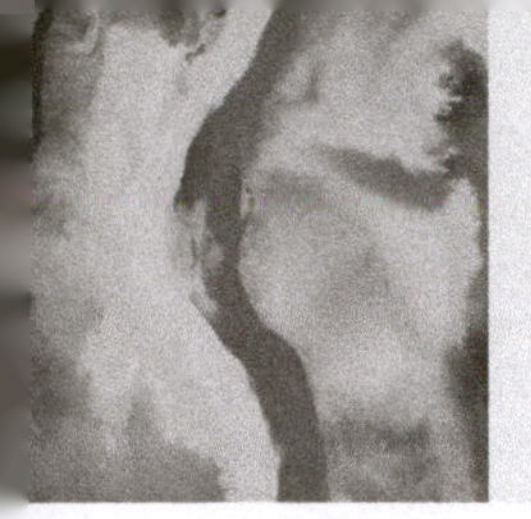

Index

G

H

I

J

CPSIA information can be obtained
at www.ICGtesting.com
Printed in the USA
FFHW010436140819
54280271-59966FF